불후 Books 고전

현대인을 위한 **동양고전신서**

史記

사마천

記

사마천 지음 장개충 엮음

이 책을 읽기 전에

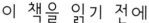

중국 역사학의 최고, 불후의 걸작

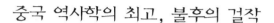

사마천司馬遷의 『사기史記』는 '중국 상고上古의 황제皇帝로부터 전한前漢 무제武帝까지의 역대 왕조의 사적을 엮은 역사책'이라고 국어사전에 서술되어 있다. 그리고 중국 정사正史와 개인의 전기를 모아서 한 시대의 역사를 구성하는데, 제왕의 전기인 본기本紀와 신하의 전기인 열전列傳을 중심으로 한 기전체紀傳體의 사서史書로서 높이 평가될 뿐만 아니라 문학적인 가치 또한 높다고 기재되어 있다.

사마천의 먼 조상은 주왕조周王朝 때의 사관史官이었다.

열국列國들이 대립하기 시작하는 춘추春秋 시대가 되자 사마씨司馬氏는 주나라를 떠나 산서성山西省의 강국인 진晉나라를 섬기게 되는데, 얼마 뒤 사마씨의 또한 일족은 서쪽땅 섬서성陝西省으로 들어가 신흥세력인 진秦을 섬기게 되며, 사마천은 이 갈래의 일족에 속하는 것으로 전해진다.

사마천은 섬서성 한성현韓城縣에서 출생했다. 예부터 하양夏陽이라 불려졌던 황하黃河의 나루터인, 그 유명한 용문龍門이 가까이 있었기로 사마천도 바로 용문에서 태어났다고 전해진다.

어린 시절의 사마천은 용문의 산간벽지에서 목가적인 생활을 하며 자랐다. 그의 부친 사마담司馬談은 천체의 운행을 관측하고 사관史官이 가져오는 문서나 기타 기록들을 정리, 보존하는 태사령太史令의 직에 있었기 때문에 자연 사마천 또한 그의 영향을 입었을 것이다.

그리고 그는 스무 살이 될 무렵 일상적인 삶에서 벗어나 천하를 주유周遊했다.

사마천은 장안을 떠나 낙양洛陽으로 가서 회수淮水와 양자강揚子江 유역을 돌아 회계산會稽山에 올랐으며, 구의산九疑山을 둘러보고 원수沅水와 상수湘水를 건넜으며, 다시 북상해 민수汶水와 사수泗水를 지나 제齊나라와 공자가 태어난 노魯나라의 수도 곡부曲阜를 거쳐 천하 명산 태산泰山에 오르고, 역산嶧山에도 올랐으며, 파鄱 · 설薛 · 팽성彭城을 들르고 양梁 · 초楚를 거쳐서 장안으로 돌아온 후 낭중郎中 벼슬에 오르는 것으로 되어 있다.

그가 처음부터 역사를 서술한다는 결심을 하고 있었다고는 볼 수 없다. 그러나 그는 젊어서부터 역사적 운명에 처하여 살았던 점은 가히 운명적이랄 수 있다. 역사적 문헌을 가까이에서 접할 수밖에 없었던 인연이나, 역사적 사건이 일어난 장소를 찾아 그곳의 풍속을 접하게 된 여행길 등 그런 전력 없이는 중국 역사학의 최고, 불후의 걸작인 『사기』는 탄생될 수가 없는 일이다.

그 후 사마천은 부친의 뒤를 이어 태사령에 임명되었는데 그의 나이 39세였다.

그는 황실 서고書庫에 비장되어 있는 금궤金櫃의 서서들을 열람하기 시작했다. 진秦·한漢나라의 연대기年代記뿐만 아니라 조칙詔勅과 상주문上奏文까지를 모두 섭렵했다. 『시경詩經』, 『서경書經』, 『역경易經』, 『예기禮記』, 『춘추春秋』 등 오경五經을 다시 탐독하고, 『좌씨전左氏傳』, 『국어國語』, 『세본世本』, 『초한 춘추楚漢春秋』 등도 정독했다.

그리고 『사기』 저술에 착수한 지 7년 후 어느날, 사마천에게는 뜻밖의 사건을 맞이한다.

대장군 이능李陵이 북방 원정길에 올라 흉노와 대적하여 5천의 정예병으로 1만의 적을 베고도 8만 대군에 포위당하여 항복한 사건이 일어났다. 이에 격분한 효무제孝武帝는 이능을 문책하고자 회의를 열었다. 그런데 그만 순수한 열정을 지닌 사마천이 단신으로 이능을 변호하고 나섰다.

"이능 장군만큼 충직하고 용감한 대장군이 어디 있습니까? 역사를 통틀어 어떠한 명장도 5천의 군사로 8만 대군을 무찌른다는 것은 어불성설입니다. 창칼이 꺾이고 화살이 다하자 그는 맨주먹으로 적진에 뛰어들었다고 했습니다. 비록 그가 죽기를 각오하고 싸웠지만 적에게 묶인 바 되었습니다. 그는 우리나라의 장군으로서 용맹함을 천하에 떨쳤습니다. 그가 이번에 죽지 못하고 적에게 항복한 것은 폐하를 욕되게 하려 한 짓이 아니라 후일 나라에 보답할 기회를 얻기 위함일 것입니다. 지난날의 혁혁한 대장군의 전공을 잊으시고 어찌 한 번 패한 일을 가지고 벌 주시려 하십니까?

차라리 구원군을 보내주지 않은 총사령관 이광리李廣利를 벌하십시오!"

총사령관 이광리는 무제가 가장 아끼는 후궁의 오빠였다. 그렇기에 그것이 화근이었다.

사마천은 그 즉시로 투옥되고 생식기를 거세去勢당하는 궁형宮刑에 처해졌다. 남성으로서는 가장 치욕적인 형벌이며 다행히 목숨을 건진다해도 악취나게 썩어 문들어지기 때문에 부형腐刑이라고도 했다. 그 당시에 사형죄를 범한 자라도 50만 전錢만 있으면 속량贖良될 수 있었지만 가난한 사마천에게는 그만한 돈이 있을 리 없었다.

"어떻게든 살아 남아야 한다. 지금까지 저술한 중국의 통사通史를 마쳐야 한다! 아버지께서도 돌아가시면서 권장하던 일이 아니던가."

사마천은 죽을래야 죽을 수도 없어 생식기를 제거당한 인간 이하의 인간으로서나마 살아 남기로 마음을 곧추세웠다. 그는 친구 임소경任少卿에게 보낸 편지에서 그때의 심경을 이렇게 토로하였다.

"최선의 죽음이란 조상을 부끄럽게 하지 않는 것이고, 차선의 죽음이란 제 몸을 부끄럽게 하지 않는 것이고, 셋째로는 자신의 면목을 잃게 하지 않는 것이고, 넷째로는 자신이 한 말에 대한 책임을 지는 것이라 생각하오. 또한 그보다 못한 것으로는 신체의 책임을 지는 것이라 생각하오. 신체의 자유가 구속되어 부끄러움을 당하고, 붉은 수의囚衣를 입게 되어 부끄러움을 당하고, 수갑이나 차꼬를 차고 볼기를 맞아 부끄러움을 당하고, 모발을 잘리고 쇠사슬에 감겨서 부끄러움을 당하고, 코나 귀를 잘리고, 입묵入墨을 당하고, 팔다리를 잘리고, 손가락질을 당하는 것이오. 그런 중에서도 가장 가혹한 형벌이란 것이 바로 궁형이 아니겠소. 부끄러움의 극치겠지요, 이런 형벌을 받는 죄수야말로 얼마나 비참한 것인지 그대도 잘 알고 있을 거요.

앞서 간 선인先人들의 출중한 인물들을 살펴보면 앞으로 내가 해야 할 사명감은 뚜렷해졌소. 곧 주周의 문왕文王 서백西伯은 감옥에 갇혀 『주역周易』을 저술하고, 공자孔子는 진陳과 채蔡 사이에서 곤경을 겪으며 『춘추春秋』를 저술하고, 초楚나라 충신 굴원屈原은 『멱라수汨羅水』에 투신 자살하기 전 『이소離騷의 시詩』를 노래했고, 좌구명左丘明은 실명한 후에 『국어國語』를 저술하고, 손빈孫臏은 두 다리를 잘리고서도 『병법兵法』을 펼쳤으며, 여불위呂不韋는 촉蜀 땅으로 유배되어 『여씨춘추呂氏春秋』를 세상에 전하고, 한비자韓非子는 진秦의 감옥 속에서 『세난說難』과 『고분孤憤』 등을 남겼소.

그리고 『시경詩經』 백 편도 성인과 현인들이 분한 마음을 풀 길이 없어 편찬된 것이 아니겠소.

나 역시 변변치 못한 비재非才일지언정 천하에 흩어진 기록과 구문舊聞을 망라하고, 역사의 진상을 추구해 왕조의 흥망성쇠를 대국적으로 바라봄으로써 성공과 실패의 이치를 구명究明해 황제黃帝에서부터 지금까지의 사건을 130권의 저술로써 완성시킬 결심을 했소이다. 이 저술을 완성하지 못한 채 죽는다는 것은 오로지 아깝고 억울하다는 마음뿐이어서 궁형이라는 극형도 감수하고 말았소이다.

나는 지금 그 누구도 원망하지 않소. 다만 내가 심혈을 기울인이 저술이 완성되면 명산名山에 감추어 영원히 전하게 하고, 또 한 벌은 대도大都에 사는 뜻있는 인사들에게 전할 참이오. 그럼으로써 나의 치욕은 말끔히 씻겨질 것임을 확신하오."

사마천은 과연 앞서의 각오로 『사기』 집필에 온갖 심혈을 기울였다. 효무제 또한 사마천에게 일시적으로 극형에 처하긴 했으나 곧 그의 비범한 재능과 충성심을 인정하고 봉록 5천 석인 중서령中書令에 임명했다.

사마천은 공무처리 외의 모든 시간과 정력을 오로지 『사기』 저술에만 바쳤다. 드디어 그의 나이 55세 때인, 집필을 시작한 지 19년째 되던 해에 130권, 526,500자로서 대작은 완성되었다. 그 때의 책 이름은 『태사공서太史公書』였다.

사마천의 시대에는 '역사'라는 말이 없었다. 『사史』라는 말은 사관, 즉 기록을 주관하는 관리라는 단순한 뜻일 뿐이었다.

'역사'라는 독립된 항목이 생기게 된 동기는 그로부터 5백여 년이 지난 남북조南北朝 시대에 '태사공서'를 본받은 많은 저서들이 나타나면서 비롯되었다.

당시의 분류법은 유교의 경전經典을 『경經』이라 했고, 역사를 『사史』라 했으며, 제자백가 등의 사상을 『자子』라 하고, 문학작품을 『집集』으로 표현했다.

사마천의 『사기史記』는 표表 · 서書 · 본기本紀 · 세가世家 · 열전列傳으로 구성돼 있다.

『표表』는 연표年表, 즉 연대표이다. 역사 기록의 시간과 공간적 관계를 동시에 알아볼 수 있도록 짠 표表이며 역사의 달력이다.

『서書』는 8권으로 되어 있는데, 인간의 예의를 다룬 『예서禮

書』·음악에 대한『악서樂書』·군사 문제를 다룬『율서律書』·천문天文을 논하는『천관서天官書』·제사의식 문제를 다루고 있는『봉선서封禪書』·수리水利 문제를 논한『하거서河渠書』·경제 문제를 다룬『평준서平準書』가 그것들이다.

『본기本紀』는 태고로부터 한의 효무제에 이르는 2,508년 동안 제왕들의 흥망성쇠를 기술한 일종의 정치사政治史이다. 여기에 왕이 아닌 항우項羽가『본기』에 묶어 있는 점은 특이하다.

『세가世家』는 열국사列國史라고도 할 만한 제후諸侯들의 정치사이다. 선진先秦 시대의 제후들과 한대漢代의 제후들, 그리고 공자公子들을 다루었다.

『열전列傳』은『본기』나『세가』에 등장하는 인물들의 전기로, 일세를 풍미했던 개인의 사적을 적은 것이다.

곧 혈연과 문벌에 기초를 둔 주周의 봉건제도가 무너지고 오로지 실력만을 제일로 치던 약육강식의 전국시대戰國時代로 들어서자 각자의 능력에 따라 부귀공명을 천하에 떨치던 영웅호걸들이 등장하게 된다.『사기』전체의 분량 중 절반 가량을 차지한다.

이와 같이 사마천의『사기』는 중국 사서史書의 전통적인 서술 형식인 연대기, 즉 사건을 연대순으로 배열해 가는 이른바 편년체編年體를 지양하고 독창적으로, 특히『열전』에서 기전체紀傳體로 기술한 점은 괄목한 만한 일이다.

이처럼 방대한『사기』를 출판함에 있어 전체의 구성을 살리면서『본기』와『열전』가운데 주요한 부분만을 간추려 펴내고자 한다.

2009년 8월

편저자 씀

차 례

이 책을 읽기 전에 ┃ 3

태사공 자서太史公自序 ┃ 15

삼황三皇 오제五帝 - 태평천하 ┃ 24

하夏 본기 - 우禹의 치산치수治山治水 ┃ 34

은殷 본기 - 은감불원殷鑑不遠 ┃ 42

주周 본기 - 경국지색傾國之色 ┃ 53

백이伯夷 · 숙제叔齊 열전- 수양산 고사리 ┃ 67

관중管仲 · 안자晏子 열전 ┃ 72

노자老子 · 한비자韓非子 열전 ┃ 81

사마양저司馬穰苴 열전- 엄정한 군법 ┃ 95

손자孫子 · 오기吳起 열전- 병법의 대가大家 ┃ 101

오자서伍子胥 열전- 열혈남아熱血男兒 ┃ 120

중니仲尼 제자弟子 열전- 인의仁義의 도道 ┃ 141

상군商君 상앙商鞅 열전- 부국강병책 ┃ 156

소진蘇秦 열전 - 6국 합종合縱의 맹약 ┃ 165

장의張儀 열전- 열국列國을 흐트린 연횡책連衡策 | 177

진秦 본기 - 주왕실의 구정九鼎 | 189

맹자孟子 · 순경荀卿 열전 | 199

맹상군孟嘗君 열전 - 계명구도鷄鳴狗盜 | 204

평원군平原君 · 우경虞卿 열전 | 213

위공자魏公子 열전 - 신릉군信陵君 | 220

춘신군春申君 열전- 죽음을 무릅쓴 충성심 | 231

범수范雎 · 채택蔡澤 열전 | 238

염파廉頗 · 인상여藺相如 열전 | 256

진시황秦始皇 본기- 분서갱유焚書坑儒 | 267

항우項羽 본기- 역발산기개세 | 325

고조高祖 본기 - 정도正道로 천하 평정 | 380

한신韓信, 회음후淮陰侯 열전 - 토사구팽兔死狗烹 | 435

사기 연표年表 | 476

사마천 연보年譜 | 484

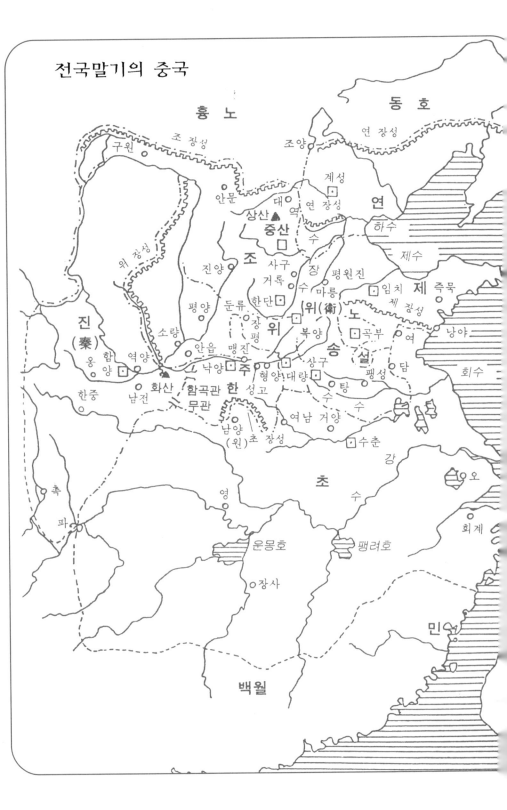

전국말기의 중국

전국시대 7웅의 형세

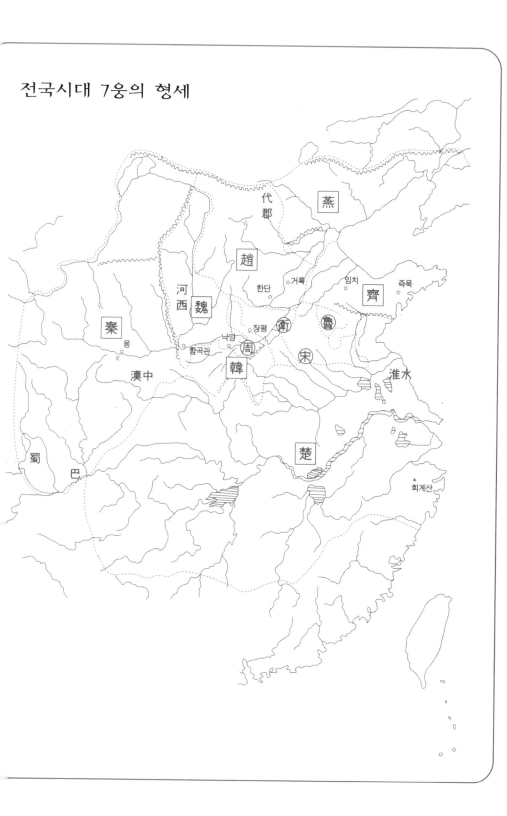

태사공 자서太史公自序

옛날 삼황 오제 중 한 분인 전욱顓項은 남정南正인 중重에게 천문天文을 주관케 하고, 북정北正인 여黎에게 지문地文을 주관토록 명했다.

요임금, 순임금 때에도 중과 여의 후손들에게 천문과 지문을 주관하는 일을 계승시켜 하왕조夏王朝·은왕조殷王朝에 이르렀을 뿐만 아니라 주왕조周王朝 때에도 있었던 정국程國의 백작伯爵인 휴보休甫는 바로 여씨의 후손이었다. 그런데 주의 선왕宣王 때 여씨의 자손은 대대로 지켜 내려온 벼슬을 잃고 사마씨司馬氏가 되었다. 사마씨는 그 이후 대대로 주왕실의 기록을 주관해 왔다.

주의 혜왕惠王에서 양왕襄王에 이르는 동안 사마씨는 주나라를 떠나 진晉나라로 갔다. 진의 중군장中軍將인 수회隨會가 진秦나라로 도망칠 즈음이었다.

사마씨는 소량小梁으로 들어갔다. 주나라를 버리고 진晉나라로

〈太史의 書册(書經圖說)〉

가면서부터 사마씨 일족은 분산되기 시작해 위衛나라 혹은 조趙나라 또는 진秦나라로 들어가서 살게 되었다. 그 중에서도 위나라에서 살던 사람은 중산국中山國의 재상이 되기도 하고, 조나라에 살던 사람은 검술의 이론을 전함으로써 대대로 유명해졌다. 괴외蒯聵가 바로 그 후손이다.

진秦나라에 살던 사람의 이름은 착錯이라 했다. 그는 장의張儀와 뜨거운 논쟁을 벌인 결과 혜왕에 의해 장군으로 임명되어 촉蜀을 토벌케 되었다. 그래서 착은 촉을 점령하고 그대로 머물면서 그곳의 태수가 되었다.

착의 손자 근靳은 무안군武安君 백기白起를 섬겼다. 사마씨가 살고 있던 소량은 이미 이름이 하양夏陽으로 개칭되어 있었다.

근은 백기와 함께 조나라 군사를 격파한 뒤 그들을 장평長平에서 매장해 죽이고 개선했다. 그러나 돌아오고 나서 백기와 함께 근은 두우杜郵에서 자결하라는 황제의 명령을 받고 죽은 뒤 화지華池에 묻혔다.

근의 손자가 창昌이다. 창은 진나라의 주철관主鐵官이 되었다.

사마창은 아들 무택無澤을 낳았다. 무택은 한의 시장市長이 되었다. 무택은 아들 희喜를 낳았다. 희는 오대부五大夫가 되었다. 죽어서는 모두 고문高問에 매장되었다.

사마희가 나의(사마천) 아버지 담談을 낳았다. 담이 태사공太史公이 되었다. 아버지 태사공은 당도唐都에게서 천문학을 배우고, 양하楊何에게서 『역경易經』을 배웠으며, 도가道家의 가르침을 황선생黃先生에게서 배웠다.

태사공은 효무제 건원建元 연간에서 원봉元封 연간까지 벼슬했다. 아버지 태사공은 학자들이 학문의 참뜻에는 도달치 못하면서 심지어 스승의 뜻에 위배되는 그릇된 생각까지 가지고 있다는 사실에 분개하여 육가(六家 : 음양 · 儒 · 墨 · 刑名 · 法 · 道의 6가지 사상)의 학문에 대한 요지를 논평했으나 이 책에서는 생략하기로 한다(編註).

태사공은 천문을 주관하는 관직에 있었으므로 백성을 다스리지는 않았다. 그의 아들 이름이 천遷이다.

나 사마천은 용문龍門에서 태어나 황하 북쪽, 즉 용문산 남쪽에서 농사를 짓고 가축도 기르며 성장했다.

열 살 때 고대 문자로 쓰인 경서經書들을 이때 암송했다.

스무 살 적에는 남쪽의 양자강과 회수 유역으로 여행하면서 회계산會稽山에도 올랐다. 그 산꼭대기에 있는 우혈(禹穴 : 임금이 죽어서 들어갔다고 하는 동굴)에도 들어가 보고, 구의산(九疑山 : 호남성 영원현, 성천자 순임금이 매장된 곳)도 살폈으며, 원수(沅水 · 상수湘水 : 모두 호남성에 있는 강으로 동정호로 흘러든다)를 배로 저어 건너고 북쪽 문수汶水와 사수泗水까지 건넌 뒤, 제나라 · 노나라의 국도에서 학업을 닦으며 공자의 유풍을 눈여겨 보았다.

추현鄒縣 · 역산嶧山에서 향사鄕射의 예禮를 익혔고, 파현鄱縣 · 설현薛縣 및 팽성현彭城縣 등지에서는 모진 고생도 했다. 그리고 양梁과 초楚를 지나 고향으로 돌아왔다.

그리고 나 천은 벼슬하여 낭중郞中이 되었고, 즉시 사명을 띠고 서쪽으로 파巴 · 촉蜀 이남을 정복하러 나갔으며 남쪽의 공邛 · 작笮 · 곤명昆明까지 공략한 뒤 돌아와 복명했다.

이 해에 천자는 비로소 한실漢室의 봉선封禪 의식을 거행했다. 그러나 아버지 태사공은 주남(周南 : 낙양의 옛 이름)에 머물러 있게 되어 의식에 참여할 수가 없었다. 이 일로 인해 분통이 터져 거의 돌아가시게 되었을 즈음에 그의 아들인 나는 사명을 완수하고 돌아와 황하와 낙수落水 사이에서 아버지를 가까스로 만나 뵐 수가 있었다.

아버지 태사공은 나의 손을 붙잡고 울면서 말씀하셨다.

"우리 조상은 주왕실의 태사(太史 : 史官)였다. 먼 옛날 순임금이나 하왕조 시대부터 공명을 떨친 이래로 계속 천문의 일을 주관해 왔다. 그런데 후세에 내려오면서 점점 쇠퇴해지는 듯하더니 드디어 나의 대에 와서 끊어지고 마는 듯하다. 그렇지만 만일 네가 다시 태사의 직위에 오르거든 우리 조상의 가업을 계승해야 한다. 지금 천자는 1천 년의 황통皇統을 물려받아 태산泰山에서 봉선을 행했는데, 내가 수행할 수가 없었으니 이것은 운명이라고 밖에는 말할 수가 없다. 내가 죽으면 너는 반드시 태사가 될 것이다. 태사가 되면 내가 저서를 남기려고 준비했었다는 사실을 기억해라."

"저서를 남기시겠다고 하셨습니까?"

"'효도'란 것은 어버이를 섬기는 것으로 시작해 그 다음에는 군주를 섬기고, 마지막엔 몸을 세우는 것으로 완결된다. 후세에 이름을 날려 부모를 빛나게 하는 것이 효도 중에서 가장 큰 것이다.

천하 사람들이 주공(周公 : 旦)을 칭송하는 것은 그의 아버지 문왕과 그의 형 무왕의 덕행을 칭송했으며, 주남周南·소남(召南 : 주왕실 조상들이 대대로 근거로 삼았던 남쪽 지방)의 국풍國風을 선양하고, 그의 조상 태왕太王과 왕계王系가 꿈꾸었던 바를 성취시키고, 보다 더 먼 조상인 공유公劉에까지 언급하여 시조인 후직后稷을 존중하도록 드러냈기 때문이다. 주왕조의 유왕幽王·여왕厲王 이후로 왕도王道는 없어지고 예악禮樂도 쇠퇴했다. 공자는 옛 것에 손을 보아 폐기된 것을 다시 일으켜 『시경詩經』과 『서경書經』을 논정論定해 『춘추春秋』를 저술했다. 그래서 학자들은 오늘에 이르기까지 이것을 모범으로 삼고 있는 것이다. 획린(獲麟 : 노의 哀公 때 기린을 잡았는데 공자는 이때를 '춘추' 기록의 하한선으로 잡았다. 즉 공자의 시대를 말함)에 붓을 끊은 이후 어언 4백여 년이 흘렀다. 그 동안 제후들은 서로 겸병兼倂하기에만 바빠 사관士官의 기록은 방기放棄·폐절廢絶되었다. 그러나 이제 한제국이 흥기해 국내는 통일되고 명주明主·현군賢君·충신·의사義士가 배출되고 있다. 내가 태사의 자리에 있으면서도 이런 사람들을 논평·기재하지 못하고 말았으니, 천하의 사문史文을 폐절시켰다는 말을 들을까 심히 가슴 아프다. 너는 이 점을 명심하여……."

나 역시 고개를 숙이고 눈물을 흘리면서 말했다.

"변변치 못한 자식이옵니다만 어떻게 해서든지 아버님께서 정리해 두신 구문舊聞들을 차례대로 모조리 논술하여 감히 빠짐이 없도록 해 보겠습니다."

아버지 태사령 담이 사거死去한 지 3년이 지나 나 천遷 또는 태사령이 되었다.

나는 곧 사관史官이 남긴 기록이나 석실石室·금궤(金櫃 : 모두 帝室 도서관)의 장서들을 열람하고 자료를 수집하기 시작했다. 그로부터 5년째가 태초太初 원년(B.C. 104)에 해당된다. 그 해 11월 갑자甲子

에 해당하는 초하룻날 아침, 바로 동짓날 천력(天曆 : 이것을 太初曆이라 함)이 비로소 개정되었다. 명당明堂을 세우고 여러 신들에 제사를 지냈다.

나 태사공은 이렇게 말했다.

"아버지께선 이렇게 말씀하셨소. '주공이 별세한 지 5백 년 만에 공자가 태어났다. 공자가 별세한 지 다시 5백 년이 된다. 대도大道가 분명했던 옛날을 물려받고, 공자가 지은 『역易』의 「계사전繫辭傳」을 정정訂正하고, 『춘추春秋』의 뒤를 이어 역사를 서술해, 『시詩』·『서書』·『예禮』·『악樂』의 근원을 구명하는 자가 나올 만도 하다'라고 하셨는데, 내가 어찌 겸양만 하고 앉아 있겠소."

상대부上大夫인 호수壺遂가 물었다.

"옛날 공자께서는 무엇 때문에 『춘추春秋』를 지었소?"

"나는 동중서董仲舒 선생한테서 들었는데, '주의 왕도가 쇠퇴했을 때 공자는 노魯나라 사구(司寇 : 司法大臣)가 되었으나 제후들은 공자를 중상하고 대부들은 방해했다. 공자는 자신의 주장이 채용되지 않고 도道가 행해지지 못하는 것을 알자, 노나라 은공隱公 원년(B.C. 722)에서 애공 14년에 이르는 242년 간의 사적事跡을 비판해 이것을 천하 사람들의 의표儀表로 삼았다. 천자라 할지라도 선하지 못한 것은 공격하고, 제후들의 무도함을 따지고, 대부들의 옳지 못함을 성토함으로써 왕도를 달성하는 게 목적이었다'고 했소이다. 더구나, '내가 추상적인 말로 가르치려 하기보다 구체적인 실례로써 표현하는 편이 훨씬 절실하고 명백하다'고까지 말했지요."

"어디 의도가 그것뿐이었겠소?"

"대체로 『춘추春秋』는 위로 하·은·주 3대의 왕도를 밝히고 아래로는 인간 세계의 기강紀綱을 분석하고, 의심스러운 문제를 판별해 내고, 옳고 그른 것을 명백히 하고, 현자는 현명하다 하고 불초한 자는 천하다 했으며, 망해선 안 될 나라가 망한 것을 다시 일으키고, 끊어져선 안 될 집안이 끊어진 것을 다시 잇고 바른 것이면서 없어진 것을 보완해 일으켰으니, 이를 두고 왕도의 큰 점이라 할 것이외다."

우리 한제국은 황제黃帝·전욱·요·순·오제五帝의 뒤를 이으며 하·은·주 3대의 사업을 계승하고 있다.

주의 왕도가 땅에 떨어진 뒤 진秦은 고대의 문서를 제거하고 『시경詩經』이나 『서경書經』은 아예 불살라버렸다. 그런 상황이니 조정이나 황실 도서관의 석실이나 금궤에 소장된 옥판玉板의 도적圖籍도 산산이 흩어져버린 것이다.

한나라가 일어나자 소하가 율령을 제정하고 한신이 군법을 서술하고, 장창은 장정(章程 : 曆法·度量衡)을 만들고 숙손통은 예의禮儀를 제정했다. 문화가 점차로 빛을 더하고 『시경詩經』이나 『서경書經』도 여기저기에서 나타나기 시작했다. 조삼이 갑공을 추천하면서 황제·노자의 학문이 나타나고, 가선생(賈先生 : 賈誼)·조착이 신불해와 상앙의 법술을 밝히고 곤손홍은 또 유학儒學을 가지고 출세했다.

그리하여 한초漢初 이래로 1백 년간에 천하에 남아 있던 서적이나 고문서가 빠짐없이 사관史官에게로 모여들었던 것이다.

태사공의 사관직史官職은 부자父子가 2대를 계승해 맡았다. 그래서 나 태사공 천은 이렇게 생각했다.

"아아! 감회롭다! 생각해 보면 나의 조상은 일찍부터 이 직무를 맡아 보았다. 요·순 시대에 세상에 알려졌고, 주대에 이르러 다시 이 일을 맡았다. 그래서 사마씨는 대대로 천문의 관리가 되어 나의 대까지 이르지 않았던가. 삼가서 생각해 보자. 삼가 생각해 보지 않으면 안 될 것 같다."

그리하여 천하에 흩어져 있는 옛 기록들을 망라하고, 왕업이 일어난 그 시작을 살피고 어떻게 끝나는가를 관찰해 사실에 입각해서만 논평했다.

대체로 하·은·주 3대는 연구하고 진秦·한漢은 그대로 기록하되, 위로는 헌원(軒轅 : 黃帝)에서 시작하여 밑으로 현대에 이르기까지 12권의 본기本紀를 저술했다. 미리 조리條理를 세워 기재하긴 했으나 시대가 병행하기도 하고 세대에 차이가 생기기도 하여 연대에 혼란이 생기지 않도록 10권의 표表를 만들었다.

시대에 따라 예악禮樂이 늘어나고 줄어든 것이며, 음률과 역법에 개혁이 있는 것 하며, 병권兵權·산천·귀신·하늘과 인간관계 등에서 폐해가 있은 뒤 시세時世의 변화에 적응해 가는 경과 등에 관한 것을 취사해 8권의 서書를 만들었다.

하늘의 별자리인 28수宿는 북극성 주위를 돌며 30개의 바퀴살이 바퀴통을 중심으로 끝없이 운행하는 것처럼, 군주를 팔다리처럼 보좌하는 신하들을 성수星宿나 바퀴살에 비겨 성심껏 도道를 행하고 주상을 받드는 가계家系를 위하여 30권의 세가世家를 지었다.

그리고 정의를 돕고 탁월한 능력을 가지고 시기를 잃음이 없이, 공명을 천하에 세운 이들을 위하여 70권의 열전列傳을 만들었다.

도합 130편, 526,500자字로, 이름을 『태사공서太史公書』라 한다 〔『사기史記』라 부르게 된 것은 삼국시대 이후의 일이다〕.

자서自序의 개략은 본문에서 빠진 것을 주워 모으고, 육경六經을 보충해 일가어一家語로 피력한 것이다. 즉 육경의 여러 가지 틀리는 주석을 서로 비교해 버릴 건 버리고 취할 건 취한 다음, 제자백가의 잡다한 학설을 정리한 것이다.

정본正本은 명산名山에 소장하고 부본副本은 수도에 두어 후세의 성인 · 군자의 비판을 기다리기로 한다. 그래서 제70에 『태사공자서太史公自序』를 서술했다.

나 태사공은 이렇게 생각한다.

나는 황제黃帝로부터 태초(太初 : 年號)에 이르기까지를 차례로 서술해 130편으로 끝을 맺는다.

※ 編註 : 태사공 자서 편은 본래 맨 끝에 수록되었던 것을 독자의 이해를 돕기 위해 앞에 두었다.

〈사마천 초상〉

삼황三皇 오제五帝 ― 태평천하

옛날에 황제黃帝는 하늘을 본받고 땅을 본받았다. 뒤를 이어 제帝 전욱顓頊·곡嚳·요堯·순舜 등 4성四聖이 차례로 나타나 각각의 법도法度를 마련했다. 요는 순에게 제위를 물려 주었으나 순은 기뻐하지 않았다. 순이 천자가 된 것은 요의 아들 단주丹朱가 불초했던 탓이지 순이 바라던 바는 아니었기 때문이다. 천하에서는 이들 요·순을 칭송해 만세가 지나도록 그들의 업적을 기록으로 남겼다.

〈전욱 顓頊〉

중국인들의 조상은 삼황三皇으로 불린다. 삼황은 복희씨伏羲氏, 여와씨女媧氏, 신농씨神農氏로 정통 역사서인 사마천의 『사기史記』는 이들을 배제하고 오제五帝부터 중국 역사를 기술하고 있다. 삼황을 역사가 아니라 신화로 여긴 것이다. 그러나 중국의 역사를 이해하기 위해서 삼황을 기술하지 않을 수 없다. 삼황은 천황天皇, 지황地皇, 인황人皇으로 불려 중국인들이 말하는 천지인天地人 사상의 모태가 되었다.

복희는 8괘掛를 만들고, 노끈으로 그물을 만들어 고기잡는 법을 가르쳤다. 신농은 농사짓는 법을 가르치고 불로 음식을 만드는 화식火食을 가르쳤기 때문에 염제炎帝로도 불렸다. 여와는 삼황 중에 유일한 여신으로 풍요와 다산의 상징이었다. 그녀는 천계에서 내려와 세상에서 살았다.

중국의 신화에 의하면 태초에 한 올의 빛도 없이 캄캄한 어둠뿐인 혼돈만 존재하고 있었다. 그 가운데 계란과 같은 거대한 알이 하나 있었는데, 그 안에서 신화 속의 주인공 반고盤古가 태어났다.

반고는 알에서 나오자 세상을 둘러싼 어둠을 향해 큰 소리를 외치며 들고 온 도끼를 힘껏 휘둘렀다. 그러자 혼돈이 갈라지면서 맑은 기운은 위로 올라가 하늘이 되었고, 무겁고 탁한 기운은 밑으로 가라앉아 땅이 되었다.

반고에 의해 천지창조가 이루어졌으나 인간은 아직 세상에 존재하지 않고 있었다. 동산과 들에는 온갖 풀과 꽃들이 만발하고 벌레와 물고기, 온갖 날것과 들짐승, 산짐승이 생겨났지만 인간이 없었다.

"세상에 사람이 없으니 적적하다, 내가 사람을 만들어야지."

여신 여와는 황토를 반죽하고 흩뿌려서 인간을 만들었다. 그리하여 세상에는 인간이 가득히 넘쳐나게 되었다.

6천여 년 전 중국의 넓은 땅에는 이족夷族, 강족羌族, 적족狄族, 묘족苗族들이 무리지어 살고 있었다. 그들 부족은 작고 큰 나라를 이루어 수많은 제후국, 소위 부족국가 형태로 존재했다.

중국 문명의 개조開祖라고 할 수 있는 공손公孫 헌원軒轅은 이러한 제후국들의 하나인 유웅국有熊國의 왕 소전少典의 아들이었다. 그가 황제黃帝이다.

헌원은 나면서부터 신령스러웠고 백일이 못되어 말을 할 수 있을 정도로 재지才智가 번뜩였으며, 성장해서는 총명했다.

헌원이 성장했을 때에는 신농씨神農氏 자손들의 덕이 쇠퇴해 제후들이 서로 침략함으로써 백성들이 괴로움을 당했으나 그들을 평정할 능력이 없었다. 그래서 헌원은 전투하는 기술을 익혀 신농씨에게 조공朝貢하지 않는 제후들을 징벌했다.

그 결과 제후들은 모두 헌원에게 복종하게 되었는데 유독 치우蚩尤만이 두드러지게 포학해서 쉽게 징벌할 수가 없었다.

치우는 강족의 후손으로 반인반수半人半獸의 요괴였다.

네 개의 눈과 여섯 개의 팔, 구리로 된 머리를 가지고 있고 입으로는 안개를 뿜는 조화를 부렸다. 헌원의 백성들은 치우가 나타났다는 소문만 들어도 악귀를 만난 것처럼 공포에 떨었다.

치우가 다스리는 강족은 황하의 북쪽에 살고 있었다. 거란 · 흉노 · 말갈족이 모두 강족의 무리에 속했다.

"치우의 나라가 어디 있는가? 치우를 쳐 없앨 것이다."

헌원은 치우와의 한판 승부가 불가피하다고 여겨 전쟁을 벌이기로 결심했다.

"치우는 탁록涿鹿의 북쪽에 살고 있습니다."

탁록은 황하의 이북 지방으로 화하족華河族은 그들을 이족夷族으로 부르고 있었다. 헌원은 10만 군사를 일으켜 치우를 공격하기 위해 출정했다. 치우 또한 10만여 군사들을 이끌고 출정하여 탁록 벌판에서 20만 대군이 격돌하게 되었다.

"동이東夷의 치우는 듣거라! 나는 천제의 아들 헌원이다. 천제의 아들인 나를 거역하고 우리 화하華河를 침략한단 말이냐? 내가 너를 용서치 않을 것이다!"

헌원은 말을 타고 앞으로 나아가 치우를 향해 외쳤다.

"황하黃河의 겁쟁이 헌원은 듣거라! 내가 삼가 천제의 영을 받들어 너를 토벌할 것이다."

치우와 헌원은 각자 진영 앞에서 한바탕 설전을 주고 받은 뒤에 본격적인 전투를 벌였다. 그러나 파죽지세로 헌원의 군사들은 무너졌다. 연전연패였다.

'이제는 더 이상 물러설 곳이 없다!'

헌원은 비장하게 결의를 다졌다.

"중원의 전 제후국들은 탁록으로 집결하라! 북쪽의 오랑캐와 마지막 결전을 치를 것이다!"

헌원은 각 제후국에 영을 내려 탁록의 대평원에 집결하게 했다. 헌원의 영이 떨어지자 8백여 제후국에서 수많은 군사들이 기치창검을 앞세우고 달려왔다. 이들이 헌원의 영을 따르게 된 것은 정복자 치우로부터 계속 약탈을 당했기 때문이었다. 탁록의 평원에 이른 제후국의 군사들은 백만에 이르는 대군이었다.

"치우를 공격하라! 다시는 우리 땅, 황하黃河를 침략하지 못하도록 발살을 내자!"

헌원이 영을 내리자 백만 군사들이 일시에 거대한 함성을 지르며 노도처럼 치우의 군사들을 향해 달려갔다. 이것이 중국 고대사에서 가장 치열한 전투로 기록되는 '탁록대전涿鹿大戰'이다.

 ※ 編著註 : 이상의 내용은 중국 신화 중심으로 쓰여졌으나『한단고기桓壇古記』단군신화에 나오는 '치우천왕蚩尤天王'의 내용은 다르게 표현되고 있다.

 단군신화에서 단군의 할아버지로 등장하는 환인桓仁이 천해天海 동쪽에 환국桓國을 세웠다. 영토가 남북 5만 리, 동서 2만 리였고 12개의 나라로 구성된 연방국가였다.

 환국 말년에 아들인 환웅桓雄이 태백산 신단수로 가 웅씨熊氏의 딸과 결혼하고 백성을 교화하며 배달국倍達國을 세웠다. 배달국은 18명의 환인이 1,565년 동안 다스렸다. 그 중 14대 자오지환웅慈烏支桓雄이 바로 치우천왕蚩尤天王이다.

 치우천왕은 중국 신화에서 삼황 오제의 한 사람인 황제黃帝로 등장하는 헌원軒轅과 73차례 전쟁을 벌여 모두 이겼다(『삼성기』와 『태백일사』)『단군세기』는 이 후 단군 왕검檀君王儉이 배달국을 계승한 새 나라를 아사달에 열고, 나라 이름을 조선(朝鮮 : 고조선)이라 했다고 기록하고 있다.

 수십년에 걸친 대전쟁의 종지부를 찍었다. 치우를 정벌하자 헌원의 명성이 더욱 높아져 제후들이 헌원을 '천자天子'로 추대하고 황제黃帝로 불렀다.

 황제는 오제五帝의 첫 번째 인물이었다.

 헌원은 천자가 되자 배와 수레를 만들어 백성들을 이롭게 하고 집을 짓는 건축술, 옷감을 만드는 포목술, 약을 만드는 제약술을 발전시켜 백성들의 삶을 편리하게 했다.

이처럼 황제 헌원은 백성들에게 이로운 일을 하게 하여 후세에 중국 문명을 크게 일으킨 황제가 죽고 얼마 지나지 않아서 손자인 전욱顓頊이 제위帝位에 오르고, 그의 아들 곡嚳이 뒤이어 제위에 올랐다. 그가 죽은 뒤에 곡의 아들 방훈放勳이 제위에 오르니 이가 곧 천하의 으뜸가는 태평성대를 연 요堯임금이다.

제帝 요堯의 인덕은 하늘과 같이 만물에 혜택을 주고 그의 지식은 신과 같이 미묘해서 헤아릴 수가 없었다.

사람들이 그를 대하기를 태양과 같이 여기고, 사람들이 그를 우러러 보기를 백곡百穀이 구름을 쳐다보며 자비로운 비〔慈雨〕를 기다리는 것처럼 했다. 부유해도 교만하지 않았으며 지위가 고귀하다 할지라도 남을 업신여기지 않았다.

〈요堯 임금〉

요임금은 천자의 지위에 있으면서도 쓰러져가는 움막에 살았다. 음식은 백성과 같이 거친 쌀과 푸성귀만을 먹고 여름에는 누더기 옷을 걸치고, 겨울에는 녹피鹿皮 한 장을 입고 지냈다. 의복이 헤어져 너덜너덜해질 때까지 결코 새 옷으로 갈아입지 않았다.

요임금이 이처럼 검소하고 근면하여 나라를 덕德으로 다스리자 태평성대가 계속되었다.

백성들은, '늙은 농부가 땅을 두르리며 천하가 태평함을 기리어 불렀다는' 〈격양가擊壤歌〉를 부르며 즐거워했다.

그 뿐만 아니라 태평한 시대의 평화로운 거리 풍경을 나타내는, 강구연월(康衢煙月 : 번화한 큰 길거리에서 달빛이 연기에 은은하게 비치는 모습) 곳곳에서 요임금의 덕을 칭송하고 태평성대를 노래하는 소리가 그치지 않았다.

해 뜨면 들에 나가 일을 하고
해가 지면 집에 돌아와 쉰다.
우물을 파서 물을 마시고
밭을 갈아 곡식을 먹으니
내가 살아가는데 임금의 힘이
무슨 필요가 있으리
우리 모두 먹을 것이 가득하여
배를 두드리며 잘 살고 있네.

요임금의 덕치德治는 '먹을 것이 가득하여 배를 두드리고 산다'는 뜻의 함포고복含哺鼓腹이라는 고사성어까지 유래시켰다.

그러나 이토록 훌륭한 요임금도 끝내 해결하지 못한 일이 있었는데, 그것은 해마다 계속되는 황하의 홍수였다. 요임금은 홍수로 황하가 넘쳐 흐르는 것이 자신의 덕이 부족한 것이라 여기고 천하를 맡길 만한 덕이 있는 인물을 천거하라고 중신들에게 지시했다. 그의 나이 또한 연로하여 더 이상 정사를 보기가 어려웠다.

"모두들 들어라! 신분의 귀함과 천함을 가리지 말고 귀족이든 산림에 숨어 사는 선비든, 오로지 덕이 있는 자를 찾아 천거하라."

요임금은 치자治者에게는 반드시 덕이 있어야 백성이 편안하게 살 수 있다고 굳게 믿었다. 중신들이 그 날로부터 어진 사람을 두루 찾아다니다가 시골에 숨어 사는 선비, 허유許由를 추천했다. 이에 요임금이 그를 천자로 삼으려 하자, 허유는 그 소문을 듣고 영수潁水 뒤의 기산箕山에 숨어 버렸다.

그런데 그후 허유는 요임금이 구주(九州 : 전국을 다스릴 장長)의 장에 임명하려 한다는 말을 듣자 영수에 내려가서 귀를 씻었다. 그때 허유의 친구인 소보巢父가 소를 몰고 오다가 허유가 귀를 씻는 것을 보았다.

"자네, 지금 무얼 하고 있는가?"

소보가 허유에게 물었다.

"더러운 말을 들었기에 귀를 씻고 있는 중이네."

허유가 대답했다.

"더러운 말이 무엇인가?"

"임금께서 전에는 내게 천하를 넘겨 준다고 하더니 이번에는 구주의 장으로 삼는다고 하셨네."

허유의 말을 들은 소보는 소에게 물을 먹이려다가 말고 상류로 거슬러 올라갔다. 허유가 어리둥절하여 소보에게 물었다.

"자네는 어디로 가는가? 소에게 물을 먹이러 온 것 같은데 여기면 족하지 않은가?"

"더러워진 자네의 귀를 씻은 물을 내 소에게 먹일 수 없지 않은가? 그래서 상류로 올라가서 깨끗한 물을 먹이려 하네."

소보는 허유의 곁을 지나 소를 몰고 상류로 올라갔다.

어느 날 요임금의 귀에 순舜이라는 사람이 효孝에 바르고 지극히 어질다는 소문이 들려왔다.

순은 오제五帝의 하나인 전욱의 6대 손으로 아버지는 고수瞽叟라는 인물이었다. 고수의 고瞽는 눈이 보이지 않는 자를 일컫는 말이고, 수叟는 장자, 맏이를 일컫는 말이기도 하지만 역시 눈이 없어 선악을 구별하지 못한다는 말이다.

고수는 순의 생모가 죽자 후처를 얻어 상象을 낳았다.

고수와 계모는 상만을 귀여워하고 온화한 순을 미워하여 기회만 있으면 죽이려고 하였다. 그러나 순은 부모에게 순종하여 오로지 자식된 도리를 묵묵히 다할 뿐이었다.

요임금이 순을 불러 이야기를 나눠보니 과연 효와 덕이 출중하여 가히 성인聖人이라고 할 만했다. 요임금은 순을 시험하기 위해 두 자신의 딸인 아황娥黃과 여영女英을 시집보내 집안에서의 행실을 관찰했다. 순은 두 아내를 잘 거느리고 화목하게 살아 주위의 칭송을 한몸에 받았다.

그가 머무는 마을은 일년이 지나면 촌락村落을 이루고, 2년이 지나면 읍邑을 이루고, 3년이 지나면 도회都會가 되었다. 뭇 백성들이 효와 덕이 출중한 순舜을 본받기 위해 구름같이 몰려든 까닭이었다. 특히 천자 요임금의 딸들인 아황과 여영도 부녀자로서의 어질고 너그러운 덕행, 부도婦道를 다해 순을 받들어 집안이 언제나 화목했다.

순舜은 20세에 효도로 이름이 나고, 30세에 요堯에게 기용되었으며, 50세에 천자天子의 정사를 대행하고, 58세에 요가 붕어하자 61세에 요를 대신하여 제위에 올랐다. 제위에 오른 지 39년 만에

남방으로 창호蒼梧의 야(野 : 호남성)를 소행하다가 붕어했다. 강남
의 구의산(九疑山 : 광서성)에 매장되었

는데 이것을 영릉零陵이라 부른다.

순은 미리 우禹를 천자로 추천해 놓
고 17년이 지나서 붕어했다.

두 왕비, 아황과 여영은 순임금을
따라 순행하면서 상수湘水에서 갑작스
런 비보를 듣고 비탄의 눈물을 흘렸
다. 그녀들이 흘린 눈물이 옆에 있던
대나무에 떨어져 얼룩 반점의 흔적을

〈순舜 임금〉

남겼다. 이때부터 소상강 일대에는 반점이 있는 반죽斑竹이 자라
기 시작했는데, 후세 사람들이 대나무의 얼룩 반점을 보고 아황과
여영의 눈물이라고 했다. 두 왕비는 순임금에 대한 사모의 정을
억제할 길이 없어 치마를 뒤집어쓰고 소상강 깊은 물에 몸을 던졌
다.

황제黃帝에서 우·순에 이르기까지는 모두가 같은 성씨이나 제
각기 국호를 달리하여 덕망을 밝게 구분하였다. 황제를 유웅씨有
熊氏라 하고, 제帝 전욱顓頊을 고양씨高陽氏라 하고, 제 곡嚳을 고신
씨高辛氏라 하고, 제 요堯를 도당씨陶唐氏라 하고, 제 순舜을 유우씨
有虞氏라 하고, 제 우禹를 하후씨夏后氏라고 해서 각각 씨를 달리한
다.

성姓은 모두가 사씨姒氏이지만 상商의 조상은 설契이라고 하며
성은 자씨子氏이고, 주周의 조상은 기棄라고 하며 성姓은 희씨嬉氏
다.

하夏 본기 — 우禹의 치산치수治山治水

우禹의 치수治水 공적은 구주(九州 : 冀·沇·靑·徐·揚·荊·豫·梁·雍)를 뒤덮고 이미 요堯·순舜 때 빛을 발했으며 그 혜택이 후손에까지 흘렀다. 그러나 하왕조의 걸왕桀王은 음란하고 교만 방자하여 탕왕湯王이 방벌(放伐 : 덕을 잃은 군주를 쳐서 내쫓는 일)하였다.

요堯·순舜 시대가 지나가고 우임금에 의해 하왕조夏王朝가 세워졌다. 우는 순임금에 의해 천자로 즉위한 뒤에 더욱 덕을 쌓고 치산치수治山治水에 온 힘을 쏟았다. 손수 농사를 지어 백성들에게 모범을 보이니, 우임금 이후에 많은 임금들이 권농일勸農日을 제정하고 손수 농사짓는 풍속이 생겨났다.

도로를 개척하고 구주九州를 순행하면서 백성들의 삶이 어떤지 민정民情을 두루 살폈다. 특히 구주를 개척하는데 있어 도로를 개통하고 소택(沼澤 : 늪과 못)에 제방을 쌓아올려 물이 넘치지 않게

하고, 산들을 조사했다. 그리고 백성들에게 토양에 맞는 벼의 품종을 나누어 주게 하였다. 또한 식품이 부족한 때에는 먹고 남는 곳으로부터 보급받아 제후국들의 사정을 균등하게 했다.

우禹임금은 천하[九州]를 순행하며 각 지역의 특산품을 조사하는 한편, 공물을 바칠 만한 곳과 산천의 교통이 편리한 지점을 시찰했다.

우의 순행은 기주冀州에서

〈요임금의 명을 받는 우禹〉

시작되었다. 기주에는 우선 산서성 호구산壺口山에서 공사를 시작해서 양산梁山에서 기산岐山에 이르렀으며, 태원太原을 개수하고 악양嶽陽에 이르렀다.

상수常水와 위수衛水가 범람하지 않게 되자 동북방의 만족蠻族들이 짐승 가죽으로 만든 의복들을 공물로 가져와 바쳤다.

연주沇州 땅은 하남성 제수濟水에서 황하黃河까지이다. 황하 하류에서 분류하는 아홉 개의 하천이 정비되어 물길을 트자 산동성까지도 정상을 되찾았다. 특히 옹수雍水와 저수(沮水 : 모두 산동성 평지를 흐르는 하천)가 합류하여 건조한 지대에는 뽕나무밭을 일구어 양잠養蠶을 하였다.

그래서 백성들은 구릉지대에서 내려와 평지에 거주하게 되었다. 청주淸州 땅은 동해에서 대산岱山까지이다. 산동성의 물길을 정비하여 범람하지 않았다.

서주徐州 땅은 동쪽의 바다에서 북은 태산泰山, 남은 회수淮水까지이다. 회수淮水·기수沂水의 치수治水가 이루어지고, 몽산蒙山과 우산羽山이 경작되었고, 대야택大野澤도 전처럼 범람하지 않고 물이 고여 있었다.

양주揚州 땅은 회수에서 동해까지이다. 팽려호(彭蠡湖 : 강서성의 번양호)가 범람함이 없이 호수로서 안정을 되찾아 기러기가 서식하였다. 진택(震澤 : 강소성과 절강성에 걸쳐 있는 큰 호수)의 물도 안정되었고, 대나무가 널리 무성하며 풀은 길게 나무는 높게 자랐다.

형주荊州 땅은 호북성의 형산荊山에서 호남성의 형산衡山의 남쪽까지이다. 양자강과 한수漢水는 언제나 바다로 흘러가고 구강(九江 : 동정호)은 적당한 지세를 타고 거침없이 양자강의 지류와 한수의 지류도 안정되어 농산물을 경작할 수 있었다.

예주豫州 땅은 형산에서 황하까지이다. 낙수洛水의 지류가 이미 황하로 흘러들어 하남성의 형택滎澤을 넘치던 물이 빠지고 하택荷澤의 물을 끌어들여 범람을 막았다.

양주梁州 땅은 섬서성 화양華陽에서 운남성의 양자강 상류, 흑수黑水까지이다. 사천성의 문산汶山이나 섬서성 파산嶓山 근방의 수류가 정리되어 경작할 수 있게 되었다.

옹주雍州는 서쪽 변경의 흑수黑水에서 황하의 서도까지이다. 감숙성의 약수弱水는 서쪽으로 흐르게 되고 칠수漆水는 서남류하여 저수沮水와 합류하고 위수渭水로 흘러든다.

형산·기산도 치산치수가 되어 산신에게 제사지내게 되고, 종남산 · 돈물산에서 조서산鳥鼠山에 이르는 사이에도 치산치수가 이루어져 산신에게 제사지냈다.

이처럼 구주九州는 각 지방의 특성대로 치산치수되었다. 천지사방의 산간벽지에도 사람이 살게 되어 여제(旅祭 : 산에게 올리는 제사)를 하고 구천의 수원을 깊이 파서 물이 잘 흐르게 되고 구택에는 제방을 쌓아올려 범람할 우려가 없어졌고, 사해의 백성들이 수도로 모여들었다.

이로써 전국 토지의 등급도 올바르게 책정되고 공물 · 부조의 징수를 신중하게 하고 상 · 중 · 하의 토질을 표준으로 해서 부조를 전국에 할당했다. 그리고 전국의 치산 · 치수가 완성되었으므로 토지와 성을 하사해서 제후로 봉했다.

우禹임금은 어진 정치만을 편 것은 아니었다. 우임금은 제위에 오른 후에 천하에 위엄을 떨치기 위해 제후들을 도산(塗山 : 회계산)에 소집하여 크게 연회를 베풀었다. 전국에서 수많은 제후들이 구름처럼 모여들어 우임금의 덕德을 찬양했다.

우임금이 제후들을 모아놓고 도산회의塗山會議를 엶으로써 춘추전국시대의 패자霸者들이 회의를 개최하는 것이 전통이 되었다. 나라에 공물로 세금을 바치는 제도는 순임금과 우임금 때부터 비롯되었다.

특히 우임금이 황하 남쪽의 한 산에서 제후들을 소집하여 그들의 치적을 심사하다가 병으로 죽었기 때문에 그곳을 '회계산會稽山'이라고 부르게 되었다.

회계라는 것은 즉 회계會計, 다시 말해 제후와 회동하여 그들의 공적을 계산했다는 뜻이다.

이때 술(酒)이 발명되었다. 술을 발명한 사람은 의적義狄이라는 신하였다.

어느 날 의적은 쌀 창고 속에 우연히 항아리 물에 담겨져 있는 쌀에서 달콤하고 향기로운 냄새가 나는 것을 발견하게 되었다. 의적이 그윽한 냄새에 이끌려 맛을 보니 기가 막히게 좋았다. 의적은 술을 퍼서 마셨다. 그것은 마시면 마실수록 기분이 붕 뜨는 것처럼 좋아졌다.

'이 귀한 것을 나 혼자 먹을 수는 없다. 천자님께 바치자.'

의적은 우임금에게 자신이 담근 술을 바쳤다. 우임금은 의적이 진상한 술을 마셔보니 기이한 맛에 향기로웠다. 한 잔 두 잔 마실수록 감미로운 향기가 코를 찌르고 정신이 더욱 몽롱해졌다.

"이것은 너무 맛이 좋구나. 그런데 이렇듯 맛이 좋으며 사람의 정신을 빼앗으니 경계하지 않으면 집안을 망치고 나라를 잃게 되겠구나."

우임금은 두 번 다시 술을 마시지 않고 의적을 멀리했다. 그리고 동방을 순행하다가 절강성 회계會稽 땅에 이르러 병사했다. 당시에는 충직한 신하 익益에게 천하를 맡겼다.

그러나 익은 3년의 복상이 끝나고 제 우의 아들 계啓에게 제위를 양보하고 하남성 기산箕山 남쪽으로 피신해서 살았다.

우의 아들 계는 현명하여 천하의 제후들은 뜻을 계에게 두었다.

"우리의 인군은 제 우禹의 아들입니다."

이렇게 해서 계가 드디어 천자의 위에 올랐다. 이를 하후제夏后帝 계啓라고 한다. 이때부터 제위를 세습하는 세습제가 시작되었다.

제帝 계가 붕어崩御하자 아들 태강太康이 즉위했다. 태강은 정사를 돌보지 않고 수렵에 몰두하다가 객사하였다. 태강이 죽고 그의 아우 중강中康이 즉위했다.

제 중강 때에 천문天文과 사시四時를 주관하는 족벌(族系) 희씨羲氏·화씨和氏가 주색에 탐닉해서 자신의 직무인 사시의 계측을 게을리 해서 일력日曆을 어지럽혀 그들을 정벌하였다.

중강이 죽고 아들 상相이 즉위했다. 상이 죽자 아들 소강小康이 즉위했고, 우禹로 부터 14대째 제 공갑孔甲이 즉위했다.

제 공갑이 즉위하자 그는 자신을 귀신이라고 자임하고 음란을 일삼았다. 하우씨의 덕은 쇠퇴하고 제후들이 반란했다.

공갑이 죽자 아들 고皐가 즉위하고, 고가 죽자 아들 발發이 즉위하고, 발이 죽자 아들 이계履癸가 즉위했다. 이를 걸桀이라 한다.

공갑 이래로 많은 제후들이 하우씨에 반란이 계속되어 걸桀 때에도 그러했다. 이렇게 하왕조는 4백 년 동안이나 면면히 이어지다가 역사상 최초의 폭군으로 불리는 걸왕桀王시대에 이르게 되었다.

걸왕은 즉위하자 정사를 돌보지 않고 황음무도荒淫無道한 생활에 빠져들었다. 뿐만 아니라 이웃의 제후국들을 공격하여 약탈과 방화를 일삼았다. 드디어 유시국有施國의 작은 나라에 미인이 많다는 소문을 듣고 유시국을 정벌하여 말희妺喜라는 경국지색(傾國之色 : 임금이 혹하여 나라를 위태롭게 할 정도의 빼어난 미인)의 여인을 얻었다.

말희는 복숭아 꽃잎처럼 아름다운 얼굴에 가을철의 맑은 물처럼 서늘한 눈을 가지고 있었다. 터질 듯한 팽팽하게 솟아오른 젖

〈폭군 걸왕桀王의 治〉

가슴과 버들가지처럼 가는 허리, 풍만한 둔부는 감히 뇌쇄적이었다. 말희를 얻은 걸왕은 천하를 얻은 것보다 더 기뻤다.

걸왕은 그날로 말희를 품에 안고 정교情交를 나누었다.

'아아, 이토록 아름다운 여인이 있을 줄이야.'

말희의 몸은 따뜻하고 부드러웠다. 말희의 가슴을 애무하는 걸왕의 손길은 늦추지 않고 있었다.

'휘이잉.'

밖에는 북풍한설 삭풍이 더욱 사나워지고 있었지만 걸왕과 말희는 무쇠라도 녹일 것같은 열기를 내뿜고 있었다.

그날 이후 말희는 걸왕에게 갖은 교태를 부려 치마폭에 휘어 감았다. 걸왕은 한시라도 말희의 곁에서 떠나지 않고 술과 가무에 빠져 지냈다.

매일 같이 어화원御花園에서 주연을 베풀고 정사를 돌보지 않았다. 결국은 연못을 파서 술로 채우고 연못가의 나무에는 소금과 절인 고기와 불에 구운 고기를 주렁주렁 매달아 3천 궁녀들에게 발가벗겨 연못의 술과 고기를 먹도록 했다. 그야말로 주지육림酒池肉林 속에서 성性의 찬饌을 마련한 것이다.

주지육림을 유지하기 위해 술을 빚고 고기를 만들라는 왕명에 하나라의 국력은 나날이 쇠퇴해져 갔다.

"백성들의 피와 땀을 사치로 낭비하면 이 나라는 기필코 망할 것이옵니다."

충심으로 간하는 충신들은 하나 둘 떠나갔다. 불온한 공기를 감지한 걸왕은 당시에 가장 명성 높은 탕湯을 잡아 하대(夏臺 : 감옥)에 가두었다가 얼마 후 풀어주었다. 탕은 덕을 닦았으므로 모든 제후들이 모여 들었다. 이윽고 탕은 제후들을 이끌고 하왕조의 걸왕을 방벌했다.

은殷 본기 — 은감불원殷鑑不遠

　　설契은 상(商 : 은왕조)을 일으켜 성탕(成湯 : 탕왕, 설
의 13대 후손)에게 미쳤다. 태갑太甲은 동동桐에서 살았
고, 그의 덕행은 재상 이윤伊尹의 보좌로 완성되었
다. 무정武丁은 부열傅說을 발탁함으로써 고종高宗
이라는 칭호를 받았다. 제帝 신辛, 주왕紂王은 주색
을 탐닉해 제후들이 받들지 않았다.

　　탕왕湯王이 세운 은殷나라의 시조가 되는 사람은 설契이었다. 그
의 어머니 이름은 간적簡狄인데 유융씨有娀氏의 딸이며 제帝 곡嚳의
두 번째 부인이었다.

　　설의 출생에는 신비한 설화가 전해 내려온다. 간적이 하루는 자
매들과 함께 현구산玄丘山 계곡에서 목욕을 하는데 바로 옆에서 검
은 새가 알을 낳고 있었다. 간적이 그 알을 삼켜 임신을 했고 낳은
아이가 설이다.

　　설이 자라서 우임금을 보좌하여 황하의 치수에 전력을 기우려

순임금으로부터 상商의 제후에 봉해지고 자子라는 성씨를 받았다.

설은 요堯·순舜과 우禹의 시대에 그가 이룬 공적이 단연 으뜸이었다. 설은 오륜五倫[군신의 의義, 부자의 친親, 부부의 별別, 장유長幼의 서序, 붕우朋友의 신信]도 가르쳤다. 그로 인해서 백관들도 안정을 얻을 수 있었다.

〈걸왕을 방벌하는 탕왕〉

탕왕은 설의 14대 손이다. 탕왕은 천자로 즉위한 후에 명재상 이윤伊尹의 도움을 받아 어진 정치를 펼쳤다.

이윤은 걸왕에게 충간을 해도 듣지 않자 상나라로 망명한 뒤에 탕왕이 어진 임금이라는 말을 듣고 그의 신하가 되기를 원했으나 인연을 맺을 수 없었다. 그러다가 마침 유신씨有莘氏의 딸과 탕왕이 혼례를 올리게 되자 그녀의 하인이 되어 따라갔다.

이윤은 요리 솜씨가 탁월하여 탕왕에게 발탁되고 재상의 지위에까지 오르게 되었다.

이윤이 탕의 승리를 천하에 알렸다. 이렇게 하여 모든 제후들은 탕에게 복종했다. 탕은 천자天子의 위位에 올라 천하가 평정되었다.

탕은 하왕조의 역서曆書를 개정하고 의복의 색깔을 바꾸어 백색

을 존중했으며 조정의 회합會合도 백색을 존중하는 의미에서 백주
(白晝 : 대낮)에 가지기로 했다.

탕이 죽자 태자인 태정太丁이 즉위하기 이전에 죽었으므로 태정
의 아우 외병外丙이 즉위했다. 외병이 즉위한 지 3년 만에 죽고 중
임中壬이 4년 만에 죽자 이윤이 태정의 아들 태갑太甲을 즉위하게
했다. 태갑은 탕왕의 적장손(嫡長孫 : 정부인이 낳은 제일의 손자)이다.

태갑太甲은 즉위한 지 3년
되었으나 이윤의 가르침과 탕
의 법도를 따르지 않고 포학
하기까지 하여 천자의 덕을
어지럽혔다. 그래서 이윤은
그를 이궁離宮으로 추방했다.
그리고 3년 동안 이윤이 정사
를 대행하여 국무國務를 담당
하면서 제후들을 입조入朝하
게 했다.

제帝 태갑이 이궁에 거처한
지 3년이 되자 잘못을 뉘우치

〈태갑을 가르치는 이윤〉

고 반성하여 돌아왔으므로 이윤은 제 태갑을 맞이해 그에게 정권
을 돌려주었다.

태갑은 덕을 닦았으므로 제후들이 모두 은殷으로 귀복歸復했다.

백성들의 생활은 편안했다. 이윤이 이것을 기뻐하여 『태갑훈太
甲訓』 3편을 짓고 태갑을 칭찬하여 태종太宗이라 했다.

태종이 죽자 아들 옥정沃丁이 즉위하고 이때 이윤이 죽었다.

그 후 점차 은殷의 정도政道가 쇠퇴해서 제후들 중에서는 입조하지 않는 자가 생겼다. 그로부터 19대 반경盤庚이 즉위했다.

반경이 즉위했을 때에는 황하의 북쪽에 도읍하고 있었으나 반경은 황하를 건너서 남쪽으로 옮겼다. 이때까지 반란은 끝없이 일어나고 국정은 혼란했다. 반경은 쇠퇴한 국력을 일으키고 만연한 퇴폐풍조를 바로잡기 위해 도읍을 은허殷墟로 옮긴 것이다.

이때부터 상왕조를 은왕조로 부르게 되었다.

반경이 죽고 아우 소신小辛이 즉위하자 은이 다시 쇠퇴하였다. 소신이 죽고 아우 소을小乙이 즉위했으며, 소을이 죽자 아들 무정武丁이 즉위했다.

무정이 즉위하면서 은을 다시 부흥시키고자 생각했지만 자신을 보좌해 줄 만한 현신賢臣을 얻지 못하고 3년 동안 아무 말도 하지 않고 정사를 재상의 결재에 맡기고 천하의 세태를 관찰했다.

무정이 어느 날 밤 꿈속에서 성인을 만났는데 이름을 열說이라 했다. 꿈에서 본 인상을 가지고 여러 신하와 백관百官을 살펴보았으나 모두 아니었다. 그리하여 백관百官을 시켜 꿈에 본 사람의 상을 그려 전국을 뒤져 찾게 했더니 산서성 부험傅險이라는 바위굴에서 토목공사를 하고 있는 열說을 찾아냈다.

"바로 이 사람이다!"

무정이 탄식하듯이 말했다. 그리고 함께 대화를 나눠 본즉 과연 성인이었다.

그를 재상으로 등용했더니 은은 잘 다스려졌다. 그래서 드디어 부험 땅의 부를 따서 성姓으로 삼고 부열傅說이라 이름했다.

무정은 정치에 힘쓰고 덕행에 힘썼다. 천하는 모두가 기뻐했고 은의 정도는 다시 일어섰다.

그러나 세월은 흥興하고 망亡하고 성盛하고 쇠衰하는 일이 일어나게 마련이다. 5백 년 왕업을 이어오던 은왕조는 30대 천자로 신辛이 등극하면서 쇠퇴의 길을 걷게 된다.

제帝 을乙의 장자는 미자微子 계啓였다.

계의 어머니는 신분이 미천해서 계가 위를 물려받을 수 없었다. 그래서 계의 아우가 신辛인데 신의 어머니는 정비正妃였으므로 신이 후사後嗣가 되었다. 천하에서는 그를 주紂라고 했다. 주라는 말은 의義을 해치고 선善을 손상시킨다는 뜻으로 사후에 붙인 시호라 한다.

주왕紂王은 천성이 능변能辯하고 행동도 민첩하며, 재주와 힘이

〈포악한 주왕과 달기〉

보통 이상이었다. 맨손으로 맹수를 죽일 수 있었을 뿐만 아니라 그의 교활한 지혜는 간언諫言을 막아 내기에 충분했으며, 그의 언변은 비행非行이라도 꾸며대기에 충분했다.

신하들에게는 자신의 재능을 자랑하고 천하에서 명성이 높다고 자만하여 천하 사람들을 모두 자기보다 한 수 아래로 보았다.

주왕은 제위에 오르자 정

사는 팽개치고 술과 여자에 빠져들었다. 여자들이 대궐에 지천으로 널려 있으니 주야로 가무를 즐기고, 여자를 발가벗겨 말처럼 엎드리게 하고 그 위에 올라타서 즐기는 풍마지희風馬之喜의 열락에 빠졌다. 방바닥에는 구운 콩을 깔아서 여자가 말처럼 기어 다니며 주워 먹도록 하여 즐겼다.

은왕조의 가까운 곳에 유소국有蘇國이 있었다. 유소국은 아주 작은 나라로 소후蘇侯에게 달기妲己라는 절색의 딸이 하나 있었다.

주왕은 소후의 애지중지하는 딸, 달기를 강제로 빼앗아 품에 안았다. 달기는 어려서부터 방중술로 색에 도가 튼 여자였다. 주왕의 손이 그녀의 가슴을 움켜쥐었다가 둥글게 애무해 가자 그녀의 머리는 어깨 뒤로 넘어가 요염한 빛을 발산했다.

주왕의 입이 두 개의 육봉肉峰을 번갈아가며 흡입하자 달기는 주왕의 머리를 힘껏 감싸 안았다.

달기는 차라리 두 눈을 감았다. 눈앞에서 무수한 빛의 입자들이 난무하고 있었다. 그녀의 내부 깊숙한 곳에서 전율에 가까운 쾌감이 물결치듯 파문을 일으켰다. 주왕의 손과 입이 닿는 곳마다 꽃들이 망울을 터트리며 화려하게 피어났다. 맹수가 포효하듯 격렬한 시간이 지나가자 주왕의 침전은 적막 속에 가라앉았다. 그들은 이제 손가락 하나 움직일 수 없었다.

주왕과 달기의 궁합은 척척 맞아떨어졌다. 달기의 말이라면 무엇이든 다 들어주었다. 그래서 음란한 가요 '북리北里의 무舞'를 새롭게 짓게 하고 녹대鹿臺의 창고에 금은보화를 가득 채우고, 거교鉅狄의 창고에 양곡을 채우고 역사役事를 크게 벌여 사구砂丘에 이궁離宮을 확장했다.

"폐하, 환락의 극치가 어떤 것인지 한번 맛보고 싶습니다. 걸왕 때 말희가 주지육림을 만들어 즐겼다고 하오니 우리도 그와 같은 연못을 만들어 즐기심이 어떠하온지?"

달기의 말에 주왕이 즉시 왕명을 내렸다. 하나라의 걸왕이 한 것처럼 5백년 만에 또다시 은나라에서도 주지육림의 대역사가 벌어졌다. 그것은 수많은 백성들의 피눈물을 흘리게 한 뒤에야 완성되었다.

주왕은 천여 명의 궁녀들을 발가벗겨 연못가에 풀어놓고 일제히 연못으로 달려가 엎드린 뒤에 입으로 술을 핥아 마시도록 하고 육림으로 달려가 입으로 고기를 뜯어 먹도록 북을 둥둥 울렸다. 거기에는 젊으나 늙은 대신들 또한 예외가 없었다.

궁녀들과 신하들은 모두 술에 취해 있었다. 밤이 깊어지자 숲에서는 벌거벗은 남녀가 뒤엉켜 야릇한 환성과 교성을 질러대 음란의 극치를 이루었다.

주지육림이 만들어진 수선궁守仙宮에서는 매일같이 간諫하는 충신들의 처형이 계속되고 그들이 뿌린 홍건한 피 위에서 벌거벗은 연회가 계속되었다.

처형당하는 쪽은 끔찍하고 무서운 일이었지만 구경하는 쪽도 진저리를 쳤다. 그런데도 포학한 주왕을 탄핵하는 신하들은 끝이 없었다.

주왕과 달기는 새로운 유희를 찾기에 혈안이 되었다. 이미 인간의 이성을 상실한 그들이었다.

"폐하, 저들을 새로운 형구形具로 다스리소서."

충신들의 목을 베는 일에도 지쳐버린 달기가 새로운 사형법을 제안했다.

"그것이 무엇이냐?"

"포락炮烙의 형이라 하옵니다."

달기가 '포락의 형'에 대하여 자세히 설명했다.

'포락의 형'은 구리기둥에 기름을 바르고 그 아래는 불을 피워 놓고 구리기둥 위로 죄인들을 걸어가게 하는 형벌이다. 포락의 형이 만들어지자 죄인들은 구리기둥을 걸어가면 살아날 수 있기 때문에 엉금엉금 기어 구리기둥을 건너려고 했다. 그러나 구리기둥에는 기름이 칠해져 있기 때문에 곧바로 굴러 떨어져 불에 타 죽을 수밖에 없었다.

주왕과 달기는 기름 구리기둥을 건너다가 불에 타 죽는 죄수들을 보고 쾌감을 느꼈다.

그 당시 은에서는 서백西伯 창(昌 : 후일 주의 문왕)과 구후九侯, 악후鄂侯를 정무 담당의 3대신으로 삼고 있었다.

구후에게는 미녀가 있었는데 그녀를 주왕에게 올렸으나 그녀는 음란한 것을 싫어하자 주왕이 노하여 그녀를 죽이고 구후를 소금에 절여 죽였다.

이에 악후가 주왕의 비행을 탓하자 주왕은 악후마저 말려 죽였다. 서백 창昌이 이 사실을 듣고 개탄하였다. 그러자 주왕은 서백을 유리羑里에 가두었다. 서백의 신하가 급히 미녀와 진기한 물품, 좋은 말을 바쳤더니 서백을 풀어주었다.

서백은 낙수洛水 서쪽의 기름진 땅을 바치면서 '포락의 형'만은 없애달라고 청원하여 주왕은 그 형벌을 폐지시켰다.

그리고 주왕은 궁弓과 시矢, 부월斧鉞을 하사하면서 왕명을 거역하는 제후를 징벌할 수 있게 하고 서쪽 지방의 제후 우두머리라는 뜻으로 '서백西伯'으로 삼았다.

서백은 덕德을 닦고 선행에 힘썼다. 대부분의 제후들은 주왕을 배반하고 서백에게 귀복했다. 그 결과 서백은 한층 더 강대해졌고 주왕은 점차로 권위를 잃었다.

주왕의 황음무도荒淫無道한 폭정이 계속되자 제후들이 역심을 품기 시작했다. 그러는 동안 서백이 죽고 서백의 아들 무武가 주周의 군위에 올랐다. 서백은 죽으면서 유언을 내렸다.

"나는 태공망太公望을 스승인 상보上父로 모시고 나라를 이끌었다. 너는 내가 죽거든 태공망을 반드시 네 아버지와 같이 상보로 받들어 그의 뜻을 따라 천하를 안정시켜라!"

서백 창昌은 강태공 여상呂尙을 무왕의 스승으로 임명했다.

서백이 죽은 후 주周의 무왕武王이 은殷의 주왕을 징벌코자 황하의 나루터 맹진盟津에 이르자 8백여 제후의 군사들이 모여들었다.

주왕紂王은 더욱더 음란한 폭정을 그칠 줄 몰랐다. 이복형인 미자微子 계啓가 자주 간했으나 듣지 않으므로 그는 떠나갔다.

또한 주왕의 숙부인 비간이 다시 충간했다.

"대저 임금이란 하늘을 두려워하고 백성을 어려워해야 할 터인데 날마다 주지육림에서 벌거벗은 남녀가 서로 쫓아다니며 뒹굴게 하니 어찌 군왕으로서 취할 도리입니까? 임금이 포학하고 잔인해 백성들이 누구를 믿고 따르겠습니까? 폐하께서는 속히 회개하고 바른 정치를 펴십시오."

주왕은 대로하여 비간을 잡아들였다.

"네가 방약무인하게 과인을 비난하니 무엇을 믿고 그런 망언을 하느냐? 네가 그런 말을 하고서도 살기를 바라느냐?"

주왕이 비간을 내려다보며 말했다.

"성인聖人은 살기 위해서 인仁을 버리지 않습니다. 성인은 의義를 위해서 죽음으로 절개를 지켰습니다. 은나라의 사직과 백성을 위해서라면 신이 어찌 죽음을 두려워하겠사옵니까?"

비간 또한 추호의 망설임도 없이 말했다.

"성인의 심장에는 일곱 개의 구멍이 있다고 들었다. 네가 정녕 성인이라면 네 심장에도 일곱 개의 구멍이 있는가를 살펴보자!"

주왕은 비간을 죽이고 해부解剖해서 그의 심장을 보았다.

기자箕子는 주왕의 난행을 두려워하여 거짓으로 미친 척하고 노예가 되었다. 그런데도 주왕은 그를 가두었다.

주周의 무왕武王이 더 이상의 만행을 지켜볼 수만은 없어 깃발을 들었다.

"주왕紂王은 요사스런 계집 달기에게 빠져 천명天命을 거역하고 백성을 도탄에 빠뜨렸으며, 가족의 단란함까지 파괴했다. 조상의 아름다운 음악을 폐기하고 음탕한 음악으로 계집의 환심만 사려고 했다. 이제 나는 하늘을 대신하여 주왕에게 천벌을 내리려고 한다. 제후들이여 힘을 내라! 장사들이여 다시없는 기회를 놓치지 말라! 기회는 두 번 다시 오지 않는다!"

"와아!"

제후와 병사들이 모두 우렁찬 함성으로 호응했다.

갑자일 새벽 무왕의 군대는 은의 도읍인 상商의 교외 목야牧野에 이르렀다. 무왕은 왼손에 도끼를 잡고 오른손에는 깃발을 잡은 채 군사들을 독려했다. 그의 위엄은 사해에 넘쳤다.

주왕도 병사를 급히 동원하여 방어전을 폈으나 파죽지세破竹之勢로 무너져 성안으로 도망쳤다. 그리고 자신이 즐겨 놀던 녹대鹿臺에 올라 금은 구슬로 장식한 의복을 입고 불길 속에 떨어져 죽었다.

주周의 무왕武王은 주왕紂王의 머리를 베어 백기白旗에 달고 달기妲己를 죽였다. 그리고 갇혀 있던 기자箕子를 석방하고, 성인으로 추앙받던 비간의 묘에 흙을 쌓아올리고 송덕頌德의 표시를 했다.

이로써 주周의 무왕武王이 천자가 되었으나 이후로는 대대로 제호帝號를 낮추어 왕이라고 하였다. 그리고 은殷의 후손들을 제후로 삼아 주周에 속하게 하였다.

『시경詩經』의 탕편湯篇에 은나라 사람이 경계해야 할 선례는 먼데 있지 않고, 바로 전대前代 하나라 걸왕桀王의 학정虐政에 있었다. 곧 '멸망의 선례는 가까운 곳에 있다'는 다른 뜻으로, '다른 사람의 실패를 자신의 거울로 삼아라'는 말이 있다〔은감불원殷鑑不遠〕.

주周 본기 — 경국지색傾國之色

　　주周의 덕은 서백西伯 시절에 가장 왕성했다. 무
왕武王은 목야牧野에서 은殷의 주왕紂王을 정벌한 뒤
천하 만민을 위무慰撫했다. 유왕幽王·여왕厲王은 사
리에 어둡고 어리석었으며, 음란한 데다 풍酆과 호
경鎬京을 잃고는 나라가 쇠미해질 수밖에 없었다.
결국 난왕赧王에 이르러서는 낙읍洛邑에서 조상의
제사도 지내지 못하는 처지가 되었다.

　　무왕武王이 새롭게 세운 주周의 시
조는 기棄이다. 기는 후에 순舜임금
으로부터 농사를 관장하는 창昌으로
서 후직后稷의 직함을 얻었다.

　　그의 어머니는 유태씨有邰氏의 딸
로 강원姜原이었다. 강원은 오제五帝
의 한 분인 곡嚳의 정비正妃였는데,

〈주 무왕 周武王〉

어느 날 강원이 들에 나가 귀인의 발자국을 보고 마음으로 즐거움을 느껴 밟고 싶은 충동을 느꼈다. 그래서 발자국을 밟았더니 갑자기 하체에 짜릿한 흥분이 되면서 임신하게 되었다.

일 년이 지나서 아기를 낳았으나 강원은 상서롭지 못하다고 생각하여 집 밖으로 나가 아기를 골목에 버렸다. 그러나 말이나 소가 지나가면서 모두 밟지 않았다. 그래서 다시 숲 속에 버리려 하였으나 지나는 사람이 많아 개천의 얼음 위에 버렸다. 그랬더니 날던 새가 내려와 깃털로 덮어서 보호해 주었다.

강원은 기이하게 생각하여 거두어서 길러 성장하게 했다.

처음에는 버리려고 했기 때문에 이름을 버릴 기棄라고 했다. 기는 총명하고 농사일을 좋아했기 때문에 순임금이 농사를 관장하는 농사農師로 임명했다.

"기여! 백성들이 굶주림에 시달리고 있으니, 그대는 후직(后稷 : 농업 담당의 장)이 되어 여러 곡식을 파종하고 재배하는 법을 가르쳐 주오."

〈주 문왕 周文王〉

기를 태(邰 : 섬서성)에 봉하고 후직이라 이름했다. 별성別性을 희씨嬉氏라 했다.

서백 창昌은 기의 후손이었다. 서백이 태어날 때 상서로운 조짐이 있었다. 붉은 새(赤雀)가 산실產室에 날아들어 단서丹書를 떨어뜨리고 날아갔다.

"우리 집안에 흥왕하는 자가

있다면 그것은 창일 것이다."

창의 아버지 계력季歷은 크게 기뻐했다. 창은 훗날 서쪽 지방 제후들의 우두머리 서백西伯이 되고 그의 아들 무왕이 천하를 제패하자 문왕文王으로 추대되었다. 무왕이 천하를 지배할 수 있었던 것은 모두 문왕이 기틀을 닦아 놓았기 때문이다.

무왕은 주周의 도읍인 풍읍豐邑으로 돌아와 도읍을 호鎬로 옮기니 이곳이 서주西周의 도읍인 호경鎬京이 되었다. 그리고 옛날 성왕聖王의 덕을 추모하며 그의 덕을 찬미해 신농神農의 자손을 초(焦 : 하남성)에, 황제黃帝의 자손을 축(祝 : 산동성)에, 제 요의 자손을 계(薊 : 북경), 제 순의 자손을 진(陣 : 하남성 진봉부)에, 대우大禹의 자손을 기(杞 : 하남성 개봉부)에 봉했다.

또한 공신이나 모사를 봉했는데 사상보(師尙父 : 태공망 여상, 스승으로 존경하며 부친으로 우러러 본다는 뜻)를 제齊나라, 주공 단旦은 노魯나라, 소공 석奭을 연燕나라, 무왕의 또 다른 동생들인 숙선叔鮮은 관管에, 숙도叔度를 채蔡나라 제후에 봉했다.

나머지 사람들은 각각 공로에 따라 봉을 받았다.

무왕은 또 구주九州의 장을 소집해 상읍(商邑 : 殷)을 바라보며 평안할 것을 염원했다.

"낙수 북쪽에서 이수 북쪽에 이르기까지는 그 지세가 평탄해서 주위에 험준한 곳이 없다. 이곳이 하夏가 도읍했던 곳이다. 내가 남쪽으로 삼도(三塗 : 하남성)를 바라보고, 북쪽으로 악비(嶽鄙 : 하북의 태행산)를 바라보고 뒤돌아서서 황하를 바라보고, 낙수洛水와 이수洢水 사이를 관찰해 보면 이곳이야말로 하늘이 준 제도帝都라 생각된다."

이로써 동도東都를 낙읍(洛邑 : 낙양)에 조영造營하고 서방(西方 : 수도 호경, 섬서성)으로 돌아왔다.

그리고 군마를 화산(華山 : 섬서성)의 남쪽에 풀어놓고 소를 도림(桃林 : 화산의 동쪽)에 풀어 놓고, 간과(干戈 : 병기)를 눕혀놓고, 병사를 거두고, 군사를 해산시켜 전쟁을 다시 할 뜻이 없다는 것을 천하에 선포하였다.

〈태공망 여상呂尙〉

강태공 여상呂尙은 기이한 인물이었다.

태공망太公望이라는 이름은 문왕의 선친 태공 계력이 오랫동안 기다려온 인물이라는 데서 비롯되었다.

강태공 여상은 동해에서 태어나 오랫동안 위수渭水에서 낚시로 소일했다. 젊었을 때는 학문에 정진했으나 나이가 들자 일도 하지 않고 빈둥거리기만 했다.

그의 아내 마馬씨는 삯일을 하고 품을 팔아서 가족을 부양했으나 강태공은 마당의 곡식 말리는 멍석이 소나기 빗물에 떠내려가도 눈 하나 깜짝하지 않을 정도로 게으른 위인이었다. 그를 보다 못해 결국 마씨는 견디지 못하고 집을 나갔다.

어느 날 서백이 위수로 사냥을 나갔고, 그 위수의 강기슭에서 낚시질하는 노인을 만났다.

"노인장 낚시를 좋아하십니까?"

"군자는 그 뜻을 얻는 것을 좋아하며 소인은 그 일을 얻는 것을 좋아합니다. 내가 낚시질을 하고 있는 것도 그와 같습니다."

여상呂尙이 잔잔한 수면을 바라보며 대답했다.

"낚시질 하는 것이 그와 같은 것이라고 했는데, 그 뜻이 무엇입니까?"

"낚시질에는 세 가지 권도權道가 있습니다. 미끼로 고기를 낚는 것은 녹봉을 주어 사람을 얻는 것과 같고, 좋은 미끼를 주면 큰 고기가 물리는 것은 후한 녹봉을 주는 것과 같습니다. 낚은 고기를 크기에 따라 요리를 하는 것은 인재를 어떻게 쓰느냐와 다르지 않습니다. 따라서 낚시질에서도 천하의 대사를 관찰할 수가 있습니다."

서백은 여상의 인품과 박식함에 감탄했다.

"지금 말씀은 천하를 다스리는 패왕霸王의 길에 대해서 하시는 말씀 아닙니까?"

"그렇습니다. 패도霸道에는 '육도六韜'가 있습니다."

"고명하신 선생님의 육도가 있다는 말씀을 들었습니다. 육도란 무엇을 일컫는 것입니까?"

"육도란 병법입니다. 백만 대군의 통솔에서부터 천시天時, 지리地理, 인화人和를 바탕으로 때에 따라 변하는 교묘한 꾀, 묘계妙計를 일컫는 것입니다. 여기서 반드시 명심할 것은 권모술수權謀術數를 다하여 전쟁에서 이기되, 전쟁의 목적은 반드시 의義와 인仁에 합치되어야 한다는 것입니다. 다시 말씀드리면 하늘의 뜻을 따르는 순천자順天者는 창성昌盛하고 역천지자逆天之者는 망하는 법에 대해서 가르치고 있습니다."

서백은 여상의 말을 들을수록 고개를 숙였다.

"저의 선친께서는 일찍이 '언젠가 성인 한 분이 주나라에 오실 것이니, 주나라는 그를 스승으로 삼아야 번창할 것이다'라고 말씀하셨습니다. 선생이야말로 성인聖人이 분명하니 삼가 가르침을 받고자 합니다."

서백은 여상을 아버지와 같은 스승 '상보尙父'로 받들었다. 여상은 서백의 조상 태공太公이 기다린 인물이라고 하여 '태공망太公望'이라는 호가 붙여졌고, 훗날 낚시하는 사람들을 일컬어 '강태공姜太公'이라 부르게 되었다.

무왕이 주왕紂王을 몰아내고 천자가 되자, 강태공 여상은 제齊나라의 제후가 되어 금의환향錦衣還鄕하게 되었다. 그의 화려한 행차가 위수渭水 근처에 이를 무렵, 어느 한 여인이 길에 엎드려 슬피 울면서 행차를 가로막았다.

"무슨 일이냐?"

"웬 노파가 뵙기를 청하고 있습니다."

여상이 흰 수염을 쓰다듬으며 여인을 데려오라고 하여 살펴보니, 그녀는 자기를 버리고 달아났던 부인 마馬씨였다.

"그대는 나를 버리고 가지 않았소? 그런데 왜 행차를 막는 거요?"

"첩은 다시 부군으로 모시고자 하오니 옛정을 생각해서 첩의 뜻을 헤아려 주소서."

여상은 측은한 듯이 여인을 내려다보다가 수하에게 물동이에 물을 가득 담아오라 일렀다. 그리고는 그 여인에게 물동이의 물을 땅바닥에 쏟으라고 하였다. 그녀는 의아한 얼굴로 시키는 대로 하였다.

"이제 쏟아진 물을 다시 주워 담아 보시오. 그 물을 주워 담을 수 있다면 내가 그대를 부인으로 삼겠소."

마씨는 망연한 눈길로 여상을 쳐다만 볼 뿐이었다.

"복수불반분覆水不返盆, 한 번 엎지른 물은 다시 주워 담을 수 없듯이 한 번 끊어진 인연은 다시 이을 수가 없소이다."

여상은 차갑게 말하고 행차를 재촉했다. 마씨는 여상의 화려한 행차가 멀어지는 것을 하염없이 바라보며 눈물을 흘렸다.

무왕은 천자가 된 후에 정사에 열중한 나머지 오래지 않아 병을 얻어 죽고 그의 아들 송誦이 대를 이어 성왕成王이 되었으나 나이가 너무 어렸다. 무왕의 동생 주공 단旦이 섭정을 맡아보게 되자 왕실에서 반대 세력이 늘어났다.

그러나 주공은 이들을 모두 토벌하고 성왕이 장성하자 천자의 자리를 물려주고 다시 그의 신하가 되었다.

성왕 뒤의 강왕康王도 어진 정치를 했고 강왕 뒤의 소왕昭王, 소왕 뒤의 목왕穆王이 즉위했다.

목왕은 천녀天女 서왕모西王母와 사랑을 나눈 왕이다. 목왕이 어느 날 곤륜산崑崙山에 이르렀다. 그가

〈주 강왕 周康王〉

얼마쯤 말을 달렸을 때 갑자기 길이 끊어지고 좁은 오솔길에 이르 렀다. 그의 신하들은 미처 따라오지 못하고 있었다.

목왕은 동굴이 나타나자 안으로 들어가 보니 점점 넓어졌다. 한 순간 눈앞이 탁 트이면서 이 세상에서 본 적이 없던 아름다운 동 산이 나타났다. 목왕이 어리둥절하여 사방을 휘둘러보고 있을 때 한 선녀가 두 시녀를 거느리고 복숭아나무가 가득한 도원桃園에서 나왔다.

"이곳이 어디요?"

목왕이 선녀에게 물었다.

"이곳은 곤륜산에 있는 도원으로 세상사람들이 무릉도원(武陵桃 源 : 별천지, 이상향)이라고 하옵니다."

"나는 주의 천자 목왕이오. 그대처럼 아름다운 여인을 만나니 마치 선계仙界에 온 듯합니다."

"호호호, 맞습니다. 이곳은 비록 곤륜산에 있지만 아무나 들어 올 수 없는 신선한 곳이지요."

여인이 바람결에 나부끼는 갈대처럼 허리를 흔들며 웃었다. 그 녀의 옷차림은 지극히 우아할 뿐만 아니라 감히 범접치 못할 기품 이 있었다.

"속세에서 여기까지 오셨으니 술과 음식을 들고 가시옵소서."

목왕은 아름다운 서왕모에 이끌려 도원 안에 있는 그녀의 처소 로 들었다. 거기에는 성대한 주찬酒饌이 마련되어 있었다.

"천자께서 먼저 잔을 받으시옵소서."

서왕모는 금잔에 술을 따랐다. 목왕이 술을 마시자 향기가 그윽 하여 이 세상 술이 아닌 듯했다.

"서왕모도 잔을 받으시오."

그들은 주거니 받거니 술을 마신 뒤 침실에 들었다. 목왕은 호화로운 침실에서 서왕모와 꿈같은 사랑을 나누었다. 몇 날, 몇 달이 지났는지도 모를 일이었다. 그러나 천하를 다스리는 목왕은 언제까지고 서왕모와 사랑을 나누고 있을 수는 없었다.

마침내 목왕은 서왕모와 작별을 나눈 후 더 이상 무릉도원을 찾을 수 없었다.

목왕 다음에는 공왕共王이 즉위하고, 그 후 몇 대를 지나 여왕厲王이 즉위하여 포학한 일을 저질렀으며 사치스럽고 오만했다. 그로 인해 제후들은 입조하지 않았다. 더구나 백성들은 아예 입 밖으로 비방하는 자가 없어졌고 길에서 만나면 눈짓으로만 원한의 정을 표시했다.

여왕은 오히려 기뻐하면서 으스댔다.

"나는 비방을 그치게 했다. 백성들은 감히 말하지 않는다."

그러자 충간하는 소공이 있었다.

"아니올시다. 단지 입을 막은 것뿐입니다. 백성의 입을 막는다는 것은 물을 막는 것보다 더 위험합니다. 물이란 막았다가 터지게 되면 반드시 많은 사람을 상하게 하오며 백성의 입을 막는 것도 이와 같습니다. 그래서 물을 다스리는 자는 물꼬를 터놓아 통하게 하고, 백성을 다스리는 자는 마음대로 말하게 합니다."

그러나 왕은 이 말을 듣지 않았다. 그래서 국내에서는 아무도 발언하는 자가 없었다.

3년이 지나서 백성들이 들고 일어나 여왕을 습격하자 여왕은 체彘로 도망쳤다. 그로인해 소공·주공 두 재상이 정사를 집행했다.

그래서 이름하여 공화(共和 : 공경이 함께 화합하여 정사를 수행한다는 뜻)라 한다. 공화정치 14년에 여왕이 죽고 태자가 성장했으므로 두 재상은 그를 선왕宣王으로 삼았다.

선왕이 즉위한 지 서융西戎에게 대패하고 죽자, 그의 아들 유왕幽王 궁열宮涅이 즉위했다.

유왕은 성품이 포학하고 주색을 좋아했다. 그의 어머니 강후姜后가 자주 타일렀으나 듣지 않았다. 유왕은 이미 신후申侯의 딸을 정후正后로 맞이했으며 선구宣臼라는 아들이 있어 이미 태자로 책봉한 뒤였다.

어느 날 유왕은 후궁 처소에서 포사褒姒라는 궁녀를 보는 순간 한눈에 반해 그녀를 자신의 처소에 옮기고 품에 안았다.

"아아, 이토록 아름답고 내 맘에 꼭 드는 여인이 있을 줄이야."

유왕은 그날로 포사를 후궁으로 삼아 정사를 팽개치고 매일 밤낮으로 포사만을 끼고 주색에 빠져들었다. 자연히 주나라의 조정은 혼탁해지고 간신배가 들끓었다.

보다 못한 유왕의 정비 신후申侯가 왕의 침전으로 찾아가 항의한 것이 화근이 되어 태자 신구는 외가인 신申의 제후국으로 추방되는 꼴이 되고 자신은 앓아 누웠다.

포사는 유왕의 사랑을 듬뿍 받고 아들을 낳았다. 유왕은 포사를 더욱 총애하여 그녀를 기쁘게 해주고 싶은 일념에서 태자를 폐하고 포사가 낳은 아들 백복伯服을 태자로 세웠다.

지난날 선왕宣王이 죽고 유왕이 즉위했을 때의 일이다.

산뽕나무[山桑]로 만든 전통箭筒을
멘 자가 주나라를 망하게 한다네.

선왕이 이 동요를 듣고 있던 차에 어떤 부부가 이런 활기구를 팔고 있었으므로 잡아 죽이려 하였다.

부부가 쫓기던 도중에 앞서 후궁의 동첩이 버린 어린애가 밤중에 행길로 기어 나오며 몹시 우는고로 불쌍히 여겨 그 어린애를 거두어 포襃나라로 도망쳤다.

얼마간 세월이 흐른 후 포나라 영주가 주나라에 죄를 얻었다. 그래서 제일 예쁜 미녀를 뽑아 주나라 왕실에 보내기로 하여 활장수 부부의 양녀가 뽑힌 것이다.

그때 이름을 포사襃姒라고 지어 바쳤다.

그러나 그토록 아름다운 포사는 웃지 않는 여자였다. 태어날 때부터 웃어본 일이 없었다.

자기 아들을 태자로 책봉했다는 데도 포사는 기뻐하고 있는지 어떤지 알 수 없었지만 아무튼 웃지 않았다.

유왕은 포사를 웃게 하려고 온갖 방법을 동원했으나 뜻을 이루지 못했다.

'포사가 웃으면 얼마나 아름다울까?'

상상만 해도 몸이 떨리며 오금이 저리는 유왕이었다. 그러자 어느 날 포사의 입에서 어릴 때의 비단 찢는 소리를 듣고 웃은 일이 있다고 하였다.

그러자 유왕은 궁녀들에게 영을 내려 포사 앞에서 비단을 찢으라고 했다. 그러자 포사의 두 뺨이 희미하게 떨리며 붉은 입술이 살포시 열리고 흰 이가 반짝 빛나는 듯했다.

유왕은 미칠 듯이 기뻐했다.

그는 포사를 웃게 하기 위해 매일같이 비단을 산처럼 쌓아놓고 찢게 했다.

"자, 비단이다. 자꾸자꾸 가져오너라. 궁중에 비단이 없으면 백성들에게서 징발해 오너라!"

유왕은 백성들과 제후들의 비단까지 착취하여 그들의 원성이 하늘을 찌를 듯했다. 이제 포사는 비단 찢는 소리에도 싫증이 났는지 먼 하늘만 바라보고 서 있었다.

그러던 어느 날 실수로 봉화대烽火臺에 봉홧불이 올라온 사건이 있었다. 봉화는 외적이나 반란군이 침략했을 때 전국의 제후들에게 그 사실을 알려 군사들을 소집하는 신호였다.

그날 봉화가 오르자 전국의 제후들이 군사를 이끌고 도성으로 몰려왔다. 그런데 아무 일도 아니었다. 제후들과 무장한 병사들은 맥이 빠져 멍청히 있다가 투구를 벗어 땅에 던지며 화를 내면서 돌아갔다.

"호호호, 호호······!"

포사는 제후들이 화를 내며 돌아가는 것을 보고 처음으로 간드러지게 웃었다.

"우아! 포사가 웃는구나. 봉화를 올리면 웃는구나!"

유왕은 그렇게도 보고 싶었던 포사의 웃는 모습을 보게 되어 말할 수 없이 기뻤다. 그녀의 웃는 얼굴보다 더 아름다운 것이 있을까? 꿈이 아니었다. 하늘도 땅도 포사가 웃는 이 순간을 위해 만들어진 것처럼 여겨졌다.

그 다음부터 유왕은 걸핏하면 봉화를 올리게 했다. 제후들은 속아서 몇 번을 달려왔지만 횟수가 거듭할수록 유왕에게 농락당하지 않았다.

이때 신후申侯의 일족들이 군사를 모으고 변방의 오랑캐 견융犬戎과 연합하여 반란을 꾀했다. 반란군이 주나라 도읍으로 물밀듯이 쳐들어왔다.

유왕과 중신들은 황급히 봉화를 올려 제후들에게 구원을 요청했으나 제후들은 더 이상 유왕에게 속지 않으려고 구원병을 이끌고 오지 않았다. 유왕은 여산으로 도망쳤으나 견융의 병사들에게 붙잡혀 죽고, 포사는 견융에게 포로가 되어 농락당하다가 목을 매어 죽었다.

주 왕실에서는 신후의 아들 선구宣臼를 왕위에 오르게 하여 평왕平王으로 책봉했다. 그러나 반란에 끌어들였던 서쪽 견융의 세력이 강대해져 주 왕실을 자꾸 괴롭히므로 동쪽 낙양洛陽으로 천도했다.

그 후부터 주왕조는 이름뿐이고 실권은 각 지방 제후들에게 넘어갔다.

진秦나라 시황제에게 멸망할 때까지 명목상 주나라는 500여 년 계속되지만 그 전반은 춘추春秋 시대, 후반은 전국戰國 시대로, 춘추전국 시대라고 부르는 것이다.

결론으로, 요堯와 순舜과 우禹는 민의民意를 존중하고 덕의 정치를 펼쳤기 때문에 성군聖君으로 불리고, 하夏·은殷·주周가 나라를 새로 일으킬 수 있었던 것도 백성의 뜻을 높이 받든 덕택이었다. 그리고 그 세 나라가 멸망하게 된 것은 민의를 저버리고 가렴苛斂과 학정虐政으로 민생을 도탄에 빠뜨렸기 때문이었다.

　나라를 망친 또 하나의 원인은 여색女色과 사치奢侈였다. 하夏나라는 걸왕桀王이 말희妺喜라는 여인에게, 은殷나라 주왕紂王은 달기妲己라는 여인에게, 주周나라는 포사褒姒라는 여인에게 마음을 뺏겨 국사를 돌보지 않고 허랑방탕한 생활로 민초들의 고혈膏血을 짰기 때문에 멸망의 길로 가게 된 것이다.

　나라를 뒤흔든 경국지색傾國之色이란 말은 이렇게 해서 생겨났다.

백이伯夷 · 숙제叔齊 열전 — 수양산 고사리

말세에는 누구나 이해를 다투었으나, 백이伯夷 · 숙제叔齊만은 한결같이 의義를 존중하여 나라를 양보한 채 굶어 죽어 천하가 그를 칭송했다.

오늘도 수양산에 올라 고사리를 캔다.
폭력은 또 다른 폭력으로 바꾸고도
무왕武王은 잘못을 모르는구나.
신농神農과 순우舜禹의 호시절은
꿈인듯 홀연히 사라졌구나.
이제 우리는 어디로 가야 하는가?
아아, 가리라 죽음의 길로
쇠잔한 우리 목숨이여.

'채미가采薇歌'라는 노래다.

〈수양산〉

백이와 숙제는 성군으로 추앙받는 무왕까지 도덕적으로 비난하여 후세에 이름을 얻었다. 사마천은 난세에는 누구든지 이익을 다투었으나 백이와 숙제는 한결같이 의를 존중하고 임금의 자리까지 양보했다고 하여 『사기열전史記列傳』에서 첫 번째로 다루었다.

백이伯夷와 숙제叔齊는 고죽국(孤竹國 : 지금의 하북성 노룡현에서 열하성 조양현에 이르렀음) 제후의 아들들이다.

고죽국은 북쪽에 있는 작은 나라였다. 백이와 숙제의 부친은 죽기 전에 막내인 숙제를 후사(後嗣 : 후계자)로 삼으려고 했다. 그런데 갑자기 왕이 죽어버렸다. 숙제는 형인 백이에게 임금의 자리를 양보하려고 했다. 그러나 백이는 부왕의 영이므로 왕위에 오를 수가 없다고 하여 국외로 달아났다.

숙제 또한 왕위에 오르기가 싫었다.

"큰형님이 싫어하시니, 작은형님이 왕위에 오르시겠지."

하고 숙제는 형인 백이를 따라 고죽국에서 달아났다. 이에 고죽국 사람들은 가운데 왕자를 왕으로 세울 수밖에 없었다. 숙제는 떠돌이 생활을 하고 있는 백이를 뒤쫓아 간신히 만날 수 있었다.

"너도 왕위가 싫었나보구나!"

"형님보다 못한 제가 어찌 왕위에 오르겠습니까? 형님께서는 어디로 가시렵니까?"

"주周의 서백西伯에게로 갈까 하는데, 그 분은 노인을 잘 대접한다더구나."

"몸을 의탁해도 좋을 만한 인품이군요."

그런데 백이와 숙제가 도착했을 때는 이미 서백은 죽고 그의 아들 무왕이 주왕紂王을 방벌하기 위해 출전하고 있었다.

"몸을 의탁하기엔 이미 틀린 것 같습니다. 저길 보십시오. 부왕의 위패位牌를 받들어 수레에 싣고 동쪽 은殷의 주왕을 치려 하고 있습니다."

"우리가 가서 만류해 보자!"

백이와 숙제는 무왕武王의 말고삐를 붙들고 간했다.

"부왕의 장례도 치르기 전에 전쟁을 벌이려고 합니까?"

"그게 뭐가 잘못 됐소?"

"이는 효孝가 아니지요. 더구나 신하의 몸으로 천자天子를 치려 하시니 인仁도 아니지요?"

"신하의 몸이라 했소?"

"주왕에 대해서는 신하지요. 부친의 위패를 받들어 문왕文王으로 칭한 것도, 스스로 무왕武王으로 칭한 바도 그대요, 원래의 왕은 은나라의 주왕뿐이오."

"무엄하다! 이 자들을 참하라!"

무왕의 좌우 신하들이 칼을 빼어 두 사람을 베려했다. 이때 무왕의 군사軍師인 태공망 여상呂尙이 황급히 나서며 말렸다.

"그냥 두어라. 출전을 앞두고 사람을 벰은 불길하다. 그리고 그들은 의인義人이니 부축해 데려가라."

"예에……."

백이·숙제는 간신히 목숨을 보전할 수 있었다. 그 후 무왕은 은나라의 주왕을 정벌하고 천하를 움켜쥐었다. 그러자 백이·숙제는 더욱 난감해졌다.

"형님, 이제 우린 어디로 가지요? 주周나라의 녹봉을 먹을 수도 없지 않습니까?"

"그렇구나. 수양산(首陽山 : 산서성 영제현의 남쪽)으로나 가볼까? 거기엔 고사리가 맛있다더라."

"형님의 말뜻을 짐작하겠습니다."

그들은 수양산에 올라 숨어 살면서 굶어 죽었다.

여기서 사마천 태사공은 공자孔子의 말을 빌려 결론 짓는다.

"백이·숙제는 불의를 혐오했지만 사람을 미워하진 않았다. 그것은 주나라 무왕의 악惡을 비유했으면서도 스스로 남을 원망하지는 않았으며, 자신이 원망받지도 않았다. 이는 자신이 인덕仁德을 추구했기 때문이다."

"군자君子란 세상을 마친 후에도 이름이 칭송되지 못함을 부끄러워하는 자이다. 백이·숙제도 이와 다름이 없다."

한漢의 가자(賈子 : 賈誼)는, 탐욕한 사람은 재물에 목숨을 걸고,

의열義烈한 사람은 명예에 목숨을 걸며, 권세욕이 강한 사람은 그 것에 끌려 죽고, 범용凡庸한 사람은 제 생명이나 탐하고 아낄 뿐이라고 했다. 같은 종류의 광명은 서로 비춰주며 같은 종류의 만물을 서로 구하고, 구름은 용을 따라 용솟음치고 바람은 호랑이를 따라 곧바로 일어난다. 이는 성인聖人이 나타나면 만인이 우러러보는 것처럼 백이 · 숙제가 현인이긴 하지만 비로소 공자의 칭송을 얻음으로써 그 이름이 드러난 것이다.

관중管仲·안자晏子 열전

안자晏子는 검소하고 관중管仲은 화려했다. 그렇지만 제齊의 환공桓公은 관중의 보필로 천하의 패자霸者가 되었으며, 경공景公은 안자에 의해서만 그 나라를 잘 다스릴 수가 있었다.

〈관중管仲〉

관포지교管鮑之交라는 고사故事가 있는데, 이는 관중管仲과 포숙아鮑淑牙와 같은 사귐, 즉 매우 다정한 친구 사이, 또는 허물 없는 교제를 일컫는 말이다.

관중과 포숙아는 제齊나라 사람으로 같이 자란 죽마고우竹馬故友로 동업하는 사이였다. 그런데 사람들이 포숙아에게 관중이 친구라면서 셈을 속인다고 일러왔다. 그러자 포숙아는 대수롭지 않게 여겼다.

"그만 두어라. 그가 나를 속이는 것은 마음이 나빠서가 아니라 가난 때문이다. 나는 부자이고 그는 가난하지 않느냐. 모른 척해라."

그 후 두 사람은 정치적으로 다른 길을 걷는다. 포숙아는 제齊의 공자 소백小白을 섬기는데 반해 관중은 공자 규糾를 섬기고 있었다.

소백이 제위帝位에 올라 환공桓公이 되자, 이에 맞서 규가 반란을 꾀하고 소백을 치려다가 오히려 패하여 전사하고 관중은 사로잡히는 몸이 되었다.

환공이 반역을 꾀한 죄로 관중을 처형코자 하였다.

"아니 됩니다. 관중을 죽이지 마십시오."

"우리를 배반한 자를 살려 주라고?"

환공은 완강히 말리는 포숙아를 의아한 표정으로 쳐다보았다.

"그는 천하의 현재賢才입니다. 제왕께서 천하의 패자가 되시려거든 차라리 그를 거두어 높게 쓰십시오. 그는 다만 운이 없었기 때문입니다. 그는 반드시 빛나는 재능으로 제왕을 천하의 패자로 올려놓을 것입니다."

포숙아는 관중을 재상으로 강력히 추천한 후 자신은 항상 그 아래에 있었다.

과연 관중의 재능은 번쩍이는 빛을 발하기 시작했다. 그의 저서 『관자管子』에서 경제와 정치철학을 말하고 있다.

"제齊는 작고 해변의 가난한 나라다. 해산물 교역으로 부국강병의 열매를 거두어야 한다.

첫째, 백성은 창고에 물자가 가득해야 예절을 알며, 의식衣食이 풍족해져야 영화로움과 치욕을 안다. 윗사람이 법도를 지키면 육친(六親: 父母兄弟妻子)이 화목하고, 사유(四維: 나라를 다스리는 4대강 예의염치禮義廉恥)가 해이해지면 나라가 망한다.

둘째, 정령政令을 내릴 때에는 물이 낮은 곳으로 흐르듯, 백성이 쉽게 행할 수 있도록 민심을 따르지 않으면 안 된다. 백성이 바라는 바는 그대로 들어주고 싫어하는 바는 제거해 주어야 한다.

셋째, 정치의 실제는 임기응변이다. 화禍를 전환시켜 복으로 바꾸고 실패를 전환시켜 성공으로 이끌어야 한다. 사물의 경중을 잘 파악해 그 균형을 잃지 않는 바도 정치의 좋은 요체이다."

그때 환공의 애첩 소희少姬가 무례한 일을 저질렀다. 소희는 채蔡나라 여자였는데 뱃놀이를 하다가 환공이 물을 두려워하는 것이 재미있어 배를 마구 흔들고 환공을 골탕먹였다.

이에 화가 난 환공이 소희를 채나라로 쫓아 보냈다. 그런데 채나라에서는 소희를 다른 나라로 시집보냈다. 그러자 환공이 버럭 화를 냈다.

"마침 잘 됐습니다. 이참에 채나라를 공격하겠습니다."

환공은 관중의 책략을 승락했다.

"기왕 군사를 몰아 나선 김에 초楚나라까지 쓸어버리겠습니다."

"초나라에는 어떤 핑계가 있소?"

"주 왕실周王室에 공물을 바쳐야 하는 포모(包茅: 참억새 묶음)를 바치지 않은 게 전쟁 명분입니다. 포모가 없으면 나라 제사지낼 때 지게미를 걸러낼 수가 없습니다."

관중은 무작정 나라를 정복하는 것만을 능사로 삼지는 않았다. 주도면밀한 계산 끝에, 북쪽 산융山戎을 치다가 내친 김에 연燕을 공격해 그들의 조상인 소공召公의 선정善政을 부활시켜 주었다.

또 제齊의 환공은 노魯의 장공莊公과 회맹會盟을 맺었는데 조말曹沫과의 약속을 지키려 하지 않았다. 그러자 관중은 신의를 지키도록 설득했다.

조말은 노나라 장공에게 등용되어 제와의 전쟁에서 세 번씩이나 모두 패해 5백여 리의 땅을 빼앗겼다. 그런데 강화회의 석상에서 조말은 갑자기 비수를 꺼내들고 제 환공을 위협해 5백 리의 땅을 되돌려 줄 것을 약속 받았다.

제 환공은 얼떨결의 약속이었기 때문에 그 약속을 지키려 하지 않았으나 관중은 간곡히 말했다.

"그렇지 않습니다. 비록 위협 속에서 강요받은 약속이지만 약속은 약속이니 지켜야 합니다. 그래야 천하의 제후들이 신의 있음을 알고 제나라를 따르게 됩니다."

과연 관중의 말대로 하자 화禍가 복福이 되어 천하는 제나라를 따랐다.

관중은 제의 국정을 맡음으로써 부국강병을 이루었고 환공을 천하의 패자가 되도록 했다. 그리고 관중은 포숙아의 은혜를 잊지 않고 사람들에게 말했다.

"내가 일찍이 가난했을 때 포숙아와 장사하여 이익을 나눌 때에 내가 더 많은 몫을 차지하였으나 포숙아는 나를 탐욕스럽다고 욕하지 않았다. 내가 가난한 것을 알았기 때문이다. 그리고 나는 또 포숙아를 위해 일을 획책하다가 실패하였지만 그는 나를 어리석다고 말하지 않았다. 시기에 따라 이로울 때도 불리할 때도 있음을 알기 때문이다. 또 나는 세 번 벼슬에 나아가 세 번 다 쫓겨났으나 포숙아는 나를 부덕하다고 하지 않았다. 내가 때를 만나지 못했다고 이해하였다. 그리고 전쟁에 세 번 나아가 세 번 도망했으나 그는 나를 비겁하다고 하지 않았다. 나에게 노모老母가 있다는 것을 알았기 때문이다. 공자 규糾가 패할 때 나의 친구 소홀召忽은 따라 죽었으나 나는 사로잡혀 부끄러움을 당했다. 그러나 포숙아는 나를 염치없는 놈이라고 욕하지 않았다. 내가 작은 의리에 벗어남을 부끄러워하지 않고 천하에 공명을 세워 떨치지 못함을 부끄럽게 여기는 그것을 이해했기 때문이다. 그래서 나를 낳아준 것은 부모요 나를 알아 준 이는 포숙아이다."

포숙아는 관중을 추천해 놓고 자신은 항상 그 아랫자리에 있었다. 세상사람들은 관중의 현명함을 칭찬하기보다 오히려 포숙아의 사람 알아보는 혜안을 더욱 칭찬했다.

관중이 죽은 후에도 제나라는 제후들 중에서 최강이었다. 제나라가 관중의 정책을 계속 이어갔기 때문이다.

관중이 죽은 지 백여 년 후에 안영(晏嬰 : 자는 平仲)이 태어났는데 그는 절약

〈안자晏子〉

과 검소에 힘쓴 선비였다. 저서로 『안자춘추晏子春秋』가 전한다.

안영은 제나라의 영공靈公·장공莊公·경공景公 3대를 섬겼다.

그는 재상이면서 밥상에는 두 가지 이상의 고기반찬을 놓지 못하게 했고 아내에게 비단옷을 입지 못하게 했다.

조정에 나아갔을 때에는 군주가 하문下問하면 겸손하게 답변했고, 하문이 없으면 몸가짐을 조심해 조신하게 굴었다. 그리고 국정國政이 정당할 때에는 명령에 충실히 따르고, 정당하지 못할 때에는 그 명령을 잘 헤아려서 옳은 일만 수행했다. 그래서 3대代를 통해 그 이름이 제후들 사이에 유명했다.

어느 날 죄수복을 입고 있는 월석보越石父라는 현인을 길에서 만났다. 안영은 두말 않고 삼두마차의 왼쪽 말 한 필을 풀어 속죄금으로 내주고 월석보를 마차에 태워 집으로 돌아왔다.

본시 그는 생색내지 않는 성미인지라 월석보에게 아무 말도 하지 않고 안채로 들어갔다.

그런데 조금 지나자 하인에 의해 절교장 한 장이 들이밀어졌다. 살펴보니 월석보가 보낸 서신이었다. 깜짝 놀라 안영이 의관을 바로하고 황급히 객실로 나갔다.

"왜? 무슨 결례라도……."

"그렇습니다."

"비록 제가 어질지는 못하나 선생을 재앙에서 구해드렸는데 이렇게 빨리 절교를 선언하시다니요. 제가 이해하지 못한 점이라도 있습니까?"

"그렇습니다. 군자란 자기를 이해하지 못하는 자에게는 굴복하지만 자기를 이해해 주는 자에게는 믿고 자기 뜻을 나타낸다고 들었습니다. 내 비록 죄수들 사이에 있을 때에는 그들 옥리들이 나를 이해해 주지 않았기 때문에 굴복하고 있었으나 당신은 나를 이해하는 바가 있어 속죄금을 내고 나를 풀어준 것으로 짐작합니다. 그런데 당신은 아무 소리 없이 모른 척 예의를 무시하면서 당신 방으로 들어갔습니다. 나를 알아 주시면서도 예의를 무시한다면 나는 차라리 죄수들 속에 있는 편이 낫습니다."

"결례를 용서하십시오. 미처 거기까지는 생각이 못 미쳤습니다. 상객上客으로 모시겠습니다."

안영이 재상이 된 뒤였다.

평소에 으스대며 기고만장하던 재상의 마부가 어느 날부터는 갑자기 겸손해지고 조신하며 자신을 겸손되이 낮추는 기색이 역력했다. 안영은 하도 이상해서 그 연유를 물었더니 마부가 자초지종을 설명했다.

재상의 마부는 기세가 대단했다. 누구에게든 자신이 마치 재상이나 되는 것처럼 교만하기 일쑤였다.

마침 재상이 입궐하기 위해 밖으로 나왔다. 그때 마부의 아내가 문틈으로 남편의 거동을 보니 가관이었다. 커다란 일산이 쳐진 재상의 사두마차 위에서 자못 의기양양해 채찍을 휘두르는 남편의 같잖은 행동거지를 보게 된 것이다. 그날 저녁 집으로 돌아온 남편에게 아내가 선언했다.

"분수도 모르는 당신과는 살지 않겠습니다."

"아니, 갑자기 무슨 복장 터지는 소리요?"

"당신의 직책이 무엇입니까?"

"그야 재상의 마부 아니겠소?"

"재상이 아닌 것만은 분명하군요. 재상께선 키가 여섯 자도 안 되지만 일국의 재상 지위에 계십니다."

"무슨 뜻이요?"

"제가 그분의 외출하시는 모습을 살펴보니 천하의 제후들도 두려워하는 그 분인데도 나랏일 때문인지 깊은 수심에 잠긴 듯하였고 몹시 겸양한 모습으로 수레에 오르셨습니다."

"……?"

"그러한데도 당신은 키가 여덟 자나 되면서도 재상은커녕 마부밖에 못된 주제에 시건방을 떨고 으스대는 꼴이라니, 그토록 못난 사람을 어찌 지아비로 모시고 살겠습니까? 그러니까 갈라섭시다."

"아, 그랬군요! 내가 잘못했소. 앞으로는 내 분수에 맞추어 겸손하겠소."

마부의 전후 사정을 전해들은 안영은 고개를 끄덕거린 뒤 한참만에 무거운 말 한마디를 던졌다.

"그대가 자신의 잘못을 뉘우칠 줄도 알고 분수에 맞게 겸손할 줄도 아는 그만큼 훌륭한 사람이다. 내가 대부大夫로 천거할까 한다."

태사공은 이렇게 결론지었다.

관중은 세상에서 흔히 말하는 현신賢臣이다. 그렇지만 공자는 그를 두고 소인이라 했다. 주周의 정도正道가 쇠미해진 상황에서 현명한 환공을 도와 어진 왕자王者가 되도록 힘쓰지 않고 패자霸者의 이름에만 머물게 했기 때문이리라.

안영에 대해서도 말했다.

장공莊公이 반역의 신하 최저崔杼에게 피살되었을 때 안자는 그 시체 앞에 엎드려 통곡하였다. 그런 예를 마친 후 반역한 신하를 치우지 않고 그대로 가 버렸다. 그렇다면 안자야말로 의義를 보고도 행하지 않는 비겁자였을까? 아니다. 그가 주군에게 충성으로 간할 적에 조금도 겁먹은 표정이 아니었던 것을 보면 그야말로 '나아가서는 충성을 다할 것을 생각하고 물러나서는 허물을 고칠 것을 생각한다' 는 마음가짐이 아니겠는가. 만일 안자가 오늘날 살아 있다면 나는 그의 마부가 되는 일도 부끄러워하지 않을 만큼 나는 그를 흠모할 것이다.

노자老子 · 한비자韓非子 열전

노자老子는 인위적인 조작을 하지 않고도 사람들을 자연적으로 감화시켜 태연하면서도 올바른 행동을 하게 하였다. 한비자는 사태를 분석하여 시세가 움직이는 이법理法에 따랐다.

노자老子의 성은 이씨李氏이고 이름은 이耳다. 그는 초나라 고현苦縣의 여향 곡인리(厲鄕曲仁里 : 하남성 녹읍현) 사람으로서 자는 백양伯陽, 시호는 담聃이라 했다.

그는 주周나라 왕실 서고의 기록관이었다. 어느 날 공자가 가르침을 받으러 노자를 방문했다.

〈노자 도덕경〉

"예禮에 대한 가르침을 주십시오."

"할 말이 없네, 한 가지 얘기해 줄 말이 있기는 있네만 그대가 우러러보는 옛 성인들은 이미 살도 썩어 없어졌어."

"그렇지만 말씀은 남았습니다."

"글쎄. 그게 쓸데없는 빈 말씀뿐이야. 군자라는 작자도 때를 잘 만나면 호화로운 마차를 타고 그 위에서 거들먹대는 몸이 되지만 때를 잘못 만나면, 어지러운 바람에 흐트러지는 산쑥대강이 같은 떠돌이 신세가 된단 말일세. 그리고 내가 아는 바로는 예를 아는 군자란 때를 잘 만나고 못 만나고의 문제가 아닌 것이오."

"그렇다면 예禮란 무엇이지요?"

"내가 알기로는 이런 것 같은데 이를테면 훌륭한 장사꾼은 물건을 깊숙이 감추고 있어 언뜻 봐선 점포가 빈 것 같은 것처럼, 군자란 많은 덕을 지니고 있으나 외모는 마치 바보처럼 보이는 법일세. 그러니 그대는 제발 예를 빙자한 그 교만과 잘난 체하는 병病과 헛된 잡념을 버리라는 얘길세. 그대에게 해줄 수 있는 말은 이것뿐이니 그만 가 보게나."

공자는 돌아갔다. 그리고 제자들에게 한숨을 쉬며 말했다.

"새는 잘 날고 물고기는 헤엄을 잘 치며 짐승이란 놈은 잘 달린다는 것쯤은 나도 알고 있다. 달리는 놈은 그물로 잡을 수 있고, 헤엄치는 놈은 낚시로 낚을 수 있으며, 나는 놈은 화살을 쏘아 잡을 수가 있지만, 용龍이 되어 바람과 구름을 타고 하늘로 올라가 버리니 나로서도 그것의 행적을 알 길이 없지 않겠나."

"어째서 그런 말씀을……."

"너희들이 예를 묻기에 하는 말이다. 나 자신이 예의 진수를 몰라 노자에게 가서 물었거늘……, 다만 이렇다. 내가 만나 뵌 노자는 마치 용과 같은 분이었다. 그리고 그 분은 모름지기 무위無爲의 도道를 닦으신 분인 것 같다."

역시 노자는 자신을 숨김으로써 이름이 나지 않도록 애썼다.

오랫동안 주나라에 있었으나 나라가 쇠약해진 것을 보고 드디어 그곳을 떠나 관關에 이르렀는데 그곳을 지키는 관령 윤희尹喜가 노자를 붙들고 간곡히 아뢰었다.

"선생님, 진정 은둔하시려 합니까?"

"그럴까 한다."

"언제 뵙게 될지도 모르는데 저를 위해 무슨 말씀인들 주시고 가십시오."

"허어, 이런 변고가 있나. 나로서는 아무런 줄 것이 없다네."

"그렇더라도 '무위無爲'의 '도道'는 있을 거 아닙니까?"

"그놈 말 잘하네. 옜다, 이거나 가져라. 그나마 태워버릴 작정이었는데……."

그것이 바로 도덕의 깊은 뜻을 5천여 자로 새긴 『도덕경道德經』이다. 그 이후로 아무도 그의 최후를 알지 못했다.

노자는 오직 숨어 살았던 군자이기 때문에 그 진위를 추측하는 자의 입장일 뿐이다.

그리고 노자는 인위적으로 작위하지 않으면서도〔무위無爲〕 사람들로 하여금 스스로 교환케 하고 조용하게 있으면서도 사람들이 저절로 올바르게 되도록 가르친 인물임에는 틀림이 없다.

장자莊子는 『어부漁夫』, 『도척盜跖』, 『거협胠篋』 등의 글을 지어

〈장자莊子〉

공자의 무리들을 비판하면서 노자의 가르침을 밝힌 사람이다.

몽蒙 사람으로 이름은 주周다. 일찍이 칠원성의 관리가 되었는데 양梁의 혜왕惠王 혹은 제의 선왕宣王 시대 사람이다.

그의 학문은 좌충우돌하는 가운데 나름대로 무척 박학다식하면서 결국 그 요점은 노자의 학설로 귀착된다. 10만여 자의 저술은 노자의 가르침에다 자신의 설명을 덧입힌 우화寓話로 일관하고 있다.

'외루허畏累虛'라는 산이름이나 '항상자亢桑子'라는 인명 등에 관한 이야기는 모두 가공적인 것이었으나 문장을 잘 엮었을 뿐만 아니라 세상 인정을 교묘히 이용해 유가나 묵가墨家를 절묘하게 공격했으므로 당대의 어떤 대학자라 할지라도 그의 비판을 벗어날 길이 없었다.

그의 언사는 너무도 광대했고 자유분방했으며 아무한테서도 구애받지 않았다. 그렇기 때문에 왕공王公이나 대인大人들로부터 미움을 받았다.

초의 위왕威王이 장주莊周가 현인이라는 소문을 듣고 사자에게 후한 선물을 들려 재상으로 모시고자 하였다.

장주는 웃었다.

"자네, 교외에서 지내는 천제天祭에서 희생犧牲되는 소를 본 적이 있는가?"

"그 소를 몇 년 동안 잘 먹이고 수놓은 옷을 입혀서 호화롭게 사육하지요."

"아무리 그렇지만 끝내는 종묘(태묘)로 끌려들어가서 죽게 되지. 그때를 당해 죽기 싫다며 갑자기 돼지새끼가 되겠노라 아우성을 친다 한들 소가 돼지로 변하던가?"

"……?"

"어서 그냥 돌아가게. 나를 더 이상 욕되게 하지 말고."

"하지만……!"

"차라리 나는 더러운 시궁창에서 유유히 놀고 싶다네. 왕에게 얽매인 존재는 되기 싫으이. 못 알아듣겠는가? 죽을 때까지 벼슬 같은 것은 하지 않고 마음대로 즐기며 살고 싶단 말일세."

신불해申不害는『신자申子』를 저술했는데 경현(京縣 : 하남성 형양) 사람이다.

원래는 정鄭나라에서 미관말직에 있었으나 법가法家의 학, 형명 (刑名 : 관리 임용시 그 의논과 실제의 일치 여부를 간파하는 군주를 위한 정치학) 법술法術을 배워 한韓의 소후昭侯에게 청하였고 소후 또한 그를 등용하여 재상으로 삼았다.

신자(신불해)는 안으로 정치와 교육을 정비하고, 밖으로는 제후들과 교류하기를 15년, 그가 죽을 때까지 나라는 잘 다스려지고 병력은 막강하여 한나라를 침략해 오는 나라가 없었다.

신자의 학문은 황제黃帝·노자老子에 기본을 두었지만 형명刑名의 내용을 주로 하였다.

한비자韓非子는 한韓나라 공자 가운데 한 사람이다.

그는 날 때부터 말더듬이었기에 유세遊說에 어려움을 알고 글짓기에 열중했다. 법가의 학, 형명刑名과 법술法術의 학문을 즐겼으며, 학문의 바탕은 역시 황제·노자의 도가道家에 두었다.

진왕(秦王 : 후에 진시황)이 어느 날 승상인 이사李斯에게 그에 대해 물었고 그를 초청할 것을 명했다.

"그대는 한비韓非라는 인물에 대해서 아시오?"

"네에, 잘 압니다. 성악설性惡說을 주창하신 스승 순경(荀卿 : 순자荀子) 아래서 동문 수학했습니다."

"그러하오. 짐이 그의 책 『고분孤憤』과 『오두五蠹』를 읽었는데 내가 그와 사귈 수만 있다면 죽어도 한이 없겠소."

"한비자는 『내외저內外儲』, 『세림說林』, 『세난說難』 등을 십만 글자로 저술했는데, 그 중에서도 『세림說林』 12장은 꼭 익힐 만한 사항입니다. 그 내용은 대강 이렇습니다.

1. 무릇 유세遊說의 어려움은 내 지식이 불충분하여 상대를 설득시키기 어렵다는 것이 아니며, 내 변설이 서툴러 의견을 밝히기 어렵다는 것도 아니고 내 용기가 부족하여 감히 못하는 것도 아니다. 문제는 상대의 심정을 파악해 내 주장을 거기에 적중시키는 데에 있다.

2. 높은 명성을 얻고자 하는 상대방에게 큰 이익을 얻도록 설득했다가는 절조節操와 견식이 낮고 천박한 인물로 취급되기 십상이다. 반대로 큰 이익을 탐하는 자에게 명성을 높이도록 설득했다가 세상 물정에 어둔 자라며 멀어질 것이다. 속으로는 후한 이득을

얻고자 바라면서도 겉으로는 높은 명성을 원하는 척하는 자에게 높은 명성을 설득하면 받아들이는 척하면서도 실제로는 멀리하며, 큰 이익을 얻도록 설득하면 가만히 그 내용을 속으로만 챙긴 뒤 그 사람을 버린다.

3. 무릇 만사는 은밀히 진행함으로써 성취되고 말이 새어 나감으로써 실패한다. 설사 유세자가 상대방의 비밀을 들출 의도가 전연 없으면서도 부지중에 상대의 비밀을 언급하면 유세자의 신상은 위태롭다. 상대자 과실의 단서가 엿보일 때 유세자가 주저 없이 잘못을 들추어내면 비록 그 논의가 정당하더라도 역시 본인 자신의 신상은 위태롭다.

4. 아직 충분히 신임을 받지 못하고 혜택을 입을 경우도 아니면서 온갖 지식과 지혜를 기울여 설득하면 설사 상대가 그 설을 실행하여 공이 있었다 할지언정 그는 덕을 입었다고는 생각하지 않는다. 그 말을 실행하지 않아 실패하였을 경우에는 오히려 상대는 유세자의 말을 채택하지 않아 그가 방해하지 않았나 하는 의심을 받게 되는데 이런 경우에도 자신의 신상은 위험하다.

5. 어떤 기획안을 제출한 귀인이 자기의 공적을 독점하려 하고 있는데 유세자가 그것을 먼저 인지하여 관계하게 되면 신상에 해롭고, 상대가 겉으로는 어떤 일을 하고 있는 것처럼 보이면서 실은 다른 일을 계획하고 있을 때 유세자가 그런 사정을 알고 있어도 신상이 좋지 않고, 귀인이 이것만은 하고 싶지 않다는 생각을 하고 있을 때 유세자가 실행을 강요하거나 어떤 경우에도 그만두고 싶지 않은 일을 억지로 그만두게 하면 역시 유세자의 신상은 위태롭다.

6. 군주를 상대로 명군현주明君賢主를 논하면 자기를 헐뜯는다는 오해를 받게 되며, 우자愚者에 관해 논하면 남을 헐뜯음으로써 자기의 장점을 돋보이게 하려 한다는 오해를 받는다. 군주가 총애하는 자를 칭찬하면 아부한다는 오해를 받고 미워하는 자를 헐뜯으면 얼마나 미워하는가를 시험하고 있다는 오해를 받는다.

7. 말을 간결하게 하면 무지하다며 무시하고 광범위하게 예증을 많이 들면 그 장관설에 싫증을 낸다. 사실에 입각해 조심스럽게 의견을 말하면 자기의 논설을 피력하지 못하는 소심한 비겁자라 오해받고, 대담하고 거침없이 단도직입적으로 말하면 예의도 없는 거만한 무식한 놈으로 취급받는다.

8. 무릇 유세의 요령은 군주의 장점을 칭송하고 그 단점을 건드리지 않는다. 군주가 자신의 계획이 지혜롭다고 여기고 있을 때 구태여 그 결점을 지적해 궁지로 몰지 말아야 한다. 군주가 용기 있는 결단이라 생각하고 있을 때 구태여 반대 의견으로 화나게 해서는 안 된다. 군주가 자신의 실력이 위대하다고 믿고 있을 때 구태여 군주의 미력함과 곤란한 점을 들추지 않는다.

9. 군주가 어떤 계획을 갖고 있을 때 다른 일로 같은 계획안을 가지고 있는 자를 칭송하고, 군주와 같은 실패를 한 사람이 있으면 그것은 실패도 아무것도 아니라며 뚜렷이 감춰 준다. 군주의 뜻한 바를 거역하지 말며 군주의 말을 공격하거나 배척하지 않고 비위를 잘 맞춰두면 훗날 자신의 변지辯知를 떨칠 수 있게 된다. 이것이 군주와 친근하게 되어 의심을 받지 않고, 하고 싶은 유세를 다할 수 있는 길이다. 이렇게 해서 세월이 지나면 군주의 신용과 은택도 두터워지게 마련이니, 깊고 큰 계획을 올려도 의심받지

않으며, 군주와 마주앉아 간사諫事해도 죄 받지 않으니, 그때 국가의 이해를 분명히 따지면 공적은 내 것이 되고 사물의 시비를 솔직하고 사실대로 지적할지언정 작록을 얻는다. 이같이 군주가 의심하지 않고, 죄 주지 않으며 공적을 내 것으로 하여 작록을 받는 데까지 이르면 그 유세는 성공이다.

은나라 탕왕의 재상 이윤伊尹은 탕왕을 만나기 위해 요리사로 변신했고, 백리해百里奚가 노예였던 것은 임금에게 등용되기 위한 수단이었으므로 부끄러운 행위가 아니다.

10. 송宋나라에 한 부자가 있었는데 비가 내려 담장이 무너졌을 때 그의 아들과 이웃집 주인이 담을 다시 쌓지 않으면 도둑이 든다는 말을 했다. 과연 밤에 도둑을 맞았는데 주인은 아들의 선견지명先見之明을 칭찬했고 이웃집 주인을 도둑으로 의심했다.

11. 위衛나라 군주 영공靈公의 총애를 받던 미소년美少年 미자하彌子瑕가 모친의 병이 위독하다는 연락을 받고, 군명君命이라 속이고 군주의 수레를 몰래 끌고 나갔다. 위나라 법률에는 허가 없이 군주의 수레를 탄 자는 월형(刖刑 : 발꿈치를 자르는 형벌)을 받도록 되어 있었지만 월형을 감수하면서까지 효성을 다했다 하여 미자하는 오히려 군주로부터 칭찬을 받았다.

하루는 군주를 따라 과수원에 갔다가 맛있는 복숭아를 먹다 말고 너무나 맛이 있어 군주에게 올리자, '미자하는 나를 사랑하여 제 입맛을 참고 나에게 주는구나' 하며 더욱 사랑했다.

그러나 세월이 흘러 군주의 총애를 잃었을 때 미자하는 아주 사소한 죄를 지었다. '그놈은 일찍이 나를 속여 수레를 탔고 먹다 남은 복숭아를 내게 먹인 놈'이라며 군주는 이제까지의 죄를 한꺼번에 몰아 참형에 처했다.

12. 군주에게 사랑을 받으면 그 지혜가 군주의 마음에 들 것이고, 미움을 받으면 죄를 얻어 더욱 멀어진다. 그러므로 간언하고 유세하려는 자는 군주가 자기를 사랑하는가 미워하는가를 잘 살핀 후에 해야 할 일이다.

용이라는 짐승은 잘 길들여 친하면 등에도 탈 수 있으나 목에 붙은 한 자 가량의 '역린逆鱗'을 건드리면 반드시 사람을 물어 죽인다. 인간사에게도 역린이 있거늘 군주의 역린을 건드리지 않는 그의 삶은 성공한 것이다. 등등 입니다."

"실로 다 할 수 없이 절묘하구려!"

진왕은 한비의 저작著作에 감탄했다.

"하오나 한비의 다른 저서를 보면 유가儒家인 순자荀子의 문하에서 저와 함께 배웠으나 그는 유가와 정반대로 갔습니다. 즉 인정人情의 개입을 철저히 배격하는 그의 형명법술刑名法術은 차라리 살벌하기까지 합니다."

"그게 더욱 좋소. 그를 불러 오시오."

"한 가지 계교가 있는데 한비를 그리워하여 한韓을 치신다 소문을 내십시오. 그러면 그가 반드시 사자使者로 올 것입니다. 이사의 말에 진왕은 무릎을 쳤다.

"묘책이요."

진왕은 한비 때문에 한韓나라를 친다는 소문만 낸 것이 아니라 실제로 군사를 내었다.

한에서는 다급했다.

"한나라는 약하고 진은 강대하오. 위태로움을 일시라도 모면하려면 진왕이 요구하는 한비를 사자로 보낼 수밖에 없소."

한비는 그동안 한왕에게 여러 형태로 충간을 해도 들어주지 않았다.

"나라를 통치함에 있어 법제를 정비하고 군주로서의 권세를 쥐고, 그 신하를 제어하고 나라를 부강하게 하고 병력을 강하게 하기 위해서는 현명한 인재를 찾아 임용해야 함에도 불구하고 도리어 경박하고 음탕하고 독충 같은 소인배들을 쓰니 울화통이 치민다. 곧 유자儒者는 문文으로서 국법을 어지럽히는 자이며 협객의 무리들은 무武로써 금령禁令을 범하는 자이다. 그런데 군주는 평상시에 명예로운 유자만을 총애하고 비상시에 갑옷 입은 무사를 등용한다. 이래서는 평상시에 후대하여 양성한 자는 비상시에 쓸모가 없고, 비상시에 쓸모가 있는 자는 평상시에 후하게 대접한 바가 없기 때문에 국력이 쇠퇴한 것이다."

한비는 등용되지 못한 한을 품고 있었다. 단 한 가지만의 계책도 들어주지 않는 한왕韓王을 원망하면서 진나라로 들어갔다.

"거기에는 친구 이사가 있다. 진왕은 야망이 크며 현명하다. 나를 필히 크게 쓸 것이다……."

한비의 짐작은 옳았다. 진왕은 한비의 내방을 크게 기뻐하면서 중용할 계획을 세우며 그를 위해

『한비자韓非子』

매일 잔치를 열었다.

그때 이사는 재상이 되어 있었는데 한비의 중용이 기정사실화되어 가자 더럭 겁이 났다.

'이것은 얘기가 다르다. 설마 한비가 중용되리라고는 꿈에도 생각지 못했다. 나는 그의 우수한 재능을 안다. 실상 나는 그의 발바닥에도 미치지 못한다. 진왕은 그의 재주를 미리 알아보고 있다. 그의 됨됨이에 반해 국정을 온통 맡길 심산인 것 같다. 한비의 출세는 곧 나의 파멸을 의미한다. 그를 제거할 방법이……'

그즈음 구경九卿 중의 한 사람인 요가姚賈가 찾아들었다. 그 역시 한비의 뛰어난 재능을 알고 있어 자리를 빼앗기지 않을까 전전긍긍하고 있는 중이었다.

"승상, 어찌하실 참이오?"

"대왕의 신임이 저토록 두터우니 나로서도 별 수가 있겠소!"

"그렇지가 않습니다. 대왕의 믿음이 아직은 한비에게 미치지 못했으니, 대신들이 모두 합해 한비는 진을 위하지는 않고 한韓만을 위할 것이다. 그리고 한비가 대왕 욕보이는 말을 하더라는 소문을 대왕 귀에 들어가도록 슬쩍 흘려 놓는 거지요."

"어떤 내용의 소문?"

"한비가 이러더라 '진왕의 사람 됨됨이는 콧마루가 우뚝하고 눈꼬리가 길게 찢어져 자못 영웅의 기상으로 보이나, 실은 독수리처럼 가슴이 튀어나오고 목소리가 새된 소리로 승냥이 같아 남에게 은덕을 끼칠 관상이 못된다. 호랑虎狼과 같은 잔인한 마음을 가지고 곤궁했을 때에는 자신을 거침없이 낮추고, 뜻을 얻었을 때는 남을 경멸하여 가차 없이 잡아먹었다. 나는 지금 무위무관無爲無官

의 필부에 불과한 데도 진왕은 나를 보면 언제나 자신을 낮추니, 이는 필시 진왕이 천하를 호령하는 뜻을 얻었을 때 나를 잡아먹겠다는 조짐이 아니고 무엇이겠는가?'라고 소리쳤다는 소문을 그럴듯하게 내는 겁니다."

"대왕께서 그런 풍문을 믿어 주시는가가 문제겠지요."

"그야 정당政堂에서 조회가 열릴 때마다 이구동성으로 한비를 대놓고 비방하면 대왕께서도 별 수 없이 그를 의심하여 등용시키지는 않겠지요."

자리에서 일어나 밖으로 나가던 요가는 입가에 잔잔한 미소를 띠고서 이사를 돌아보며 이렇게 말했다.

"만일에 한비가 죽게 되면 유세의 어려움을 설파하고서도 끝내 자신만은 비명에 죽어 『세난說難』의 어려움을 헤쳐 나오지 못한 신세가 되는 구려……"

다음 날부터 한비를 비난하는 목소리들이 열화와 같자 천하의 진왕도 어쩔 수 없이, '그의 죄가 무엇인지 다루기 위해 우선 감옥에 가두라' 명했다.

한편 이사는 서둘러서 독약을 옥중으로 보냈다. 한비를 지극히 아끼는 진왕의 마음이 변하기 전에 그를 해치우는 것이 옳다고 여겼기 때문이다.

한비는 자신의 억울함을 호소할 데도 없이 자신을 위해 매일 잔치를 열던 대왕도, 동문수학한 친구의 얼굴도 보지 못한 채 하늘을 우러러 슬픔을 토하고 독배를 들었다.

"나 한비는 먹줄을 친 것처럼 분명하고 깔끔하게 법규를 제정하여 모든 세상사 인정人情이 절실하였다. 그러나 아무도 시행하지도 않는 법제를, 시비是非의 별別을 분명히 갈라놓아 궁극적으로는 너무 각박하여 인정미가 없다는 죄 하나로 나는 죽는가, 다만 『세난』을 저술했으면서도 내 자신의 화는 벗어나지 못했음을 못내 통탄할 따름이다!"

며칠 후 진왕은 역시 한비를 투옥시킨 것에 후회하고 사자를 보내 그를 사면코자 하였다. 그러나 그는 이미 죽고 없었다. 그 후 진왕의 정책은 한비의 학설에 많은 영향을 받고 있었다.

태사공은 이렇게 결론을 맺었다.

노자老子가 존귀하게 여기는 도道라는 것은 허무虛無이다. 자연에 순응하여 그 변화에 따른다. 그의 글과 말에는 미묘하여 해독하기가 어렵다.

장자莊子는 그 (노자) 도덕을 넓혀 자유분방하게 논했는데, 그 요체는 결국 무위의 자연으로 돌아가자는 것이다. 신자申子는 도덕을 손쉽게 현실에 맞추어 형명刑名ㆍ법술法術에 적용했다.

한비자韓非子는 너무나 깔끔하게 법규를 제정하고 시비의 분별을 분명하게 갈라놓았으나 너무 가혹하여 은혜가 없었다. 이들은 모두 도덕에 근원을 두고 있는 학설이지만 노자의 사상은 쉽게 헤아릴 수 없이 깊고 오묘하다.

사마양저司馬穰苴 열전— 엄정한 군법

고대 왕자王者 때 사마병법司馬兵法이 널리 퍼져 있었다. 양저穰苴는 이 병법을 충분히 부연해 밝혔다.

제齊의 경공景公 때 진晉이 산동성의 동아현과 견성현인 아阿와 견甄을 치고 연燕이 황하 남안 하상河上을 침략해 오자 경공은 어찌할 줄을 몰랐다.

이에 안영晏嬰이 경공에게 전양저田穰苴를 천거했다.

"그는 어떤 사람이오?"

"전씨네 첩의 소생입니다만 그의 문장文章은 만인의 마음을 사로잡습니다."

"전쟁을 문장으로 치를 수 있겠소?"

『사마법司馬法』

"무술 솜씨 또한 적을 떨게 합니다."

그렇게 되어 양저가 경공 앞으로 불려왔고 군사軍事를 의논해보니, 그의 계략이 뛰어났다. 경공은 크게 기뻐하며 그를 장군으로 삼았다.

"저를 일개의 서생書生에서 곧바로 대부의 자리에 앉히시면 본시 미천한 몸이라 비록 장군의 직위에 있더라도 백성들이 믿지 않으며 더구나 병사들은 제 명을 따르지 않을 것입니다. 그러니 주군께서 총애하시고 백성들로부터 존경받는 인물을 골라 군대를 총감독케 하는 감군監軍으로 삼아주십시오."

"그러면 장가莊賈를 데려가도록 하시오."

연나라와 진나라를 치기 위한 출전에 앞서 양저는 장가한테 단단히 일렀다.

"내일 정오까지 군문軍門에서 만납시다. 한시가 급하니 꼭 나오셔야 합니다."

"그렇게 해도 되겠지요?"

"아닙니다. 약속은 분명해야 합니다. 시간을 엄수해야 합니다."

"그렇게 해봅시다."

장가는 심드렁하게 대꾸했다.

이튿날 일찍 양저는 군문으로 달려갔다. 나무 기둥을 세워 해시계를 만들고 물시계를 만들어 물방울 떨어지는 것을 재며 감군 장가를 기다렸다.

장가는 원래 교만했다. 더구나 왕의 총애를 받는 몸인지라 양저 따위는 처음부터 아예 무시했다.

"제까짓 게 뭔데. 나더러 이래라저래라 명령을 내리는 거야. 더구나 나는 감군監軍일 뿐이고 진짜 장군은 자기가 아닌가."

장가는 서두르지 않았다. 측근 및 친척들이 부어주는 송별주를 마시며 한없이 미적거렸다.

양저는 기다렸다. 정오가 지난 지 이미 오래였고 해가 뉘엿뉘엿 넘어가고 있었다. 양저는 해시계로 썼던 나무를 쓰러뜨리고 물시계로 쓰던 단지의 물도 쏟아버리고 군사들이 하루 종일 사열해 있는 진중으로 돌아갔다.

양저는 출전에 앞서 진지를 순시하고 병사를 점검하고 군령을 거듭거듭 밝혔다. 그만큼 이번 전쟁은 제의 운명을 가를 예측불허의 전투가 될 것이 너무나 자명했다.

장가는 저녁 늦게야 비틀대며 진지에 도착했다.

"그대는 약속을 어기고 늦었소이다. 감군이란 직위는 장군과 똑같다는 것을 모르오?"

양저는 정색하고 말했다.

"일이 그렇게 됐소. 높은 양반들과 친구들이 송별주를 부어주는데 박정하게 어찌 마다하고 그냥 떠나올 수 있겠소."

"무릇 장將이란 명령을 받으면 그 시각부터 집을 잊어버리고, 진영에 나아가 군령이 확정되면 그 육친을 잊어버리며, 채를 들어 북치는 소리가 급하면 자기 몸을 잊어버리는 법이오."

"미안하게 됐다고 했잖소."

"지금 적군은 우리 땅에 깊숙이 침투해 나라가 들끓고 병사들은 비바람과 싸우며 국경에서 잠을 못 이루고, 주군께서조차 편한 잠자리에 들지 못하신 채 음식을 들어도 걱정으로 그 맛을 모르는 바요."

"그러니까……."

"이런 판국에 송별연이 다 뭐요. 여봐라! 군법무관 군정軍正을 불러라!"

이때 군정이 달려 나왔다.

"그대 군법에 기약한 시간 약속을 어긴 자는 어떻게 해야 한다고 되어 있는가?"

"참斬에 해당합니다."

"분명히 목을 베라 쓰였겠지?"

"네, 그렇습니다."

"그렇다면 어서 형틀을 준비해라!"

양저의 서슬 퍼런 명령에 장가는 더럭 겁이 났다. 제 종자를 경공에게 보내어 구원을 청했다.

그러나 양저는 장가의 종자가 돌아오기 전에 가차 없이 장가의 목을 베어 삼군(三軍 : 전군)에 조리 돌렸다.

삼군의 사졸들은 두려워 모두 벌벌 떨었다.

얼마 후 경공이 보낸 사자가 부절(符節 : 왕의 표찰)을 들고 말을 달려 진중으로 들어왔다.

"장가를 용서하라는 어명이오!"

그러나 양저는 눈 하나 깜짝하지 않았다.

"군영에 있는 장군은 주군의 명령이라도 듣지 않는 수가 있다! 그리고 군정! 군영에서 말을 달려도 되는가?"

"아니 됩니다. 군법에서는 참에 해당합니다."

"그렇지만 왕의 사자는 죽일 수가 없다. 그대신……."

양저는 사자의 마부와 수레의 왼쪽 곁말을 베어 삼군에 조리 돌린 후 말했다.

"사자는 돌아가 그대가 본대로 왕께 사실을 아뢰어라."

그제야 양저는 위풍당당하게 군대를 몰아 출격했다.

양저는 사졸의 숙사나 우물과 아궁이와 음식에 이르기까지 철저하게 감시 감독했다. 병든 군사를 문병하고 약을 챙겨주며 장군으로서 받는 양식을 풀어 병졸과 똑같이 먹고 마시었다.

사흘이 지나자 군사들의 사기는 충천했다. 병자들까지도 일어나서 앞다투어 출전을 희망했다.

"양저 장군을 위해서라면 목숨을 버려도 좋다!"

진晉과 연燕의 군사들은 제의 불같은 투혼을 보고 두려움에 떨며 풀이 죽어 있었다.

"제의 사기가 하늘을 찌르니 싸워보았자 죽음뿐이다. 황하를 건너 달아나자."

양저는 군사를 독려해 양군을 추격하여 잃었던 제의 옛 땅을 깨끗이 회복했다.

양저는 군사를 이끌고 도읍인 임치臨菑에 다다랐다.

"군대는 잠깐 머물거라. 그리고 군정은 듣게, 주군이 도성에 계시다, 군법에 군대를 몰아 도읍으로 들어갈 수 있는가?"

양저의 뜻밖의 물음에 군정은 머뭇거리다 대답했다.

"원칙으로는 반역입니다만……, 개선군의 입성은 예외로 합니다."

"임금 앞에서 예외는 없다. 설사 반역의 군대가 아닐지라도 이런 일로 주군께 오해 받을 짓을 해서는 안 된다."

"군령을 거두고 군의 편성을 여기서 푸실 겁니까?"

"그렇다. 그리고 충성을 맹세한 다음에 도성으로 들어간다. 도읍을 방위하는 군사 이외에는 다른 군대가 입성할 수 없는 게 상례 아닌가?"

경공이 그 소식을 들었다. 경공은 대부들과 함께 교외로 나아가 개선군을 맞이하며 군사들을 위로했다.

"그대의 충성심을 높이 사오. 벼슬을 높여 삼군 총사령관 대사마大司馬에 임명하오."

그 이후로 전양저의 전田씨는 제나라에서 더욱 존중되었다. 그렇게 되자 대부들인 포씨鮑氏·고자高子·국자國子 등의 무리들이 양저를 시기했다.

그들이 양저를 끊임없이 중상모략하자 경공도 어쩔 수 없이 양저를 내쳤다. 양저는 화근이 병이 되어 죽었다.

그 후 전씨田氏 일족은 고씨·국씨 일족을 모조리 주살하고 제의 위왕威王에 올랐다.

위왕威王은 대부들에게 옛날 사마들의 병법을 논하게 하고 양저의 병법을 덧붙여 『사마양저 병법司馬穰苴兵法』이라 이름하였다.

손자孫子 · 오기吳起 열전 ─ 병법의 대가大家

> 신信 · 염廉 · 인仁 · 용勇의 인간이어야 비로소 그
> 사람이 전하는 병법이나 그가 논하는 검법劍法이
> 대도大道와 합치하며, 수신修身의 수단인 동시에 임
> 기응변의 동작이라 이름할 수 있다. 그것은 군자가
> 덕을 비교할 때 기준이 되기 때문이다.

제齊의 손자孫子는 오왕吳王 합려闔廬와 만나 손자의 병법兵法에
대해 이야기하고 있었다.

"그대의 병법 13편을 다 읽었는데 감탄했소. 그러나 책에 써 있
는 이론과 실제에 있어 맞아떨어질지 그게 궁금하오."

"그야 물론 이론과 실제가 똑같지요."

"아, 그렇습니까? 한번 군대를 지휘하는 것을 볼 수 있을까요?"

"좋습니다. 그럼 어떻게 보여드릴까요?"

"훈련된 군인이 아니라 궁궐 속에만 갇혀 있는 아녀자들을 가지
고도 지휘가 가능합니까?"

"대왕의 후궁들을 데리고서도 가능합니다."

"그래요?"

합려의 눈은 호기심에 불타 있었다. 손무 또한 합려의 허락을 받아 180명의 후궁을 연병장으로 불러냈다.

손무의 시험무대가 펼쳐진 것이었다. 그러나 그것은 손무에게나 오왕 합려에게나 둘 다 모험이었다.

손무는 우선 180명의 후궁을 두 부대로 나누어 합려가 가장 총애하는 후궁 둘을 그 대장으로 삼고 모두에게 쌍날창을 들게 하여 정렬시켰다.

〈손무孫武〉

"폐하! 우선 저에게 대장군의 부월(斧鉞 : 작은 도끼와 큰 도끼)을 내려주십시오."

"그건 부하들의 생살권生殺權을 상징하는 물건이 아니오?"

"그렇습니다. 군문軍門에 장난이란 있을 수 없으며 왕께서 대장 검大將劍을 내리시지 않으면 군령軍令이 서지 않습니다."

"좋도록 해 보시오."

오왕은 마지못해 부월을 내렸다. 손무는 그제야 후궁들 앞으로 다가갔다.

"자, 듣거라! 너희들은 가슴과 등, 오른쪽의 우右와 왼쪽의 좌左를 알고 있는가?"

"호호호, 물론 알고 있습니다."

저마다 다른 음색의 화려한 대답이었다.

"좋다. 내가 '앞으로!' 하고 외치면 가슴 쪽을 향하고, '좌로!' 하면 왼쪽, '우로!' 하면 오른쪽을, 그리고 '뒤로!' 하면 등 쪽을 향한다."

그렇게 손무는 똑같은 내용을 세 번씩 반복하여 되풀이하고 다섯 번을 설명했다. 그리고 나서 손무는 군고軍鼓를 쳐서 '우로!' 하고 외쳤다.

후궁들은 까르르 웃기만 할 뿐 아무도 명령을 따르지 않았다. 손무는 그녀들에게 다시 말했다.

"약속이 분명치 않고 호령이 익숙해지지 않은 것은 장수의 책임이다."

그러면서 손무는 다시 명령을 세 번 되풀이하고 다섯 차례나 똑같은 내용을 설명하고 나서 군고를 치며, '좌로!' 하고 큰소리로 호령했다.

역시 후궁들은 웃기만 할 뿐 아무도 손무의 명을 따르려 하지 않았다. 손무는 다시 태도를 바꿔 정색하고 호령했다.

"약속이 분명치 않고 호령이 철저하지 못한 것은 장수의 책임이다. 그러나 군령이 정확하게 전달되었는데도 병사들이 움직이지 않는 것은 각 대장隊長의 책임이다. 응분의 벌을 받아야 한다."

손무는 부월을 들어 좌우 두 대장의 목을 치려했다.

누대 위에서 구경하던 오왕은 깜짝 놀랐다.

"잠깐! 그대는 지금 어찌하려는 것이오?"

"군령을 어겼기로 목을 베려는 것입니다."

"이제 장군의 용병술이 탁월하다는 것을 알았소. 그러니 제발 그 두 후궁을 살려 주시오. 그녀들은 내가 가장 어여삐 여기는 자들이니 한번 봐 주시구려."

"안 됩니다. 저는 이미 대왕의 명으로 장수가 되었습니다. 장수가 군영에 있을 때에는 왕의 명령이라도 받지 않을 수가 있습니다."

손무는 말이 떨어지기가 무섭게 두 대장의 목을 도끼로 내리쳤다. 눈 깜짝할 순간이었다.

"아니, 저자가!"

혼비백산, 넋이 나간 것은 오왕뿐만이 아니었다. 누대 위에서 아래를 굽어보던 대부들은 말할 것도 없고 연병장에 살아남은 후궁들도 사색이 되어 있었다.

"자! 다시 한다. 이번에는 차석 후궁들이 대장으로 나서라."

손무는 다시 북을 치며 호령했다. 그러자 이번에는 앞으로, 뒤로, 오른쪽 왼쪽, 꿇어앉고 일어서기를 한 치 빈틈없이 명령대로 일사분란하게 이루어졌다. 자로 재고 먹줄을 친 것처럼 대오가 정연하며 군소리 하나 들리지 않았다.

얼마 후 누대를 바라보니 오왕과 대부들은 자리를 뜨고 거기에 없었다.

"군대의 기강이 온전히 잡히고 군령이 이제야 정돈되었습니다. 왕께서 친림하시어 직접 시험해 보시라 하십시오. 저들은 이제 물불을 가리지 않고 뛰어들 것입니다."

그러나 오왕한테서는 손무에게 다른 전갈이 왔다.

"장군께서 어서 훈련을 끝내시고 숙소에 가서 편히 쉬시라 하셨습니다."

그러자 손무가 손사래를 치며 외쳤다.

"이제야 알 것 같소. 오왕께선 군사 쓰는 데 있어〔용병庸兵〕 한낱 안방 이론만 좋아하실 뿐 실제 전장의 용병술은 좋아하지 않으시는 구려."

손무는 실망하여 보따리를 쌀 궁리에 젖어 있었고 오왕의 충신은 나름대로 애를 쓰고 있었다.

"대왕! 고정하십시오. 계집은 많습니다. 그러나 손무의 용병 능력은 탁월합니다. 대왕께서 천하의 패자가 되시고자 한다면 손무의 힘을 빌리십시오."

오왕은 화를 누르고 측근의 충간을 받아들여 〔다른 곳에서는 오자서로 나타남〕 손무를 대장군으로 등용했다.

그 후 오왕은 손무의 활약에 의해 초楚의 도성 영郢을 정벌하고 뼈대 높은 제齊와 신흥제국 진晋을 위협하여 각 제후들 사이에 명성을 떨쳤다.

손무가 죽은 후, 백여 년이 지나 손빈孫臏이 나타났다. 그는 일찍이 방연龐涓과 함께 병법을 배웠다.

방연은 그때 위魏의 혜왕惠王을 섬겨 장군이 되어 있었다.

"어찌하면 좋을까? 손빈이 있는 한 위의 혜왕을 천하의 패자로 만들 수가 없다. 나로서는 손빈을 당할 수가 없다. 그를 제거할 방법을 찾아야겠는데……."

손빈은 자기가 연구한 병법에 대한 완성을 기하기 위해 각지의 전쟁터를 살펴보고 자신의 병법을 실전에 응용해 보기도 하며 자신만의 독특한 병법을 새롭게 완성해 놓은 단계였다.

아니 어쩌면 자신이 연구한 병법을 동문수학한 가장 절친한 친구 방연에게 전달하고자 자신이 그렇게 노력했는지도 모른다.

그때 방연한테서 '한 번 찾아와 달라'는 전갈이 왔다.

친구의 정중한 초대라 손빈은 기꺼이 즐거운 마음으로 위나라로 달려갔다. 그러나 손빈은 방연을 만나기도 전에 '하늘이 놀라고 땅이 흔들리는', 경천동지驚天動地할 일을 겪게 된다.

"무슨 짓이냐? 방연 대장군의 초대로 찾아온 손님이다!"

"멍청하기는 이것이 바로 방장군의 대접인 줄이나 알아라!"

옥리獄吏의 대답이었다.

손빈은 두 다리를 잘리고 얼굴에는 먹물이 찍혔다.

"얼마 뒤엔 옥사할 테지. 설사 살아남는다 해도 저런 몰골로 세상에 나타나진 않겠지."

방연은 회심의 미소를 지었다.

어느 날 손빈은 옥문 밖에서 요란하게 달려가는 수레바퀴 소리를 들었다.

"사두마차四頭馬車인 듯한데 누구의 행차요?"

손빈은 옥리에게 무심코 물었다.

"제나라에서 온 사신인 듯하오."

손빈에게 번쩍 스치는 묘안이 떠올랐다. 제나라는 자신의 고국이었다.

"당신한테 황금 2백 금을 줄 테니 그분을 좀 만나게 해줄 수 없겠소?"

"당신이 무슨?"

"손빈이 죽어서 버렸노라 소문을 내고 나를 도성 대량大梁의 다리 밑에다 버려주면 2백 금을 주리다."

"글쎄, 당신한테……."

"그 돈은 제나라 사자가 가지고 있소. 밑져야 본전 아니겠소? 사신을 만나게 해주시오."

손빈의 간청에 옥리는 제의 사자를 만나게 해주는 일쯤 나쁠 게 없다고 생각하여 은밀히 사자를 손빈에게 다리놓아 주었다.

손빈은 제의 사자를 만나 자신의 처지를 말하고 또한 자신의 포부와 병법술을 설파했다.

사자는 손빈의 탁월한 식견識見을 단박에 알아봤다.

"그대라면 2백 금도 아끼지 않겠소. 특히 방연 대장군이 시기할 정도라면."

제의 사자는 귀국길에 손빈을 몰래 수레에 태우고 돌아갔다. 그리고 손빈은 사자에 의해 제의 대장군 전기田忌에게 소개되었다. 어느 날 전기 장군은 투덜거리며 손빈이 있는 객실로 들어왔다.

"장군께서는 무슨 언짢은 일이라도……?"

"마차 경주내기를 했는데 번번이, 아니 오늘도 졌기 때문에 많은 돈을 잃었소."

"대체 내기 상대는 누구입니까?"

"공자公子들과 대신들, 그리고 장수들이오."

"다음 시합 때에는 저를 데려가십시오. 장군께서 거금을 따도록 하겠습니다."

전기는 의아해 하면서도 이튿날 마차 경주에 손빈을 데리고 갔다. 손빈은 다리가 없기 때문에 포장마차 속에 있었다.

바깥을 유심히 살핀 손빈은 전기 장군을 불러 작전을 지시했다.

"각기 말들이 주력에 큰 차이는 없다 해도 상·중·하 등급의 말은 있게 마련입니다. 세 번의 경기 중 두 번만 이기면 되는 것 아닙니까?"

"그렇소!"

"그러면 저쪽에 있는 상등마에 장군의 하등마를 겨루게 하십시오."

"내 말이 질게 뻔하지 않소?"

"대신 장군의 상등마는 저쪽의 중등마에게 이깁니다."

"그럴 듯하구려. 내 중등마는 저편 하등마에게 이길 테고."

"잘 보셨습니다. 오늘은 천금을 거십시오."

과연 손빈의 말대로 전기는 그동안 손해 본 것을 만회할 정도의 통쾌한 승리를 맛보았다.

전기는 손빈을 범상한 인물이 아니라 생각되어 마침내 제의 위왕에게 추천했다. 제의 위왕은 손빈과 병법 문답을 해 본 후 그 기량이 뛰어남을 알고 그를 흔쾌히 대장군으로 삼으려 했다.

"그렇지 않습니다. 이런 몸으로는 군령이 서지 않습니다."

손빈은 자신의 처지와 상황을 설명했다. 그래서 전기를 대장군으로 삼고 손빈은 군사軍師로 삼아 포장수레〔치거輜車〕 속에서 군략을 세우게 했다.

때마침 조趙나라에서 위나라가 쳐들어와 위태롭다며 구원을 청해왔다.

"조나라는 우리 제나라와 동맹국이요. 달려가서 도와주어야겠소."

전기 장군의 말에 손빈은 무짜르듯이 단호히 말했다.

"군대를 조나라 한단邯鄲으로 끌고 가서는 안 됩니다. 엉킨 실을 풀려면 상대의 빈틈을 보아 급소를 쳐야 엉킨 싸움이 풀리는 법입니다. 지금 방연이 이끄는 위는 조나라 수도 한단을 포위하고 조나라와 사생결단으로 맞붙어 싸우고 있기 때문에 양국의 정예병들은 모두 일선에 나가 있습니다. 결국 위나라 수도는 늙고 병든 군사만이 수비하고 있을 것이니, 우리는 위나라 수도 대량大梁으로 쳐들어가야 합니다. 소식을 접한 방연의 위나라 군사는 대경실색大驚失色하며 조나라의 포위를 풀고 회군할 것입니다. 이것이 바로 우리가 한번 움직여 조나라를 구하고 위나라를 피폐케 하는 방법입니다."

전기는 손빈의 병법에 따라 대량을 쳤다. 위군은 과연 조나라 수도 한단에서 철수해 버렸다. 전기의 군사가 산동성 계릉桂陵에서 방연의 위나라 군사와 맞닥뜨렸는데 사기가 꺾인 위군은 대패하여 본국으로 달아났다.

13년 후, 이번에는 위나라와 조나라가 한韓나라로 쳐들어갔다. 한은 제나라에 위급함을 고해왔다.

당시 제후국들은 이해관계에 따라 손을 잡았다가 어느 순간 원수가 되는 것이 흔한 일이었다. 그러니까 13년 전, 위나라의 공격을 받아 위험에 처했던 조나라가 이제는 위나라와 손을 잡고 한나라로 쳐들어간 것이다.

본디 조·위·한, 세 나라는 춘추시대의 진晉나라가 나뉘어 생긴 같은 뿌리의 나라였기에 시기하는 마음도 강했다. 그 뿐만 아니라 병사들은 원래가 물불을 가리지 않는 성격으로 무척이나 사납고 용맹했다.

"이번에도 볼 것 없이 위의 대량으로 쳐들어가야지."

전기 장군은 손빈의 눈치를 보며 말했다. 손빈은 가타부타 말없이 가만히 있었다.

또다시 제의 군사가 대량을 공격한다는 소식을 들은 위군은 한나라를 버려두고 본국으로 군사를 돌렸다. 그런데 승리에 도취된 전기 장군은 군사를 이끌고 그만 너무 깊숙이 위나라로 들어가 있었다. 이에 손빈이 전기에게 작전 구상을 미리 귀띔했다.

"우리 군사를 업신여기게 만들어 마음을 교만하게 해주어야 할 것입니다. 분명 우리가 도망치면 저들은 사정없이 쫓아올 게 틀림없습니다."

"아니 군사軍師! 대량이 코앞인데 방연과 싸워 보지도 않고 도망치잔 말이오?"

"전쟁을 잘하는 자는 적의 세력을 이용해 유리하도록 이끄는 법입니다. 병법에도 눈앞의 이익에 팔려 백 리 밖을 달려 나가면 그 군대는 상장군上將軍을 죽게 만들고, 오십 리 밖으로 달려 나가면 그 군대는 절반만 도착한다고 했습니다."

전기는 도망치는 일이 썩 마음에 내키지 않으나 손빈의 작전을 들을 수밖에 없었다.

"우리는 일단 뒤로 후퇴를 하되 오늘은 10만 대군이 식사를 하고 간 자취(솥을 걸었던 아궁이)를 남기고, 내일은 더 작은 군사가 식사를 하고 간 흔적을 남기는 계책을 써야 합니다. 그렇게 하면 꾀가 많은 방연은 식사를 한 흔적을 살피고는 우리 제군에 탈영이나 낙오병이 생긴 것으로 판단하여 군사들을 몰아 강행군으로 달려 올 것입니다. 그들은 며칠 동안 쉬지 않고 달릴 것이기 때문에 지치게 되는 것입니다. 그러면 장수도 잡고 위군도 섬멸할 수 있습니다."

"과연 묘책이오."

손빈을 신임하는 전기는 그의 계책대로 따랐다.

한편 방연은 제나라 군사의 밥 지은 아궁이 숫자가 첫날 10만 개에서 이튿날 5만 개, 사흘째 3만 개로 줄어가는 것을 보고 쾌재를 불렀다.

"가차 없이 추격하여 몰살시켜라. 본래 제나라 놈들이 겁쟁이인 줄은 알았지만 남의 땅에 들어와 사흘 만에 절반 이상이 도망칠 줄은 꿈에도 몰랐다. 이제 보병까지 따라올 필요도 없다. 정예 기병만 추격해 간다."

방연은 정예 군사 2만 명을 선발하여 태자 신申과 함께 풍우風雨처럼 질주하여 제군을 추격했다.

손빈은 방연의 행군 속도를 계산하고 있었다.

"위군이 어디까지 왔느냐?"

손빈은 척후병들을 파견하여 위군의 동태를 살폈다.

"사록산沙鹿山을 넘고 있습니다. 위군은 밤에도 쉬지 않고 달려오고 있습니다."

"오늘 해질 무렵이면 위군이 마릉(馬陵 : 하북성 대명현)에 도착할 것이다."

마릉은 산 중턱에 있는 깊은 협곡이었다. 말 한 필이 간신히 지나갈 수 있는 곳이라 하여 마릉도라는 길이 하나 있었다. 마릉도는 산을 따라 나 있는 좁고 가파른 길로, 나무가 우거진 험한 곳이어서 군사들을 매복시키기에 좋은 지세였다.

손빈은 수레에서 가마로 옮겨 타고 지세를 두루 살펴보았다. 이

읙고 고개를 끄덕이더니 군사들에게 지시하여 주변의 나무를 몽땅 베어내게 하고 큰 나무 한 그루만 남겨두었다. 그리고 좌우의 협곡에 궁노수 5천 명을 매복케 했다. 마릉도 3리 밖에는 1만 명의 정예 군사를 빽빽하게 매복시켰다. 그리고 베어내지 않고 남긴 한 그루의 나무는 껍질을 벗겨서 하얗게 만든 뒤에 그 위에 손수 글을 썼다.

'방연은 이 나무 아래서 죽는다龐涓死此樹下'라는 글을 쓰고 밑에는 손빈이라는 이름을 써넣었다.

"오늘 해질 무렵, 이 나무 밑에 횃불이 켜질 것이니 그것을 신호로 해서 화살을 일제히 날려라!"

엄한 명령을 내렸다.

방연은 손빈의 예측대로 해가 진 뒤에야 질풍처럼 말을 달려 마릉도에 이르렀다. 그러나 위군의 병거는 더 이상 앞으로 나아갈 수 없었다.

마릉이 워낙 험준한 산이기도 했지만 제군이 아름드리나무들을 찍어서 쓰러뜨려 길을 막아 놓았기 때문이었다.

"제군은 얼마 가지 못했다. 속히 나무들을 치우고 전진하라!"

방연은 위군을 사납게 독려했다. 그는 한시 바삐 손빈을 추격하여 죽이고 싶은 마음뿐이었다. 그때 한 병사가 달려와 나무에 글이 씌여 있다고 아뢰었다.

방연은 병거에서 내려 나무로 다가갔다. 그러나 어둠 때문에 무슨 글자를 써놓았는지 잘 보이지 않았다. 방연은 군사들에게 횃불을 밝히라고 지시했다.

횃불이 밝혀지자 방연은 나무 밑으로 다가갔다. 순간 방연의 얼굴이 창백하게 변했다.

"아아, 수자(豎子 : 더벅머리라는 욕)놈에게 당했구나!"

방연이 미처 한탄을 끝내기도 전이었다.

좌우 협곡에서 천지를 진동하는 듯한 철포가 울리더니 바람을 가르는 날카로운 파열음이 울리면서 화살이 날아오기 시작했다.

좌우 5천 명, 합해서 1만 명의 제군이 쏘아대는 쇠뇌였다. 위군은 여기저기 처절한 비명을 지르면서 죽어갔다.

횃불은 위군이 있는 곳을 알려주는 신호나 다름이 없었다.

위군은 순식간에 떼죽음을 당했다. 아비규환의 지옥이 따로 없었다. 방연의 귓전에는 위군의 처절한 비명소리만 메아리쳤다.

방연도 무수히 날아오는 화살에 맞았다.

"손빈의 명성만 높여주었구나……."

방연은 후세에 명성을 남기게 될 손빈을 생각하고는 분통이 터져 스스로 목을 찔러 자결했다.

승세를 탄 전기군은 머리를 돌려 위나라로 급습해 군대를 대파하고 태자 신申까지 붙잡아 제나라로 개선했다.

이 승리로 인하여 손빈의 명성은 천하에 떨쳤으며 그의 병법도 후세에 전해지게 되었다.

오기吳起는 위衛나라에서 부잣집 아들로 태어났다. 그는 어릴 때부터 권세욕이 강하고 공명심이 높아 여러 나라를 두루 돌아다니며 벼슬자리를 찾아다녔다. 그러나 일은 잘 풀리지 않아 그 많던 재물을 다 날리고 고향으로 돌아왔다.

이것이 고향사람들의 웃음거리가 되었다. 오기는 화를 참지 못하고 자기를 비웃는 마을 사람 30여 명을 베어 죽이고 남모르게 위나라로 도망쳤다.

그때 성문까지 따라와 배웅하는 어머니 앞에서 팔꿈치를 깨물어 피를 흘리며, '한 나라의 재상이 되지 않고는 다시 고향땅을 밟지 않겠노라'며 천지신명께 맹세하고 고향을 떠난 인물이었다.

오기는 자기가 실패한 원인을 반성하고 공부해야겠다는 일념으로 공자孔子의 제자인 증삼(曾參 : 曾子)의 문하생이 되었다.

오기는 증자의 문하門下에 입문하여 가르침을 받고 있은 지 얼마 후 어머니가 돌아가셨다는 소식이 전해졌다. 오기는 재상이 되지 못하면 고향에 돌아가지 않겠노라 맹세하고 나온 터라 가슴속으로 슬픔을 참을 수밖에 없었다.

당시에는 효孝를 모든 도덕의 근본으로 여기던 시대였다. 부모에게 효도하지 않는 자는 친구에게 신의를 줄 수 없으며, 인군仁君에게 충성할 수도, 부부유친夫婦有親하고 자손에게 인자하고 사회에 의義로울 수 없다는 좌우명이 삶의 지표였다.

하물며 증자는 공자의 제자 가운데 공자가 '능히 효孝에 통한다'고 보증했을 정도로 효를 중시 여기는 사람이었다.

"어머니의 장례에도 돌아가지 않는 불효자를 더 이상 가르칠 수 없다."

증자는 단호히 오기를 내쫓았다.

오기는 하는 수 없이 떠돌다 노魯나라 수도 곡부曲阜로 가서 병법을 배웠다. 그로부터 몇 해가 지나 그의 명성을 듣고 노나라에서 오기를 불러 신하로 삼았다.

그 무렵 오기는 제齊나라 여자와 결혼하여 살고 있었다. 그런데 얼마 후 노나라와 제나라 사이에 전쟁이 일어났다. 오기의 병법을 높이 평가한 조정에서는 오기를 장군으로 삼아 출전시키자는 공론이 돌 즈음 반대론자들이 나타났다.

"오기의 병법은 뛰어나고 무술은 능하지만 그의 아내는 제나라 사람이오. 처갓집 제나라에 마음을 내줄지도 모르는 일 아니겠소."

〈오기가 처를 죽여 장군직을 얻다〉

의견이 분분하였다.

오기는 공명심에 들떠 급기야 아내를 살해하는 것으로 반대론자의 의혹을 풀었다. 노나라는 오기를 장군으로 임명하였고 그는 군사를 이끌어 연전연승連戰連勝으로 제나라를 쳐부쉈다.

나라를 위해 공을 세웠지만 사람들 사이에서 오기의 평판은 좋지 않았다.

"오기는 공명심만 내세우는 잔인한 사람이다. 젊었을 때 마을 사람을 죽이고 망명했으며, 증자의 문하에서도 파문되었다. 또 장군이 되기 위해 자기 아내까지 죽인 자이다. 모두 초인적인 공명심과 냉혹함을 말해 준다. 믿을 수 있는 사람이 아니다."

이 같은 비판이 조정에서부터 공공연히 떠돌았다. 결국 오기는 위나라로 가 문후文侯를 섬기게 되었다. 문후는 병법에 통달했다는 점을 높이 사 오기를 장군에 임명하고 진秦나라와 싸워 도읍 다섯 곳을 빼앗았다.

장군으로서 오기는 무엇보다 먼저 군사들의 마음을 얻는데 노력했다. 장졸들과 똑같이 합숙하며 입는 옷과 먹는 음식도 같았고 잠자리도 함께 했다. 특히 훈련 중 행군할 때에도 말이나 수레를 타지 않고 보병과 똑같이 걸었으며, 자신의 양식자루도 손수 짊어졌다.

어느 날 장졸 하나가 종기가 나서 고생하는 걸 본 오기는 입으로 고름을 빨아주었다. 병사의 고향에도 그 소식이 전해졌다. 병사의 모친은 그 소식을 듣고 갑자기 대성통곡을 했다.

"아이고, 아이고! 이제 내 아들 죽네. 내 아들은 죽어! 아이고."

"당신 아들이 죽다니 그게 무슨 말이오?"

동네 사람들이 의아한 생각이 들어 물었다.

"내 아들은 죽는다니까!"

"당신 아들이 종기로 죽게 된 걸 오기 장군이 입으로 빨아내어 살려놓았다고 하지 않소!"

"그래서 그 애가 죽는단 말이오! 대장군의 몸으로 졸병인 내 아들의 종기를 몸소 빨아주는, 연저지인吮疽之仁을 베풀었다 하지 않았소!"

"그러니까 고마워해야 되지. 황송해 하기는커녕 그토록 슬프게 울기만 하니, 우리들로선 대체 영문을 알 수 없단 말이오!"

"그 애 아비도 전날 오장군이 입으로 고름을 빨아주어, 그 일로 감격한 그 애 아비가 제 몸을 돌보지 않고 오장군의 은혜에 보답하기 위해 선두에 서서 적지로 용감하게 뛰어들었다가 전사했소!"

"그렇다고 아들까지야……."

"아니오, 아니오! 분명 아들도 오장군의 그런 은혜에 감격해 제 아비처럼 적지로 뛰어들어 죽을 게 분명하단 말이오."

오기가 크게 무공을 세우고 위나라를 섬겨 높은 벼슬에 올랐을 때 문후文侯가 세상을 떠나고 아들 무후武侯의 시대가 되었다.

무후도 오기를 중히 여겨 재상의 자리에 앉히려 하자 전문田文과 공숙公叔이라는 재상들이 시기하여 모함했다.

이에 오기는 위나라에서 도망쳐 초楚나라로 갔다. 초나라 도왕悼王은 전부터 오기의 평판을 들었으므로 그를 환영하고 재상으로 삼았다.

오기는 법령을 밝게 하여 행정을 정리하고, 공족公族들을 정리하여 국비國費를 절약하는 한편, 군사를 잘 훈련시켰으므로 초나라는 눈 깜짝할 사이에 불같이 일어났다.

특히 오기는 도왕의 신임에 힘입어 새로운 관제官制를 제정하여 선포했다. 개혁의 내용은 다음과 같다.

1. 관리부를 정리하여 불필요한 관리는 해직시킨다.
2. 귀족, 대신의 자제들이 권세를 믿고 국록을 먹으면 엄벌에 처한다.
3. 왕족과 공족 5대손 이하는 자기 힘으로 벌어먹어야 하며 일반 백성과 똑같이 대우한다.
4. 왕족과 공족의 5대손까지는 촌수가 가깝고 먼 정도에 따라서 적당히 대우한다.

새로운 법령이 실시되자, 백성들은 환호하고 수만 섬의 국록이 조정에 반납되었다.

오기는 군사들을 대폭 늘이고 군사들의 급료를 인상시켰다. 이에 모든 군사들은 서로 다투듯 군복무에 열과 성을 다해 충성했다. 그만큼 오기의 권한 또한 막강했다.

그러나 기득권을 상실한 귀족들의 불만이 대단했지만 도왕의 신임에 힘입어 오기는 흔들리지 않았다.

그는 남쪽으로 화중·화남에 살던 남방민족 백월百越을 평정하고, 북으로는 진陳나라와 채蔡나라를 병합했다.

삼진三晋을 물리쳤으며 서쪽의 진秦을 쳤다. 천하의 제후들이 초가 점점 강대해지는 것을 걱정하고 있었다. 바로 그때에 도왕悼王이 죽었다.

"이제껏 우리의 권한을 빼앗은 오기를 없애는 절호의 기회닷!"

모든 영화를 빼앗겼던 왕족과 대신들이 오기를 그냥 둘 리가 없었다.

"무엇이! 그들이 나를 치러 온다고?"

도왕의 장례도 치르기 전이어서 마침 오기는 궁전 안에 있다가 귀족들의 반란 소식을 들었다. 너무나 갑자기 일어난 사건인지라 그는 반란군을 진압하기 위해 손쓸 여력조차 없었다.

반란군들이 궁전 안으로 뛰어들어 오기를 찾으며 아무 데나 화살을 마구 쏘고 창으로 찔렀다.

오기는 도왕의 시체 위에 엎어져 고슴도치처럼 화살을 맞고 창에 찔려 숨이 끊겨 있었다.

후일 도왕의 장례가 끝나자 태자 장(臧 : 肅王)이 왕위에 올랐다. 또다시 피비린내 나는 사건의 연속이었다.

"이유 여하, 지위 고하를 막론하고 왕의 시신에 활을 쏘고 창을 찌른 자는 용서받을 수 없다. 모조리 도륙하라!"

새로운 초의 재상 영윤令尹은 왕의 엄명을 착실히 이행했다.

반란에 연루된 종실과 대신들 거의가 주살당했다. 70여 가문이 멸족되었는데, 이들은 모두가 오기를 미워한 자들이었다.

오기가 죽음의 장소를 도왕의 시체 옆으로 선택한 것은 교묘한 복수의 의미가 있었던 것이다.

태사공은 이렇게 결론지었다.

세상에서 군사軍事에 대해서 논하는 사람들은 누구나 『손자孫子』 13편과 오기의 『병법兵法』을 말한다. 그러나 여기서는 그들의 경력과 시책에 대해서만 논했다.

옛말에 '잘 행하는 사람이 반드시 말 잘하는 사람이 아니며, 말 잘하는 사람이라 해서 반드시 실행을 잘하는 바도 아니다'라고 했다.

손빈이 방연을 해치운 계략은 실로 절묘하다. 그러나 자신의 다리를 잘리우고 형벌을 미연에 방지하지는 못했다.

오기는 무후에게 산하의 험고함을 인간의 덕만 못하다고 말하면서도 자신은 온정이 없었다. 더구나 초나라에서 행한 정치는 각박하고 포학했다. 그 탓으로 제 목숨을 잃었으니 누구를 원망하겠는가.

오자서伍子胥 열전—— 열혈남아熱血男兒

초나라 평왕平王의 태자 건建이 참소를 당했는데, 그 화가 오사伍奢에게까지 미치고 큰아들 오상伍尚은 아버지를 구하려다가 잡힌 바 되었다. 아우 오원(伍圓: 子胥)은 오吳나라로 망명해 아버지의 원수를 갚았다.

〈오자서伍子胥〉

오원(伍圓: 자는 子胥)은 초楚나라를 반석 위에 올려놓은 태사太師 벼슬인 오사伍奢의 둘째아들로서 혼란스런 국정을 바로잡기 위해 노력했으나 모함에 빠져 초 평왕平王으로부터 아버지와 형이 죽임을 당했다.

오자서는 사선死線을 넘나들며 망명 생활을 하다가 오吳나라에 정착하게 되는데, 당대 최고의 맹장이자 열혈남아인 오자서는 부형父兄을 죽인 원수를 갚기 위해 절치부심(切齒腐心 : 몹시 분하여 이를 갈며 속을 썩임)하는 가운데 오왕 합려闔廬를 찾아가 충성을 맹세했다.

父之讎不與共戴天 부지수불여공대천
아버지의 원수와는 함께 하늘을 이고 살 수 없고
兄弟之讎不反兵 형제지수불반병
형제의 원수를 보고 무기를 가지러 가면 늦으며
交遊之讎不同國 교유지수부동국
친구의 원수와는 나라를 같이 해서는 안 된다.
不俱戴天之讎 불구대천지수
함께 하늘을 이고 살 수 없는 원수(반드시 죽여야 할 원수).

초楚의 평왕平王에게 태자 건建이 있었는데 평왕은 오사를 태부太傅로 삼고 비무기費無忌를 소부(少傅 : 보좌관)로 삼았다.

태자 건이 15세의 성년으로 장성해 있을 때의 일이다.

"이제 태자마마께서 성년이 되셨으니 혼례를 준비해야 될 줄로 사료됩니다. 지난날 진秦에 청혼한 일이 있습니다."

하루는 비무기가 주색에 골몰하는 평왕에게 아뢰었다. 초 평왕은 잠시 생각을 더듬다가 옥음을 내렸다.

"이제 태자도 다 자랐으니 비를 얻어야겠지. 그대가 진나라에 가서 공주를 모셔오도록 하라."

초楚 평왕平王은 황금과 백옥 등 많은 예물을 주고 진 애공哀公의 여동생 맹영孟蠃을 모셔오게 했다. 맹영은 무상공주無祥公主로 불릴 정도로 절색인 미인이었다.

진의 공주를 만나 본 비무기의 생각은 갑자기 달라졌다. 공주가 초에 도착하기도 전에 비무기는 말을 달려 평왕에게로 갔다.

"대왕, 진의 공주는 절세의 미인입니다."

"오, 그래! 내 며느리될 여자가……."

"그렇지 않습니다. 대왕께서 진의 공주를 왕비로 맞이하시고 태자께야 다른 여자를 찾아 따로 비를 구하시면 됩니다."

"무슨 가당찮은 소리냐? 우선 만나보기로 하자."

비무기는 공주의 일행을 밤중에 끌어들였다. 평왕이 진의 공주를 보니 과연 천하의 절색이었다. 하여 평왕은 태자에게는 다른 여인을 구해 혼례시키고 자신이 진의 공주를 차지해 버렸다.

비무기는 평왕의 신임을 받아 태자 곁을 떠나 평왕을 측근거리에서 섬기게 되었다. 그러는 사이 평왕은 진의 공주를 총애하여 아들 진軫을 낳았다.

그러던 어느 날 비무기는 갑자기 불안해졌다.

"평왕이 죽으면 태자 건이 왕위에 오를 게 아닌가. 자신의 아내될 여자를 어머니가 되게 했으니 필시 태자는 원한을 품고 있을 것이다. 미리 손을 쓰는 수밖에."

태자 건의 생모는 채蔡나라 공주였는데 평왕은 그녀를 총애하지 않았기 때문에, 그 소생인 태자 건까지도 미워해서 변방인 안휘성 성보城父 땅의 태수로 임명해 국경을 지키게 하고 있었다.

그런 사정을 간파한 비무기는 왕에게 태자를 참소하기 시작했다.

"대왕, 심히 염려됩니다. 지난날 진나라 공주의 일 때문에 태자께서 대왕을 몹시 원망하고 계시답니다. 모쪼록 경계해야 될 일입니다."

그리고 얼마 후 비무기는 다시 왕께 참소했다.

"태자께옵서는 지금 성보 땅에 계시지 않고 바깥의 제후들과 은밀한 교제를 취하고 계시다 하옵니다."

"무엇이라고? 태자가 반역이라도 꾀한단 말이냐?"

"지금 태자를 궁으로 부르면 반드시 반역의 음모가 탄로난 줄 알고 틀림없이 밖으로 도망칠 것입니다. 대왕께서 태자를 제거하지 않으시면 반드시 후일 크게 후회하실 것입니다."

"그래 태자를 궁으로 불러보자. 그리고 태자의 태부인 오사도 불러라. 그의 말을 들어보자."

"오사 역시 태자와 한통속이므로 진실을 말하지 않을 것입니다."

비무기는 은밀히 사람을 놓아 성보의 사마司馬에게 귀띔하도록 했다.

"대왕의 노여움으로 지금 자객이 태자를 죽이러 가니 태자를 도망치게 해드리도록 하라."

그래서 태부인 오사만이 평왕 앞으로 불려왔다.

"태부는 태자가 반란을 획책하고 있다는데 그 사실을 아시오?"

오사는 평소부터 비무기가 평왕에게 태자를 참소하고 있다는 사실을 잘 알고 있었으므로 당당히 반론을 제기했다.

"대왕, 대왕께서는 어찌 사람을 모함하는 소인배의 말만 들으시고 골육의 친자식을 의심하려 하십니까?"

"결코 태자에게 모반의 뜻이 없다는 말이냐?"

"제 목숨을 걸고 사실을 아뢸 따름입니다."

이때 태자를 부르러 갔던 사자가 돌아와 '태자께서는 나라 밖으로 도망치셨다'는 보고가 들어왔다.

평왕은 불같이 노했다. 비무기의 말대로 명백히 반란을 꾀한 증좌였다.

"근거 없는 의심이옵니다. 대왕께서는 어찌 간신배의 말만 믿고 자식을 내치려 하십니까? 부자유친과 부부유별은 인륜의 대강大綱이옵고, 예의와 염치를 존중하는 것은 국가의 대유大儒라고 합니다. 그러하온데 대왕께서는 간신배의 거짓 참소에 현혹되시어 먼저는 부부간의 윤리를 어지럽히더니, 이제는 또 부자간의 의리조차 끊으시려 합니까? 이러면 나라가 망하지 않을 수 없습니다. 바라옵건대 대왕께서는 간신배 비무기를 참하시고 국가의 기틀을 바로잡아 주시옵소서. 내가 죽는 것은 억울하지 않으나 이 나라 사직이 어찌될지 통탄할 뿐입니다."

오사는 초 평왕 앞에서 조금도 굽히지 않았다.

"태부 오사를 가두어라!"

비무기는 다음날 평왕을 다시 부추겼다.

"대왕, 오사에게는 두 아들이 있습니다. 둘 다 걸출한 인물이어서 후환이 두렵습니다. 그 아비를 죽이시려면 두 아들도 함께 제거하십시오. 오사가 태자의 모반에 연루되었다면 틀림없이 그 아들들도 반역에 연루되었을 것입니다."

평왕은 오사를 다시 불러들여 말했다.

"너의 두 아들을 불러들이면 너를 살려주겠다. 그러나 오지 않으면 너는 주살될 것이다."

오사는 빙그레 웃으며 답했다.

"불러 보십시오. 큰아들 상(尙)은 성정이 어질어서 반드시 올 것입니다. 그러나 둘째 원(圓 : 자서)은 참을성이 많고 심사숙고하여 오지 않을 것입니다."

왕은 더 이상 듣지 않고 사자를 보내어 아비의 처지를 두 아들에게 알렸다.

오자서는 코웃음을 쳤다.

"형님, 초 평왕이 우리 형제를 부르는 것은 우리 아버지를 살려 주려고 부르는 것이 아닙니다. 우리 삼부자를 죽이기 위해 아버님을 볼모로 우리를 부르는 것입니다."

"알고 있다. 아버님이 나를 불러 살기를 원하시는데 내가 가지 않음으로써 웃음거리가 되는 것이 걱정이 되어 가고자 하는 것이다."

"아니 됩니다, 형님! 천하의 조소거리가 되는 두려움보다 원수 갚지 못하는 두려움이 더욱 큰 것입니다."

"그러니까 너는 달아나거라. 내가 간다 해서 아버님의 목숨을 구할 수가 없다는 건 잘 안다. 그렇지만 그런 나를 이해해라. 너는 살아남아서 큰일을 해낼 것이다. 너는 반드시 아버님의 치욕을 씻어드릴 것이다.

오상은 뒤도 돌아보지 않고 사자를 따라 초 평왕에게로 갔다. 그러나 오자서는 그 길로 도망쳐 태자 건이 송(宋)나라에 있다는 소문을 듣고 그쪽으로 갔다.

오사는 옥중에서 작은아들 자서가 도망쳤다는 소식을 들었다. 그리고 큰아들 오상과 함께 그 날로 죽임을 당했다.

오자서가 송나라에 도착했을 때는 마침 '화씨의 반란[화씨華氏 ·

상씨尚氏 등이 송의 원공元公을 죽이려고 일으켰던 반란)' 사건이 있었다.

"우리가 있을 곳이 못됩니다."

태자 건建과 함께 정鄭나라로 갔다. 정에서는 그들을 후대했다. 그러나 복수하기 위해 군사를 빌리는 데 있어서는 거절당했다.

그래서 오자서는 태자와 의논했다.

"차라리 진(晉 : 정나라와 진나라는 본래 주나라 이래의 옛 국가였다. 정은 하남성 신정현 일대의 작은 나라이고, 진은 산서성에 있었는데 패자인 문공文公 이래 화북華北의 강국이 되었고, 뒤에 한韓 · 위魏 · 조趙의 세 나라로 분열되어 삼진三晉이라 한다)나라에 가서 그쪽 상황을 살펴보기로 하지요?"

오자서와 태자는 정나라에게는 유람하는 척하며 진나라로 건너갔다. 진나라의 왕은 경공頃公이었다.

태자와 오자서는 사정을 말하고 군사를 빌릴 것을 요청했다. 그러나 진나라에서도 선뜻 군사를 빌려줄 리가 없었다. 수차례 조정 논의를 거쳐 은밀한 조건을 내밀었다.

내용은 이랬다.

정나라에서는 태자 건을 신임하고 있으므로 진에서 군사를 밀고 들어갈 테니 정나라에 먼저 가 내응하여 정나라를 멸하자는 것이었다.

오자서가 태자를 부추겼다.

"약속하십시오."

경공은 다시 태자 건에게 다짐했다.

"우리가 정나라를 멸망시키면 그대를 그곳의 왕으로 봉하겠소."

다른 방도가 없어 그러마고 약속한 후 정나라로 돌아갔다. 그런데 사건은 엉뚱한 데서 터졌다.

태자 건은 가만히 생각해보니 자신의 시종이 그 내막을 알고 있으므로 그 자의 입을 틀어막기 위해 죽이고자 한밤에 그의 처소에 갔으나, 그 시종은 미리 눈치 채고 뒷길로 달아나 정나라 정공定公의 재상인 자산子産에게 그런 음모를 낱낱이 고해 바쳤다.

말할 것도 없이 정나라에서 펄쩍 뛰고, 태자 일행을 용서할 리 없었다.

건에게는 승勝이라는 아들이 있었다.

"급하게 됐습니다. 음모가 들통나 아버님인 태자께서는 정나라 관리들한테 끌려가셨습니다. 우리도 일단 몸을 피하지요."

오자서와 승은 꼭두새벽에 뒷문으로 해서 몸을 빼 달아났다. 정나라 관병들의 추격은 끈질겼다.

안휘성 함산현 북쪽 소관昭關에 이르렀을 때는 더 이상 함께 도망칠 처지가 못 되었다.

"여기서 각자 도망칩시다. 오吳나라 쪽으로 향해 가십시오."

오자서는 혼자 도망치기 시작했다. 푸짐한 현상금과 함께 도망자 오자서의 초상肖像이 곳곳에 나붙어 있었다.

며칠을 굶은 채 오자서는 잠도 못 자면서 달리고 또 달렸다. 이제는 기진맥진이었다. 더구나 앞에는 장강(長江 : 양자강)이 굽이쳐 흐르고 뒤에는 추격병의 말발굽 소리가 점점 가까워지고 있었다.

"아아! 내 운명도 여기서 끝이로구나!"

절망한 오자서는 눈을 질끈 감고 장검을 빼어 막 자결하려고 했다.

"여보시오. 강을 건너지 않겠소?"

갈대숲 쪽을 바라보니 늙은 어부 하나가 거룻배 위에서 손을 흔들고 있었다. 오자서는 정신이 번쩍 들었다.

"아아. 천지신명이시어! 하늘의 도우심이다!"

오자서는 무사히 강을 건넌 뒤에 차고 있던 칼을 풀어주며 어부에게 머리 숙여 고마움을 표했다.

"살려주신 은혜 백골난망(白骨難忘 : 죽어서 백골이 된다 하여도 은혜를 잊을 수 없음)이옵니다. 가진 것이라고는 이것밖에 없으니 받아주십시오. 백금의 값은 나갈 것입니다."

그러자 어부는 빙그레 웃기만 했다.

"성의가 부족하여 그러십니까?"

"나는 그대가 오자서인 줄을 알고 있었소. 그냥 가시오. 그 칼은 당신이 더욱 위급할 때에 목숨을 지켜줄 것이오."

"그래도……."

"초나라 안팎에서는 당신 오자서가 있는 곳을 알리거나 목을 가져오면 조 오만 섬과 대부 벼슬을 준다고 새로운 포고령이 붙어있소. 나에게 욕심이 있다면 백금짜리밖에 안 되는 칼이 문제겠소."

오자서는 어부에게 이름이라도 알려달라 부탁했으나 그는 웃기만 했다. 오자서는 백배 사례한 후 길을 떠났다.

오吳나라의 도성은 먼 곳이었다.

"그래도 살아남아야 한다."

오자서는 허기진 데다가 찬비를 맞아 병이 나서 길에 며칠씩 쓰러져 있기도 했다. 간신히 기력을 찾으면 걷고 또 걸어서 밥을 빌어먹었다.

　그 후 몇날 며칠인지도 모른다. 오자서는 천신만고 끝에 오나라 성도에 도착했다.

　오吳에서는 요僚가 왕이었고, 공자 광光이 장군이었다. 오자서는 광에게 자신의 신분을 밝히고 식객으로 있게 되었다. 그때 초나라와 국경지대 마을에서 사소한 분쟁이 싸움으로 번져 군사들의 충돌이 일어났다.

〈오나라에 도망온 오자서〉

　오나라에서는 광장군이 초를 치러 나갔다. 광은 초의 국경지대인 종리(鍾離 : 안휘성 봉양현 동쪽)와 거소(居巢 : 안휘성 소현 북동쪽)까지 함락시키고 돌아왔다.

　"공자 광의 힘을 빌리면 초를 멸할 수 있겠다!"

　그렇게 생각한 오자서는 즉시 오의 요왕을 알현하고 시비곡직是非曲直을 가리며 군사 내어줄 것을 간곡히 요청했다.

　"광장군의 군세라면 능히 초나라를 멸할 수가 있습니다."

　그런데 뜻밖에도 광이 출정을 반대했다.

　"대왕, 그건 불가합니다. 오자서의 생각은 전혀 다른 데 있습니다. 오로지 부친과 형이 초나라에서 죽임을 당하자 원수를 갚는 데에 절치부심切齒腐心하기 때문입니다. 더구나 지금 초를 친대도 크게 승산이 없습니다."

　"그렇다면 그 계획은 덮어 두고 기다려 봅시다."

오자서는 가만히 생각해 보았다.

'광의 생각은 다른 데에 있다. 대외적인 문제에는 관심이 없고 오로지 오왕 요를 죽이고 자신이 왕이 되고자 하는 야심을 품고 있다. 그렇다면 광의 야심이 성공할 수 있도록 도와주고 부추기는 수밖에.'

오자서의 수하 중에 전제專諸라는 천하의 칼잡이가 있었다. 그래서 그를 광에게 추천했다.

"천하에서 둘째가라면 서러워할 만큼 특출한 검술가입니다. 무엇보다 자객刺客 일을 시키면 식은 죽 먹기보다 훨씬 쉽게 해치울 것입니다"

"왜 그 자를 나에게 추천하는 거요?"

"혹시 장군께서 필요하실 듯해서……."

그동안 태자의 아들 승도 무사히 오나라로 도망와 있었다. 오자서는 세상을 모른 척 승과 함께 초야에 묻혀 농사만 지으며 때를 기다리고 있었다.

이때 초나라의 형편도 변했다. 5년 후에 평왕이 죽은 것이다. 평왕은 일찍 태자 건의 부인이 될 뻔했던 진의 공주를 가로채어 왕비로 삼았고 그녀에게서 아들 진을 얻었었다.

평왕이 죽고 진이 즉위하니, 이가 곧 소왕昭王이다.

오왕 요는 초나라가 국상國喪을 당해 혼란한 틈을 타서 두 왕자를 출병케 해 초나라를 덮치도록 했다. 그러나 초나라 군세도 만만치 않아 오나라 군사들은 퇴로가 차단당한 채 오도 가도 못하고 갇힌 신세가 되었다.

"전제, 기회는 지금이다. 군사들이 모두 출전해 나라 안의 경비는 비어 있으니 왕을 시해하라!"

공자 광의 명이 떨어졌다. 전제는 오의 요왕을 살해하고 자신도 요왕의 경호원들에게 의해 무참히 찢겨 죽었다.

〈오왕 합려闔廬〉

이로써 공자公子 광光이 즉위했으니 그가 곧 오왕 합려闔廬이다.

초나라를 공격하다가 갇힌 두 왕자는 부왕의 시해 소식을 듣고 초에 항복하고 말았다.

초에서는 오의 두 왕자를 안휘성 서성현 서舒 땅에 봉했다. 합려가 왕위에 올라 뜻을 이루자, 오자서를 불러 외무대신 행인行人으로 삼았다.

초나라에서는 새 왕이 등극한이래 정쟁이 심해 대신인 극완郤宛과 백주리伯州犂가 주살되었다. 그 바람에 백주리의 손자 백비伯嚭가 오에 망명했다. 오에서는 백비를 대부로 삼았다.

합려가 왕위에 오른 지 3년 만에 초를 공격하여 오자서와 백비가 지난날 오를 배반했던 두 왕자까지 사로잡았다.

이때 초의 도읍까지 진격하고자 하였으나 군사軍師인 손무(孫武 : 孫子)의 만류로 회군하고 그 이듬해 초의 여섯 군데의 땅과 첨현을 쳐서 얻는 것으로 만족했다.

9년이 되어 합려가 오자서와 손무를 불러 초를 치고자 물었다. 이에 손무가 대답했다.

"백성은 원기 왕성하고 병사는 사기충천합니다."

오자서가 나섰다.

"초의 장군 낭와는 탐욕스러워 속국인 당唐 · 채蔡 백성들이 모두 그를 원망하고 있습니다. 그러니 초를 치기 전에 당과 채를 우리편으로 끌어들인 후에 연합하여 공격하면 훨씬 쉬울 듯합니다."

오자서의 계략대로 당 · 채와 연합하여 한수漢水를 사이에 두고 초와 대치했다.

오왕의 아우 부개夫槪가 성급히 공격하기를 원했으나 왕이 거절하자 공명심에 불탄 부개는 성급히 사병 5천을 이끌고 초의 장군 자상子常을 쳤다.

자상은 장왕莊王의 막내아들 자낭子囊의 손자로, 귀한 신분으로 태어난 덕분에 권력의 요직에 앉게 되기는 했지만 본시 그릇이 크지 못한 인물이었다.

공교롭게도 모두가 신중을 기하기 위해 반대하던 부개의 공격은 오에 결정적인 역할을 했다. 자상이 정나라로 쫓겨 패퇴하자, 오는 승세를 타고 밀물처럼 초의 도읍 영郢으로 밀고 들어갔다.

오군은 초와 다섯 번의 접전 끝에 초나라 수도 영을 점령했다.

소왕은 호북성 천문현 서쪽 운몽雲夢으로 도망쳤다가 도둑떼들에 쫓겨 다시 안륙현 운鄖을 거쳐 수隨로 피신했다.

일찍이 신포서申包胥는 오자서의 친구였다. 오자서가 달아나면서 그에게 외쳤다.

"두고 봐라. 내 반드시 돌아와 초를 멸하리라!"

그러자 신포서는, '그렇다면 나는 기어코 초나라를 지켜내겠다.'고 하였다.

오나라 군대가 입성하여 초의 소왕을 잡으려고 이 잡듯이 뒤졌으나 찾지 못했다.

오자서가 악에 바쳐 소리 질렀다.

"평왕의 무덤부터 파헤치고 그 시체를 가져와라!"

결국 오자서는 평왕의 시체를 파내어 3백 번이나 태질을 하면서 분을 풀었다. 이를 가리켜 '무덤을 파헤쳐 원수가 죽은 뒤에도 복수를 한다'는 굴묘편시堀墓鞭屍가 유래하였다.

신포서가 오자서에서 편지를 보냈다.

〈그대는 한때 평왕을 모시던 신하로서 부형父兄이 간신들의 참소로 죽었다고는 하나, 그토록 잔인한 만행을 저지를 수 있는가? 왕의 무덤을 파헤치고 그 시신에 형륙刑戮을 가했다는 것은 아직 들어본 일이 없네. 그대가 초나라를 멸하면 나는 반드시 초나라를 일으켜 세우겠다고 맹세한 일이 있다. 사세가 역전되기 전에 그대는 속히 초나라를 떠나라. 나는 반드시 초나라를 재건할 것이다.〉

신포서의 편지를 받은 오자서는 깊은 탄식을 했다. 확실히 평왕의 무덤을 파헤치고 시신에 채찍질을 가한 것은 지나친 점이 있었다. 그러나 그의 원한은 골수에 사무쳐 있었고, 열혈남아로서 부형의 원수를 갚는 것은 당연한 일이라고 생각했다. 오자서는 필묵을 가져오게 하여 답장을 썼다.

〈부모의 원수는 일찍부터 불구대천의 원수라고 하였노라. 그대가 나를 꾸짖는 것을 이해하지 못할 바는 아니나 일모도원日暮途

遠, 길은 멀고 해는 짧으니 어찌 하겠는가. 피 끓는 열혈남아로 충효를 겸하지 못하고 효만을 받들어 초를 멸하리니, 그대는 초를 재건하라. 그것은 그대의 일이다.〉

〈신포서의 울음〉

오자서의 답장을 받은 신포서는 그 길로 진秦나라로 달려갔다. 위급을 알리고 구원을 청했으나 진나라에서는 군사를 선뜻 내어주지 않았다.

신포서는 궁정 뜰에 꿇어 앉아 일곱 낮 일곱 밤을 울면서 구원을 청했다. 이쯤되자 진의 애공哀公은 신포서의 충정에 감탄하지 않을 수 없었다.

"초나라에 저와 같은 어진 신하가 있는데 어찌 멸망하게 두겠는가? 이는 하늘의 뜻을 거역하는 일이다."

신포서는 눈물을 흘리면서 감사의 인사를 올렸다.

진의 애공은 즉시 병거 5백 승乘을 동원하여 공자 포浦와 호虎에게 신포서와 함께 초나라를 구하라는 지시를 내렸다.

진군은 기치 청검을 드날리며 호호탕탕 오군을 향해 진격하여 초 땅에 있는 오나라 군대를 쳤고, 직稷에서 크게 이겼다.

그즈음, 오왕 합려는 소왕을 찾느라고 초나라에 오래 머물러 있었다. 이때 그의 아우 부개가 먼저 귀국해 들어와 왕위에 올라버렸다.

"그놈! 자상을 칠 적에도 내 명을 거역하더니……."

합려는 서둘러 군사를 몰아 귀국했다. 부개의 군사는 패주하여 초로 달아나 버렸다.

초의 소왕도 오의 내란이 일어난 틈을 놓치지 않고 서둘러 성도 영郢에 들어가 군대를 수습하고 부개를 하남성 수평현 당계堂谿 땅에 봉하여 당계씨堂谿氏라 했다.

그로부터 2년 후 합려는 태자 부차夫差를 시켜 초의 강서성 반양현 동쪽 반鄱으로 반격하게 했고, 초에서는 오의 진격이 두려워 도읍을 영에서 호북성 의성현 남동 약鄀으로 옮겨가 버렸다.

그무렵 오자서와 손무는 서쪽의 강국 초楚를 경계하면서 북쪽의 제齊와 진晉을 위협하고, 남쪽의 월인越人을 복속케 했다.

4년 후에는 공자公子가 노魯나라의 재상이 되고, 다시 5년 후에 오나라 합려가 월나라에 쳐들어가 강소성 소주시 고소姑蘇에서 월왕 구천句踐에게 기습을 받아 상처를 입었다.

그 작은 상처는 점점 덧나서 합려는 죽게 되어 태자인 부차를 불러들였다.

"부차야, 네 아비를 죽인 자가 월나라인 것을 잊지 말라."

그리고 합려는 죽었다.

부차는 왕이 되자 아버지의 복수전을 결의하고, 그 전의戰意를 잊지 않기 위해 섶 위에서 잠을 자고(와신臥薪), 신하들로 하여금 자기 방을 드나들 때마다, '부차여, 월왕 구천이 아버지를 죽였다는 것을 잊어서는 안 된다!'라고 소리치게 했다.

그러면 부차는 '잊지 않겠습니다. 3년 뒤에는 반드시 원수를 갚겠습니다.'라고 대답했다.

부차는 백비를 수상으로 태재太宰에 임명했다. 손무는 이미 초
와의 전쟁을 끝으로 일체의 관직을 벗고 고향에 들어가 세상과 담
을 쌓아 살고 있었다.

그로부터 2년 후 부차는 새롭게 출정하여 소주 남서쪽 부초夫湫
에서 월을 짓밟았다. 월왕 구천은 남은 병사 6천 명을 이끌고 정
강성 소흥현 남쪽 회계산會稽山에 포위되어 주저앉았다.

구천은 대부 종種과 의논하기를, '오의 재상 백비는 탐욕스러워
뇌물을 좋아하므로 그에게 두터운 금은보화를 주고 강화를 청하
되, 월나라를 오에 바치고 그의 신하가 되며 왕비를 비첩婢妾으로
바치겠노라' 하였다.

월왕이 그렇게 굽히고 들어오자 부차는 몹시 기뻐했다.

이때 오자서가 나서서 간했다.

"월왕 구천은 일시 곤고하여 굽히는 것이니 그를 살려둬서는 안
됩니다. 반드시 죽여야 합니다. 지금 월을 멸망시키지 않으면 후
일 후회할 것이 자명합니다."

이미 백비가 왕을 충분히 설득했기 때문에 오왕은 오자서의 말
을 듣지 않았다.

5년의 세월이 흘러 제나라의 경공景公이 죽자 대신들의 세력다
툼이 치열해졌다. 더구나 새 왕은 나이도 어린 데다 너무 유약하
므로 나라가 몹시 어지러웠다.

"좋은 기회다! 군사를 즉시 북쪽으로 돌려 진격한다."

이때도 오자서는 오왕의 제나라 침공을 말렸다.

"제를 치기 전에 월나라를 경계하십시오."

"아직도 월나라 타령이오?"

오왕은 오자서의 말을 듣지 않고 제군을 산동성 태안현 남동쪽 애릉艾陵에서 대파하고 노魯의 왕을 위협한 뒤 개선했다.

그 이후로는 왕이 더욱 오자서의 계략을 소홀하게 여겼다. 이때 구천은 오나라에 복수하기 위하여 자신을 엄격하게 다루었다.

그날 밤에도 잠을 자지 않고 절치부심했다. 잠이 오면 송곳으로 무릎을 찌르고, 겨울에 발이 시리면 오히려 찬물에다 발을 담그고 자신을 꾸짖었다. 겨울이면 방에 얼음을 갖다놓고 여름이면 화로를 끼고 지난날의 치욕을 곱씹었다.

뿐만 아니라 방에 곰쓸개를 매달아놓고 드나들 때마다 쓰디쓴 쓸개를 핥았다〔상담嘗膽〕. 그리고는 오나라에서 당한 치욕을 상기하며 복수를 다짐했다.

와신臥薪은 오나라 왕 부차가 마른 짚을 깔고 잔 데서 유래했고, 상담嘗膽은 월왕 구천이 쓸개를 핥았다는 데서 유래한 것이다. 오늘날 와신상담은 치욕을 씻기 위해 온갖 고통을 참고 견딘다는 의미로 쓰인다.

4년이 지나 오왕은 또다시 제나라를 치고 싶어 했다.

또다시 오자서가 간하자 이제 오왕은 오자서를 귀찮게 여겼다.

"그대가 제나라 사신으로 갔다 오시오. 이번에야 말로 제를 완전히 멸할 터이니 그쪽 사정을 세밀히 염탐해 오시오."

오자서는 낙담했다. 그렇지만 가지 않을 수가 없어 아들을 데리고 갔다.

"아들아, 내가 오왕에게 수차례나 간했지만 끝내 한 가지도 들지 않는구나. 이제 오는 망할 것이다."

오자서가 제로부터 돌아올 때에는 아들을 제나라의 포숙鮑叔의 후손 포목鮑牧에게 맡기고 돌아왔다.

오자서는 귀국하자마자 병을 핑계대고 복명도 하지 않은 채 직위를 사퇴하고 집안에 들어앉아 버렸다.

월왕 구천으로부터 많은 뇌물을 받은 백비는 오왕에게 월나라를 신뢰하도록 부추기는 한편, 가장 거추장스러운 오자서에 대해 왕에게 참언(거짓으로 남을 헐뜯는 말)했다.

"오자서는 사람됨이 고집 세고 사나우며 온정도 없습니다. 월의 구천을 참언했다가 대왕께서 듣지 않으시자 꾀병을 구실로 복명도 하기 전에 직위를 사퇴했습니다. 이건 신하로서 무엄한 일입니다. 그리고 제나라에 사신으로 갔을 때 아들을 데리고 가서 포씨에게 맡기고 왔습니다. 이는 제나라와 은밀히 맹약을 맺은 것이 아닌가 생각됩니다. 한시바삐 대책을 강구하십시오."

오왕은 즉시 사자를 시켜 촉루검蜀鏤劍을 보냈다. 촉루검을 받은 오자서는 비감했다. 그는 하늘을 향해 큰소리로 울부짖었다.

"하늘이여! 부차가 어떻게 하여 임금이 되었는지 알리라! 선왕은 부차를 잔인하다고 해서 세자로 세우려고 하지 않았으나 내가 그를 천거하여 왕이 되었다. 나는 부차를 위해 초楚를 치고 월나라를 이겼으며, 오나라의 위엄을 중원에 떨치게 하였다. 부차는 나의 충정을 듣지 않고 나에게 자진하라는 영을 내렸다. 나는 오늘 왕의 명에 따라 죽을 것이나 장차 월나라 군이 쳐들어와 오나라의 사직을 멸한 것이다. 하늘이 나를 대신하여 무도한 혼군昏君을 응보應報하리라!"

오자서는 처절하게 울부짖었다. 가족들이 모두 무릎을 꿇고 울음을 터트렸다.

"나는 옛날에 초나라를 배신하고 부형父兄의 원수를 갚았다. 이제 또다시 오왕을 배신하면 사람들은 오자서를 열혈남아熱血男兒가 아니라고 할 것이다. 내가 죽은 뒤에 나의 두 눈을 빼어 동문에 걸어다오. 월군이 들어오는 것을 보기 전에는 결코 눈을 감지 않으리라!"

오자서는 가족들의 통곡 속에 촉루검으로 목을 찔러 자결했다.

그 후 2년이 지나 오왕은 노魯·위衛의 왕을 불러 안휘성 소현 북서쪽 탁고橐皐에서 회맹會盟하고, 이듬해에는 북쪽의 황지荒地에서 여러 제후들을 불러 모아 마치 자신이 주周나라 왕실을 받드는 주인인 양 설쳐댔다. 그러나 그것은 오나라가 피폐해졌음을 감추기 위한 허세에 불과했다.

이때를 틈타 월나라 구천이 비어 있는 오나라의 도성을 습격했다. 구천은 오의 태자를 죽이고 지키고 있던 오군을 몰살시켰다.

"아아, 오자서의 말이 옳았구나!"

뒤늦게 후회한 오왕 부차는 자신이 월왕 구천에게서 받았던 것처럼 사신을 보내어 예물로 월과 화친코자 하였다. 그러나 월왕 구천은 지난날의 오왕 부차에 대한 수모를 용서하지 않고 부차를 목베어 죽였다.

재상 백비가 월왕 앞으로 끌려왔다.

"더러운 놈, 충신을 참소해 죽이고 왕께 충성도 못한 자, 적국과 내통하여 뇌물까지 먹은 놈! 이런 자는 본보기로 요참해야 마땅하다!"

오나라를 평정한 월왕 구천은 군사를 이끌고 장강을 건너서 회수淮水를 지나 서주舒州에 이르렀다.

구천은 그곳에서 주왕실에 사신을 보내 제齊·진晉·송宋·노魯의 제후들과 맹회를 열고 명실공히 중원의 패자가 되었다.

태사공은 이렇게 결론을 맺는다.

원한이 사람에게 끼치는 해독이 얼마나 무서운가? 임금이라도 신하에게 원한을 사서는 안 된다. 처음에 오자서가 부친 오사와 함께 죽었더라면 오자서는 한낱 낙엽에 불과했다.

그러나 소의小義에 얽매이지 않고 크나큰 수치를 참고 씻어 후세에 이름을 남겼다.

오자서는 장강에서 진퇴양난의 고통을 당했고, 병들고 유리걸식하면서도 초의 도읍 영郢을 잠시도 잊지 않았다. 오로지 은인자중하여 공명을 이루었다. 의열한 대장부가 아니고서는 어떻게 이런 일을 해낼 수 있겠는가.

중니仲尼 제자弟子 열전— 인의仁義의 도道

공자는 문화를 계승 발전시키고, 그의 제자들은 그것을 번창시켜 모두 세상의 사표師表가 되어 인간으로서 지켜야 할 인의仁義의 도道를 드높였으며 이를 엄격히 실천했다.

노魯나라는 이 무렵 삼환三桓으로 불리는 세 대부의 가족, 삼가三家가 정사를 좌지우지하고 있었다.

공자는 노나라 창평향 추읍陬邑에서 태어났다(B.C 1551년 노양공 22년). 그의 조상은 원래 송나라의 귀족이었으나 노魯나라로 망명하였다. 공자의 아버지 공흘孔紇은 자가 숙량叔梁이었다. 그러므로 보통 숙량흘叔梁紇이라고 불리고 있다. 어머니 안징재顔徵在는 공

〈공문십철孔門十哲〉

자를 낳을 당시 10대의 어린 소녀였다. 60세가 넘은 숙량흘은 안씨의 셋째 딸을 후처로 맞이한 것이다.

공자의 출생에 대해서는 여러 가지 전설이 있다. 즉 어머니가 니산尼山에 기도를 드려 공자를 낳았다고 한다. 그의 머리 가운데는 들어가고 나온 데가 있어 이름을 구(丘 : 언덕)라고 했다고 한다.

공자는 어려서 아버지를 여의고 어머니 징재의 슬하에서 자랐다. 공자의 키가 9척6촌이나 되었기 때문에 사람들은 그를 장인長人이라고 불렀다. 공자는 어릴 때부터 성인으로서의 덕성을 갖추고 학문에 정진했다. 그는 하나를 배우면 열을 아는 신동神童이었고 추읍에 있는 모든 고서古書들을 독파했다.

노나라 삼가三家의 하나인 맹손가孟孫家에서는 공자의 학문이 깊다는 이야기를 듣고 장자長子 맹손무기孟孫無忌를 보내 학문을 배우게 했다. 공자는 약관의 나이에 많은 제자를 거느리게 되었다.

맹손무기는 노나라 정권을 잡고 있는 계손사溪孫斯에게 공자를 천거했다. 계손사는 공자를 불러다가 학문의 깊이를 알아보기 위해 여러 가지 질문을 던졌다. 공자는 계손사의 질문에 하나도 막힘없이 답변했을 뿐만 아니라 학문이 너무 깊어서 계손사로서는 도무지 알아들을 재간이 없었다.

공자 19세 때 견관幵官씨의 딸과 혼인하여 다음해 아들 리鯉를 낳았다.

계손사는 공자에게 중도재中都宰라는 벼슬을 내렸다. 공자는 중도中都를 잘 다스렸다. 백성들은 공자의 말에 복종하는 것을 기쁘게 여기고 칭송하는 것을 잊지 않았다.

공자가 어질고 현명하다는 소문은 노나라 안에 널리 퍼졌다. 노정공魯定公은 공자를 불러 사공司空이라는 벼슬에 임명했다.

제경공齊景公은 진晉나라가 17개국 제후들을 이끌고 초나라의 소릉까지 진출하고서도 초를 정벌하지 못한 것을 보고 제나라가 패업을 되찾아 와야겠다고 결심했다. 그는 국력이 쇠잔해진 위나라와 정나라를 규합해 맹주로 자처했다. 그리고 노나라에 사신을 보내 제나라와 노나라가 친선을 다짐하기 위해 두 나라의 국경이 있는 협곡산峽谷山에서 회견을 하자고 사신을 보냈다.

제경공의 서신을 받은 노정공은 삼환을 불러 대책을 상의했다. 조정은 그 일로 시끄러웠다. 제나라의 흉계에 빠져든다고도 했고, 이참에 친선을 맺어야 한다는 의론이 강해 공자孔子의 주관 아래 회견을 하기로 정했다.

본시 제나라에서는 회견장에서 노정공과 공자를 생포한 후 노나라를 침략할 계획을 세워두고 있었다. 그러나 공자는 이를 미리 간파하여, '주연을 나누는 자리에 마땅히 중원의 예악을 연주해야 하는데 오랑캐의 가무로 협박하려 한다'는 공자의 추궁에 제경공도 무사들을 퇴장시켰다. 공자는 모든 것을 예의에 맞게 처리하고 제경공으로부터 사죄를 받아냈다.

이로써 제나라와 노나라는 전쟁을 멈추고 친밀하게 지내기로 약속하는 한편, 지난날 제나라에 빼앗겼던 옛땅을 되돌려 받는 성과를 거두었다.

노정공은 공자에게 대사구(大司寇 : 법무장관)라는 벼슬을 내렸다. 이무렵 제나라의 남쪽 국경에 길이가 3척이나 되고 몸뚱이가 검으며 목이 흰 새 한 마리가 날아들었는데 부리는 길고 다리가 하나뿐이었다.

이 이야기를 듣고 공자에게 물었다.

"그 새는 상양商羊이라는 새로 북해의 바닷가에 살고 있습니다. 상양이 나타나면 큰 비가 내려 홍수가 진다고 합니다. 우리 노나라는 제와 가까우므로, 문양汶陽 땅의 백성들에게 제방을 쌓고 수로를 만들어 홍수에 대비해야 합니다."

조정에서는 반신반의半信半疑하면서도 문양 백성들에게 공자의 지시를 이행토록 했다. 과연 공자가 예측한 대로 얼마 지나지 않아 제나라 남쪽 국경과 문양 땅에 폭우가 쏟아져 문수汶水가 범람했다.

그로인해 문양 땅의 백성들은 안전할 수 있었으나 제나라에서는 홍수로 수천 명이 죽고 집과 논밭이 유실되어 그 피해가 엄청났다.

제경공은 공자 때문에 백성들이 안전하게 되자 공자를 '성인聖人'이라고 칭송했다. 이때부터 공자를 성인이라 부르게 되었다.

노정공은 삼환의 세력 때문에 제대로 정사를 꾸릴 수가 없었다.

공자가 이를 간파하여 곧 삼환씨의 세력 근거지인 세 도성의 성곽을 낮추기로 하였다. 이는 바로 임금의 권위와 실권을 회복시키고자 한 조처였으나 소정묘少正卯 가신의 저항에 부딪혀 실패하고 만다.

"소정묘가 잔꾀를 부린 모양입니다."

계손사는 공자가 탁월한 인물이라는 것을 알았다. 그는 노나라 재상의 지위에 있으면서도 매사를 공자와 상의하여 처리했다. 그러나 소정묘는 항상 공자의 의견에 반대하고 국론을 분열시키려고 했다.

"강대했던 노나라가 오늘처럼 기운 것은 충신과 간신이 뒤섞이고 상벌이 엄격하지 못했기 때문입니다. 곡식을 잘 자라게 하려면 잡초를 뽑아버려야 하듯이 간신의 무리부터 제거해 버려야 합니다. 주공께서는 태묘의 부월斧鉞을 신에게 빌려주십시오. 노나라의 썩은 기운을 도려내겠습니다."

공자가 노정공에게 아뢰었다. 노정공은 쾌히 승낙하고 대신들을 소집했다.

그러자 소정묘는 조정에 들어와 공자에게 잘 보이기 위해 오히려 성읍의 성곽을 낮추어야 한다고 주장했지만 공자는 혹세무민한 소정묘를 처단했다.

비로소 공자는 자신의 높은 이상을 노나라의 정치에 반영할 수 있었다. 공자는 나라의 기강을 바로 세우고 예의를 진작시키는 데 힘썼다. 노나라의 풍속은 빠르게 변화되었다. 시장에서는 물건을 파는 상인들끼리의 협잡질이 없었으며, 길에서는 백성들이 남녀가 유별하여 나뉘어 걷고 손님들에게도 친절하였다. 이렇게 노나라는 도둑이 없어지고 백성들이 태평가를 부르게 되었다.

이웃 제나라에서는 노나라의 국력이 신장되자 두려워하게 되어 노래와 춤에 능한 미녀 80명과 말 120필을 노魯에 보냈다. 정공과 계환자는 이 선물을 받고 사흘이나 조회를 열지 않았다.

이에 공자는 이들과는 큰 일을 할 수 없다고 판단하고 벼슬을 버리고 자신의 경륜을 펼치기 위해 세상을 떠돌며 인의仁義의 도道를 세우기 위해 주유천하의 길을 나서기로 했다.

공자는 위衛·조曹·송宋·정鄭·진陳·채蔡·초楚를 방문하였다.

공자는 여행 중 여러 차례 고난과 박해를 당해야만 했다. 그는 송나라에서는 생명의 위협을 겪으며 닷새 동안 잡혀 있기도 했다. 또한 진陳·채蔡에서는 7일간이나 양식이 떨어져 고생하였다.

이렇게 공자는 13년 동안이나 여러 나라를 순방하며 자기의 도덕정치를 채택할 임금을 찾았으나 끝내 만날 수 없었다. 당시의 제후들은 공자의 주장을 현실과 동떨어진 이상으로만 생각했다. 그것은 이들이 무력에 의한 영토 확장과 권모술수에 의한 권력 유지에만 급급했기 때문이다.

제후들을 설득하는데 실패한 공자는 후진의 교육을 위해 13년 동안의 유랑생활을 마감하고 다시 노나라에 돌아왔다.

68세 때였다.

고국에 돌아온 그는 『시詩』·『서書』·『역易』·『악樂』·『춘추春秋』를 재편찬하여 이를 정식 교재로 채택하였다. 그의 이와 같은 조처는 후진들이 전통문화를 계승하고 새로운 문화를 창출하는데 큰 도움을 주게 된다.

그러나 교육에 전념하는 그에게 슬픈 일이 연이어 일어났다. 즉 그의 외아들 리鯉가 50세를 일기로 세상을 떠났다.

그리고 그가 가장 아끼던 제자 안연이 B.C. 490년에 죽었다. 이때 그는, "아! 하늘이 나를 망쳤구나! 하늘이 나를 망쳤구나!"하고 탄식하며 절망에 잠겼다.

비극은 여기서 끝나지 않았다. 다시 위나라에서 벼슬을 하던 제자 자로子路가 내란에 휘말려 죽게 된다. 그러나 이런 불행을 겪은 공자 자신도 B.C. 479년(노애공 16년, 73세) 4월 기축일에 숨을 거두었다.

〈공자의 강학講學〉

　그는 만년에 자기의 한평생을 이렇게 술회했다.

　"나는 열다섯 살에 학문에 뜻을 두었고[十有五而志于學], 서른 살에는 학문을 이뤄 자립했으며[三十而立], 마흔 살에는 미혹하지 않게 되었고[四十而不惑], 쉰 살에는 하늘이 내린 사명을 깨닫게 되었으며[五十而知天命], 예순 살에는 사물의 이치를 저절로 알게 되었고[六十而耳順], 그리고 일흔 살에는 무엇이든지 하고 싶은 대로 하여도 법도에 어긋남이 없게 되었다[七十而從心所欲不踰矩]."

　공자는 이처럼 자기완성을 위해 한평생 노력했던 것이다. 그러므로 그가 만대의 사표師表가 된 것도 우연한 일이 아닐 것이다.

　안회顔回가 인仁에 대하여 질문한 적이 있었다. 공자는 이렇게 대답했다.

　"자신의 사욕을 이기고 바로 예의의 길로 돌아가면 천한 사람들이 모두 그 인덕仁德을 따를 것이다."

　그때 공자는 안회를 이렇게 비평했다.

　"훌륭하다. 회는 한 그릇의 밥과 한 쪽박의 물로 주림을 참으면서 누추한 뒷골목에 살고 있지만, 그는 그 근심을 이겨낸다. 다른 사람들 같으면 참아낼 수 없을 것이다."

그리고 또 공자는 회를 이렇게 평했다.

"회는 내 말을 바보처럼 듣기만 한다. 그러나 물러가 친구들과 이야기하는 것을 들어보면 줄거리의 중요한 도리를 제대로 밝히더라. 그래서 그는 어리석지 않다."

그리고 공자는 다시 회를 두고 말했다.

"회는 등용되면 소신껏 도道를 실천할 것이고, 등용되지 않는다면 숨어서 홀로 도를 즐길 것이니, 그렇게 할 수 있는 사람은 회밖에 없을 것이다."

그러나 안회는 32세에 머리털이 하얗게 희어지더니 곧 죽었다.

노나라의 애공哀公이 공자에게 물었다.

"제자들 중에 누가 가장 학문을 좋아합니까?"

"안회라는 자가 있습니다. 학문을 매우 좋아하여 노여움을 남에게 옮기지 않고, 같은 잘못을 결코 되풀이 하지 않습니다."

"그를 데려 오시오."

"그렇지만 그는 불행히도 젊어서 죽었습니다."

민손閔損은 자를 자건子騫이라 했다. 공자가 그를 두고 말했다.

"효성이 지극한 자건이여, 너의 효성을 아무리 칭찬하여도 아무도 반대할 사람은 없을 것이다."

그는 권력 있는 대부를 섬기지 않았다. 노나라의 세력가인 계씨季氏가 그를 비읍의 장으로 삼으려 하자 그는 이렇게 사양했다.

"나를 벼슬자리로 부른다면 노나라를 떠나 제나라의 문수汶水가로 가서 살겠소."

염경冉耕의 자는 백우伯牛이다. 공자가 항상 그의 덕행을 칭찬했다. 그런데 그는 불행히도 문둥병(한센병)에 걸렸다. 공자는 그를 문병 가서 창문을 통해 손을 잡고 통탄했다.

"이것이 그대의 천명天命이란 말인가! 이토록 아까운 인물에게 이런 병이 걸리다니……."

염옹冉雍의 자는 중궁仲弓이다.

중궁이 정치에 대하여 물었을 때 공자는 이렇게 답했다.

"집을 나서서 남과 사귈 때에는 소중한 귀인을 만난 것처럼 대하고, 백성을 부리는 위치에 서거든 마치 중요한 제사를 드릴 때처럼 신중하게 하라. 제후의 나라에서 벼슬을 하거나 대부의 집을 섬기거나 어쨌건 남에게 그로 인해 원한을 사지 말아라!"

염구冉求는 자를 자유子有라 했다. 염구가 노나라 대부大夫 계씨 집안의 집사執事가 되었을 때 계강자季康子가 공자에게 물었다.

"염구는 어진 사람입니까?"

"천 호千戶의 식읍을 가지고 전차 백 대를 가진 경대부의 집에서 그가 부세賦稅의 일을 맡더라도 훌륭하게 일을 잘 처리해 내겠지만 어질다는 뜻하고는 다른 말이지요?"

"자로子路는 어떻습니까?"

"염구冉求와 같습니다."

중유仲由는 자가 자로子路인데 변卞 땅의 사람이다.

자로는 성격이 거칠고 용맹했으며 고집이 세었다. 그는 심지어 공자에게도 행패를 부릴 만큼 포학했다.

　그러나 공자는 예의를 다해 그를 조금씩 이끌었으므로 결국 그는 유자儒者의 옷으로 갈아입고 예물을 바치며 제자되기를 청하였다.

　자로가 우선 정치에 대해서 물었다. 공자는 그 중요한 요점을 말했다.

　"한마디로 솔선해 실행하고 수고를 다해야 한다."

　"군자에게도 용기가 필요합니까?"

　"군자는 의義를 가장 소중히 여긴다. 군자가 용기만 좋아하고 의로움을 모르면 난신亂臣이 되고, 소인이 용기만을 좋아하고 의로움이 없다면 도둑이 된다."

　자로는 하나의 가르침을 듣고 그것을 실천하기 전에는 다른 말 듣는 것을 꺼렸다.

　"자로는 단 한마디 말로써 송사訟事를 척결하기를 좋아한다. 자로는 나보다 용기를 더욱 좋아하지만 불행히도 그것을 적절하게 쓸 줄을 모르는구나. 그래서 그로인해 자기 명대로 죽을지 모르겠다. 그는 다 떨어진 솜옷을 걸치고서도 앞에 여우털이나 담비털 같은 화려한 옷을 입은 사람과 마주서서도 눈썹 하나 까닥 안할 사람이다. 유의 학문이 비록 당상堂上에는 올랐지만 안방 깊숙이 들어오지 못한 게 아쉽구나."

　자로가 위衛나라 포蒲의 대부가 되어 떠나가면서 공자한테 하직 인사를 하러왔다.

　"좋은 말씀 한마디만 가르쳐 주십시오."

　"포에는 힘센 자들이 많아 다스리기 어려울 것이다. 그 자들에게 공손하고 너그럽게 올바로 대하거라. 그래야만 그 자들을 제어할 수 있다. 겸손하고 올바르게 다스림으로써 임금의 은혜에 보답하게 되는 것이다."

자로가 위의 대부 공회孔悝의 읍재邑宰로 있을 때의 일이다.

반란이 일어나 반란군을 제어하기 위해 자로가 단신으로 뛰어들어 칼바람이 한바탕 일었다. 중과부적이었다. 상대가 친 칼에 자로의 갓끈이 끊어졌다.

"잠깐 기다리게. 군자는 죽을 때도 갓을 벗지 않는다네."

이때 공자는 위나라에서 반란이 일어났다는 소문을 들었다.

"아, 자로가 죽겠구나."

"그걸 어떻게 아십니까?"

문하의 한 사람이 물었다.

"그는 죽음을 두려워하지 않기 때문이다."

끝내 자로는 갓끈을 매다가 죽었다는 소문이 들려왔다.

단목사端木賜는 위나라 사람인데 자는 자공子貢이다. 자공은 변설이 교묘했다. 그래서 공자는 항상 그의 말재주를 꾸짖었다.

어느 날 공자가 자공에게 물었다.

"너와 안회 중에 누가 더 낫다고 생각하느냐?"

"저 같은 게 어찌 안회와 견주겠습니까?"

"왜?"

"회는 하나를 들으면 열을 알고 저는 둘밖에 모릅니다."

자공이 가르침을 받은 한참 후에 공자에게 물었다.

"선생님, 저는 어떤 인간이겠습니까?"

"쓸만한 그릇이다. 종묘의 제사에 사용하는 상품의 제기, 호련瑚璉이다."

〈자공子貢〉

어느 날 자공이 공자에게 물었다.

"부유해도 거만하지 않고 가난해도 비굴하지 않는 일은 좋은 건가요?"

"괜찮다. 그러나 가난해도 도를 즐기고 부유해도 예의를 지키는 것만큼은 못하다."

제나라 대부 전상田常이 제에서 난을 일으키려고 했다. 그러나 제의 대부들 4성(姓 : 고高·국國·포鮑·안晏)의 사람들이 이를 꺼려했다. 그렇지만 강력한 군사를 놀릴 수가 없어 전상은 눈을 돌려 노魯나라를 치고자 했다.

공자가 이 소식을 듣고 제자들에게 말했다.

"노나라는 우리들 조상의 무덤이 있는 곳이다. 나라가 이토록 위급한 지경에 이르렀는데 누가 나서겠는가?"

자로가 나섰다.

"제가 제나라로 가서 전상을 설득시키겠습니다."

"너는 그를 설득시킬 수가 없을 것이다."

이에 자장子張과 자석子石이 동시에 나섰다.

"저희들은 어떻습니까?"

"너희들 재주로도 힘들다."

한참 후에 자공이 나섰다.

"선생님, 제가 가겠습니다."

공자는 잠깐 생각한 뒤에 말했다.

"자공이라면 가능할지 모르겠다."

그렇게 해서 자공은 제나라로 건너갔다. 전상을 만난 자공은 우선 이렇게 설득했다.

"그대가 노나라를 치려는 것은 잘못입니다."

"어째서 그렇소?"

"노나라는 치기가 어려운 나라이기 때문입니다. 우선 그 성벽은 엷고 낮으며, 주변의 연못은 좁고 얕으며, 임금은 무매하고 대신들은 무능하며, 병사와 백성은 전쟁을 무서워합니다. 이런 나라와 상대가 된다고 생각하십니까?"

전상은 어리둥절한 표정이 되었다.

"차라리 싸우려면 오나라와 하십시오. 오나라는 성이 높고 두터우며, 못은 넓고 깊으며, 갑옷은 견고하고 무기는 예리하며, 정예병들이 성곽을 철통같이 지키며, 대부들은 현명하니 얼마나 치기 쉬운 나라입니까?"

전상은 크게 화를 냈다.

"듣자하니 그대가 어렵다는 것은 남들이 쉽다는 것이고 그대가 쉽다는 것은 남들에게는 어려운 일이 아니오? 나한테 거꾸로 말해주고 있으니 지금 그대는 제정신인가?"

"저는 이렇게 듣고 있습니다. 근심이 국내에 있을 때에는 강한 나라를 치고, 근심이 국외에 있을 때에는 약한 나라를 친다고 합니다. 그런데 지금 상공의 근심은 국내에 있지 않습니까?"

"무슨 얘기인지 알아들을 수가 없소."

"상공께서는 주군한테서 세 번이나 봉을 받으려 했지만 세 번 모두 거절을 당했습니다. 그 이유는 다른 대부들이 상공의 세력을 꺼렸기 때문입니다."

"그건 사실이오."

"지금 상공께서 만일 노나라를 친다면 노나라는 간단하게 무너질 것이며 적으나마 땅은 넓어질 것입니다. 그런데 문제는 다른 데에 있습니다."

"무엇이 문제요?"

"싸움에 이긴 것으로 주군의 마음은 더욱 교만해지며 노나라를 깨친 것으로 대신들의 위신만 높여 줄 뿐입니다. 한편으로는 상공의 공적은 인정되지 못할 것입니다. 오히려 군주와의 사이가 날로 멀어질 뿐입니다. 이리하여 상공께서는 주군의 마음을 교만하게 만들고 아래로는 주군과 틈이 생기고 대신들과는 다투게 되는 결과가 됩니다. 이렇게 되면 상공이 입신하려 해도 더욱 난처해질 뿐입니다. 그래서 오나라를 치는 일만 못하다는 것을 말씀드린 것입니다.

"오나라와 싸운다면 어떤 이익이 있겠소?"

"오와 맞붙어 패배하는 경우를 말씀드리지요. 병사들은 나라 밖에서 싸우다 죽고 군사軍事에 관계된 대신들은 국내에서 그 지위를 잃을 것입니다. 이렇게 되면 상공은 강적인 대부들을 상대하지 않아도 되고 백성의 원한을 한 몸에 받지 않아도 됩니다. 주군은 또한 고립될 것이므로 제나라를 제어할 사람은 오직 상공밖에 남지 않는다는 결론이 나옵니다."

"그럴 듯한 계략이오."

자공은 남의 장점을 칭찬해 주
는 데에 인색하지 않았으나 결점
을 보면 단호하게 지적하는 성격
이었다. 한때 노魯와 위衛의 재상
으로 있었으며 집안에는 천금의
재산을 쌓아 두었다.

그는 제齊나라에서 생을 마감
했다.

증삼曾參은 산동성 남무성南武
城 사람으로, 자는 자여子輿이다.
공자는 그가 효도에 통달할 수

〈증삼曾參〉

있는 제자라 생각하고 그를 더욱 지도하여 『효경孝經』을 저술하게
했다.

그는 노나라에서 죽었다.

태사공은 이렇게 결론지었다.

나는 공자 제자들의 이름과 대화를 모두 『논어論語』에 실린 제나
라와의 문답에서 뽑아 엮었으며, 의심나는 것은 여기에 싣지 않았
다.

상군商君 상앙商鞅 열전 ── 부국강병책

상앙商鞅은 위衛나라를 떠나 진秦으로 가서 자신의 학술을 밝혔다. 그의 부국강병책으로 인해 진의 효공孝公은 천하의 패자가 되었고, 그의 법法은 모범이 되었다.

〈상앙商鞅〉

상군은 위衛의 첩들한테서 난 여러 공자公子들 중의 한 사람이었다. 이름은 앙鞅이고 성은 공손씨公孫氏이며 그 조상은 본래 희성姬姓이다. 앙은 위나라 후손 공족인 관계로 공손앙公孫鞅으로도 부르고 위앙衛鞅으로도 부른다.

그는 젊어서부터 '형명刑名의 학學'을 좋아했다.

위衛나라의 재상 공숙좌公叔痤를

섬겨 중서자中庶子의 벼슬자리에 있었다.

공숙좌는 앙의 현명함을 익히 알고 위왕威王에게 추천하기 전 깊은 병에 들었다. 이때 위의 혜왕惠王은 몸소 병문안을 와서 짐짓 물었다.

"만약 그대의 병이 악화되어 피할 수 없는 일이라도 생긴다면 장차 사직을 누구에게 맡기는 게 좋겠소?"

공숙좌는 마침 잘 되었다 싶었다.

"제 집에 중서자 벼슬에 있는 앙이라는 젊은이가 있습니다. 비록 젊기는 하나 천하의 기재奇才입니다. 대왕께서는 그에게 나랏일을 맡기면 큰 탈이 없을 것입니다."

"글쎄……."

왕이 수긍하려 들지 않자, 공숙좌는 좌우를 물리치고 다시 은밀히 말했다.

"만일 대왕께서 앙을 등용치 않으시려거든 그를 죽이십시오. 국경 밖으로 내보내는 경우, 반드시 위나라에게 큰 후환이 될 것입니다."

왕이 돌아간 후 공숙자는 급히 앙을 불렀다.

"방금 전 왕께서 내가 죽은 뒤에 재상이 될 인물을 묻기에 나는 자네를 추천했으나, 왕은 내 말을 들어주지 않을 것 같네. 그리고 나는 덧붙여서 자네를 등용치 않으려면 죽이라고 했네. 왕이 그러마고 떠났으니, 자네는 죽기 전에 어서 이 나라를 떠나게."

앙이 아무렇지도 않은 표정으로 대꾸했다.

"대왕께서 어른의 말씀대로 신을 재상으로 임명치 않았는데 어찌 어른의 말씀대로 죽이라는 말씀인들 듣겠습니까?"

앙은 위나라를 떠나지 않았다.

혜왕은 돌아가서 좌우 신하들에게 말했다.

"공숙의 병은 몹시 무겁다. 자기가 죽거든 나랏일을 중서자인 공손앙에게 물으라 했는데, 어찌 올바른 정신으로야 그런 말을 하겠는가."

혜왕은 공숙좌의 말을 노망 정도로만 생각하고 있었다. 그리고 공숙좌는 죽었다.

얼마 후 진秦나라의 효공孝公이 천하에 포고령을 내렸다.

〈우리의 선조 목공穆公이 이룩했던 위업을 다시 이룩하고 동쪽의 잃었던 땅을 되찾으려 하니, 이에 온 천하에 명을 내려 현명한 인재를 구하는 바이다!〉

앙이 그 소문을 듣고 잠시도 지체치 않고 서쪽의 진秦나라로 떠났다. 앙은 우선 효공으로부터 총애를 받는 경감景監을 만나 그의 주선으로 진왕을 만날 수 있었다.

앙은 진왕을 상대로 '나라 다스리는 도리'에 대해 열심히 유세하는 데도 효공은 졸기만 했다.

앙은 하릴없이 물러나와 경감에게 한 번만 더 뵙게 해 달라고 졸랐다. 그래서 닷새 후 효공을 다시 뵐 수 있었다. 그렇지만 이번에도 별 볼일 없이 물러나왔다.

"오늘은 무슨 허튼 소리를 했기에 왕께서 그토록 역정을 내시는 거요?"

"지난번에는 '제왕의 도', 오늘은 하·은·주 3대의 성왕聖王들이 정치한 왕도王道를 설명했는데 역시 마음에 드시지 않았나 봅니다. 마지막으로 한 번만 더 기회를 마련해 주십시오."

며칠 뒤 앙은 다시 효공을 만났다.

앙이 물러난 후, 경감은 역시 조심스럽게 진왕에게 물었다.

"역시 앙은 쓸모가 없지요?"

"아니오. 쓸만하오. 좋은 손님이오. 이야기할 만하오.

경감이 물러나와 앙에게 물었다.

"대체 오늘은 왕께 무슨 말씀을 드렸기에 그토록 흡족해 하시는 거요?"

"오늘은 제가 대왕께 무력으로 정치하는 패자覇者의 도道를 가지고 말씀드렸더니 몹시 관심이 있으신가 봅니다. 기회를 엿보아 다시 뵙도록 해주시오. 이제는 대왕의 마음을 알았습니다."

얼마 뒤 앙은 다시 효공을 만나게 되었다.

이번에는 경감이 앙을 만날 수가 없었다. 무슨 이야기를 나누는지 효공은 며칠 동안 앙을 놓아주지 않고 궁중에 머물러 있게 했다.

며칠이 더 지나서야 경감은 비로소 앙을 만날 수 있었다.

"제가 공에게 삼황오제三皇五帝의 도를 실행하면 하·은·주 3대의 비견될 만한 태평성대를 누릴 수 있다고 말씀드렸지요."

"그래서 제왕의 도를 실천하겠다고 하셨소?"

"아니오. 너무나 길고 멀어서 기다릴 수가 없다고 하셨습니다."

"그래서 어떤 결론을 얻었소."

"이 시대에 이룰 수 있는 부국강병책을 말씀드렸더니 그토록 좋아하실 수가 없더군요."

"정말 잘 되었소!"

"하지만 부국강병책만으로는 하·은·주 시대의 임금의 덕화德化란 기대할 수 없다고 분명히 말씀드렸습니다."

앙은 이렇게 진나라에 등용되었다.

앙이 국법을 고치려고 서두르자 효공은 천하사람들이 자기를 비방할까 몹시 두려워했다. 이에 앙이 설득했다.

"확신이 없는 행위에는 공명이 따르지 않고 확신이 없는 사업에는 성공도 없습니다. 본시 남보다 뛰어난 행위를 하면 원래가 세상의 비난을 받게 마련이며, 남들이 모르는 탁견을 가진 자는 반드시 오만하다는 소리도 듣게 됩니다. 어리석은 자는 일의 성과에 대해서 어둡지만 슬기로운 사람은 일이 시작되기도 전에 그 성과를 미리 압니다. 백성들이란 일을 시작할 때에는 의논할 수 없으나 일의 성과는 함께 즐길 수가 있습니다. 지고한 덕을 논하는 자는 솔선과 타협하지 않으며, 큰 성과를 이루는 자는 범인凡人과 상의하지 않습니다. 그러므로 성인聖人은 적어도 나라를 강하게 하기 위하여 옛법을 모범으로 삼지 않으며, 적으나마 백성들에게 이익이 된다면 구태여 구례舊禮를 좇지 않는 법입니다."

"좋다. 그대로 해보자!"

그러나 대신들의 반발도 만만치 않았다.

"고법古法을 본받으면 잘못이 없고 구례舊禮를 따르면 허물이 없다고 했습니다."

이에 앙이 무짜르듯 결론적인 말을 쏟았다.

"세상을 다스리는 길이 어찌 한 가지 방법밖에 없겠습니까? 그 나라에 편리하면 옛법을 구태여 본받을 필요가 없습니다. 은의 탕왕과 주의 무왕은 구법을 따르지 않고 왕업을 이루었고, 하의 걸왕과 은의 주왕은 옛법을 바꾸지 않고도 멸망했습니다. 그러므로 옛법에 반한다해서 비난할 것도 아니며, 구례舊禮를 따른다해도 굳이 칭찬할 일도 못됩니다."

"좋다. 앙의 생각대로 한다."

효공은 드디어 결단을 내렸다.

진왕은 앙을 좌서장左庶長으로 삼고 변법變法의 영令을 확정케 했다.

1. 다섯 혹은 열 집씩 한 조로 하여 죄를 적발하거나 죄에 연좌되게 하고, 부정을 고발하지 않으면 허리를 자르는 형벌, 요참腰斬에 처한다. 또한 부정을 고발하는 자는 전쟁터에서 적敵의 머리를 벤 자와 같이 상을 주고, 부정을 감춘 자는 적에게 항복한 자와 같은 벌을 준다.

2. 백성으로 두 사람 이상의 남자가 한 집에 살면서 분가하지 않는 자는 그 부세賦稅를 두 배로 한다.

3. 군공軍功이 있는 자는 각각 그 공의 크고 작음에 따라 벼슬을 받는다.

4. 어른이나 아이나 다 힘을 모아 밭갈이와 베짜기를 본업으로 삼고, 곡식이나 비단을 많이 바치는 자는 부역賦役을 면제한다.

5. 상공업에 종사하여 이익만을 추구하거나 게을러서 가난한 자는 모두 조사해서 관청의 노비로 삼는다.

6. 공실(公室 : 귀족)의 일족이라도 군공軍功이 없으면 심사를 거쳐

공족公族의 족보에서 삭제한다.

7. 가문의 존비尊卑와 작위, 봉록의 등급은 분명히 하고 각각 그 차등을 둔다.

8. 개인 소유의 전지田地와 택지의 면적, 신첩臣妾의 수, 남녀 노비의 수, 의복의 종류와 형식은 가격의 등급에 따른다.

9. 공이 있는 자는 호화로운 생활을 할 수 있으나 공이 없는 자는 부유해도 화려한 생활을 할 수 없다.

법령은 마련되었지만 앙은 아직 공포하지 않았다. 법령을 믿지 않을까 걱정이 되었기 때문이었다. 그래서 앙은 묘안을 짜냈다. 18자尺나 되는 나무를 도성 저잣거리 남문에다 세워놓고, '이것을 옮겨 북문에다 세우는 자에게는 10금을 준다'라고 고시를 했다.

그러나 백성들은 이상하게만 생각하고 아무도 그것을 옮기지 않았다. 이번에는 상금을 올려 50금을 준다고 썼다.

그때 어떤 사람이 그것을 옮겼다.

앙은 그를 불러 50금을 주고, '나라는 백성을 속이지 않는다'는 사실을 분명히 했다.

그런 후에야 앙은 새 법령을 반포했다.

신법新法이 백성들에게 시행된 지 일 년이 되었다. 새 법령이 불편하다면서 호소하는 자가 천을 헤아렸다.

바로 그때 태자가 법을 어겼다.

앙은 태자를 법대로 처단하려 했으나 인군의 후사後嗣이므로 처벌할 수 없어 편법을 썼다. 곧 태자 대신 태자의 보좌관인 공자 건을 처벌하고 태자의 스승 공손가公孫賈에게 먹물을 새기는 경형黥

刑에 처했다.

그제야 진나라 백성들은 새 법령에 따랐다.

법령이 시작된 지 10년 만에 진의 백성은 마음으로 복종하게 되었다. 길에 떨어진 물건을 줍지 않았고 산에도 도적이 없었다. 생활은 풍족해지고 전쟁에는 용감하였으며 사사로운 싸움조차 겁을 먹을 정도로 나라는 잘 다스려졌다.

그런 후 5년이 지나자 진나라는 부강해졌다. 주周 천자가 종묘의 제사에 쓴 고기를 효공에게 보내니 제후들이 모두 경하해 마지않았다.

앙이 위군을 격파하자 위나라는 사신을 진으로 보내어 황하 서쪽의 땅을 갈라 진에 바치고 강화한 후 안읍을 떠나 대량大梁으로 천도했다.

위의 혜왕은 탄식하며 말했다.

"과인이 공숙자의 말을 듣지 않아 나라가 이 모양이 되었다."

앙이 위군을 격파하고 돌아오자 진에서는 앙에게 하남성 내향현 서쪽 오於와 상주의 동쪽 상商 등의 15읍을 봉해 상군商君이라 불렀다.

세월이 흐르는 동안 진의 종실과 외척 중에서 앙을 원망하는 소리가 많아졌다. 그리고 얼마 후 효공이 갑자기 죽고 태자가 섰다.

"상군商君이 모반하려 하고 있습니다. 군사를 보내어 그를 포박하십시오."

권세가 바뀌니 세상도 바뀌었다. 앙은 다급해 국경 밖으로 도망치기 위해 객사에 들려 숙박하려 했으나 '여행증'이 없어 잠도 잘 수 없었다.

"상군의 법에는 여권이 없는 사람을 투숙시키면 연좌의 벌을 받게 됩니다."

상앙은 자기가 만든 법에 자기가 걸려들었다. 그리고는 붙잡혀 모반의 죄로 거열형에 처하여 조리 돌림을 당했다.

태사공은 이렇게 결론을 지었다.

상군은 천성이 각박한 사람이다. 효공에게서 벼슬자리를 얻기 위해 처음부터 마음에도 없는 '제왕의 도'를 늘어놓은 것은 속임수에 불과했다. 그리고 효공을 만나는 부탁을 임금이 아끼는 총신을 이용한 점도 교묘하다.

등용된 후에는 은혜로운 정이 없었으며, 결국은 진나라에서 엄격한 법령에 의해 악명을 떨치게 된 것은 그만한 이유가 있다 하겠다.

소진蘇秦 열전 ─ 6국 합종合縱의 맹약

천하 열국이 진秦과의 연횡連衡을 경계한 것은 진의 그칠 줄 모르는 침략 의도를 두려워했기 때문이다. 그러나 소진은 열국을 존속시키고 합종合縱을 맹약케 하여 탐욕스런 강대국 진을 눌렀다.

소진蘇秦은 동주東周의 낙양(雒陽 : 洛陽)으로 제나라에 가서 귀곡鬼谷 선생을 스승으로 모시고 장의張儀와 함께 학문을 배웠다.

귀곡 선생은 귀곡자鬼谷子라고도 일컬으며 종횡가縱橫家의 조상으로 알려졌다. 하남성 등봉현의 남동 귀곡鬼谷에 살았으므로 귀곡 선생이라 한다. 『귀곡자鬼谷子』 3권이 전한다.

소진이 외국에서 유학하던 수년 동안 많은 곤궁을 겪고 집으로 돌아갈 수밖

〈소진蘇秦〉

에 없었다.

파리한 모습에 다 떨어진 신발, 남루한 옷차림으로 책 보따리를 둘러맨 채, 몸은 마를 대로 마르고 얼굴은 까맣게 타서 볼썽사나운 기색이었다.

집에 다다르니 아내는 베틀에서 내려오지도 않고, 형수는 밥도 지어 주지 않았으며, 부모조차 말을 하려 들지 않았다.

소진은 탄식하였다.

"처는 나를 지아비로 여기지 않고, 형수는 나를 시동생으로 여기지 아니하며, 부모님은 나를 자식으로 여기지 않으니 이 모든 게 나의 죄이다."

이에 밤을 새워 책을 펴보기 시작하였다. 책 궤짝 수십 개를 펼쳐 놓고 태공망太公望 여상呂尚의 병법에서, 『음부경陰符經』을 찾아내어 엎드려 읽고 외고 가려 뽑아 열심히 연구하였다.

책을 읽다가 잠이 오면 송곳으로 허벅지를 찔러 피가 다리까지 흘러내렸다. 그러다 보니 한 해가 휙 지나갔다.

그때 그는 깨달았다.

"도대체 선비라는 자가 머리 숙여가며 남에게서 글을 배워 놓고도 영화로울 수가 없다면 무슨 소용인가? 됐다, 가자! 나는 이제 상대의 마음을 헤아려 알 수 있는 췌마揣摩의 비법을 깨달았다. 이것이야말로 당세의 군왕을 설득시킬 만하다."

소진은 우선 가까운 주나라 현왕顯王을 알현코자 하였다.

"만나보실 필요도 없습니다. 그 자는 미친 자입니다."

소진을 잘 알고 있는 왕의 측근들로 인해 그는 배알조차 하지 못하고 물러나와 서쪽 진나라로 발걸음을 옮겼다.

그때는 상앙의 부국강병책으로 성장한 시기였다.

마침 혜공이 죽고 그 아들 혜왕이 등극하여 어수선한 때였다. 소진은 혜왕을 설득했다.

"진은 사방이 험준하고 견고한 산하로 둘러싸인 요새입니다. 위수渭水가 띠를 두르듯 흐르고 있고, 동쪽에는 함곡관과 황하가 있으며, 서쪽에는 한중漢中이 있고 남쪽에는 파巴·촉蜀이 있고 북쪽에는 대군代郡과 산서성 북쪽 마읍馬邑이 있어 천연적인 곳집〔부고府庫〕이라 할 수 있습니다. 진나라의 많은 선비들과 백성들에게 병법을 가르친다면 천하를 병합해 황제라 일컬을 수 있을 것입니다."

진왕은 소진의 변설을 듣다가 중간을 끊으면서 짜증스럽게 대꾸했다.

"날으는 새라도 날개가 다 자라기 전에는 하늘 높이 나를 수가 없는 법이요. 우리 진나라는 아직 정사가 정돈되지 못한 처지라 남의 나라를 병탄한다는 것은 무리요, 다른 데나 가 보시오."

진왕은 당시에 상앙을 죽인 지 얼마 안 된 후라 유세객을 달가워할 처지가 아니었다.

소진은 동쪽으로 가 조趙나라를 찾아갔다.

조의 숙후肅侯는 아우인 성成을 재상으로 삼아 봉양군奉陽君이라 불렀는데, 봉양군은 소진을 탐탁치 않게 여겼다.

"시간 뺏기지 말고 다른 나라로 가 보시오."

소진은 조나라에서도 버림받는 신세가 되어 이번에는 연燕나라로 터벅터벅 걸어 들어갔다. 그리고 그곳에서 일년여 동안을 탐색한 후였다.

"연은 동쪽으로 조선과 요동이 있고, 북에는 임호林胡·누번樓煩이라는 두 호국胡國이 있고, 서쪽으로는 운중雲中·구원九原의 땅이 있고, 남으로는 호타수嘑沱水와 역수易水의 두 강물이 있습니다."

"옳게 보았소."

"국토는 사방 2천여 리, 무장한 갑사甲士 수십 만, 전차 6백 대, 군마 6천 필, 곡식은 수년을 견딜 수 있습니다."

"연의 내용을 그토록 소상히 아시니 놀랍소."

"어디 그 뿐입니까? 남쪽의 풍성한 물산과 북쪽의 대추와 밤, 그 모두가 백성이 밭 갈지 않고도 넉넉한 식량이 됩니다. 열국을 훑어보더라도 이처럼 생활이 안락하고 전쟁 한 번 치러보지 않은 나라는 연나라밖에 없습니다. 대왕께서는 그 이유를 알고 계십니까?

"모르오. 그 모두가 하늘의 축복이 아니겠소?"

"아니오. 왜구의 침범도 없고 병사가 피해를 보지 않은 것은 남쪽을 조나라가 막아 주고 있기 때문입니다."

"조나라가요?"

"진과 조가 다섯 차례나 싸워 진이 두 번 이겼고 조가 세 번 이겼지요. 두 나라 모두 피폐해지기는 마찬가지입니다. 그런데도 연나라는 침략당하지 않았습니다. 만일 조가 연을 공격해 온다면 어떻게 되겠습니까?"

"실상은 그것이 걱정이오."

"아마도 조나라 군사는 열흘이 못되어 수십만 군이 호타수를 곧바로 건너 역수까지 뛰어넘어 불과 4, 5일이면 연의 국토에 다다르게 됩니다."

"그것이 두려운 일이요. 묘책이 없겠소?"

"조나라와 합종〔合縱 : 趙·韓·魏·燕·楚·齊 6국이 세로縱로 벌려져 있어 서로가 힘을 합쳐 秦에 대항하자는 계책〕하십시오. 천하가 종縱으로 하나가 되기만 하면 연나라는 아무 우환이 없어집니다."

"아직은 우리 연나라에 우환이 없으나 서쪽의 조와 남쪽의 제가 앞으로 어떻게 나올지가 걱정이오. 더구나 우리는 작은 나라이고, 제와 조는 강국들이 아니겠소. 만일 그대가 합종을 성립시켜 연을 편안케만 해줄 수 있다면 나라를 들어 그대를 좇겠소."

"제가 조나라에 다녀오지요."

연왕 문후는 소진에게 거마와 황금, 그리고 비단을 후히 주어 조나라로 가게 했다.

때마침 조나라의 재상 봉양군은 죽고 없었다. 그래서 소진은 곧바로 조의 숙후를 설득할 수 있었다.

"대왕의 의행義行이 고결, 현명하시다는 소문을 듣고 그 가르침을 받자와 진작에 어전에 들르고 싶었습니다만 봉양군께서 저를 질투하시어 충성스런 의견을 아뢸 길이 없었습니다. 대왕께서는 사민士民들과도 가깝게 지내려 하십니다. 감히 우견을 말씀드리겠습니다."

"어서 말씀해 보시오."

"대왕께서는 백성들을 안정시키고 편안케 하시는 것이 최우선으로 삼고 계십니다. 그런데 제나라와 진나라, 양국과 적대관계에 있게 되면 조의 백성들은 안정될 수 없습니다. 그렇다고 해서 진의 편을 들어 제를 쳐서도, 제의 편을 들어 진을 공격해도 백성들은 안정될 수 없습니다. 그러나 지난날 진과의 전쟁에서도 그렇고 진나라가 천하에서 적대시할 나라는 조나라밖에 없습니다. 그렇지만 진이 감히 기병해서 조나라를 치지 않는 이유는 한韓과 위魏 두 나라가 합심해서 진의 배후를 찔러 오지 않을까 두려워서겠지요?"

"옳은 말입니다."

"제가 가만히 천하의 형세를 살펴보니, 제후들의 땅은 진나라의 다섯 배가 되며, 제후들의 병사는 진의 열 배가 됩니다. 제후 6국이 하나가 되어 힘을 합해 서쪽을 치면 진은 반드시 깨어지도록 되어 있습니다. 만일 그렇지가 못하고 강한 진을 겁내어 진을 섬긴다면 진의 신하가 되는 것이지요. 남을 신하로 삼는 것과 남의 신하가 되는 것은 엄청난 차이지요."

"한 가지 물어 봅시다. 저들 연횡론자連衡論者들의 의도는 무엇이오?"

"좋은 질문입니다. 한마디로 그들은 여섯 제후들을 공갈쳐서 진나라에 땅을 베어주라는 것이지요."

"그럴 경우 연횡을 유세하는 자들은 어떤 은혜를 입소?"

"뻔하지요. 누대를 높이 올려 궁실을 아름답게 꾸미고 가무를 즐기겠지요. 자기 조국이야 진나라에 먹혀 망하든 말든 전연 근심하지 않으며 사욕을 계속 채우기 위해 제후국들을 더욱 위협해서 땅을 베어 진에 바치도록 윽박지르겠지요."

"됐소. 잘 들었소. 그러니 그대는 여섯 나라가 합종하여 진을 배척하는 계책을 계속 사용하라는 뜻이구려."

"그러합니다."

"그렇게 하려면 내가 어떻게 해야 하오?"

"우선 한·위·제·초·연·조의 장군과 재상들을 하남성 안양시 동북의 강, 원수洹水 가에 모아 볼모를 교환하고 백마를 죽여 그 피를 입에 발라 맹세하고 굳게 약속해야 합니다."

"어떻게?"

"진이 초를 치면 제·위의 정예군사가 곧 출동해 초를 돕고 한은 진의 양도糧道를 끊고, 조는 황하와 장수를 건너고 연은 상산의 북쪽을 지키기로 하십시오."

"만일 진이 한·위를 치면 어떻게 되오?"

"초는 그 후방을 끊고 제는 즉각 정예병을 출동시키며, 조나라는 황하와 장수를 건너고, 연은 운중을 지키면 됩니다."

"진이 제를 칠 수도 있겠는데?"

"그땐 초가 그 배후를 끊고, 한이 성고城皋를 지키고, 위는 그 길을 막고, 조는 황하와 장수를 건너 박관博關으로 가고, 연은 정예병을 내어 제를 돕는다고 하십시오."

"진이 연을 치면 어떻게 되오?"

"조가 상산을 지키고, 초는 무관武關에 출병하고, 제는 발해를 건너고, 한·위는 정병을 내어 도우면 됩니다."

"이제 진이 조나라를 공격해 올 경우만 남았구려."

"한은 의양에서 포진하고, 초는 무관으로 출병하고, 위는 황하 서쪽에 포진하고, 제는 청하를 건너고, 연은 정병을 내어 조를 도우면 됩니다."

"맹약을 어기는 나라가 있을 텐데."

"간단합니다. 다른 5국의 병력으로 이를 응징하십시오."

"그렇구려. 만약 합종이 성공한다면 진나라도 함곡관을 나와 산동을 침범하지 못하겠구려."

"어디 그 뿐이겠습니까? 대왕께서는 마침내 패업의 위업도 이루게 되겠지요?"

조왕은 그제야 흥분한 목소리로 말했다.

"과인은 나이도 젊고 왕위에 오른 지도 얼마 안 되어 아직 국가의 백년대계를 들어볼 만한 시간이 없었소. 그런데 지금 그대가 사직을 보존케 하고 제후를 안정시키며, 천하가 보존되는 계책을 주었으니 기쁘기 그지없소. 그대가 말한 대로 하리다."

이에 조왕은 마차 1백 대, 황금 1천 일(鎰 : 280kg), 백벽白璧 1백 쌍, 비단 천 필을 갖추어 소진에게 주어 제후들과 합종의 맹약을 맺고 오도록 보냈다.

소진은 서둘러 한의 선혜왕宣惠王을 만나 '닭의 부리가 될지언정 쇠꼬리는 되지 말라'는 식으로 달래고, 위魏나라 양왕襄王을 만났다.

"진을 섬기자는 연횡론이 우세하오. 대부분의 신하들은 그걸 원하고 있소."

"지금 대왕께선 신하들의 말만 듣고 진을 섬기려 하시지만 무릇 진을 섬기려면 반드시 땅을 쪼개 바쳐야 할 것입니다. 땅은 한정되어 있는데, 싸움도 하기 전에 영토의 결손을 보자고 간언하는 신하는 충신이 아니고 간신입니다. 어찌 신하된 자로서 인군의 땅을 떼어 바치는 외교를 하자는 자를 충신이라 부르겠습니까. 그자들은 나중에 닥쳐올 환란에 대해서는 조금도 책임지지 않는 자들입니다. 곧 바깥의 강한 진나라 권세를 빌어 안으로 자기 군주를 위협해 땅을 팔아먹는 행위일 뿐입니다."

"옳은 말이요. 그대는 6국이 합종하라는 뜻이오?"

"그렇습니다. 뜻을 하나로 뭉치면 강한 진나라의 우환을 해소시킬 수 있습니다. 조왕趙王께옵서 저를 시켜 맹약을 받아오라 하시었습니다."

잠시 후 위왕은 분연히 말했다.

"좋소. 과인의 불민한 탓으로 밝은 가르침을 이제야 깨달았소. 이제 그대를 통해 조왕의 권고까지 들은 이상 그대의 말을 좇겠소."

위왕을 설득시킨 소진은 동쪽으로 더 나아가 제나라로 갔다.

제에는 선왕宣王이 있었다.

"어떤 좋은 방법이라도 없겠소."

마침 제왕은 전전긍긍하고 있었다.

"진이 제를 치려면 한·위의 땅을 등지고 위의 양진의 길을 지나 산동성 제령현 항보亢父의 험준한 산을 넘어야 합니다. 더구나 진이 제에 깊이 침투하고 싶어도 한·위가 연합하여 진의 뒤쪽을 위협하지 않을까 두려워하고 있습니다."

"그렇다면 진의 행동은 허세란 말이오?"

"바로 그렇습니다. 속으로는 두렵고 의심스러우니까 밖으로 공갈치고 거만스럽게 굴면서 감히 전진해 오지 못하는 것입니다."

"잘 들었소. 제나라는 멀고 바다에 치우친 땅이며, 더 나아갈 데도 없는 동쪽 변경의 나라라, 지금까지 그대 같은 고견은 아직 한마디도 들을 기회가 없었소. 지금에사 그대가 조왕의 가르침을 전하니 삼가 나라를 들어 거기에 따르겠소."

소진은 제왕으로부터도 합종의 계략을 쓰기로 약속 받아낸 후 다시 서둘러서 초楚나라로 향했다.

남서쪽의 초에는 위왕威王이 있었다. 그는 합종이냐 연횡이냐를 놓고 고민중이었다.

"국토는 사방 5천 리, 양곡은 10년을 지탱할 수 있고 갑병은 1백 만, 이토록 강한 초나라가 더구나 현명함을 지니신 대왕께서 서면西面하여 진을 섬겨 보십시오. 천하의 제후들 모두가 진의 장대章臺 밑으로 줄줄이 따라서 입조할 것입니다. 진나라에서 볼 때는 초나라만큼 방해되는 나라가 없습니다. 초나라가 강하기 때문이지요. 그러니까 결국 초나라가 강해지면 진나라가 약해지고, 진이 강해지면 초가 약해진다는 결론이 나옵니다. 두 양웅兩雄이 한 하늘 아래에 설 수 없기 때문이지요."

"그렇다면 그 대책을 어서 말해 보오."

"쉽게 말씀드려 여섯 나라가 합종하여 진나라를 고립시키는 계략을 채택하도록 권하고 싶습니다."

"나에게 돌아오는 이익은 뭐가 있겠소?"

"제가 산동의 여러 나라를 시켜 공물을 바치도록 하고, 대왕의 명령에 복종토록 하며, 사직과 종묘를 초에 의존케 만들며, 각국의 병사들을 대왕의 뜻대로 사용할 수 있도록 해드리겠습니다. 그뿐만 아니라 한韓·위魏·제齊·연燕·조趙·위衛의 합종의 친교가 이뤄지면 초는 천하의 왕국이 될 것이고, 연횡이 이루어지면 진이 천하의 제왕국이 될 것입니다."

잠깐 생각에 잠기던 초왕이 흔연히 고개를 들어 소리쳤다.

"좋소. 그대의 말대로 하겠소. 그대가 천하 제후를 하나로 집결시켜 위기에 처한 나라들을 안전하게 존속시키려는 대의명분이 마음에 들었소. 과인은 나라를 받들어 그 계책을 따르겠소."

결국 소진 혼자서 6국을 합종의 맹약을 시켜 힘을 합치도록 만들어 놓았다. 그로 인해 소진은 합종 맹약의 장長이 되었고 6국의 재상을 겸임했다.

북쪽으로 조왕에게 경과를 보고하기 위하여 가는 중에 낙양을 지나게 되었다. 소진을 따르는 마차와 화물을 비롯해 제후들이 사신을 보내 내린 선물들이 많아서 그 행렬은 임금의 그것보다 훨씬 화려하고 엄청났다.

주나라 현왕顯王은 소문을 듣고 두려운 나머지 도로를 청소하게 하고 사자를 직접 교외에까지 보내어 소진을 위하게 했다.

그가 고향집에 들렀을 때 소진의 형제·처·형수 등은 먼 발치에서 곁눈으로 볼 뿐 감히 똑바로 쳐다보지를 못하고, 고개를 숙인 채 소진의 식사 시중만 들고 있었다.

소진이 빈정대는 투로 형수에게 물었다.

"전날 그토록 나를 박대하더니 갑자기 이게 웬일이오?"

말이 떨어지기가 무섭게 형수는 넙죽 땅에 엎드리며 말했다.

"용서해 주십시오. 서방님의 지위가 높고 재산이 많은 것을 보았기 때문입니다."

소진은 탄식하면서 중얼거렸다.

"나는 그냥 한 몸인데 빈천하면 업신여기고 부귀하면 일가친척까지도 두려

〈소진의 금의환향〉

워하고 공경하니, 하물며 남들이야 따져 무얼 하리. 내게 낙양성 부근에 두 마지기의 밭뙈기만 있었더라도 내 어찌 여섯 나라 재상의 관인을 찰 수 있었겠나?"

하고 탄식하면서 소진은 1천 금을 내어 가족과 벗들에게 뿌렸다. 처음에 소진이 연나라로 갈 때 백 전을 꾸어 노자를 삼았었는데 부귀해진 후에 백금百金으로 이것을 갚았다.

그리고 6국이 합종한 맹약서를 진에 통고했다. 그로부터 진의 병사가 감히 함곡관 동쪽을 엿보지 못한 것이 15년이었다.

그 후 소진은 제나라에서 새 왕의 총애를 받으려다 대부들과 갈등을 겪을 때 자객에 의해 중상을 입고 그 상처가 도져 죽었다.

태사공은 이렇게 결론을 지었다.

소진은 제후들에게 유세하여 그 이름을 세상에 드러냈다. 그의 변론술은 권모술수와 임기응변에 능한 것이었는데 소진은 반간(反間 : 첩자)의 오명을 뒤집어쓰고 죽게 되자, 천하가 그를 조소하여 그의 술법을 배우기조차 꺼려했다.

민간에서 몸을 일으켜 6국을 연결시키는 합종의 맹약을 맺게 한 그의 활약을 보면 소진은 지모가 대단히 뛰어난 인물로 추측된다.

장의張儀 열전 — 열국列國을 흐트린 연횡책連衡策

조趙 · 한韓 · 위魏 · 연燕 · 초楚 · 제齊 6국이 세로
로 벌려 합종의 맹약을 하고 있었으나 장의는 자기
주장을 밝히고 다시 열국列國을 흐트러뜨렸다.

장의張儀는 위魏나라 사람이다.

일찍이 소진과 함께 귀곡鬼谷 선생에게 사사하며 학술을 배웠
다. 소진도 장의의 재능을 따르지 못한다고 생각하고 있었다.

장의 또한 소진과 마찬가지로 제후들을 찾아다니며 유세遊說했
으나 아무도 그에게 귀 기울여 주지는 않았다.

인정받기는커녕 오히려 굴욕만 치렀다.

한번은 초나라 재상 소양昭陽의 잔치에 가서 술을 마셨는데 소
양의 집에 있던 도리옥〔화씨지벽和氏之璧〕을 잃어버렸다고 소란이
일어났다.

"장의가 수상합니다. 평소 행동도 좋지 않거니와 집안이 워낙
가난합니다."

연회에 참석했던 손님들이 모두 불청객 장의를 도둑으로 몰았다. 장의는 속절없이 수백 대의 매를 맞았다.

"나는 훔치지 않았소!"

아무리 아니라고 해도 막무가내로 매를 맞았다.

온몸이 걸레가 되어 가까스로 집에 들어와 아내에게 자기 혀를 내밀었다.

"여기 좀 보게. 아직도 혀가 붙어 있는가?"

"공연히 책 같은 걸 읽어 유세만 하지 않았어도 이런 꼴은 당하지 안했을 것 아니요. 그래도 혀는 붙어 있군요."

하도 어이가 없어 아내도 웃으면서 대꾸했다.

"그럼 됐소. 혀만 붙어 있으면 충분하오."

이 즈음에 친구 소진은 벌써 조왕을 설득해 합종의 맹약을 맺는 데 성공하였으나 진나라가 제후들을 쳐서 맹약을 깨며 합종국들이 서로 배반하지 않을까 두려워하고 있었다. 그런 불상사가 일어나지 않기 위해서는 진나라에 적당한 인물이 등용되어야 한다고 생각했다.

"역시 장의밖에 없는데……"

소진은 비밀리에 수하를 장의한테 보냈다.

"내 이야기는 하지 말고 일단 장의를 나한테 데리고만 와주게."

그래서 수하는 장의한테로 가서 속살거렸다.

"왜 이렇게 고생하고 계십니까? 장 선생님께서는 소진과 죽마고우竹馬故友라면서요. 헛고생 그만 하시고 한번 찾아가 보시지요. 그가 친구이니 박대하지는 않으실 것입니다."

"그렇소!"

장의는 의기양양하여 조나라의 소진한테로 갔다. 그리고 당당하게 자신의 이름을 올려 면담을 신청했다. 그러나 이레가 지나도록 소진한테서는 소식이 없었다.

"어떻게 된 거요? 장의가 왔다는 한마디만 디밀면 버선발로 나올 만도 한데……."

"주인님은 바쁘십니다."

"그럼 난 가겠소."

"잠깐만 기다려 보십시오. 제가 다시 한번 간청해 올리겠습니다."

그렇게 어렵사리 면회가 허락되었는데 소진은 장의를 당하堂下에 앉혀놓고 물끄러미 바라볼 뿐이었다.

그 뿐만 아니라 자신의 밥상에는 산해진미를 가득 차려놓고 자신에게는 보잘것없는 음식상을 내려주었다. 그리고 소진은 장의를 굽어보며 빈정거렸다.

"자네는 지난날 나보다 훨씬 더 재주가 뛰어났었는데 지금 보니 별볼일 없구만. 내가 인군께 말씀드려 말직이라도 벼슬을 내리고 싶지만 자네가 미덥지 못해 그마저도 못하겠네."

생각지도 못한 소진의 모욕에 장의는 그 자리를 박차고 나오며 고래고래 욕설을 퍼부었다.

"좋다. 요놈 어디 두고 보자! 옛친구라 믿고 찾아왔더니 나를 그토록 깔아뭉개다니, 무어 네놈이 합종이라? 나는 진나라로 들어가 연횡으로 네놈의 합종을 하나씩 박살낼 것이다. 요놈!"

장의는 씩씩거리며 진나라로 향했다.

소진은 자기의 심복을 급히 불렀다.

〈소진에게 배척받는 장의〉

"장의는 천하의 어진 선비다. 나는 그의 소맷자락에도 못 미친다. 단지 운이 좋아 내가 먼저 등용되었을 뿐이다. 그가 가는 곳마다 따라가거라. 설사 그가 진나라에 가더라도 돈이 없어 등용되기 어려울 것이다. 돈과 거마를 줄 테니 그에게 뒷돈을 대주어 진나라에서 성공하도록 도와주거라."

"그분이 작은 이익에 만족하여 대성하지 못한 것을 염려하셨습니까?"

"그렇다. 그래서 무참히 모욕을 준 것이다. 그가 성공할 때까지는 나의 도움을 눈치 채지 못하도록 하거라!"

"명심하겠습니다. 한 가지 의문은 그분이 진나라의 이익을 위하게 되면 조나라에 피해가 없는지요?"

"진나라에 이익을 주어야 조나라에 큰 이익이 있다. 그런 줄만 알아라!"

소진의 심복 수하는 모른 척 장의를 뒤쫓았다. 그리고 우연인 것처럼 같은 숙식을 하면서 장의가 하고 싶은 것은 무엇이든 다 들어주었다.

"이 은혜는 잊지 않겠소!"

그렇게 되어 장의는 진의 혜왕惠王을 알현할 수 있었다. 그의 유세는 성공하여 진나라의 객경客卿이 되었다. 바야흐로 천하의 제후들을 차례로 정벌하는 계략이 먹혀들었던 것이다.

"저는 이제 헤어질까 합니다."

소진의 수하가 이별할 뜻을 내비치자 장의는 깜짝 놀랐다.

"왜 그러시오. 이제 방금 출세하여 당신한테 은혜를 갚으려 하는데 무슨 말씀이오?"

"그 은혜는 소진 어른한테서 갚으시오."

"뭐라고요?"

"저는 선생의 인물됨을 하나도 모릅니다. 오로지 선생님을 아시는 분은 소진 어른뿐입니다. 선생을 격분시켜 진나라에서 성공하도록 도와주신 분은 제가 아니라 그분이십니다. 저는 심부름꾼에 불과합니다."

"아! 그게 진정이오?"

"그렇습니다. 선생께선 이미 등용되셨으니 저는 그분의 명령대로 지금 돌아가야 합니다."

"어찌 이런 일이, 내 참! 소진의 술수에 놀아나면서도 그것을 깨닫지 못하다니. 역시 나는 소진에게 못 미치나 봅니다. 돌아가거든 소군蘇君한테 분명히 전해 주시오. '내가 진의 재상으로 있는 한 조趙는 치지 않겠다' 고. 뿐만 아니라 소진이 살아 있는데 내가 감히 무슨 일을 벌이겠소. 나는 소진의 속마음을 짐작합니다. 진나라가 조나라를 쳐서 합종의 맹약이 그로 인해 깨어지지 않을까 걱정했을 것입니다."

그 후 장의는 진나라의 재상이 되었다. 그리고 초나라 재상 소양昭陽에게 글월을 보냈다.

〈내가 처음 너의 잔치에서 술을 마셨을 때 너는 나를 구슬을 훔친 범인으로 몰았다. 그리고 나를 수없이 때렸다. 지금도 맹세하거니와 나는 너의 구슬 따위는 훔치지 않았다. 이제 그 빚을 갚고자 한다. 너는 네 나라를 잘 지켜라. 그러나 나는 네 나라를 박살내어 훔치고 말 것이다.〉

장의가 재상이 된 지 4년이 되었다.

"대왕, 이제는 왕위에 오르시어 천하에 위엄을 드높이시지요. 〔진의 효공孝公에 이르기까지 공公으로 불리다가 혜문군惠文君도 그제야 왕王이라 호칭됐다〕."

"그래도 괜찮겠소."

"지당하신 호칭입니다."

1년이 지나서 장의는 진의 장군이 되었다. 그런 후 하남성 위魏 땅 섬陝을 탈취하고 상군에다 요새를 구축했다.

그로부터 2년 뒤에는 진의 사신이 되어 제 · 초의 재상들과 강소성 설상齧桑에서 회합했다.

다시 동쪽으로 돌아온 장의는 진의 재상자리를 내놓고 위나라 재상이 되어 위왕에게 진을 섬기라고 건의했다.

그 뿐만 아니라 다른 제후에게도 그런 관계를 본받게 하려고 애를 썼다. 그러나 위왕은 장의의 권고를 받아들이지 않았다.

이때 진왕은 위의 하남성 곡옥曲沃과 산서성 평주平周를 탈취해 버렸다. 장의가 다시 위왕에게 권고하여 말하였다.

"누차 말씀드렸지만 진을 섬기는 게 제일입니다. 그러면 초 · 한은 감히 위에 손대지 못하고 초 · 한의 근심이 없으니 대왕께서는 베개를 높이 하여 안면할 수 있고 국가에도 근심이 없어집니다."

"좋소. 나라를 들어 그대의 계략을 따르기로 하겠소. 진나라로 그대를 보낼 터이니 진왕께 화목할 것을 요청해 주겠소?"

위가 합종의 맹약을 배반케 하는 공로를 세운 장의는 진나라로 돌아와 다시 재상이 되었다.

3년이 지나서 위가 진을 배반하고 합종에 다시 가담했는데 진이 위나라의 곡옥曲沃을 새로 쳐서 빼앗자 놀란 위가 또다시 진을 섬기게 되고 말았다.

장의가 진의 사신으로 초나라에 가 있을 때 소진이 죽었다는 소식이 들려왔다.

"이제야말로 스스로를 위하여 뜻을 펼 때이다."

장의는 초왕에게로 달려갔다.

"진의 국토는 천하의 절반이며 그 병력은 4개국의 그것과 맞먹습니다. 험준한 산으로 둘러싸이고 황하가 띠처럼 둘러쳐져 있어 사방이 가히 천연의 요새입니다. 군사 1백만 명, 전차 1천 대, 군마 1만 필, 양곡의 축적 또한 산봉우리만 합니다. 법령은 분명하여 사졸은 안심하고 전쟁터에 나가 죽으며, 인군은 현명하고 준엄하며 장군은 지략 있고 무용武勇이 뛰어납니다. 이런 형세이니 그 어떤 열국도 빨리 항복하지 않으면 멸망합니다. 더구나 합종을 맹약하는 자는 맹호를 공격하는 양의 무리나 다름이 없습니다. 양이 호랑이에 대적할 수 없다는 건 대왕께서도 잘 아시지 않습니까?"

"알고는 있소."

"대왕께서는 지금 맹호 대신 양들과 손을 잡고 계십니다."

"또다시 합종의 얘기겠구려."

"생각해 보십시오. 천하 두 강국이라면 어느 나라이겠습니까?"

"그야 진과 초나라이지요."

"그렇습니다. 그러하니 양국이 서로 다투면 둘 다 살아남을 수가 없지요. 차라리 맹호인 진과 손을 잡으십시오."

"과인이 진과 화친하고자 하면 그대는 중간에서 어떤 역할을 해주겠소?"

"진의 태자를 오게 해서 볼모로 삼도록 하겠습니다. 동시에 초에서도 태자를 진에 볼모로 보내십시오. 뿐만 아니라 진의 왕녀를 대왕의 시첩이 되게 할 것이며, 1만 호가 넘는 도읍을 받게 해드리겠습니다. 이렇게 되면 진과 초가 장구하게 형제의 나라가 되어 끝내 서로 공격하는 일이 없어질 것입니다."

초왕은 장의의 의견을 받아들이기로 했다.

장의는 그 길로 한나라로 향했다. 한왕을 만나자 마자 장의는 또 설득하기 시작했다.

"한나라 땅은 험악하여 백성들 대부분이 산지에 살면서 생산하는 오곡은 콩 아니면 보리입니다. 더구나 한 해라도 수확이 없으면 백성들은 금세 지게미와 쌀겨조차 배불리 먹지 못하게 됩니다. 국토는 사방 9백 리에 불과하며 2년을 지탱할 식량도 없습니다."

"사실 한나라는 그만도 못하오."

"현명한 군주로서 위험을 택하지 말고 먼저 진을 섬겨 평안하십시오. 대체로 화근을 만들어 놓고 복이 들어오기를 바란다면 그 계략의 얄팍함 때문에 진나라의 깊은 원한만 사게 됩니다. 진을 거역하고 초를 따르면 멸망하지 않을래야 않을 수가 없게 됩니다."

"진나라가 우리 한나라에 대해서 바라는 바는 뭐요?"

"진나라가 원하는 것은 우선 초나라를 약화시키는 것이니, 그

역할을 한나라가 해달라는 것이지요."

"무슨 얘기요?"

"한나라가 초보다 강해서가 아니라 지세가 그렇다는 뜻입니다. 대왕께서는 서면하여 진을 섬기고 초를 치십시오. 진왕이 기뻐할 것입니다. 초를 쳐 그 국토를 얻고 화는 진으로 돌려 버린다면 그보다 좋은 계략이 어디에 있겠습니까?"

"옳은 계책인 것 같소."

한왕이 장의의 계략을 받아들이자 장의는 곧 진으로 돌아왔다. 진왕이 몹시 기뻐하며 다섯 개의 읍을 봉해 장의를 무신군武信君이라 불렀다.

장의는 진왕과 계략을 상의한 뒤 이번에는 동쪽의 제나라로 갔다. 장의는 제의 민왕을 만나 이렇게 말했다.

"지금 강국인 진과 초는 공주를 시집보내고 부인을 얻어오는 등 절친한 형제의 나라가 되었으며, 한나라는 의양을 바치고, 위나라는 황하 서쪽을 내놓고 조나라는 하남성 면지澠池에 입조入朝하고 황하와 장수 사이의 땅, 하간河間을 베어 주어 진을 섬기고 있습니다."

"과인이 진을 섬기기 않으면 어찌될 것 같소."

"한·위를 시켜 제의 남부를 공략할 것이며, 조의 병사를 총동원해 청하淸河를 건너 박관博關을 향해 쳐들어올 것입니다. 제齊가 일단 공격을 받으면 뒤늦게 진을 섬기려 해도 늦습니다. 숙고하시기 바랍니다."

제왕은 장고한 후에 머리를 들었다.

"동해 먼 바닷가에 치우쳐 있는 나라라 국가의 장구한 이익을 들어본 적도 없으며 그와 같은 위태로움도 깨닫지 못했소. 이제 선생의 계략을 따르리다."

장의는 제나라를 떠나서 이번에는 서쪽에 있는 조나라로 서둘러 떠났다.

조왕을 만난 장의는 다시 설득하기 시작했다.

"지금 초나라는 진나라와 형제의 나라가 되고 한과 위는 진의 동쪽 울타리 역할을 하는 신하의 나라가 되었으며, 제나라는 물고기와 소금이 나는 땅을 바쳤습니다. 바로 이 점은 조나라의 오른팔을 자른 것과 같은 형국이지요. 과연 오른쪽 팔을 잘린 채로 남과 싸우며 자기 원군도 없이 고군분투하는 일이 위태롭지 않다고 말할 수 있겠습니까?"

"그건……, 과인이 비록 어리나 진나라로 서둘러 달려가겠습니다."

조왕을 설득시킨 장의는 끝으로 연나라로 갔다.

"지난날 조나라가 침범해 왔을 때 대왕께서는 10개의 성읍을 바치며 사과까지 한 적이 있지요?"

"두려워서 그랬소."

"그런 조왕이 이제는 면지에서 입조하여 하간河間의 땅을 바쳐 진을 섬기고 있는데, 대왕께서는 서둘러 진을 섬겨야 되지 않겠습니까?"

"조나라가 단독으로 쳐내려올 수는 없겠소?"

"그것은 연나라 하기 나름입니다. 연이 재빨리 진을 섬기면 조나라는 진의 눈치를 보느라 병사를 일으키지 못하지요. 대왕, 생각해 보십시오. 서쪽으로 진의 강한 원조가 있고, 남으로 제 · 조의 우환이 없어지는데 연으로서 이보다 더 좋은 계략이 어디에 있겠습니까?"

연왕은 숙고한 뒤에 단호히 말했다.

"과인은 미개한 벽지에 살고 있어 몸집은 어른이지만 생각은 어린애와 다름없소이다. 이토록 훌륭한 계책을 주시는데 어찌 듣지 않겠소이까? 서면하여 진을 섬기지요."

연은 항산恒山 기슭의 다섯 성시成市를 바쳤다. 장의는 스스로 기뻐하며 진왕에게 공적을 보고하기 위하여 서둘러 귀국을 하고 있었다.

그런데 장의가 아직 함양咸陽에 도착하기도 전에 진의 혜왕이 죽고 무왕武王이 뒤따라 섰다.

무왕은 태자 적부터 장의를 좋아하지 않았다. 그리고 새 왕의 신하들이 장의를 헐뜯었다.

"그 자는 언행에 신의가 없는 자입니다. 좌우로 나라를 팔아가며 자신만 받아들어지기를 원하는 사람입니다. 진나라가 그를 다시 등용한다면 천하의 웃음거리가 될 것입니다."

그래서 진의 무왕은 장의를 쓰지 않았다.

제후들도 장의가 무왕과 사이가 좋지 않다는 것을 듣고는 연횡連衡의 약속을 포기하고 다시 합종을 했다.

장의는 자신의 신변에 위험이 닥쳐오고 있다는 사실을 깨닫고 위魏나라로 가 일년 만에 죽었다.

태사공은 이렇게 결론지었다.

삼진(三晉 : 韓 · 魏 · 趙)에는 임기응변, 권모술수의 유세객들이 많앗다. 합종책이나 연횡책을 말해 진나라를 강하게 만든 사람들은 대부분 삼진 사람들이다. 생각해 보면 장의의 행적이 소진보다는 더욱 악랄한 데가 많다. 그러나 세상에서 소진을 더욱 미워하는 것은 소진이 먼저 죽고, 장의가 소진의 단점을 과장되게 폭로했기 때문이다. 더구나 자기주장을 도와 연횡론을 성공시켰기 때문일 것이다.

〈비단에 쓴 장의의 글씨〉

진秦 본기 - 주왕실의 구정九鼎

진의 조상인 백예佰翳는 우禹를 도왔다. 목공穆公은 대의大義를 생각해 효산崤山에서 전사한 군사를 애도했다. 또 그가 죽을 때에 사람들을 순사(殉死 : 무덤에 같이 따라 죽음)하게 했다.

진秦의 조상은 전욱顓頊의 먼 후손이다.

전욱의 손녀 여수女脩가 어느 날 베를 짜고 있는데 제비가 알을 떨어뜨렸다. 여수가 이것을 삼키고 아들 대업大業을 낳았다.

대업은 제후인 소전少典의 딸 여화女華에게 장가들어 아들 대비大費를 낳았다. 대비는 우禹와 함께 치산치수에 힘써, 순임금이 그 공로로 우에게 현규(玄圭 : 흑옥)를 하사했다.

우가 이것을 받고 말했다.

"저 혼자서 성취시킨 것이 아닙니다. 대비가 도와주어 가능했습니다."

"그래, 그대 비가 우를 도와주었다니 장하구나. 나는 그대에게 조유(旱游 : 검은 깃발)를 상으로 주겠다. 그대 후손들은 장차 크게 번창할 것이다."

그 뿐만 아니라 순의 일족인 요성姚姓의 미녀에게 장가들게 했다.

대비는 순임금을 돕게 되고, 새와 짐승들을 훈련시켰다. 새와 짐승들은 모두가 대비를 따랐다. 이 대비가 바로 백예佰翳이다. 순임금은 대비에게 영嬴이라는 성씨를 하사했다.

대비에게는 두 아들이 있었는데 한 사람은 대렴大廉으로 조속씨鳥俗氏의 조상이고, 또 한 사람은 약목若木으로 비씨費氏의 조상이다.

약목의 현손을 비창費昌이라 하는데 그의 자손들은 분산해서 중국에 살기도 하고 이적夷狄의 땅에 살기도 했다.

비창은 하왕조의 걸왕桀王 때에 하를 떠나 상商으로 귀복해서 탕왕湯王의 어자御者가 되어 걸왕을 명조鳴條에서 격파시켰다.

대렴의 현손을 맹희孟戱·중연中衍이라 했다.

중연의 신체는 새와 같았는데 사람의 말을 했다. 제帝 태무太戊는 그의 소문을 듣고, 그를 어자로 삼으려고 점을 쳤더니 길하다고 나왔다. 그를 불러들여 어자로 삼고 장가들게 했다.

제 태무 이후로는 중연의 후손들이 대대로 공적을 쌓아 은나라를 도왔다. 그래서 영嬴 성씨姓氏가 많이 세상에 나타났으며 제후가 되었다.

진晉이 곽霍·위魏·경耿을 멸망시켰다. 제帝의 옹름雍廩의 읍인邑人이 무지·관지보 등을 살해하고 제의 환공桓公을 세웠다.

제·진이 강국이 되었으며, 19년에 진의 곡옥曲沃이 처음으로 진후晉侯가 되었다. 제의 환공이 견鄄에서 패자覇者가 되었다.

20년에 무공이 죽었는데 처음으로 사람을 순사殉死하게 했다. 순사자가 66명이었다.

무공에게는 아들이 있었는데 그 이름을 백白이라 했다. 백은 후사後嗣가 되지 못하고 평양平陽에 봉해졌으며 그의 아우 덕공德公이 섰다.

덕공 원년에 처음으로 옹성雍城의 대정궁大鄭宮에 거처를 정하고 희생犧牲 3백 뢰(牢 : 한 뢰는 牛·羊·豕의 세 마리)를 갖추어 역鄜에서 천제에게 제사지냈다.

그리고 이런 점괘가 나왔다.

"후세의 자손들은 영지를 넓혀 동방으로 뻗어나가 황하의 용문龍門에서 말에게 물을 먹이게 될 것이다."

이 해에 양백梁伯·예백芮伯이 내조來朝했으며, 역서에 처음으로 하지 다음에 오는 초복初伏·중복中伏·말복末伏, 삼복三伏을 두고, 개를 잡아서 성문에 벌려 놓아 숙독熱毒을 막았다.

진秦의 목공穆公은 백리해百里奚를 우대하여 국정을 맡기

〈목공과 백리해〉

고 오고대부五羖大夫라는 칭호를 주었다. 백리해는 겸양하면서 이렇게 말했다.

"저는 저의 친구인 건숙蹇叔에게 못 미칩니다. 건숙은 현인입니다만 세상에서 그를 알아주는 사람이 없습니다. 제가 한때 세상을 두루 돌아다니다가 제에서 곤궁한 나머지 밥을 얻어먹을 지경일 때 건숙이 저를 거두어 돌봐주었습니다. 그래서 저는 제의 인군 무지無知를 섬기려 했습니다만 건숙이 말렸기에 난을 모면할 수 있었으며 드디어 주로 갔습니다. 주의 왕자 퇴頹는 소를 좋아했습니다. 저는 소를 잘 키운다는 기술을 가지고 벼슬자리를 구했습니다. 퇴가 저를 기용하려고 하자 건숙이 또 저를 말렸습니다. 그래서 저는 주를 떠나서 주살을 면할 수 있었습니다. 우군虞君을 섬길 때에도 건숙은 저를 말렸습니다. 저는 우군이 저의 의견을 중용重用하지 않는 것을 알면서도 실은 마음속으로 작록이 탐이 나서 그 자리에 머물러 있었습니다. 요약하자면 두 번은 건숙의 말을 들어서 위난을 피할 수 있었으며, 한 번은 그의 말을 듣지 않았다가 우군의 난에 말려들었습니다. 그래서 건숙이 현명한 것을 알게 되었습니다."

목공은 사자를 시켜서 예물을 후하게 하여 건숙을 맞이하여 상대부上大夫로 삼았다.

30년 목공이 진晉의 문공을 도와서 정을 포위했다. 정에서 사자를 보내서 목공에게 말했다.

"정을 멸망시켜서 진晉을 강화시키는 것은 진에게만 득책이라 하겠으나 진秦에게는 아무런 이익도 없습니다. 진晉이 강대해지는 것은 진秦의 우환이 되는 것입니다."

목공이 군사를 철수시키고 돌아왔다. 진晉도 역시 군사를 철수시켰다. 그 후 진晉의 문공이 죽었다. 그 틈에 정나라 사람 중에서 정을 배반하고 진秦에게 정나라를 팔려고 하는 자가 있어서 이렇게 말했다.

"저는 정도鄭都의 성문을 주관하고 있습니다. 그러니 정을 습격할 수 있습니다."

목공이 이 문제를 건숙과 백리해에게 물었다. 두 사람이 답했다.

"여러 나라를 통과해서 천리의 원거리로 남의 나라를 습격하는 경우에 이익을 얻기란 힘든 일입니다. 또 정鄭나라 사람으로 정나라를 파는 자가 있으니, 우리나라 사람으로 우리의 정보를 정에 고하는 자가 없으리라고 어찌 단언할 수 있겠습니까? 정을 친다는 것은 옳은 일이 아닙니다."

그러자 목공이 말했다.

"그대들은 모르는 말이다. 나는 이미 결의했다."

드디어 병사를 동원하여 백리해의 아들 맹명시孟明視와 건숙의 아들 서걸술西乞術 및 백을병白乙丙을 장군으로 임명했다. 출진하는 날, 백리해와 건숙 두 사람이 출진을 통곡했다. 목공이 울음소리를 듣고 노하여 말했다.

"과인이 출병하려고 하는데 그대들은 이것을 저지하고 군사를 향해서 통곡한 것은 무슨 까닭인가?"

두 사람이 한가지로 말했다.

"저희들이 구태여 군왕의 군사를 저지하는 것이 아닙니다. 출정하는 군사 중에는 저희들의 아들도 끼어 있습니다. 저희들은 늙었습니다. 만약에 늦게 돌아온다면 아마도 아들을 만나지 못하게 될 것입니다. 그래서 통곡할 뿐입니다."

두 사람이 집에 돌아와서 각자의 아들에게 말했다.

"너희들의 군사가 패한다면 반드시 하남성 효敵의 좁은 길목에서 그렇게 될 것이다."

진군秦軍이 드디어 동으로 향했다. 진晉의 땅을 통과할 것을 변경하여 주 성왕의 성문을 통과했다. 주의 왕손만王孫滿이 말했다.

"진秦의 군사는 예의가 없으니 패배 이외에 무엇을 기대할 수 있을 것인가?"

이는 천자의 문을 통과하면서 무장한 채로 지나간 것을 말한다.

군사가 하남성 활국滑國에 도달했다. 때마침 장사꾼 현고玄高가 열두 마리의 소를 가지고 이것을 주周나라에 팔러 가고 있었다. 진군秦軍을 발견하자 피살되거나 사로잡힐 것을 염려한 현고는 끌고 가던 소를 바치면서 말했다.

"들은 바로는 귀국에서 정鄭나라를 주멸하려 한다 해서 정군鄭軍은 삼가 방위 태세를 갖추고, 저를 시켜서 소 열두 마리를 바쳐 귀국 군사들의 노고를 위로하게 했습니다."

그렇게 되자 진秦의 세 장군은 서로 의논하여 이렇게 말했다.

"우리가 정나라를 습격하려는데 이미 정나라에서는 알아차리고 방어하고 있다니 간다하더라도 허사일 것이다."

그래서 대신 활국滑國을 격멸하였다. 활은 진晉나라 변경의 작은 나라였다. 이때에 진晉에서는 문공이 죽은 후 상중에 있으면서 아직도 장례를 치르지 못하고 있었다.

태자 양공襄公이 노하여 말했다.

"진秦이 내가 고독하게 된 것을 업신여기고 상중을 틈타서 우리의 활곡을 격파했다."

드디어 백색의 상복을 검게 물들이고 병사를 동원하여 진군을 효殽에서 차단하고 공격하여 진군을 격파시켰다. 한 사람의 진병도 놓치지 않고 진秦의 세 장수까지 사로잡아 귀환했다.

문공의 부인은 진秦나라 목공의 딸이었다. 그래서 부인이 사로잡힌 진의 세 장수를 위하여 청원하였다.

"나의 아버지 목공은 실패한 이 세 장수를 골수에 한이 미치도록 원망하고 계십니다. 그러니 이 세 사람을 돌려보내서 나의 아버지가 이들을 마음껏 삶아 죽이게 하십시오."

진군晉君이 부인의 청을 들어주어 진秦의 세 장수를 돌려보냈다.

이 세 장수가 진秦에 도착하자 목공은 소복을 입고 교외에까지 나와 맞이하고 세 장수를 향해 통곡하며 말했다.

"과인이 백리해와 건숙의 진언을 무시했다가 그들 세 사람까지 욕되게 했다. 그대들 세 사람에게 무슨 죄가 있겠는가? 그대들은 한마음으로 치욕을 씻도록 노력해 주기를 바란다."

세 사람의 관직을 이전과 같이 회복하고 더욱더 그들을 후대하였다.

36년에 목공은 다시 더욱더 맹명시孟明視 등을 후대해서 병사를 이끌고 진晉을 치게 했다.

맹명시 등은 황하를 건너자 배를 불살라서 결사의 각오를 하고 진군晉軍을 대파해서 산서성 왕관과 호의 땅을 점령하여 지난날 효殽의 패전에 보복하고, 효에서 전사한 병사들의 시체를 매장하고 발상發喪해서 곡읍哭泣의 예를 3일간 했다.

후일 군사들이 진의 목공에 대해서 이렇게 술회했다.

"진秦의 목공은 영토를 넓히고 여러 나라를 병합하여 동방으로는 강대한 진晉을 굴복시키고, 서방으로는 융이戎夷를 제패했다. 그러나 제후의 맹주盟主가 되지 못한 것은 역시 당연하다 할 것이다. 그것은 목공이 죽으면서 백성을 돌보지 않고, 그의 충량한 신하 117명을 모조리 순사殉死하게 했기 때문이다. 선왕이 붕어할 때에는 오히려 은덕을 남겨주고 법을 남겨주었다. 하물며 선인善人이나 양신良臣으로 백관百官이나 백성들이 그의 죽음을 애달파하는 인물들을 빼앗아 가지는 않았다. 그러나 목공은 그렇지 못했다. 그러니 진秦이 동정東征할 수 없었다는 이유를 알 만하다."

그로부터 몇 년이 흘러 초楚의 장왕裝王의 세력이 강성해져 병사를 북진北進시키고 낙읍洛邑에 이르러 주왕실 정鼎의 경중輕重을 물었다. 그리고 정鄭나라를 굴복시킨 후 진군晉軍을 황하의 유역에서 격파시켰다.

이 무렵에 초나라는 패자로서 회맹會盟을 하기 위하여 제후들을 규합했다.

주왕실은 이미 쇠약해졌으며 제후들은 무력으로 상쟁하여 병탄併呑을 일삼고 있었다. 진秦은 서방으로 섬서성에서 감숙성에 걸친 옹주雍州 땅에 치우쳐 있어서 중국 제후들의 회맹에 참여하지 않아 이적(夷翟·夷狄)의 대우를 받았다. 그래서 효공孝公은 백성들에게 은혜를 베풀고 고아나 과부를 돕고 전사를 불러들이며 공功과 상賞을 분명하게 하였다.

진秦이 서주를 공격하자 서주의 인군이 패주하여 스스로 진에 귀복하여 머리 숙여 복죄했으며 그가 영유한 36개의 읍과 인구 3만을 모조리 헌납하였다. 진왕은 이 헌납을 받고 주군周君을 주로 돌려보냈다.

주의 백성들은 진의 통치를 싫어하여 서방으로 달아났다.

주왕실의 보기寶器인 구정九鼎은 진에 들어왔다. 이렇게 해서 주는 드디어 멸망했다.

53년에 천하의 제후가 내조하여 진에게 복종했다

위는 뒤늦게까지 복종하지 않았다. 진이 규聱에게 명하여 위를 공격하게 하여 오성吳城을 점령했다.

한왕이 입조했으며 위도 나라를 진에게 맡겨 진의 명령을 듣게 되었다. 54년에 진왕이 옹에서 천제에게 제사지냈다.

56년 가을에 소양왕昭襄王이 죽고 효문왕孝文王이 즉위했다.

효문왕은 원년에 죄인을 사면하고, 선왕先王의 공신들에게 은상을 내리고 친척들에게 후한 포상을 하고, 새나 짐승을 놓아기르는 동산 원유苑囿의 금령을 완화했다.

효문왕은 부친의 상이 끝나자 즉위했는데 사흘 만에 죽어 그의 아들 장양왕莊襄王이 즉위했다. 장양왕은 원년에 대사령을 내리고 백성들에게까지 은덕을 베풀었다. 그때 혼란한 틈을 타 동주東周의 인군이 제후와 함께 진을 치려고 도모했다.

진에서는 상국相國인 여불위呂不韋에게 명하여 그를 주살하게 하고 동주의 영토를 모조리 몰수했다. 그러나 진秦은 동주 왕실의 제사를 단절시키지 않고 양인陽人의 땅을 주군周君에게 하사하여 그의 조상의 제사를 받들게 했다.

진에서는 장군 몽오蒙驁에게 명하여 한韓을 치게 했다. 한이 성고성皐와 공鞏을 진에게 바쳤다. 그래서 진의 땅은 대량大梁까지 미쳤다. 처음으로 삼천군삼천三川郡을 두었다.

장양왕이 죽자 그의 아들 정政이 즉위했다.

26년에 처음으로 천하를 통일하고 36군郡을 두었다. 그리고 '시황제始皇帝'라 칭했다. 시황제는 13세에 즉위하여 51세로 죽었다. 그의 아들 호해胡亥가 즉위했는데, 이를 2세황제二世皇帝라 한다. 3년에 제후가 아울러 일어나 진을 배반했다. 조고趙高가 2세황제를 죽이고 자영子嬰을 즉위시켰다.

자영이 즉위한 지 한 달 만에 제후들이 그를 주살하고 드디어 진을 멸망시켰다.

태사공은 이렇게 결론지었다.

진秦의 조상의 성은 영嬴이다. 그 후손들이 각지에 분봉分封되어 그들 봉국의 이름으로 성을 삼았다. 서씨, 담씨, 여씨, 종서씨, 운엄씨, 토구씨, 장량씨, 황씨, 강씨, 수어씨, 백명씨, 비렴씨, 진씨가 있다. 그러나 진왕실은 그의 선조인 조보가 조성趙城을 봉지封地로 받았기 때문에 조씨趙氏라 한다.

맹자孟子 · 순경荀卿 열전

맹자는 유가儒家 · 묵가墨家가 남긴 문헌을 섭렵하고 도덕의 대강을 분명하게 했으며, 양梁 혜왕惠王의 이익 본위의 마음가짐을 꺾어놓고 지난날의 흥망성쇠를 개진했다.

맹가孟軻는 맹자의 본명으로 산동성 추현, 추국鄒國 사람이다.

그는 공자孔子의 손자인 자사子思의 제자에게서 학업을 닦고 학문의 도에 통달한 후에 제齊나라에 노닐며 선왕宣王을 섬겼다.

그러나 선왕은 맹자의 주장을 응용할 수 없었기 때문에 맹자는 양梁나라로 갔다.

양 혜왕 역시 맹자의 주장을

〈맹자孟子〉

실행하기에는 무리가 있다 생각하고 그를 받아들이지 않았다.

그 무렵 진秦에서는 상앙商鞅을 등용해 부국강병책을 썼으며, 초나라와 위魏나라에서는 오기吳起를 등용해 무력으로 승리를 거두어 적국을 약화시켰으며, 제에서는 위왕威王·선왕이 손빈孫臏과 전기田忌 같은 인물들을 기용해 세력을 떨치고 있었으므로 제후들은 제齊나라를 종주국으로 받들고 있었다.

그리고 천하는 합종과 연횡의 외교에 힘을 기울이고 침략하고 정벌하는 일만을 능사로 치던 시대였다.

그런 상황에서 맹자는 현실과는 정반대로 요임금이나 순임금, 하·은·주 3대 성왕의 덕치德治를 역설하고 있었으니 어디를 가든 그를 받아들일 수가 없었다.

이에 맹자는 할 수 없이 정계에서 은퇴해 제자인 만장萬章과 더불어 『시경詩經』과 『서경書經』을 정리하고, 공자의 사상에 몰두해 7편으로 구성된 『맹자孟子』를 저술했다.

그 뒤를 이어 제나라에서 학문적으로 추자騶子 일파가 대두되었는데, 추기騶忌·추연騶衍·추석騶奭이 그들이다.

추기는 맹자보다 앞선 시대 사람으로 거문고 연주를 잘해서 위왕으로부터 성후成侯에 봉해지고 재상의 자리에 올랐다.

추연은 맹자보다 뒤의 사람으로 제후들이 더욱 사치해지고 음란해져 덕을 숭상할 수 없게 된 상황을 보았다. 곧 『시경詩經』의 『대아편大雅篇』에 보이는 것처럼 먼저 자신을 수양하지만 일반 서민에게 미치지 못하는 현실을 본 것이다. 그래서 그는 『괴우怪迂의 변辯』·『종시終始』·『대성大聖』 등 10만 자 이상의 저서를 남겼다.

추연의 학설에 대하여 왕후나 귀인들이 처음에는 감화되는 듯했으나 현실적으로 실제에 응용할 수 있는 내용이 아니어서 모두 아쉬워했다.

추연은 제나라에서 존중되었는데, 양나라 혜왕은 교외에까지 나아가 예를 갖추었다.

그가 조나라에 갔을 때는 평원군이 경건한 태도로 그의 곁에서 보좌했으며, 연나라에서는 소왕이 직접 비를 들고 길을 깨끗이 쓸어 그의 길잡이가 되었을 뿐만 아니라 제자들의 좌석에 끼여 가르침 받기를 청할 정도였다.

추석은 추연의 학문을 받아들여 『추석(음양가)』 12편을 썼다.

순우곤淳于髡은 제나라 사람으로 박학다식하고 기억력은 뛰어났으나 학문상의 특별한 주장은 없었다. 그는 양의 혜왕을 두 번이나 만났는데 한마디의 말도 없었다. 혜왕이 순우곤을 소개한 사람을 불러 꾸짖었다.

"어찌된 일이오? 그대는 순우곤을 칭찬하면서 관중이나 안영도 따르지 못할 인물이라 하지 않았소."

"순우곤의 말에 실수가 있었습니까?"

"실수고 말고 할 여지도 없소. 그 자는 단 한마디의 말도 하지 않았소."

소개한 자는 고개를 갸우뚱하고 순우곤에게 왕의 말을 전했더니 순우곤은 화를 내었다.

"당연하지 않소. 내가 왕을 처음 만났을 때는 왕은 경마에 정신이 팔려 있었소. 두 번째에는 왕이 음악에 정신이 쏠려 있었소. 그러한데 내가 무슨 말을 할 겨를이 있었겠소."

왕은 그 말을 듣고 깜짝 놀랐다.

"아, 그건 모두 과인의 실수였소."

"무슨 뜻인지……."

"순우 선생이 처음에 왔을 때 어떤 사람이 나에게 훌륭한 준마를 받쳤는데 그 경마를 타보기도 전에 선생이 오셨던 거요."

"그랬군요. 음악 때문은 또 무엇입니까?"

"선생이 두 번째 왔을 때 하필이면 명창名唱이 내게 노래를 들려주기 위해 왔기 때문이었소. 내가 정신이 그런 것들에 있었던 것은 사실이오. 내가 사과할 테니 그를 한 번 더 불러주시오."

그 후 혜왕은 순우곤을 만났는데, 순우곤은 한 번 입을 열자, 사흘 밤낮을 말해도 지치지 않았고, 혜왕 역시 조금도 싫증을 내지 않고 감동하여 경청했다.

혜왕이 순우곤에게 대신이나 재상의 지위를 주어 그를 우대하려 하였다.

"아닙니다. 벼슬을 얻고자 드린 말씀이 아닙니다."

사양하고는 물러갔다.

혜황은 그를 사두마차에 태우고 비단과 황금 등 선물을 듬뿍 주어 그를 극진히 환송했다. 순우곤은 평생을 벼슬길에는 오르지 않았다.

순경荀卿은 조나라 사람으로 50세가 되어 제나라에서 유학하였다.

"추연의 학설은 현실과 동떨어졌지만 나름대로 흥미로웠다. 추석의 학설 역시 현실에는 적용키 어려우나 그 문장만은 절묘하게 구비되어 있다. 순우곤은 아무리 오랫동안 함께 지내도 그는 좋은 말만 쏟아져 나온다."

그리고 순경은 다시 그 세 사람을 두고 이렇게 노래했다.

유원悠遠한 천天을 말하는 광대한 기우氣宇의 추연이여,
용을 아로새긴 것처럼 아름다운 문장의 추석이여,
수레바퀴의 기름통이 끓을 때 끝없이 흐르는 기름처럼
유창하게 흘러나오는 지혜의 순우곤이여!

그들이 모두 죽은 뒤에는 순경이 가장 장로격의 학자였다.

제나라에서는 세 차례나 대부의 장으로서 좨주祭酒가 되었는데 참소를 당하자 초나라로 떠났다.

초의 춘신군春申君이 순경을 산동성 현령으로 임명했으나 춘신군이 죽자 그도 면직되어 난릉에 눌러 살았다.

훗날 진의 재상이 된 이사李斯가 그때 순경의 제자로 있었다.

순경은 유가儒家 · 묵가墨家 · 도가道家를 새롭게 정리하는 등 수만 자의 저서를 남기고 죽었다.

〈순자荀子〉

맹상군孟嘗君 열전 — 계명구도鷄鳴狗盜

> 맹상군은 빈객을 좋아하고 한 가지 기술이나 재
> 주가 뛰어난 선비들과 접촉하기를 즐겼으므로, 인
> 재가 맹상군의 봉읍 설薛 땅으로 모여들었다. 맹상
> 군은 제나라를 위하여 초·위魏의 침략을 막았다.

맹상군의 이름은 전문田文으로 그의 아버지 전영田嬰은 제나라
위왕威王의 작은아들이며 선왕宣王의 배다른 아우이다. 전영은 위
왕 시대부터 요직에 임명되어 국정을 담당했다.

선왕 9년에는 전영이 제의 재상이 되었고, 제의 재상자리에 있
은 지 11년 만에 선왕이 죽자 곧 민왕湣王이 즉위하여 전영을 산
동성 설 땅에 봉封했다.

전영에게는 40여 명의 아들이 있었는데, 전문田文은 전영의 천
첩賤妾 소생이었다. 전영은 문文의 어머니에게 5월생은 불길하다
고 하여 아이를 낳지 말도록 했는데, 천첩은 몰래 아이를 낳아서
길렀고, 문이 장성했을 때 어미는 전영의 다른 아이들과 함께 아

비 앞으로 나서도록 했다.

"뭐라고? 내가 아이를 낳지 말라고 그토록 당부했거늘!"

전영은 문의 어머니에게 소리 질렀다. 천첩은 아무 소리도 못하고 머리만 숙이고 있었다. 그때 문이 나섰다.

"아버님, 아버님께서는 정권을 잡으시고 제의 재상이 되셔서 지금까지 세 분의 임금을 섬기셨습니다."

"그런데?"

"그동안 제의 국토는 늘어난 것이 한 치의 땅도 없는데 아버님의 사가私家에만 천만 금의 재산이 쌓여 있습니다."

"그래서?"

"재산은 그렇게 많은데 문하에 단 한 사람의 어진 이도 찾아볼 수 없으니 어인 일입니까? 장군 가문에 장군 나고 재상 가문에 재상 난다고 했는데도 말입니다."

"무얼 말하고 싶은 거냐?"

"지금 아버님의 후궁에는 미인들이 비단옷에 싸여 있고 종과 첩들은 쌀과 고기를 실컷 먹고서도 남아돌아 내다버릴 지경인데, 선비들은 옷 한 벌 얻어 입지 못하고 쌀겨나 지게미조차 배불리 먹지 못하고 있습니다. 아버님께서는 이토록 넘치는 재물로 무얼 하시고자 합니까? 날로 쇠퇴해 가는 국력을 생각하십시오."

"으음, 제법이구나."

그때부터 전영은 아들 전문을 다시 보게 되었다.

"오늘부터 네가 우리 집안일을 맡아 다스리고 손님을 접대토록 하거라."

전문은 비로소 가문에서 인정받게 되었고 전영의 집안에는 빈

〈맹상군孟嘗君〉

객들이 모여들기 시작했다.

얼마 뒤 전영은 문을 후계자로 정한 후 죽었다.

문은 예상대로 부친을 대신해 설 땅의 영주領主가 되었다. 그가 곧 맹상군孟嘗君이다.

맹상군은 가산을 기울여 제후의 손님들을 후대했다. 식객이 수천 이나 되었지만 귀천을 가리지 않고 한결같이 잘 대우해 주었으므 로 손님들은 누구나 자기가 맹상 군과 친하다고 생각하게 되었다.

이때 진나라 소왕이 맹상군의 인물됨의 소문을 듣고 자기의 아우 경양군을 제나라에 인질로 보낸 뒤 맹상군을 초대했다.

"정중한 초정이니 가야겠지요?"

이때 합종의 논리를 폈던 소진蘇秦의 아우 소대蘇代가 맹상군의 문객으로 와 있었다.

"진나라는 승냥이처럼 음흉한 나라입니다. 초의 회왕을 돌려보 내지 않은 진나라가 어찌 맹상군을 돌려보내겠습니까?

소대가 맹상군이 진나라로 가는 것을 반대했다.

"그렇다고 인질까지 보낸 진나라의 청을 거절할 수 없지 않은 가?"

"신이 외지에서 오다가 비를 피하고자 어느 움막에 있었는데, 흙 으로 만든 토우(土偶 : 인형)와 목우(木偶 : 목각인형)가 서로 말다툼을 하고 있었습니다. 목우가 토우에게 하는 말이 '너는 흙으로 만들어졌으니 비가 오면 형체도 없이 녹아 흩어지겠구나. 참으로 불쌍하다' 하고 비웃었습니다. 그러자 토우가 하는 말이 '나는 흙으로 만들어 비를 맞아 형체가 없어진다 해도 원래대로 흙이 된다. 그러나 너는 비를 맞고 물에 떠내려가 어디에 있는지조차 찾을 수 없게 될 것이다. 그러니 너야말로 불쌍하구나' 하고 말했습니다. 이처럼 맹상군께서 진나라로 가면 다시는 돌아오기 어려울 것입니다."

"진이 맹상군을 초청했는데 응하지 않는다면 우리가 진을 두려워하는 것을 알리는 것이나 마찬가지 입니다. 그러므로 맹상군을 진에 보내고 인질로 온 경양군까지 돌려보내 우리 제나라가 대국이라는 것을 진나라에 알려야 합니다."

다른 신하가 소대의 주장을 반박했다.

제 민왕도 그 말에 동의하여 맹상군은 진나라로 떠나게 되었다. 1천여 명의 문객들이 자발적으로 맹상군을 수행했다.

진의 소왕은 맹상군이 도착하자 그를 극진히 맞으며 재상으로 앉히려고 했다. 그때 진왕의 측근이 말했다.

"대왕, 맹상군이 명민하고 훌륭한 인물인 것은 분명합니다. 그렇지만 제나라 왕의 일족임을 기억하십시오."

"그렇다면 어떻게 하는 게 좋을까?"

"그는 인물입니다. 죽이십시오. 일단 재상 임명을 중지하시고 우선 연금해 두십시오. 죄를 씌워 죽일 수 있는 계략을 마련해 보겠습니다."

맹상군은 연금당하고 말았다. 맹상군은 애를 태우며 빈객들을 둘러보았다. 그때 한 빈객이 나섰다.

"소왕이 몹시 총애하는 여인이 있습니다. 제가 찾아가 석방을 탄원해 보겠습니다. 제가 그녀를 잘 압니다."

빈객이 소왕의 애첩을 만나자 그녀는 엉뚱한 조건을 제시했다.

"나는 맹상군께서 여우 겨드랑이 흰 털로 만든 호백구狐白裘를 가지고 계시다는 얘기를 들었습니다. 그것을 갖고 싶은데……."

빈객은 돌아와 맹상군에게 그런 사실을 전했다. 그러나 실상은 호백구는 한 벌밖에 없어 이미 소왕에게 바친 후였다. 값이 1천 금이나 나가는 천하에 둘도 없는 옷이었다.

그때 빈객들의 말석에 앉아 있던 사내 하나가 벌떡 일어났다.

"제가 해결하지요. 호백구를 가져오기만 하면 될 일 아니겠습니까?"

모두들 그 사내를 응시했다.

"저는 도둑질로 잔뼈가 굵은 사람입니다. 물건을 훔쳐 나오는데 아직까지 실패한 적이 없는 게 제 자랑입니다."

이윽고 밤이 이슥해졌다. 맹상군을 위시해 빈객들은 초조하게 기다렸다. 그는 새벽녘이 되어서야 호백구를 가져왔다.

"이걸 어디서 훔쳤소?"

"진나라 궁중의 보물창고지요. 어차피 천하에 하나밖에 없는 물건이니까요?"

맹상군은 그것을 소왕의 애첩에게 갖다 바쳤다.

애첩은 좋아라하고 소왕한테로 달려가 사정해서 맹상군이 석방되도록 해 주었다.

"자, 시간이 없소."

맹상군 일행은 풀려 나오자마자 말을 달려 도망쳤다. 그러나 함곡관에 도착하자 또 다른 장애가 기다리고 있었다. 관소關所의 규정은 새벽 첫닭이 울어야 문을 열어 사람들을 밖으로 내보내줄 수가 있었다.

"내가 호랑이굴을 벗어나긴 했으나 진 소왕이 군사를 보내어 추격할 텐데. 무슨 방법이 없겠소?"

맹상군이 문객들을 돌아보며 물었다. 그 말이 끝나자 행렬 뒤에서 갑자기 '꼬끼오!' 하고 닭 우는 소리가 들렸다. 그는 항상 말석에 앉아 있던 자였다. 그의 닭 우는 소리가 어찌나 절묘했던지 인근의 민간에서 닭들이 일제히 울었다〔계명구도鷄鳴狗盜 : 닭 울음소리와 좀도둑질로 맹상군을 위기에서 구했다는 고사〕.

관문을 지키는 군사들은 새벽이 된 것으로 알고 관문을 열어 맹상군 일행을 통과시켜 주었다.

한편 진의 소왕은 맹상군을 석방시킨 것을 뒤늦게 후회하여 그들을 추격케 했다. 맹상군 일행은 이미 함곡관을 벗어난 뒤였다.

"귀신이 곡을 하는 재주가 있다더니, 맹상군의 문하에는 기이한 재주를 가진 문객들까지 있구나."

진의 소왕은 깊이 탄식했다.

맹상군은 함곡관을 벗어나 조나라로 들어섰다. 조나라 재상은 평원군 조승이었다. 평원군 또한 현인賢人으로 명성이 높은 위인이었다.

평원군은 맹상군이 온다는 말을 듣고 교외까지 문객들을 데리고 나와서 영접했다. 맹상군이 현인이라는 말을 들은 평원군의 문객들은 맹상군의 왜소한 체구와 볼품없는 모습에 빈정대며 비웃었다.

"저런 인물이 현자賢者라니 소문이 잘못 되었군."

사람들은 껄껄대고 손가락질하며 웃기까지 했다. 그날 밤이었다. 맹상군을 비웃은 평원군의 문객들이 모조리 죽임을 당했다. 맹상군을 따르는 문객들 중 칼을 잘 쓰는 무사들의 소행이 분명했다. 그러나 평원군은 이에 대해서 한마디도 할 수 없었다.

맹상군은 조나라에서 평원군의 융숭한 대접을 받고 제나라로 돌아왔다. 제 민왕은 교외까지 나와서 맹상군이 살아 돌아온 것을 반겼다.

이로써 맹상군의 집에는 문객들이 더욱 많아졌다.

어느 날 풍환馮驩이란 자가 짚신을 끌고 찾아왔다.

"먼 길 오시느라 고생이 많으셨소. 선생은 나에게 무엇을 가르쳐 주시겠습니까?"

"나는 가난하고 당신은 선비를 좋아한다기에 의지할까 싶어서 왔을 뿐입니다."

그러나 풍환은 일년 동안 진언 한마디 올리지 않았다.

"선생께서 알다시피 내가 여러 문객들을 거느리다 보니 재정이 몹시 어렵습니다. 수고스럽겠지만 설읍에 가서 내가 금전을 빌려준 사람들에게 이자와 원금을 받아와 주십시오."

풍환은 맹상군의 제안을 승낙하고 그날로 설읍으로 출발했다. 맹상군이 문객을 보내 이자와 원금을 받으러 왔다는 소문을 듣고 많은 사람들이 이자와 원금을 갚아서 10만 냥이라는 많은 돈이 쌓이게 되었다. 풍환은 그 돈으로 술과 고기를 사서 잔치를 벌이게 했다. 그리고 맹상군에게 빚이 있는 사람들을 모두 불러들였다.

"기한을 늦추면 이자를 갚을 수는 있는 자나 기한을 늦춰도 이

자를 갚을 수 없는 자도 모두 채무증서를 갖고 오라!"

　백성들은 저마다 채무증서를 들고 풍환에게로 왔다. 풍환은 그들에게 술과 고기로 배불리 먹이며 채무를 변제할 수 있는지 없는지의 여부를 낱낱이 파악했다. 그리하여 변제할 능력이 있으나 기한이 촉박한 자에게는 기한을 연장해 주었고, 도무지 변제할 능력이 없는 자의 채무증서는 불에 태워버렸다.

　"맹상군께서 너희들에게 돈을 빌려 준 것은 이자를 받기 위해서라기보다 가난한 너희들의 생계를 돕기 위한 것이었다. 허나 그분에게는 수천 명의 식객이 있으니, 그분 재정도 넉넉하다고 할 수 없어 부득이 이자라도 받아서 충당하려는 것뿐이다. 그래서 나는 변제할 수 있는 자는 기한을 연장해 주고 도저히 갚을 수 없는 자의 채무증서를 불태운 것이다. 너희들은 재상의 후덕한 마음에 고마워하고 후일 그 은혜를 갚아라!"

　백성들은 감동했다.

　"이처럼 은혜를 베풀어 주시니 부모처럼 섬기겠습니다."

　백성들은 맹상군을 칭송했으나 풍환이 채무증서를 불태워버렸다는 말은 곧바로 보고 되었다. 맹상군은 어이가 없어 풍환을 소환했다.

　"설읍에 갔던 일은 잘 되었소?"

　맹상군이 분노를 감추고 풍환에게 물었다.

　"빚을 받지는 못했지만 대신 인심을 사가지고 돌아왔습니다."

　풍환이 공손하게 대답했다.

　"나는 당장 3천 명의 식객을 먹일 돈이 필요하오."

　"식객을 먹이는 돈은 재상께서 따로 마련하십시오. 재상에게 돈을 빌린 사람들의 처지가 어려워 그 사람들에게 빚을 갚으라 강요하는 것은 재상의 덕德을 잃는 일이었습니다. 그들에게 강제로 빚을 갚으라 하면 그들은 모두 재상을 원망하면서 설읍을 떠났을 것입니다. 이제 그들은 재상에게 후덕한 은혜를 입었으니 목숨을 돌보지 않고 재상을 위해 일할 것입니다.”

풍환의 말에 맹상군은 더 이상 할말이 없었다. 비록 3천 명의 식객들을 먹여 살릴 일이 걱정이었지만, 그때 마침 제 민왕이 황금을 보내주어 맹상군의 재정을 메워주었다.

그리고 후일 맹상군이 권력을 잃고 설읍 땅으로 낙향할 때 설읍의 백성들이 열렬히 환영하며 술과 음식을 싸가지고 와 맹상군을 위로했다.

“옛날 선생이 인심을 사왔다고 하더니 바로 이것이었구려.”

맹상군은 풍환을 돌아보며 미소를 지었다.

태사공은 이렇게 결론지었다.

일찍이 설 땅을 들른 적이 있는데, 마을에는 거칠고 사나운 젊은이들이 많아 맹자의 고향인 추鄒나 공자의 고향인 노魯의 풍속과는 사뭇 달랐다.

마을 노인에게 물었더니 그 노인은 이렇게 대답했다.

“맹상군이 천하의 협객들을 불러 모으고 간악한 인간들까지 모아 왔으니 어찌 그 풍속이 온전하겠소. 당시에 따라 들어온 무리가 6만 가구나 되었다 합니다.”

세상에서는 맹상군이 문객들을 좋아하며 또 그런 평판을 즐겼다는 소문으로 보아, 설 땅 노인의 증언도 과장된 것이 아닌 듯하다.

평원군平原君 · 우경虞卿 열전

조나라 평원군은 한나라 상당의 태수 풍정馮亭과 권모술수를 다투고, 초나라에 가서 구원병을 일으켜 국도 한단을 진군의 포위에서 구출해 군주 조왕의 제후에 대한 명성을 회복시켰다.

평원군 조승趙勝은 조趙나라 무령왕武靈王의 아들이며 혜문왕惠文王의 아우로 세 번씩이나 재상이 되고 동무성東武城에 봉해졌다.

그는 문객을 좋아하여 수천 명이 모여들었다.

하루는 그의 애첩이 이웃집의 절름발이가 뒤뚱거리며 우물물을 긷는 것을 보고 깔깔대고 웃었다.

화가 난 절름발이가 평원군에게

〈평원군平原君〉

항의했다.

"나리께선 선비를 중히 여기시기 때문에 문객들이 천하에서 모이는 것으로 알고 있습니다. 제가 불행하게도 다리병신이 되었는데 나리의 애첩께서 저에게 비웃는 실례를 범했습니다. 그녀를 처벌해 주십시오."

"그래, 남의 불행을 보고 비웃었으니 그녀를 벌하겠다."

"이미 약속하셨습니다. 그럼 며칠 내로 그녀의 목을 자르는 것으로 알고 돌아가겠습니다."

속으로는 뜨끔했으나 홧김에 그러는 줄 알고 밝게 웃으며 별스럽지 않게 대꾸했다.

"그래, 목을 자르겠으니 걱정 말고 돌아가거라!"

절름발이가 돌아가자 평원군은 피식 웃었다.

"건방진 놈. 한 번 비웃었다고 남의 애첩의 머리를 요구하다니."

그로부터 일 년쯤 지나자 그토록 득실거리던 문객들과 가신들 반 이상이 떠나갔다. 평원군으로서는 이상하게 여겨 떠나려는 문객 하나를 붙들고 물었다.

"나로서는 여러분을 대함에 있어 결례한 적이 없는 것으로 아는데 왜들 그렇게 떠나십니까?"

"그 이유는 두 가지입니다. 첫째는 약속을 어겼기 때문이며, 둘째는 계집을 선비보다 더욱 귀하게 여기기 때문입니다."

"무슨 얘기요? 난 그런 적이 없는데……."

"공자께선 애첩의 목을 베겠다고 이웃집 절름발이와의 약속을 어기셨습니다. 애첩을 신의보다 더욱 귀히 여기시니 이는 선비를 업신여김과 같습니다. 그래서 떠나려 합니다."

평원군은 크게 뉘우쳐 애첩의 목을 베었으며 절름발이에게 옛일을 깊이 사과했다.

그러자 그의 문하에는 다시 사람들이 모여들었다. 이 무렵 제나라에는 맹상군이 있었고, 위魏에는 신릉군信陵君, 초나라에는 춘신군春申君이 있어 뜻하는 바를 위해 서로 힘을 다투어 선비들을 후대했다.

그 무렵 진나라가 힘을 앞세워 한단을 포위하자 나라를 구하기 위해 초와 합종하는 방법밖에 없었다.

평원군이 사신으로 초나라에 가게 되었는데 문무의 빈객 20명과 동행하기로 하였으나 한 자리에 대해서는 인사를 구할 수 없었다. 이때 모수毛遂가 자청하고 나왔다〔모수자천毛遂自薦 : 자기가 자기를 추천하는 일〕.

"그대는 나의 식객으로 계신 지 몇 해나 되었소?"

"한 삼 년 되었습니다."

"삼 년씩이나? 세상의 현명한 선비는 주머니 송곳 끝처럼 금세 드러나는 법인데, 그대는 내 문하에 3년씩이나 있으면서 누구도 알지 못하니 그만큼 재능이 없다는 뜻이 아니겠소?"

"공자의 주머니 속에 바로 오늘 넣어달라고 청원하는 것입니다. 진작 저를 주머니 속에 넣으셨더라면 송곳 끝이 아니라 송곳 자루까지 나왔을 것입니다〔낭중지추囊中之錐 : 주머니 속의 송곳이라는 뜻으로 유능한 사람은 숨어 있어도 자연히 그 존재가 드러나게 됨의 비유〕."

마땅한 인물도 없는데다 모수의 간청을 받아들여 그냥 끼워 넣기로 했다.

그러나 초나라에 도착해 보니 합종 반대파에 의해 협상은 완전히 결렬 위기에까지 이르도록 모수는 협상 대표단에 낄 수도 없는 처지였다.

보다 못해 모수는 장검을 허리에 찬 채 당상으로 뛰어오르며 협상 대표인 평원군에게 외쳤다.

"합종의 결론은 이로우냐 해로우냐 딱 두 마디로 요약됩니다. 그토록 간단한 일을 가지고 며칠씩 걸리며 결론을 못 내리니 어찌 된 일입니까?"

"누구요?"

"제 가신家臣입니다."

초왕은 모수를 업신여기며 꾸짖었다.

"네 주인과 대담하고 있는데 감히 네까짓 게 나서다니, 무엄하다!"

"대왕께서 저를 꾸짖음은 초군의 병사 많음을 믿기 때문입니다. 그렇지만 그건 큰 오산입니다. 지금 열 걸음 앞에는 대왕과 저밖에 없습니다. 초나라 병사 백만이면 무엇합니까?"

"그래도 저놈이!"

"은의 탕왕은 70리의 땅을 가지고도 천하의 왕이 되었고. 주의 문왕은 백 리의 땅을 가지고도 천하의 제후들을 신하로 복종시켰습니다. 지금 초의 땅은 사방 5천 리에 백만 대군이 있습니다. 천하에 대적할 수 없는 강대함인데도 무얼 망설이고 있습니까?"

"무엇을 말하자는 것이냐?"

"지난날 진의 장군 백기白起가 불과 수만 명을 거느리고 와서 초나라와의 일전에서 언鄢과 영郢을 공략하고 이릉을 불살랐으며 선대왕의 능묘를 욕보였습니다. 이것은 초나라에게 있어 백 대가 지난다 해도 잊을 수 없는 통한의 과거가 아닙니까? 조나라에서도 초를 위하여 부끄럽게 여기고 있거늘, 도대체 진을 증오할 줄 모르는 초의 대왕께서는 어찌된 것입니까?"

"……으음!"

"합종하는 것은 초나라를 위함이지 조나라를 위함이 아니라는 뜻입니다."

한동안 당상에는 무거운 침묵이 흘렀다. 큰 신음을 내뱉은 뒤 초왕은 단호한 목소리로 말했다.

"옳소! 선생의 말씀이 맞는 말이오."

이렇게 모수의 힘에 의해 무사히 합종을 결정짓고 평원군은 조나라로 귀국하여 모수를 상객上客으로 극진히 모셨다.

조의 한단이 포위되었을 때 초의 춘신군이 병사를 이끌어 구원하러 왔고 위의 신릉군도 군명君命이라 속이고 대장군 진비晉鄙의 군대를 탈취해 조를 구원하러 왔다.

우경虞卿은 유세하는 선비로 삿갓을 쓰고 와서 조의 효성왕에게 유세했다.

한 번 알현하고 황금 백 일과 백벽白璧 한 쌍을 받았고, 두 번 알현해서 조나라의 상경上卿에 올랐다. 그래서 우경(虞는 봉읍, 하남성)이라 불렀다.

얼마 후 위가 합종하자며 조나라로 사신이 왔는데 조왕은 우경과 상의하고자 했다.

입궐하는 길에 평원군에게도 의견을 물었는데 그는 이렇게 대답했다.

"위와 합종하는 게 유리하오."

우경이 입궐하자마자 조왕이 먼저 실토했다.

"위나라가 합종하자고 청해왔소."

"위와 대왕은 잘못하고 계십니다. 작은 나라가 큰 나라와 함께 일을 도모함에 있어 이익은 큰 나라에 있고, 작은 나라는 그 화를 입는다고 했습니다. 작은 나라인 위나라는 화를 자초하고 있으며 큰 나라인 조나라는 그 복을 스스로 원치 않고 있기에 둘 다 잘못이라고 아뢴 것입니다."

"그런 뜻이었구려. 그러면 합종이 유리하다는 뜻이오?"

"그렇습니다."

우경은 조나라를 위해 오랜 봉사를 하다가 위제魏齊의 사건으로 만호후萬戶侯의 지위와 경상卿相의 인을 던져버리고 위제와 함께 대량으로 가서 곤궁하게 지냈다.

위제는 위魏의 재상이었는데 진의 범수范雎와는 원수지간이었다. 범수가 후일 진나라의 재상이 되어 위제의 목을 강력히 요구하자 친구인 조나라 재상 우경에게 목숨을 구걸했다.

우경은 위제를 구하려 했으나 여의치 않자 함께 대량(大梁 : 하남성, 위의 수도)으로 달아났다가 위제는 자살하고 우경은 불우한 말년을 거기서 지냈다.

우경은 곤궁 속에서도 『우씨춘추虞氏春秋』를 저술했다. 그 내용은 『춘추』 등에서 취하여 국가의 득실을 비판한 것이다.

태사공은 이렇게 결론지었다.

평원군은 혼탁한 세상에서의 재사才士였으나 대국을 통찰하는 지혜까지는 없었다. 세속에 이욕利慾은 지혜를 가린다고 했듯이 평원군은 풍정馮亭의 간특한 말을 믿어 장평의 40만 대군을 사지에 빠뜨렸으며 수도 한단을 함몰시킬 뻔했다.

우경은 사태를 고려하여 사정을 참작해 조나라를 위한 교묘한 계략을 획책하였다. 다만 위제의 역경을 보고 참을 수가 없어 부귀를 버리고 대량으로 달아나 곤궁하게 지냈다.

그것은 의義 때문이었다. 그러나 우경이 곤궁하지 않았더라면 걸작으로 그의 이름을 후세에 남기지 못했을 것이다.

위공자魏公子 열전 — 신릉군信陵君

> 부귀한 몸으로서 빈천한 선비들에게 겸손했고 현명하고 유능한 인물이면서도 못난 사람에게 무릎을 꿇었던 것은 오직 신릉군信陵君만이 할 수 있었다.

위공자魏公子 무기無忌는 위 소왕昭王의 막내아들이며 안희왕의 배다른 아우인데, 소왕이 죽고 안희왕이 즉위하자 왕은 공자를 신릉군信陵君에 봉했다.

그 무렵 범수范睢가 위의 재상이었던 위제魏齊와 철천지원수가 된 후, 망명해 진나라의 재상으로 있었다.

그는 위에 대한 원한으로 자주 진군을 출동시켜 위나라를 겁박하고 있었다.

안희왕과 신릉군은 이런 사태에 대해 조심하고 있었다. 위공자 신릉군은 사람됨이 인자하고 겸손했다. 사람들과 항상 겸양으로 교제하며 항상 자신을 낮추었다. 그런 까닭에 선비들이 천하에서 삼천 명씩 몰려들어 다른 제후국들은 위공자의 명망이 두려워 감히 군사를 십여 년간 출동시키지 못하고 있었다.

그때 동문東門 문지기 후영侯嬴이라는 나이 칠십의 숨은 선비가 있었다. 신릉군이 그의 현명함을 듣고 후한 예물을 싸들고 빈객으로 모시고자 했다.

"제가 아무리 궁색하고 어렵다 해도 재물을 받을 수는 없습니다. 그 대신……."

후영은 공자가 비워둔 수레의 상석에 스스럼없이 올라탔다.

"제 친구가 저잣거리의 푸줏

〈신릉군信陵君〉

간 일을 하고 있습니다. 주해朱亥라는 친구인데 쓸만합니다. 곧장 만나러 가시지요."

공자는 말고삐를 더욱 공손하게 잡아 후영이 이끄는 대로 말을 몰았다. 그런데 후영은 공자를 무시한 채 말에서 내려 주해와 오랫동안 얘기를 주고받는 것이었다. 공자의 시종들은 저마다 불만을 터뜨렸다.

"도대체 저 문지기 늙은이와 개백정이 뭐가 그리 대단해서 주인님은 저토록 겸손한가. 당장 저 늙은이와 개백정을 요절내고 싶다만……."

"글쎄 말일세. 지금 집에서는 왕족과 재상, 장군 등 빈객들이 잔

찻상 앞에서 술잔을 들고자 주인이 돌아오기만 눈이 빠지게 기다리고 있을 텐데…….

그래도 공자는 모른 척 말고삐를 잡고 있었다.

후영이 한참만에 공자 옆으로 돌아왔다. 그리고는 미안해하는 태도가 전혀 없었다.

공자의 집으로 왔을 때는 이미 잔치 자리가 무르익었을 때였다. 그제야 후영은 공자 앞으로 와서 축수한 뒤 조용한 음성으로 말했다.

"오늘 제가 저지른 무례를 용서해 주십시오. 공자님의 인품이 어떤 분인가 하고 시험해 본 것이었습니다."

"시험을?"

"저는 동문의 문지기에 불과합니다. 그리고 누추한 시장바닥으로 모셔가서 오랫동안 서 계시게 했습니다. 장터의 사람들이 모두 지켜보며 저한테는 소인배라 수군거렸고, 공자님은 성인이라시며 더욱 공손한 태도를 취했습니다. 한편으로는 공자님의 명예를 높여드린 겁니다."

"자신을 낮추면서까지 저의 명성을 높여 주신 선비님의 깊은 심중은 헤아릴 길이 없습니다."

"낮에 들렀던 푸줏간이 생각나십니까? 그는 현자賢者입니다. 개백정이라고 해서 예사로 여기면 아니 됩니다."

"빈객으로 모실 테니 소개시켜 주시지요."

그 후 공자는 여러 차례 주해를 찾아갔으나 말대꾸조차 듣지 못하고 항상 빈 수레로 돌아오곤 했다.

위나라 안희왕 2년에 진나라 소왕이 조나라 군대를 격파시키고 성도 한단을 포위한 변란이 일어났다.

조나라 혜문왕의 아우 평원군의 부인이 공자 신릉군의 누이였다. 평원군은 위나라 왕과 공자에게 편지를 띄워 위급함을 알리고 구원을 요청했다.

위나라 왕이 장군 진비晉鄙에게 십만 대군을 주어 조나라를 구원케 하자 진나라에서 위나라 왕에게 사자를 보내어 협박했다.

"우리는 내일쯤 조나라 항복을 받을 수 있을 거요. 만일 조나라를 구원하는 나라가 있다면 조나라를 친 후 반드시 구원해 준 나라로 군대를 돌려서 쑥대밭을 만들어놓고 말겠다 하셨소이다."

위왕은 겁이 많은 사람이었다. 진나라 사자의 위협에 놀라 진비의 진격을 멈추게 했다.

조나라는 바람 앞에 등불, 그야말로 풍전등화風前燈火였다. 평원군은 처남인 위공자에게 책망과 더불어 간절히 읍소했다.

"위공자의 드높은 명예와 의리는 어찌되었습니까? 이대로 조나라가 망하도록 내버려 두시렵니까? 공자 누이의 처지를 생각해서라도 구원해 주십시오!"

위공자는 다급했다. 위왕을 설득했으나 요지부동이었다. 위공자는 가신들을 모아서라도 구원병으로 출진코자 하니 그 소문은 삽시에 퍼졌다. 이때 동문 문지기 노인 후영이 가만히 찾아들었다.

"공자께서 출진코자 한다면 왕의 침실에 간수되어 있는 장군 진비의 병부(兵符)를 가지고 가십시오."

"병부를 어찌 꺼낼 수가 있겠소?"

"지난날 공자께서는 왕의 총애를 받고 있는 여희如姬의 부친이 억울하게 죽었을 때 원수 갚은 일이 있습니다. 그러니 여희에게 부탁을 하십시오."

과연 후영이 일러준 대로 여희에게 부탁을 하자 병부兵符를 훔쳐다 주었다.

또다시 후영이 가르침을 주었다.

"곧장 가셔서 진비의 군대를 탈취하십시오. 북으로는 조나라를 구원하고 서로는 진의 군대를 몰아내니 이는 오패五覇가 세웠던 공과 같을 것입니다."

"그러나 설사 조왕을 위해서는 충신이고 조나라에 대해서는 대공을 세운 격이 되나 위왕을 배반하는 행위임에 틀림없습니다."

"장수가 변방에서 적군과 대치하고 있을 때는 군주의 명령이라도 받아들이지 않는 경우가 있습니다. 그때는 진비를 죽이십시오."

"진비를! 그는 충성스런 백전노장인데, 그런 인물을 내 어찌 죽이겠소?"

"공자께서는 일을 그르칠 작정입니까? 그러실 줄 알고 제가 공자님과 함께 가실 인물을 점찍어 두었습니다."

"그가 누구입니까?"

"개백정 주해를 데려가십시오. 철퇴를 귀신 같이 쓰는 천하장사입니다. 지난날 공자께 말대꾸도 안했지만 그는 분명 같이 가 줄 것입니다. 그는 의사義士입니다. 그리고 저는 늙은 몸이라 조나라에 도착할 즈음 북쪽 하늘을 바라보며 제 목을 끊어 험지의 동행을 대신하겠습니다."

주해는 과연 후영의 말대로 위공자와 동행하는 일에 흔쾌히 승락했다.

드디어 둘은 진비의 진중에 도착했다.

"군사를 내게 넘기라 했소!"

공자는 반쪽의 병부를 진비에게 내밀었다.

진비는 병부를 받아 맞추어 보더니 딱 맞아 떨어지는데도 불구하고 고개를 갸우뚱거렸다.

"워낙은 중차대한 일이라. 대왕의 칙서도 없이 임무교대를 요구하시니 수상쩍을 수밖에요. 진중에서는 대왕의 명령도 듣지 않을 수가 있지요. 다시 확인해 볼 때까지는 병권을 돌려드릴 수가 없습니다."

"말이 많다!"

옆에 섰던 주해가 감추어 온 철퇴를 휘둘러 진비의 머리를 사정없이 깨뜨려버렸다.

진중이 어수선해지자 공자는 병영에 명령을 내걸었다.

〈부자父子가 함께 군영으로 소집돼 온 자가 있거든 아버지된 자는 먼저 고국으로 돌아가고, 형제가 있는 경우에는 형이 즉시 귀국할 것이며, 외아들이라면 곧 집으로 돌아가 부모를 공양하라!〉

위공자는 남은 군사 8만 대군으로 진나라 군대를 공격했다. 진군은 한단의 포위를 풀 수밖에 없었다. 조나라 왕과 평원군은 몸소 전선까지 나와 공자를 맞이했다.

"천하의 현인으로서 위공자를 따를 만한 의인義人은 아무도 없소이다."

그때 후영이 북쪽을 향해 스스로 목을 찔러 죽었다는 소식이 들려왔다.

"과연 의인이다!"

위공자는 사후 수습을 하기 위해 죽은 진비의 수하 장수를 불러 명했다.

"그대들은 군사를 이끌고 본국으로 돌아가시오."

"공자께서는?"

"나는 귀국할 수가 없소. 나는 진비의 병부를 훔쳐내어 왕의 명령을 사칭해 군사를 움직였고, 왕의 충신이자 백전노장인 진비까지 죽였소. 비록 결과는 좋았다 하나 조나라에는 공훈이 있으되 위나라에는 역적이오."

위나라 군대를 돌아가게 한 뒤 공자는 자신의 빈객들과 함께 조나라에서 무료한 나날을 보내고 있었다.

조나라에서는 위공자에게 다섯 개의 성읍을 봉해 주고자 하였으나 주해가 의義를 들어 받아들이지 말라는 충고에 그 마저도 거절했다.

위공자의 명성은 그로인해 더욱 높아지고 많은 빈객들이 그의 당하로 모여들었다.

한편 위나라로부터 뜻밖에 하남성 영릉현 신릉信陵의 땅을 위공자에게 봉해 주었다는 소문이 들려왔다.

"이는 필시 나를 끌어들여 죽이려는 유인책이다."

그래도 위공자는 조나라에 눌러앉았다. 어느 날 주해가 말했다.

"가까운 곳에 모공毛孔이라는 처사와 설공薛公이라는 처사가 살고 있는데 모두 현인입니다. 만나 보시지요."

"그들은 어떤 사람이오?"

"현인은 함부로 얼굴을 내놓지 않지요. 모공은 도박꾼들과 친하고, 설공은 술꾼과 친해 작부에 얹혀 산답니다."

"알 만하오. 후영이 문지기에 장돌뱅이였고, 주해가 개백정이었지만 천하의 현인이었던 것처럼. 하하하!"

위공자를 따라 주해도 모처럼 웃었다. 공자가 어렵게 모공과 설공을 만나 교우를 시작하자 그들이 마음에 들어 몹시 흡족히 여겼다. 그 때문에 공자는 술판과 도박판에서 소일하는 경우가 많았다.

그럭저럭 위공자가 조나라에 머문 지 10년이 되었다. 천하의 정세도 어지럽게 뒤바뀌고 있었다.

진나라는 명성을 떨치는 위공자가 조나라에 있으므로 그곳을 치지 못하고 오히려 위공자가 없는 틈을 타 위나라를 공격했다.

"큰일이다! 공자의 명성이 그토록 높을 줄 몰랐다. 신릉군으로 봉했는데도 돌아오지 않으니 이를 어찌해야 되나? 진의 공격을 물리치려면 공자가 돌아와야 될 텐데……."

위왕은 가시방석이었다. 사신들을 계속 보내어 공자의 귀국을 간청했다.

"나는 귀국하지 않겠다. 내가 귀국하면 전날의 배신을 빌미삼아 처형할 것이다. 위나라 사신을 내 집에 들여놓지 마라!"

위공자의 결심이 워낙 굳세어 귀국을 권유하는 자도 없었다. 그때 모공과 설공이 찾아들어 위나라에 귀국하지 않는 것을 질타했다.

"저더러 죽을 곳을 찾아들라는 말씀이오?"

"그렇소! 의롭게 죽을 자리를 가리는 것이 의인이오. 지금 진나라의 공격을 받아 위나라가 위급한데도 공자는 편히 있고자 함이오? 공자의 명성이 높은 것은 배후에 위나라가 있기 때문입니다."

"그건……."

"만약 진나라가 대량을 공격하고 선왕의 종묘라도 파헤친다면 공자께서는 무슨 면목으로 천하에 나설 수 있겠습니까?"

"그렇다! 죽음의 명분을 알고 있으면 하늘을 우러러 한 점 부끄러움이 없다."

마차를 몰아 위나라로 돌아가면서도 공자는 조금도 두려움을 느끼지 않았다.

위나라 왕은 공자를 보자 울음부터 터뜨렸다.

"오오, 공자! 돌아왔구려. 전날은 내가 잘못했소. 천하에 부끄러움이 없는 그대의 의로움을 생각 못하고 작은 배신만 섭섭해 했구려. 자, 어서 상장군의 인을 받으시오."

공자는 모공과 설공의 충고를 고마워했다.

위나라 안희왕 30년이었다.

공자는 서둘러 제후들에게 사신을 보내어 자신이 상장군이 되었음을 알렸다.

"위공자는 천하의 의사義士이시다. 어서 군대를 보내 그를 도와야 한다."

공자는 다섯 나라의 군대를 이끌고 황하의 서쪽 하외河外로 나가 진나라 장수 몽오蒙驁를 패주시켰다.

그 뿐만 아니라 위공자는 진나라 대군을 추격해 함곡관에 이르렀다. 그 이후로 진나라 군대는 감히 함곡관을 나올 엄두를 내지 못하였다.

그 무렵 공자의 위세는 천하를 떨쳐 제후의 빈객들 중에 병법을 바치는 경우가 많았는데, 공자는 이를 묶어 『위공자魏公子 병법, 혹은 위료자 병법』이라 스스로 이름 지었다.

진왕秦王은 위공자가 존재하는 한 함곡관 밖으로 진격할 수 없으므로 공자의 손에 죽은 진비의 빈객 하나를 매수하는데 성공했다.

"금 십만 근을 줄 테이니 어떻게 하든 위왕과 공자 사이를 이간시켜 갈라놓도록 하라!"

빈객은 부지런히 돈을 풀어가며 공자가 왕이 되려하고 제후들도 힘을 합쳐 공자를 왕으로 세우고자 음모를 꾸민다는 소문을 퍼뜨려 위왕의 귀에 들어가도록 했다.

위왕이 긴가민가하며 망설이고 있을 때 진나라에서 축하 사절을 보내왔다.

"현명하신 공자께서 왕으로 등극하셨다는 소문을 듣고 여러 가지 예물을 가지고 축하하러 왔습니다."

이쯤 되자 위왕은 공자를 의심하지 않을 수 없어 상장군의 인수를 빼앗았다.

그날 이후로 위공자 신릉군은 신병을 구실로 왕이 불러도 입조하지 않으며 빈객들과 더불어 세상 인심을 한탄하고 밤낮으로 술을 퍼 마시며 여색에 탐닉했다.

그렇게 살기를 4년, 공자는 마침내 술병으로 세상을 등졌다. 바로 그 해에 안희왕도 죽었다.

진나라에서는 위공자가 죽었다는 소문을 들은 즉시 몽오를 시켜 다시금 위나라를 공격했다.

몽오는 단번에 20여 성을 함락시키고 동군東郡을 설치했으며, 18년 뒤 위의 가왕假王을 사로잡고 위의 성도 대량을 도륙했다.

태사공은 이렇게 결론지었다.

천하의 공자들 중에는 많은 선비와 즐겨 교유한 이들이 많다. 그러나 위공자 신릉군의 명성이 제후들 중에서도 단연 으뜸이었던 것은 그 이유가 있다.

신릉군은 초목이나 저잣거리에 숨어 살거나 떠도는 은자나 현자와 교유하고, 그 신분이 낮고 비천한 이들과 만나는 것을 즐겼으며, 그들의 말을 귀담아 듣고 실천에 옮겼다. 특히 그들과의 만남을 부끄럽게 여기지 않았다.

춘신군春申君 열전 — 죽음을 무릅쓴 충성심

> 주군을 위해 한 몸을 바쳐 획책하고 강한 진나라에 인질로 가 있는 태자(고열왕)를 탈출시키고, 유세하는 선비들을 남쪽 초로 오게 한 것은 춘신군의 의기義氣에 의한 것이다.

춘신군이 초나라 재상으로 있을 무렵에 제나라에서는 맹상군이, 조나라에서는 평원군이, 위나라에서는 신릉군이 있어 유능한 선비들을 앞다투어 빈객으로 맞아들이고자 서로 힘을 기울이고, 그들의 힘으로 국력을 신장시키고 또한 권력을 유지하려 했다.

춘신군의 이름은 헐歇이었으며 성은 황씨黄氏이다. 당시 진나라는 한나라와 위나라를 굴복시키고 연합군으로 초나라를 공격하고자 하

〈춘신군春申君〉

였다.

이에 초나라 경양왕은 급히 춘신군 황헐을 사신으로 보내 진의 침략을 막아보려 했다.

지난날 초의 회왕이 진의 속임수에 빠져 진에 입조했다가 귀국하지 못한 채 그곳에서 객사한 적이 있었다. 경양왕은 바로 그 회왕의 아들이다.

진에 도착한 황헐은 우선 글월을 올려 화친코자 하였다.

〈지금 천하에는 진과 초보다 강한 나라는 없습니다. 대왕께서는 초를 침략코자 하나 그것은 위험한 일로 화친하는 것이 이롭다는 것을 말씀드리고자 합니다.

대왕께서는 제나라와 국경을 접하고 있으면서 한과 위를 굴복시켰습니다. 그리고 대왕께서는 지금 백성의 숫자 많음과 병력의 강대함만을 믿고 천하 제후를 신하로 삼으려고 무리수를 두신다면 후환이 있지 않을까 심히 염려하는 바입니다.

한과 위나라는 귀국과의 전쟁에서 부자父子와 형제가 죽음을 당한 게 어언 10대代에 이르고 있습니다. 지금 그들은 진의 침공을 우려해 마지못해 귀국을 받들고 있으나 그것은 한낱 임시방편의 속임수에 불과합니다.

만약 대왕께서 초를 공격하고 진·초의 전쟁이 장기간 어우러져 싸우고 있을 때, 제·한·위·조 네 나라가 한꺼번에 연합하여 대왕의 중심부를 가른다면 어찌하겠습니까?

신의 생각으로는 진·초가 동맹하여 한나라에 대처하면 한은 반드시 복종할 것입니다. 산동의 험준한 산자락으로 옷깃을 삼고,

굽이진 황하의 이로움으로 띠를 삼는다면, 한나라는 반드시 귀국의 관문이나 지키는 제후가 될 것입니다.

이렇게 하여 그 여세로 정과 위를 겁박하면 자연 귀국의 제후국으로 떨어질 것입니다.

결국 대왕의 판도는 자연 동해에서 서방을 하나로 꿰뚫어 천하의 허리를 장악하게 될 것입니다.

그리되면 연과 조는 제와 초의 원조를 받을 수 없고, 제와 초는 연과 조와 가깝게 될 수 없어 연·조를 위협하면서 제와 초를 협박하면 자연 네 나라는 한꺼번에 항복할 것입니다. 살펴 혜량해 주십시오.〉

진의 소왕이 황헐의 글을 읽고 흡족한 듯이 말했다.

"일리 있는 말이다. 초나라 진격을 중지시켜라!"

진은 곧 한·위를 부드럽게 위무하고 초에는 예물을 보내 동맹국이 될 것을 약속했다.

황헐은 진왕의 약속을 받고 초나라에 귀국했다가 태자 완完과 함께 진으로 인질이 되어 들어갔다.

이들은 진에서 오랫동안 억류되어 있었다. 그런데 초에서는 경양왕이 병이 깊이 들었는데도 진왕은 태자의 귀국을 허락지 않았다. 이에 황헐이 계책을 내었다.

"아무래도 모험을 감행해야 되겠습니다. 만약 대왕께서 갑자기 돌아가시면 태자께서 안 계시니 대왕의 형제분 양문군의 두 아들 중 한 분이 왕위에 오르게 됩니다. 그러니 탈출해야 합니다."

"태부께서도 함께 가시는 겁니까?"

"그건 불가능한 일입니다. 저는 남아서 뒤처리를 하겠으니, 제 걱정은 마시고 먼저 떠나십시오."

태자는 자신이 데리고 있는 사인舍人의 마부로 위장하고 함곡관을 빠져나가는데 성공했다.

이때 황헐은 태자의 숙사에 대신 머물면서 태자의 병을 칭탁稱託해 한동안 외출도 하지 않았다. 진군이 추적할 수 없을 즈음, 즉 이미 함곡관을 탈출했으리라고 생각되었을 때 그는 자진하여 진왕 앞으로 갔다.

"대왕, 저에게 죽음을 내려주십시오. 제가 초의 태자 완完을 탈출시켰습니다. 지금쯤 초의 국경에 들었을 것입니다."

"무엇이라?"

초의 태자가 탈출한 사실이 확실해지자 진왕은 황헐을 하옥시키고 자결할 것을 명하였다. 이때 승상 응후가 간했다.

"대왕, 황헐은 신하된 자로서 주군을 위해 한 몸을 던졌습니다. 작은 잘못보다는 큰 이득을 챙기십시오. 분명 태자가 즉위하면 반드시 황헐을 등용할 것입니다. 그를 벌하지 말고 돌려보냄으로써 은혜 입게 하시고 계속 초와 화친을 계속 이어가십시오. 선비는 은혜 갚는다 했습니다."

황헐은 승상 응후의 도움으로 무사히 초나라로 돌아갔다. 그리고 몇 달 후 경양왕이 죽고 태자 완이 고열왕考烈王으로 즉위했다.

고열왕은 황헐을 재상으로 임명하고 춘신군春申君에 봉해 회수淮水의 북쪽 땅 12현을 하사했다. 춘신군은 초왕에게, '그곳은 제와의 국경지대이므로 조정에서 직접 관장하는 것이 마땅하다'고 진언하여 양자강 하류 강동江東 땅으로 바꾸었다.

춘신군이 재상에 오른 지 4년이 되자 세상의 변화가 있었다. 진나라가 조나라를 공격하여 한단을 포위하는 사태가 일어났다. 조의 평원군이 구원을 요청하자 춘신군은 즉시 병사를 이끌고 가 조나라를 구했다.

또한 고열왕 8년에는 북쪽으로 진격해 노나라를 멸하고 순경荀卿을 현령으로 삼았다.

초로서는 이때가 가장 강성한 시절이었다.

어느 날 조의 평원군이 감사 사절단을 보내왔다. 조나라로서는 자국의 허약한 모습을 보이지 않으려고 사신들에게 대모(瑇瑁 : 거북껍질)로 비녀를 만들고, 화려하게 도검刀劍의 칼집을 주옥으로 장식한 복장으로 우선 춘신군에게 면회를 청했다.

춘신군에게는 3천여의 빈객이 있었는데 그들이 주옥으로 장식한 신을 신고 나왔으므로 조의 사절들은 망신만 당했다.

그 무렵 진나라에서는 장양왕이 즉위하여 여불위를 재상으로 삼아 문신후文信侯에 봉하고 동주東周를 탈취했다.

그 뿐만 아니라 진의 인접국들이 끊임없는 진의 침공에 모두들 전전긍긍했다.

춘신군이 재상이 된 지 22년의 일이다. 제후들을 불러 모아 합종을 맹약하고 초왕이 맹주가 되어 서쪽 진나라에 대항하기로 했다.

그런데 춘신군이 총사령관이 되어 제후의 군대를 이끌고 출전했으나 함곡관에서 크게 패하고 말았다. 이에 맹주로서의 초왕은 춘신군에게 책임을 물어 그로부터 서먹한 사이가 되었다.

춘신군은 빈객 주영朱英의 권고를 받아들여 초왕에게 수도를 진

陳에서 수춘壽春으로 옮기도록 건의하여 허락받아 신임을 얻었다.

이때까지 초왕에게는 자식이 없었다. 재상으로서 춘신군은 걱정이 되어 아이를 잘 낳는 체형을 골라 왕에게 여럿 바쳤으나 허사였다. 문제는 왕에게 있는 것이었다.

그 즈음 이원李園이란 자가 자기 출세를 위해 춘신군에게 자기 누이동생을 바쳤는데 그녀가 절세가인이었다. 이원의 여동생은 춘신군의 총애를 얻었고 어느덧 임신하기에 이르렀다. 이에 이원은 엉뚱한 욕심이 생겨 동생을 불러내어 괴이한 계략을 짜고 그녀를 설득했다.

이원의 여동생은 총애하는 춘신군의 앞날을 위하고 자신을 위한다는 명분으로 초왕의 총애까지 얻어 사내아이를 낳았다.

초 고열왕은 20년 동안 자식이 없다가 자식을 얻게 되어 기쁨은 이루 형언할 수 없어 태자로 책봉했으며 그녀를 왕후로 삼았다.

초왕은 왕후의 오라비 이원을 중용하여 측근에 두었다.

춘신군이 재상이 된 지 25년이었다. 왕이 병들었을 때 모사 주영이 다시 간했다.

"대왕께서는 언제 승하하실 지 모릅니다. 승상께서 어린 군주를 위해 나라를 섭정하실 수도 있지만 미리 방책을 세워두셔야 합니다. 그러기 위해서 저를 궁중에 두어 병권을 쥘 수 있는 낭중郎中으로 삼아주십시오."

"그게 무슨 말이오?"

"왕후의 오라비 이원이 문제입니다. 그는 승상으로 인해 권력을 쥘 수 없기에 승상을 없앨 기회를 도모하고 있습니다. 이미 사병私兵을 양성하고 있으며, 대왕께서 운명하시는 날 그는 분명 왕궁을 짓쳐 권력을 장악한 후, 승상을 척살할 것입니다."

한참동안 묵묵히 생각에 잠겨 있던 춘신군은 흔연히 머리를 흔들며 말하였다.

"그대가 하신 말씀은 전연 나와 무관한 일이오."

"젠장……."

주영은 자신의 말이 춘신군에게 먹혀들지 않는다는 사실을 알았다. 그리고 머잖아 자신의 몸까지 화가 미치리라 생각되어 그날로 멀리 도망쳤다.

그런 일이 있은 지 보름 만에 고열왕은 죽었다.

주영이 예고한 바대로 이원은 사병들을 거느리고 입궐해 궁문에서 매복해 있다가 춘신군을 찔러 죽였다. 그 뿐만 아니라 사병들을 몰아 춘신군의 가족들까지 모두 도륙해 버렸다.

"왕후 임신의 비밀이 새어나올까 봐 공연히 걱정만 했네……."

춘신군의 아들, 이원의 누이동생이 낳은 어린 태자가 즉위하니 이가 곧 초의 유왕幽王이다.

태사공은 이렇게 결론을 지었다.

일찍이 춘신군이 제 한 몸을 던져 진의 소왕을 설득하고 초의 태자를 귀국시킬 때만 해도 얼마나 충성스럽고 지혜로웠던가, 후일 이원의 술책에 넘어가고 목숨까지 잃게 된 것은 그의 노망 탓이었으리라. '결단해야 할 일을 결단하지 않으면 도리어 화를 입는다'는 옛말이 맞는 말이다.

범수范睢 · 채택蔡澤 열전

범수는 위魏의 재상 위제魏齊에게서 모욕을 능히
참고 견디며, 강한 진秦나라의 재상이 되어 명성을
떨쳤다. 그리고 말년에 그는 현인 채택을 추천하여
그에게 지위를 양보하였다.

범수范睢는 원래 위魏나라 대량大梁 사람으로 자는 숙叔이다. 집
이 가난하여 제후를 유세할 여비조차 마련할 수가 없었다.

그는 어느 날 굶주림에 지쳐 중대부中大夫 수가須賈의 집 앞에 쓰
러진 것이 인연이 되어 그의 식객이 되었다.

제나라가 강국이 되자 침략할 것을 두려워하여 중대부 수가가
제齊의 사신으로 갈 때 범수도 함께 수행했다.

수가는 제나라에 가서 제나라 양왕에게 지난날 5국의 연합군이
제를 공격한 일을 사과하고 화목하게 지낼 것을 청했다. 그러나
제나라 양왕은 펄쩍 뛰었다.

"선왕이 계실 때 위나라와 제나라는 손을 잡고 걸桀 · 송宋을 쳐

서 멸망시켰소. 그런데 연나라가 제를 칠 때 위는 제를 배신하고 연에 가담했으니 이처럼 파렴치한 일이 어디 있겠소. 비명에 돌아가신 선왕을 생각하면 피눈물이 흘러내리는 듯하오. 그런데 무슨 염치로 친선을 청한단 말이오. 입이 열이라도 할말이 없으리다."

제나라 양왕의 노기서린 추궁에 수가는 답변할 말이 궁벽하여 안절부절못했다.

이때 범수가 나서서 낭랑하게 말했다.

"대왕의 말씀은 앞뒤가 전도된 말씀입니다. 위나라의 전 임금께서 송나라를 친 것은 제왕齊王의 분부에 따른 것입니다. 제나라는 위와 초, 세 나라가 송을 친 뒤에 땅을 나누어 갖자고 제안했습니다만 제나라의 선왕께서는 약속을 지키지 않고 송의 땅을 모두 차지하고 나중에는 초와 우리 땅까지 빼앗고 말았습니다. 제나라가 이렇게 신의를 버리고 욕심을 냈기 때문에 제후들은 서로 연합하여 제를 치게 된 것입니다. 그리고 위나라는 제나라를 토벌하는데 가담했으나 임치성 공략에는 빠지고 우리가 제에 빼앗긴 땅만 되찾고 군사를 철수했습니다. 이러한 점을 보더라도 위가 신의를 잃었다고 나무랄 수는 없을 것입니다."

제 양왕은 범수의 청산유수와 같은 변설에 감동했다. 그리고 은밀히 범수에게 사자를 보내 제나라에서 벼슬을 할 생각이 없느냐고 물어 보았다.

"주인을 모시고 사신으로 온 제가 어찌 이웃나라에서 벼슬을 살겠습니까? 이는 옳지 않은 일입니다."

범수는 완곡하게 사양했다.

"과인은 그대를 객경으로 임명하여 함께 부귀를 누리고 싶소."

제 양왕은 또다시 많은 황금과 함께 술과 고기를 보내고 객경 벼슬을 제안했다. 범수는 여전히 제 양왕의 제안을 사양하고 황금을 돌려보냈으며, 술과 고기만 못이기는 체하고 받았다. 제 양왕은 범수의 완강한 태도에 탄식했으나 어쩔 수가 없었다.

이 사실을 나중에 수가의 귀에도 들어갔다.

"범수 따위가 제 양왕으로부터 그런 후한 대접을 받았겠는가? 이는 필시 위나라의 비밀을 제나라에 고해 바친 대가일 것이다."

위나라로 귀국한 수가는 노여움을 품고 있다가 위나라 재상이며 실력자인 공자公子 위제魏齊에게 그런 사실을 일러바쳤다. 일의 잘못됨이 범수에게 있었다고 덮어씌우기 위한 계략이었다.

위제는 불같이 화를 냈다. 가신을 시켜 범수에게 죽을 만큼 매질을 하도록 했다. 그의 몸은 갈가리 찢기고 걸레처럼 너부러졌다. 조금만 더 맞으면 숨이 끊어질 듯했다. 그들은 범수를 멍석에 둘둘 말아서 변소 구석에다 버렸다. 그러고는 오줌이 마려운 빈객들이 그에게 오줌 세례를 주게 했다.

얼마 후 시간이 흘렀는지 모른다. 범수는 간신히 정신이 돌아와 죽어가는 목소리로 자신을 지키는 군사를 불렀다.

"나는 이미 죽은 목숨이오. 이왕 죽을 목숨, 집에서 죽게 해주시오. 나를 집에 데려다주면 집에 있는 황금을 모두 드리리다."

군사는 범수가 측은하기도 하고 황금에도 마음이 동했다.

"잠깐 재상님께 다녀올 테니, 죽은 체하고 기다리시오."

군사는 위제와 문객들이 술을 마시는 당상으로 달려갔다. 그들은 대취해 있었다.

"변소에 버린 범수의 시체에서 악취가 진동합니다. 시체를 밖에 내다버려도 괜찮겠습니까?"

군사가 위제에게 물었다.

"여기 성스러운 재상부에서 시체 썩는 냄새를 풍겨서야 되겠습니까? 시체를 버리도록 허락하십시오."

문객들이 일제히 아뢰었다.

"그래, 그놈의 시체를 멀리 갖다 버려라!"

위제가 혀 꼬부라진 목소리로 허락했다.

군사는 재빨리 범수를 들쳐 업고 범수의 집으로 달려갔다. 범수는 군사에게 후한 사례를 하고 자신이 입고 있던 옷을 멀리 산속에 버리게 했다. 군사가 돌아가자 범수는 아내와 아이들에게 당부했다.

"위제는 의심이 많아 내일 술이 깨면 반드시 나를 찾을 것이오. 나를 오래 전에 결의 형제한 정안평鄭安平의 집에 데려다 준 후, 내가 죽은 것처럼 헌 옷가지를 찾아다 장례를 치르도록 하시오. 나는 몸이 나으면 외국으로 피신할 것이오."

범수의 부인은 안전하게 범수를 정안평의 집에 데려다주고 산속에서 범수의 옷가지와 명석을 갖다놓고 통곡하며 장례식을 치뤘다.

다음날 숙취에서 깨어난 위제는 범수의 시체를 찾게 했다. 산짐승이 시체를 물어갔다고 결론을 내리고 범수의 장례식을 지켜보게 했다.

'범수는 틀림없이 죽었구나!'

위제는 그제야 안심했다.

정안평은 범수의 인물됨을 알고 있었던 터라 그를 데리고 일단 숨어 버렸다. 범수는 이름을 바꾸어 장록張祿이라 부르고 있었다.

그 무렵 진나라 소왕의 접대관인 왕계王稽가 위나라에 왔다. 정안평이 신분을 속인 채 하인이 되어 왕계를 모셨다.

왕계가 위나라를 떠날 즈음에 '혹시 진나라에 데려갈 만한 인물이 없겠소!' 하는 소리를 들은 정안평은 독대를 신청했다.

"마침 제가 사는 곳에 장록 선생이라는 천하의 현인賢人 한 분이 있습니다."

"그를 데려와라."

"그분 역시 주인님을 뵙고 천하 형세를 논하고자 하나 그를 죽이겠다는 원수들이 노리고 있어 감히 모셔 올 수가 없습니다."

"그러면 밤중에 몰래 데려오시오."

그렇게 되어 범수는 정안평의 안내로 왕계를 만날 수 있었고 왕계는 범수의 인물됨을 담박에 알아차리고 수레에 몰래 태워 진나라로 들어갔다.

함양의 동쪽 호관湖關에 이르렀을 때, 재상 양후가 순찰하면서 다가오는 것이 보였다.

"누구의 행차이옵니까?"

"재상 양후시옵니다. 소개시켜 드릴까요?"

"아닙니다. 제가 듣기로 그는 진나라 전권을 휘두르며 제후국의 유세객들을 몹시 싫어하는 것으로 알고 있습니다. 아마 저를 보면 분명 욕보일 것이니 수레 속에 숨어 있겠습니다."

얼마 안 되어 양후가 다가와 왕계의 수레를 멈추게 했다.

"수고가 많네. 관동에는 별일 없던가?"

"예, 없었습니다."

"그대는 제후국에서 유세객 같은 자를 데려오진 않았겠지?"

"구태여 데려올 필요를 느끼지 않았습니다."

"그런 자들은 남의 나라나 어지럽히는 무익한 자들일 뿐이지."

양후가 떠난 후 범수는 왕계에게 일렀다.

"수레 속에 사람이 있지 않나 의심하면서도 수색을 하지 않더군요. 양후는 머리 회전이 빠른 인사로 들었는데 뜻밖입니다."

그러면서 범수는 내뺄 몸짓을 했다.

"아니, 어딜 가시려는 겁니까?"

"두고 보시오. 그 자는 곧 후회하고 반드시 되돌아올 것입니다. 먼저 일찌감치 가서 기다리고 있겠습니다."

아나나 다를까 왕계가 십 리쯤 갔을 때 양후가 기병들을 몰고 달려와 급하게 수레 속을 샅샅이 수색했다.

"장록은 무서운 혜안을 가진 인물이다!"

왕계는 속으로 중얼거렸다. 그리고 범수를 찾아 다시 수레에 태우고 함양으로 들어갔다.

양후와 화양군華陽君은 소왕의 모친인 선태후宣太后의 아우이고, 경양군涇陽君과 고릉군高陵君은 모두 소왕의 친동생들이었다.

양후가 재상의 자리를 차지했으므로 나머지 세 사람은 번갈아가며 장군이 되어 봉읍을 받았다. 모두 태후와의 연고로 사가私家의 부유함이 왕실을 무색케 했다.

양후가 진의 장군이 되어 한·위를 넘어 제의 강수綱壽를 쳐서 자신의 봉읍인 도陶를 확장할 계획을 세우고 있었다.

범수는 이때다 하고 진왕에게 정중한 글월을 올렸다.

〈'집을 번창케 하는 인재는 나라 안에서 구하고, 나라를 번창케 하는 인재는 천하에서 구한다'고 들었습니다. 만약 천하에 명민한 군주가 있을 때 다른 군주가 자기 나라를 융성케 못하는 이유는 어디에 있을까요? 그것은 명민한 군주가 남의 번영을 막기 때문이 아니겠습니까? 명의名醫는 병자의 생사를 짐작하고 성군聖君은 일의 성패를 밝게 합니다. 이로우면 이것을 행하고 해로우면 버리며 의심스러우면 좀더 이것을 시험해 봅니다. 이런 점은 순임금이나 우임금이 다시 태어나더라도 다시 하실 일입니다. 저에게 궁궐을 구경할 기회라도 주시어 존안을 우러러 뵐 수 있는 영광을 베풀어 주십시오. 그때 만일 제가 드리는 말씀 중에서 한마디라도 쓸 만한 것이 없다면 대왕의 심사를 어지럽힌 죄를 달게 받아 주벌誅罰에 복종할 따름입니다.〉

왕은 급히 범수를 만나볼 것을 서둘렀다.

범수는 별궁에서 왕을 알현하도록 되어 있었다. 그러나 수레에서 내린 범수는 모른 척하고 긴 회랑을 돌아 본궁 쪽으로 걸어 들어갔다.

"서라! 여기가 어딘 줄 알고 감히 들어오느냐!"

환관들이 길을 가로막았다. 범수는 시치미를 뚝 떼고 말했다.

"여기가 어디요?"

"대왕께서 계시는 왕궁인 줄 몰라서 그러느냐?"

저만큼 왕의 행차가 보였다. 그래도 범수는 못 본 척 더 큰 소리를 질렀다.

"진나라에도 왕이 계시오?"

"무어라고!"

"내가 듣기로는 진에는 왕은 계시지 않고 태후와 양후만 있다고 하던데……."

"무엄한 놈!"

범수와 환관들이 다투는 소리를 듣고 진왕이 급히 소리쳤다.

"그만 두어라!"

진왕은 범수를 궁중으로 데리고 갔다. 그리고 좌우의 근신들을 물리치고 비로소 범수에게 물었다.

"선생은 과인에게 어떤 가르침을 주겠소?"

"저는 지금 외국에서 온 떠돌이 신세입니다. 대왕과의 교분도 없었습니다. 그런데 왕께 말씀드리고자 하는 내용은 모두 왕의 잘못을 지적하는 것뿐입니다. 특히 왕의 혈연관계에 대한 것뿐입니다. 그래도 들으시겠습니까?"

"짐작은 했소이다."

"바로 말씀드리지요. 만약 대왕께서 지금처럼 위로는 태후의 위엄을 두려워하고, 아래로 간신의 아첨에 미혹되어 깊은 궁중에만 앉아 여인들의 치마폭에서 벗어나지 못하며, 정사를 간신들의 손에만 맡겨 오랫동안 혼미에 빠져 현명한 신하와 간악한 신하를 구별하지 못하시니 그것이 걱정스럽습니다."

"과인이 그러하오?"

"대왕의 나라는 사방이 산천으로 둘러싸인 천연의 요새입니다. 북에는 감천산甘泉山과 곡구谷口가 있고 남으로는 경수涇水와 위수를 띠고, 감숙성 농隴과 사천성 촉蜀이 서쪽에 있고 함곡관과 상판商阪이 동쪽에 있습니다. 전투병이 백만 명, 전차가 천 대입니다.

유리하면 나가 싸우고 불리하면 안에서 지키니 이야말로 바로 왕자王者의 땅입니다. 백성 또한 부지런하고 용감하니 이 또한 왕자의 백성입니다."

"그 좋은 조건 속에서도 공업을 이루지 못하는 이유가 뭐지요?"

진왕이 일어나 가르침을 구하려 하자 범수도 일어나 서로 맞절을 했다.

"한마디로 대왕의 군신들 중 자기 책임을 감당하는 자가 없고 함곡관을 15년 동안이나 닫아 두었기 때문입니다."

"양후가 강수를 치려고 준비 중인데……."

"바로 그 계략이 잘못되었음을 말씀드리는 중입니다. 어째서 산동(山東 : 관동)을 넘보지 않습니까?"

"강수를 치는 계략이 어째서 잘못되었다는 거지요?"

"남의 나라인 한나라·위나라의 땅을 넘어 제나라 강수를 친다는 게 옳다고 생각하십니까? 그것은 마치 옛적 제나라 민왕이 남쪽 초나라를 쳐서 장군까지 죽이고 천리의 땅을 넓혔습니다만 결국 한 치 한 자의 땅도 얻지 못한 일과 똑같습니다."

"그렇다면 어떻게 하는 게 진나라에 유리하겠소?"

"먼 나라와는 교제하고 이웃나라를 공격하십시오."

"원교근공遠交近攻이라!"

"그렇게 하면 한 치의 땅을 얻어도 왕의 땅이 되고 한 자의 땅을 얻어도 왕의 땅이 됩니다."

그때부터 진왕은 범수를 객경客卿에 임명하고 군사軍事에 관한 일을 계획하게 했다.

그러는 동안 위나라 회懷를 쳐 빼앗고 2년 후에는 형구刑丘까지 정복했다. 그리고 한나라를 공격하여 진秦의 수중에 두었다.

범수는 날이 갈수록 진왕과 사이가 가까워졌다. 왕의 신임이 두터워졌다고 생각한 범수는 그제야 전부터 하고 싶었던 심중의 말을 꺼냈다.

"전날 제나라에는 전문(田文 : 맹상군)이 있다는 명성을 들었습니다만 왕이 있다는 소문은 듣지 못했습니다. 마찬가지로 진나라에는 태후와 양후, 그리고 화양군 · 고릉군 · 경양군의 명성은 들었습니다만 대왕의 존재는 듣지 못했습니다."

"무슨 얘기요?"

"태후께서는 당신 마음대로 국정을 행사하시고, 양후는 외국으로 사신을 가도 왕께 보고조차 하지 않는 지경이며, 화양군과 경양군 역시 백성을 처단하는 일을 두려움 없이 행사하고 있으며, 고릉군은 관리들을 마음대로 인사 처리하면서 왕의 재가도 청하지 않습니다. 그뿐만 아니라 양후는 왕의 무거운 권위를 대신 쥐고 흔들며 제후들을 제재하고 천하의 땅을 갈라 왕만이 행사할 수 있는 부절을 마음대로 보내고 있으며, 적국을 정복하고 타국을 제 마음대로 치는 등 진의 국정을 전단하고 있습니다. 또한 전쟁에 이기고 공격한 땅을 국가에 돌리는 것이 당연지사인데, 그는 그 이익을 자신의 봉읍인 도국陶國으로 거두어들이고 그 손해는 제후들에게 뒤집어씌웁니다. 결국 전쟁에 지면 그 원한은 백성에게 돌아가고 그 화는 사직으로 돌아갑니다."

"이를 어떻게 조처하면 좋겠소?"

"소문이 새어나가거나 기회를 놓치면 오히려 화가 대왕께 미칠 것입니다. 일을 처리하시고자 하신다면 결단성 있게 지금 당장 하십시오.”

“좋소! 태후를 폐하고 양후 · 고릉군 · 화양군 · 경양군을 함곡관 밖으로 추방하겠소.”

진의 소왕이 전등석화처럼 전격적으로 단행하니 그들은 미처 왕에게 손을 쓸 수도 없게 되었다. 양후의 인수를 거두어 범수에게 재상의 벼슬을 내리고 양후를 도陶 땅으로 돌아가게 했다.

도陶 땅으로 떠나는 양후의 짐수레는 1천 대가 넘고 진귀한 보물과 재화는 왕실의 그것보다 많았다.

진나라는 범수를 응應에 봉하고 응후應侯라 불렀다. 진의 소왕 41년이었다.

범수가 진에서 재상의 자리에 올랐지만 장록張祿이라 부르고 있었기 때문에 아무도 그의 정체를 몰랐다. 위나라에서도 범수는 이미 죽은 사람으로 치부하고 있었다.

그때 위나라는 진이 자신들을 공격하려 한다는 소문을 듣고 수가를 사신으로 서둘러 보냈다.

수가가 도착하자 범수는 아무도 모르게 남루한 옷차림으로 수가의 숙사를 찾아가 기웃거렸다. 범수를 본 수가가 깜짝 놀랐다. 저승사자를 만난 듯했다.

“아니 그대는 범숙(范叔 : 범수의 자) 아닌가?”

“죽지 않고 이렇게 살아 있습니다.”

“진나라에서 만나다니 뜻밖이군. 그래 지금은 무얼 하고 있는가?”

“남에게 고용되어 품팔이를 하면서 입에 풀칠하고 살지요.”

“무척 곤궁해 보이는군.”

수가는 범수를 불쌍히 여겼던지 자기의 솜옷을 한 벌 꺼내 주었다.

"감사합니다."

"진나라에서는 장록이라는 분이 재상이라고 들었는데 혹시 자네는 그 분에 대해서 뭐 좀 알고 있는 게 없는가?"

"훌륭한 분이지요. 마침 제 주인과 절친한 사이입니다."

"아주 잘 되었네. 내가 재상을 만날 수 있도록 자네가 중간에 손 좀 써주게. 그리고 마침 내 수레가 고장 났는데 수레를 구할 수 없을까?"

"그러지요."

범수는 곧장 돌아가 네 필의 말이 끄는 사두마차를 끌고 왔다.

"타십시오. 재상의 관저로 가시면 됩니다. 지금 저희 주인도 거기에 계십니다."

범수는 수가를 태워 재상의 관저 쪽으로 말을 몰았다. 도로 가의 백성들은 모두가 엄숙히 예를 차렸고 혹은 두려움에 숨어버렸다.

"왜들 저러나? 나를 보고 모두들 최고의 예우를 다하고 있으니……."

재상 관저의 문에 이르렀다. 범수가 수레에서 내리며 수가에게 말했다.

"여기서 잠깐만 기다려주십시오. 재상께 면회 신청을 하고 오겠습니다."

범수가 안으로 들어간 뒤 수가가 혼자 기다렸다. 그런데 꽤 오랜 시간이 지났는데도 소식이 없었다. 답답함을 견디지 못한 수가

〈범수의 문책〉

가 문지기에게 조급 증을 내며 물었다.

"꽤 오랜 시간이 지났는데 범숙은 왜 나오지 않는가?"

"범숙이 누구요?"

"나와 함께 수레를 타고 와서 먼저 들어 간 사람 말이오."

"이 사람이 단단히 미쳤군! 우리 재상님을 함부로 일컫다니!"

"무어요!"

수가는 쇠뭉치로 뒤통수를 얻어맞은 듯 파랗게 질려 부들부들 떨리고 오금이 저려왔다. 그때 안으로부터 전갈이 왔다.

"들어오시랍니다."

기가 막혔다. 도망치고 싶었지만 그럴 수도 없었다. 생각 끝에 웃통을 벗고 무릎걸음으로 들어갔다. 사죄의 뜻이었다.

한 곳에 이르니 장막이 걷히고 수많은 시종을 거느린 채 범수가 정장 차림으로 앉아 있었다.

"죽을죄를 지었습니다."

수가는 땅에다 머리를 조아렸다.

"죽을죄라⋯⋯."

"가마솥에 끓여 죽여도 좋을 만한 죄를 지었습니다만 용서하시어 저 북쪽 오랑캐의 땅으로나마 추방해 주십시오."

"그건 내 뜻대로 할 일이다. 네 죄상이 몇 개나 된다고 생각하느냐?"

"머리털을 뽑아 헤아린다 해도 속죄하지 못할 만큼 많습니다."

"그렇지가 않다. 딱 세 가지가 있을 뿐이다."

"예에?"

"내 조상의 무덤이 위나라에 있거늘 내가 과연 위나라를 배반할 생각이 있었을까? 그런데도 너는 전날 나를 제나라와 내통했다고 위제에게 중상모략 했다. 이것이 네 죄의 하나이다."

"죽여주십시오!"

"위제가 나를 욕보이기 위해 죽도록 매질을 하고 걸레가 다 된 내 몸을 변소에다 버렸을 때 너는 그것을 말리지 않았다. 이것이 네 죄의 둘이다."

"죽여주십시오."

"위제의 빈객들이 술에 취해 돌아가며 내 몸에다 오줌을 눌 적에 너마저도 내게다 오줌을 싸지 않았느냐? 어찌 그럴 수가 있던가!"

"죽여주십시오."

"죽여 줘? 벌레 같은 놈! 그렇지만 네 목숨만을 살려 준다."

"예에?"

"조금 전 초라한 내게 옛 친구를 생각하는 은은한 정으로 솜옷을 주었기 때문이다. 그 솜옷이 너를 살린 것이다. 어서 돌아가 기다려라!"

사과하고 용서하는 과정은 거기서 끝났다. 범수는 그 길로 왕궁으로 들어가 소왕에게 위나라 사신 수가와의 사이에 있었던 전후 사정을 낱낱이 고했다.

"과인도 생각하는 바가 있으니 일단 그 자들을 귀국시키시오."

범수가 제후의 사신들을 초청해 성대한 잔치를 베풀고 있을 때 마침 수가가 귀국 인사를 하기 위해 찾아왔다. 그러나 수가만은 당상에 앉히지 않았다. 굳이 당하에 앉힌 뒤 말죽여물을 그의 앞에다 놓고 이마에 먹물들인 죄인 둘을 수가의 양 옆에 앉히고 말처럼 음식을 먹게 했다.

"네가 굳이 찾아왔으니 귀띔해 주겠는데, 위왕한테 말해서 지체없이 위제의 목을 가져오지 않으면 대량(大梁 : 위도)을 쳐서 쑥대밭을 만들어 놓겠다고 전해라!"

수가는 그 즉시로 걸음을 놓아 줄행랑을 쳤다. 그리고 귀국하여 위왕에게 진나라에서 있었던 일들을 빠짐없이 아뢰었다.

소식을 들은 위제는 두려워서 그대로 있을 수가 없어, 조나라로 도망쳐 평원군 밑에 숨어 버렸다.

그 후 평원군은 진 소왕의 겁박에 못이겨 모든 직위를 내놓고 옛 친구인 위제와 함께 신릉군의 도움을 받고자 했으나 그가 선뜻 만나주지 않자 위제는 분노와 절망으로 제 목을 찔러 자결했다.

어쨌든 위제의 목을 얻은 조왕은 진나라에 보냄으로써 평원군을 귀국시킬 수 있었다.

한편 범수는 사지에서 자기를 구해준 정안평을 소왕에게 인도하여 장군이 되게 하였고, 왕계를 추천하여 하동태수에 임명했으나 그는 3년이 지나 반역의 무리에 들어 죽임을 당했다.

그 일로 범수는 더욱 의기소침해질 수밖에 없었고 소왕은 조정으로 나와 자신의 불민함을 탄식했다.

이때 채택蔡澤이 연나라에서 진나라로 왔다. 채택은 진나라에 와서 노골적으로 재상 범수를 욕하고 다녔다.

"그 자 말이 '나는 연나라의 세객 채택이다. 천하의 걸물이며 박학다식하고 지혜로운 선비지. 내가 딱 한 번 진왕을 뵙기만 하면 응후(범수) 따위는 단번에 궁지로 몰아넣을 텐데. 그의 자리를 금세 내가 빼앗아 버릴 텐데' 라며 떠들고 다닙니다. 잡아올까요?"

범수가 생각할수록 호기심이 났다.

"의도적으로 떠들고 다니는 것 같다. 짐짓 모셔오너라."

얼마 후 채택이 불려 들어왔다. 그는 들어와서 범수에게 아무렇게나 인사했다.

"그대가 나를 비방하고, 나를 대신하여 진나라 재상이 된다고 떠들고 다녔는가?"

"그렇습니다. 들으셨군요."

"그 이유가 무엇인가?"

"말씀드리지요. 무릇 계절에는 봄·여름·가을·겨울 사계절이 있고, 그 계절은 어쩔 수 없이 바뀌어 갑니다. 마치 그 계절이 자신이 이룬 공功의 임무를 끝내고 바뀌어 가듯이 말입니다."

"그래서?"

"대개 사람이 태어나서 온몸이 건강하여 손발이 잘 놀고, 귀가 잘 들리고, 눈이 잘 보이며 여전히 지혜롭다는 이는 선비로서 크게 취할 바가 아니겠습니까? 그리고 자신의 지향하는 바가 천하에 공감을 얻어 천하 사람들이 그를 그리워하고 존경하고 사모한다면, 이는 지혜로운 선비로서 바람직한 소원이 아니겠습니까?"

"그래서?"

"지난날 진나라의 상군商君이나 초나라의 오기吳起나 월나라의 대부 종種과 같은 이들은 권력에 너무 집착하다가 끝마침이 불우했습니다. 과연 그들을 본받아도 좋을 만한 인물입니까?"

범수는 채택이 순환하는 역사의 증좌를 예로 들며 자기를 설득하고 있음을 눈치 챘다. 그리고 가만히 경청했다.

"만약 승상이 지금 자리에서 물러가지 않고 있다가 닥쳐올 환란이 앞의 세 사람보다 심하게 위태롭다는 점을 생각해 보신 적이 없으신지요. '해가 중천에 오르면 서쪽으로 자리를 옮기고, 달도 차면 기운다'는 옛말도 있습니다. 만물이 왕성했다 쇠퇴하는 것은 천지간의 변하지 않는 이치입니다. 나아가고 물러가는 것, 굽히고 펴는 것이 그 시대의 사정에 따라 변하는 것이 바로 성인聖人의 변치 않는 도리입니다. 그래서 나라에 도가 행해지고 있으면 벼슬하고 나라에 도가 행해지지 않으면 은퇴해야 합니다."

"은퇴라……."

"『일서逸書』에도 '성공했으면 그 자리에 오래 머물러 있지 말라' 했고, 『역경易經』에 '항룡亢龍: 높이 올라간 용), 즉 부귀영달한 인간에게는 후회가 있다'라고 씌여 있습니다."

"좋은 말이오. 내가 듣기로도, '하고자 하여 그칠 줄을 모르면 다행히 선생이 나를 일깨워 주어서 감사하오. 삼가 가르쳐주신 대로 따르리다."

범수는 채택을 상객으로 대우했다.

며칠 후 범수는 궁중으로 들어가 조용히 진의 소왕에게 말했다.

"신의 빈객 중에 요즘 산동山東에서 온 새로운 채택이라는 인물이 있습니다."

"어떤 인물이오?"

"삼왕三王의 사적과 오패의 업적이며 세속의 변화에 대해서도 소상히 알고 있는 천하의 재사才士입니다."

"그대와 비교해 어떻소?"

"신보다 훨씬 뛰어납니다. 이제까지 많은 사람을 만나 보았지만 그만한 인물은 없었습니다. 진나라 정사를 맡기기에 충분한 인물입니다. 감히 추천하는 바입니다."

소왕이 채택을 불러 함께 담소해 보니 그 재주가 썩 마음에 들어 몹시 기뻐하며 그를 객경客卿으로 삼았다.

한편 범수는 신병을 핑계 삼아 재상의 인수를 돌려주었다. 소왕은 범수의 충고를 받아들여 채택을 재상에 임명했다. 그리고 채택의 계략대로 주나라 왕실의 토지를 손에 넣었다.

태사공은 이렇게 결론지었다.

한비자의 말 중에 '소매가 긴 자는 춤을 잘 추고 돈이 많은 사람은 물건을 잘 산다'는 것이 있다.

범수와 채택은 둘 다 변설이 종횡무진하고 권모술수와 임기응변에 능한 인물들이다. 그런데도 다른 나라 제후들에게 유세하여 인정받지 못한 것은 유세한 그 나라의 실력이 모자랐기 때문이다.

그러나 이 두 사람이 비록 나그네 신세로 진나라에 들어갔으나 경상卿相의 지위에 올랐으며, 천하에 그 공적을 드날린 것은 참으로 진나라와 열국의 힘이 달랐기 때문이다.

그리고 이 두 사람도 곤궁에 처하지 않았던들 그토록 분발하여 성공하지 못했을 것이다.

염파廉頗 · 인상여藺相如 열전

인상여藺相如는 강대한 진나라에 대하여 자기의
뜻을 마음껏 발휘했고, 한편으로 염파廉頗에게는 자
신을 낮추어 그의 주군에게 몸을 바쳤다. 그래서 그
주군과 함께 제후들에게 존경받는 존재가 되었다.

조나라 혜문왕이 초의 화씨벽和氏璧을 손에 넣었다. 그 화씨벽은
변화卞和가 산중에서 얻어 초나라 왕에게 바친 옥이다.

진나라 소공이 그 소식을
듣고 조나라에 사신을 보내
어 15개의 성시城市를 주는
대신 그 벽을 주었으면 하고
청원했다.

조왕은 여러 대신들을 불
러 상의했다.

"벽을 진나라에 주어 보았

자, 15개 성시를 얻지 못할 것이며 결국은 속임수에 넘어가 벽만 빼앗기는 결과가 될 것입니다."

"그렇다고 해서 벽을 보내지 않으면 그것을 핑계로 침공해 올 것이 두렵습니다."

의견이 분분했지만 방침을 확정짓지 못한 채 일단 진나라로 회답 사신을 보내기로 결론났다.

그러나 사안이 무척 중차대한지라 누구를 사자로 보낼 것인가가 문제였다.

이때 환관 중 대신인 목현穆賢이 나섰다.

"저의 가신 중에 인상여藺相如라는 인물이 있습니다."

"그는 어떤 사람이오?"

하고 왕이 물었다.

"제가 한때 죄를 짓고 연나라로 도망치려 한 적이 있었습니다. 지난날 연왕이 친구하자던 약속만을 믿고 말입니다. 그때 인상여는 지난날의 정황과 지금의 현실을 직시하며 차라리 대왕께 처형시켜 달라고 엎드리는 것이 낫겠다며 충고한 바, 그렇게 하여 대왕께 용서를 받았습니다. 그때부터 인상여란 인물이 대단한 현사賢士라는 사실을 깨달아 상객으로 모시고 있습니다.

"그렇다면 그를 불러서 물어 보는 게 좋겠소."

하여 인상여가 불려왔다. 그리고 인상여는 자신이 사신으로 가기를 청하였다.

"진나라의 청을 거절할 수도 없거니와 빈말뿐인 15개의 성시城市가 교환 조건으로 조나라에 들어오면 벽을 진에 두고 올 것이고, 진나라의 거짓이라면 벽을 다시 조나라로 가져오겠습니다."

그렇게 되어서 인상여는 벽을 받들어 서쪽 진나라로 건너갔다.

진왕이 여러 대신들과 궁녀들에 둘러싸여 인상여를 거만하게 굽어보았다.

인상여가 벽을 받들어 진왕에게 올리자 진왕은 몹시 기뻐했다. 모두들 좋아하며 만세소리까지 들렸다.

진왕은 자기 손으로 직접 벽을 쓰다듬으며 좌우 군신들과 궁녀에게도 만져 보게 하며 오로지 화씨벽에만 정신이 팔려 있었다. 어느 누구의 입에서도 15개 성시를 주겠다는 말은 종시 없었다.

인상여는 예측한 대로 진왕이 조나라에 성시를 돌려주겠다는 생각은 애시당초 없었음을 간파할 수 있었다.

인상여는 부드러운 목소리로 진왕에게 말했다.

"아무리 보옥이라 할지언정 티가 있게 마련이지요."

진왕이 의외라는 듯 화씨벽을 다시금 살펴보며 중얼거렸다.

"과인의 눈에는 보이지가 않는구려."

"어디 제게 보여주십시오."

화씨벽을 돌려받은 인상여는 몇 걸음 뒤로 물러나 궁중 쇠기둥에 몸을 의지하고는 머리털이 곤두서도록 분노한 목소리로 소리질렀다.

"잘 들으시오! 대왕께선 벽을 얻을 욕심으로 사자를 시켜 조왕에게 편지를 보냈습니다. 물론 조나라 군신들은 신중히 의논을 했습니다. 그러나 한결같이 '진은 탐욕하며 자신의 강함만 믿고 속임수로 벽을 구하고 있는 것 같다. 진이 벽을 대신해 성시로 보상할 것 같지는 않다'고 말했습니다. 그렇지만 소신은 진나라에 벽을 주자고 간청했습니다. '보잘것없는 서민의 교제에도 서로 속이지 않는데 하물며 진나라 같은 대국이 속임수야 쓰겠습니까? 믿고 줍시다.' 그 결과 생각을 바꾸신 조왕께선 닷새 동안 목욕재계하고 저를 시켜 벽을 받들어 삼가 진나라 궁중으로 보내게 했던 것입니다. 말하자면 대국의 위엄에 대한 최소한의 경의 표시를 한 뒤 벽은 진나라에 도착했던 것입니다. 그런데도 지금 막상 도착해보니 대왕께선 벽을 가져온 사신을 빈객으로 대우하기는커녕 예절 없이 신하처럼 대하며 귀중한 벽을 일개 궁녀들에게까지 돌려 희롱했습니다. 그런 대왕의 행동에서 보상으로 성시를 줄 리가 없다고 판단했기 때문에 제가 벽을 도로 돌려받았던 것입니다. 만일 이런 상황에서 저를 겁주어 벽을 빼앗으려 하시겠다면 이 벽과 함께 제 머리를 이 쇠기둥에 부딪쳐 깨고 말겠습니다."

인상여가 불같이 화내며 기둥을 노려보자 진왕은 황급히 말렸다.

"가만!"

실상은 인상여의 머리가 깨어지는 것보다는 화씨벽이 깨어질까 봐 두려웠다.

"무엇입니까?"

"15개의 도읍을 조나라에 돌려주겠소. 어서 지도를 가져오너라."

관리가 지도를 가져오자 진왕은 건성으로 여기저기에다 손가락을 찍었다. 그 역시 속임수임을 단정한 인상여는 진왕에게 엄숙한 목소리로 말했다.

"대왕께서도 아시다시피 이 화씨벽은 천하가 공동으로 전하는 보배입니다. 그리고 누구나 아끼는 천하의 명옥입니다. 조나라 역시 이 벽을 아꼈으나 대왕의 위엄이 두려워 감히 바치기로 했던 것입니다. 그러나 조왕께서는 이 벽을 보낼 때 역시 닷새 동안 목욕 재계했습니다. 이것을 받으시는 대왕 역시 닷새 동안 마땅히 목욕 재계하고 구빈九賓의 예(禮 : 왕이 빈객에 대해 행하는 9가지 의례)를 궁 정에서 행해야만 합니다. 그래야 저는 감히 벽을 올리겠습니다."

진왕은 체면상 벽을 강제로 빼앗을 수 없다고 생각하고, 닷새 동안 재계할 것을 약속했으며 인상여를 궁중 빈사賓舍에 머물게 했다.

인상여는 자신의 종자 한 사람을 조용히 불렀다.

"너는 이 벽을 품 속에 몰래 숨겨 가지고 가만히 진나라를 빠져 나가거라. 아주 남루한 옷일수록 좋겠다.

눈치를 챈 종자가 물었다.

"벽은 조나라가 다시 찾게 될지 모르나 주인님의 목숨이 위태롭 습니다."

"내 걱정은 하지 않아도 된다."

화씨벽이 조나라로 이미 돌아가고 난 후였다. 진왕은 닷새가 지 나 구빈의 예를 궁정에서 베풀며 인상여와 마주했다.

"과인은 그대가 일러준 대로 모두 이행했소. 벽을 내놓으시오."

"그동안 진나라는 목공穆公 이래로 20여 명의 군주가 계셨으나 아직까지 한 분도 약속을 지킨 분이 없었습니다. 소신의 입장에서 는 대왕에게 속고 조나라를 저버리게 될까 그것만이 두렵습니다. 그래서 사람을 시켜 이미 벽을 가지고 몰래 조나라로 돌아가게 했 습니다."

"무엇이라!"

"진나라는 강하고 조나라는 약합니다. 지금이라도 대왕께서는 단 한 사람의 사자라도 조나라에 보내신다면 지체 없이 벽을 받들고 올 것입니다. 강한 진나라가 먼저 15개의 도성을 갈라 조에게 넘겨준다면 어찌 감히 조나라가 대왕께 벽을 내놓지 않는 죄를 자초하겠습니까?"

"무엄하구나! 저자를 당장 가마솥에 삶아버려라!"

근신들 또한 분노하는 한편 탄식하고 있었다.

"소신이 대왕을 속였으니 그 죄 죽어 마땅합니다만 저를 죽이기 전에 충분히 상의하신 후에 처형해 주십시오."

진왕과 대신들 모두 정신을 가다듬고 있었다.

"지금 저 자를 죽인다 해도 우리가 소인배 소리만 듣게 될 것이옵니다."

"우리가 약속을 지켰다면 어찌 조왕이 벽 때문에 진을 속이겠습니까?"

"차라리 인상여를 후대하여 조나라에 돌려보내는 편이 상국의 인정일까 합니다."

그렇게 하여 인상여는 궁중에서 빈객의 예우를 받은 후 조나라로 돌아갈 수 있었다.

인상여가 귀국하자 조왕은 몹시 기뻐했다. 현명한 인물이 사신으로 갔기 때문에 왕을 욕보이지 않았을 뿐만 아니라 천하의 보옥도 빼앗기지 않았다.

조왕은 인상여를 상대보上大夫로 삼았다.

그 후 진나라는 조를 습격해 석성을 빼앗고 그 이듬해에는 조의 병사 2만 명을 죽인 후 조왕에게 회합을 하자고 청하였다. 인상여는 그곳에 가서도 조왕의 체면을 살리고 진왕과 협상을 이끌어냈다. 조왕은 인상여의 공적을 크게 평가한 후 상경上卿의 직위에 앉혔다.

이에 반발하여 대장군 염파廉頗가 크게 화를 냈다.

"나는 말일세. 조나라의 장군이 되어 성을 공격하고 들판을 달려 싸워 온 큰 공적을 이루었다. 인상여는 본래 비천한 출신인 데다 그까짓 혀끝 몇 번 잘 놀린 대가로 어째서 상경의 지위에 오를 수 있는가. 나는 그 자의 밑에 있는 것이 부끄러워서 도저히 참을 수가 없다. 언제라도 만나기만 하면 그 자를 크게 욕보여야지!"

인상여가 그 소식을 들었다. 그래서 가급적 염파와 만나려 하지 않고 피해 다녔다.

조정에 나아가야 할 일이 있어도 인상여는 병을 핑계로 함께 하는 자리를 피했다. 그 뿐만 아니라 먼 발치에서 염파를 발견하면 골목으로 피해 버렸다.

그러자 인상여의 가신들이 불평하며 떠나고자 하였다.

"저희들은 당신의 높으신 뜻을 사모하여 부모처럼 당신을 섬기고 있습니다. 그런데 염파 대장군과는 같은 서열이면서도 그토록 욕을 당하시며 그가 두려워 숨기까지 하시니 저희들은 부끄러워 참을 수가 없습니다."

인상여는 부드러운 얼굴로 미소 지으며 떼로 몰려 온 가신들에게 물었다.

"염파 장군과 진나라 왕을 비교해 어느 편이 더 무서운가?"

"진왕이 훨씬 두렵지요."

"염장군이 진왕을 어찌 생각할 것 같은가?"

"내심 두려워하겠지요."

"그럴 것이다. 나는 그토록 당당한 진왕의 위세 앞에서도 눈 하나 깜짝이지 않고 오히려 진의 궁중에서 진왕을 꾸짖고 그의 신하들까지 욕보인 나일세. 그런 내가 그까짓 염장군 정도를 무서워할 것이라고 생각하나?"

"그렇지만 피해 다니셨습니다."

"그토록 강대한 진나라가 감히 조나라를 넘보지 못하는 이유가 어디에 있다고 생각하는가? 그건 오직 우리 두 사람 때문일세. 인상여와 염파 말일세."

"예에?"

"우리가 싸우느라 조정이 갈라서면 어찌 되겠는가? 내가 염파를 피하는 이유는 나라의 위급을 먼저 생각하고 사사로운 원수는 뒤로 미루었기 때문일세."

"아아, 주인님! 이제야 까닭을 알겠습니다."

염파도 그 말을 전해 들었다. 그리고는 가시나무 회초리를 한 짐 지고 인상여의 문전에 이르러 웃통을 벗고 사죄해 아뢰었다〔부형청죄(負荊請罪 : 가시나무를 등에 지고 매질해 줄 것을 청하는 죄)〕.

"미천하고 아둔한 제가 상경의 그토록 깊은 뜻을 몰라뵈었습니다. 꾸짖어 주십시오."

그로 인해 두 사람의 우의가 통하여 '목이 잘려도 피하지 않을 정도의 막역한 지기', 문

〈염파와 인상여〉

경刎頸의 교交를 맺었다.

그 후 조의 혜문왕이 죽고 아들 효성왕孝成王이 섰다. 인상여는 병들어 눕고 조나라 군사는 자주 격파당하였다. 노장老莊 염파는 나라 지키는데 분투하고 있었으나 진나라 첩자들의 감언이설에 속아 염파를 파직하고 조괄趙括을 대장군으로 삼았다.

조괄은 어려서부터 병사兵事에 능통했으나 그 아비 조사 장군이 한 번도 칭찬을 하지 않았다.

조괄의 모친이 남편 조사에게 그 이유를 물었다.

"어째서 당신은 아들의 변론에 꼬박꼬박 지면서도 한 번도 잘한 다는 말씀은 해 주지 않습니까?"

"모르는 말씀이오. 전쟁터란 목숨을 거는 장소인데 어찌 전쟁의 승패가 논리대로만 가겠소. 그런데도 저 아이는 병사兵事를 너무 쉽게 말하며 논리대로 결판이 날 것으로 믿고 있소. 부디 나라에서 조괄을 장군으로 삼지 말았으면 좋겠소. 만약 조나라가 파멸한 다면 그때 그 군대의 장군은 필시 괄이 될 것이오."

조괄이 출진 준비를 하고 있을 때 그의 모친이 조왕에게 청원했다.

"괄을 장군으로 삼지 마십시오."

"무슨 까닭이라도 있소?"

"제가 괄의 아비를 섬길 때 그 분은 장군이었습니다. 몸소 식사를 올리는 자가 열 명이 넘었으며, 벗으로 사귀는 자가 백을 넘었습니다. 대왕께서 혹은 왕실에서 상으로 내려주신 물품이 허다했으나 집으로는 한 가지도 가져다 들이지 않고 모두 군리軍吏와 사대부들에게 주어버렸습니다. 출전을 명령받은 시각부터는 가사를 돌보기는커녕 아예 집에는 들리지도 않고 곧바로 출정했습니다. 그런데 지금 아들 괄은 아비와 너무도 다릅니다. 장군이 되어 군리들을 소집하여도 누구 한 사람 그의 말을 존경하여 우러러보는 자가 없습니다. 왕께서 내려 주신 금백金帛은 모두 집으로 가져와 저장하고, 이익이 될 만한 전택田宅은 잘 보아 두었다가 돈만 생기면 사들입니다. 아비와 자식의 생각이 그토록 틀립니다. 괄은 장군의 인품이 못 됩니다."

"어미는 관계치 마시오. 나는 이미 결정했소!"

"그러시면 일이 잘못되어도 집안과는 관계 없는 일로 보아도 되겠습니까?"

"약속하겠소."

조괄은 염파를 대신해 장군이 되자 군령을 모두 바꾸고 군리軍吏들도 갈아 치웠다.

진의 장군 백기白起는 조괄이 장군이 되었다는 소식을 듣고 회심의 미소를 지으며 불시에 조군을 습격하여 마구 흔들었다. 그리고는 패주하는 척하다가 다시 돌아와 조군의 양도糧道를 끊으니 조나라 군사는 둘로 차단되어 포위당했다.

조군은 우왕좌왕하다가 뿔뿔이 흩어지고 도망쳐버렸다. 조괄은 선두에 서서 포위망을 뚫으려 했으나 진군이 쏜 화살에 맞고 즉사했다.

남은 수십 만의 조군은 순순히 진군에 항복했다. 진군은 이들이 반역할까 두려워 땅을 파고 모조리 생매장했다. 조괄의 출병을 계기로 죽은 조나라 군사가 45만이었다.

태사공은 이렇게 결론지었다.

　죽음을 각오하면 용기가 솟아오르는 법이다. 죽는 것 자체가 어려운 게 아니라 어떤 경우에 죽어야 하는지 판단하기가 어려운 것이다.

　인상여는 화씨벽을 돌려받아 진왕과 쇠기둥을 번갈아 쏘아 보며 그들을 꾸짖을 때의 형세는 오직 죽는 길밖에 없었다. 선비란 대체로 겁이 많고 감히 용기를 낼 줄도 모르지만 오로지 인상여가 발분하자 그 위세는 적국을 뒤엎었다.

　귀국 후에는 염파에게 양보의 미덕을 보임으로써 그의 명성은 태산보다 무거워졌다.

　인상여야말로 지혜와 용기 두 가지를 동시에 지닌 인물이었다.

진시황秦始皇 본기 — 분서갱유焚書坑儒

시황제가 황제위에 올라 천하(韓·趙·魏·燕·楚·齊)를 통일하고 무기를 녹여 종鐘받침과 금속인형을 주조함으로써 천하에는 방패와 갑옷 등의 무기를 없애버렸다. 자신 스스로 황제라 칭한 후 무력을 앞세워 멋대로 행동했다. 2세가 황제위를 물려받았고, 3세인 자영子嬰이 한漢에 항복함으로써 통일 진나라는 끝이 났다.

진秦의 시황제始皇帝는 할아버지 소왕昭王 48년(기원전 259년) 정월 조나라에 볼모로 잡혔던 자초(子楚·莊襄王)의 아들로 조나라의 서울 한단에서 태어났고 이름은 정政이라 하였다.

그는 열세 살 되던 해에 장양왕莊襄王이 죽음으로써 진나라의 왕위에 올랐다. 당시 진나라는 서쪽으로 파巴·촉蜀·한중漢中을 점유하고, 남쪽으로는 완宛을 넘어 영郢까지 차지하여 그곳에서 남군南郡을 두고 있었다. 또한 북쪽으로는 상군上郡으로부터 동부 일대를 지배하게 되어 하동河東·태원太原·상당上黨의 세 군을 설치하고 있었으며, 동쪽으로는 형양滎陽에 이르기까지 판도를 넓혀서 동주東周와 서주西周를 멸망시켜 그 변방에 삼천군三川郡을 두고 있었다.

시황제는 어려서부터 용맹하고 지략이 뛰어난 영웅의 자질을 갖추었을 뿐만 아니라 사람들을 굴복시키는 강인한 힘과 지도력이 뛰어났다.

그 자질은 필시 그의 몸에 당대 지모가 출중했던 대상인大商人 갑부 여불위呂不韋의 피가 흐르기 때문일 것이다.

생부인 여불위마저 그 사실을 밝히지 못하고 끝내 시황제에 의해 스스로 독주를 마시고 목숨을 끊었다.

여불위는 본래 한韓나라 양책陽翟 땅 출신의 갑부로서 이웃 여러 나라에까지 이름이 잘 알려진 큰 장사꾼이었다. 그런 그가 진나라 소양왕의 손자이자 훗날 효문왕孝文王이 되는 안국군安國君의 아들 자초子楚를 발견하고 그의 후견인 노릇을 하였다.

안국군은 일찍이 스무 명이 넘는 아들을 두었는데 자초는 그 중의 한 명이었다. 자초의 생모인 하희夏姬는 안국군의 사랑을 받지 못하다가 해산 후 얼마 못가 죽고 말았다. 그 때문에 자초는 어머니의 정을 받지 못하고 외톨이로 자라다가 스무 살에는 조나라의 인질로 보내지고 말았다.

볼모가 되어 조나라 수도 한단에 있는 대장군 공손건公孫乾의 집에서 삼엄한 감시를 받으며 하루하루를 보내야 했던 자초는, 비록 궁핍한 생활을 하고 있었지만 진나라 왕족으로서의 자긍심을 잃지 않았다.

그를 발견한 여불위는 진나라 궁궐의 사정을 파악하였다.

병석에 누워 있는 소양왕의 뒤를 이을 태자로는 안국군밖에 없었다. 그리고 안국군에게는 정부인으로 삼은 화양華陽부인이 있었는데, 안국군에게는 아들이 20여 명이나 있었지만 화양부인과의 사이에는 아들이 없었다. 20여 명이 넘는 서자庶子들 중에서 누군가가 왕통을 이어야 했는데 이곳 조나라에 볼모로 잡혀 와 있는 자초도 그 중 한 사람이었다.

"잘하면 천하를 주무를 큰 장사가 되겠구나!"

여불위는 장사꾼으로서의 예감이 스쳤다. 그리고 왕재를 키울 밑그림을 그리며 쾌재를 불렀다.

그 무렵 여불위에게는 2백 냥을 주고 사들인 나이어린 애첩 주희朱姬가 있었다(혹은 조나라에서 얻었기 때문에 조희趙姬라고도 일컫는다). 열여덟의 주희는 얼굴부터가 절세의 미인이기도 했지만 음욕이 어찌나 센지, 둘째가라면 서러워할 정력의 소유자인 여불위도 한 번 살을 섞은 뒤로는 도무지 딴 마음이 들지 않을 정도였다.

여불위는 자초를 찾아가 진나라의 상황을 설명한 후 전재산을 던져서라도 진나라로 가서 안국군과 화양부인에게 당신을 후계자로 삼으라는 공작을 하겠노라고 귀띔하였다.

"제발 잘 부탁합니다. 성공하면 진나라의 반을 당신에게 주겠습니다."

자초는 깊이 머리 숙여 응답했다.

그 후 여불위는 서둘러 진귀한 보물을 싸들고 진나라에 가 화양부인과 안국군을 번갈아 만나며 자초의 인물됨을 설명했다.

"자초는 총명하고 효성이 깊습니다. 형제들의 순서를 보아도 그렇고 생모生母의 순서로 보더라도 후계자가 되리라고는 별로 생각지 않으므로 당신만을 의지하고 있는 것입니다. 그보다도 조나라의 현자들이 인질로 잡힌 자초를 '효자'라 칭송하고 있습니다. 이 기회를 놓치지 말고 자초를 후계자로 정해 놓으면 당신은 평생 편안하게 살 수 있을 것입니다."

듣고 보니 사실 그럴 것 같았다. 화양부인은 베갯머리송사로 조나라에 인질로 가 있는 자초가 총명하며, 또 그와 교제를 하고 있는 사람들이 얼마나 자초를 칭찬하고 있는지를 자세히 태자 안국군에게 설명하고 눈물로 설득했다.

"저는 다행히도 태자님의 정을 한 몸에 받고 있지만 아들이 없습니다. 부탁입니다, 자초를 후계자로 정하여 저의 장래를 의지하게 해주십시오."

안국군은 이미 여불위로부터 자세한 내막을 들었던 터라 화양부인의 소원을 받아들였다. 그리고 비밀리에 부인과 할부割符를 교환하여 약속의 증표도 남겼다. 그리고 안국군과 부인은 이를 계기로 자초에게 세밀한 관심을 보이고 여불위에게 자초의 후견을 부탁했다. 그 결과 자초의 존재는 차츰 제후들의 주목을 끌게 되었다.

여불위는 안국군으로부터 태자 책봉에 관한 증표와 탈출에 필요한 황금까지 받아 무사히 조나라로 돌아올 수 있었다.

자초 공자는 뛸 듯이 기뻤다.

자초는 그날 밤 여불위 집 한적한 별채에서 향내나는 어여쁜 주희의 술시중을 받아가며 세상 근심을 다 잊었다. 자초는 불안했던 볼모 생활을 잠시나마 털어버리고 주희의 미색과 교태에 즐거운 시간을 보냈다. 스무 살이 넘었지만 아직 여자를 모르는 숫총각이 절세가인絕世佳人을 곁에 두게 되니 첫눈에 반할 수밖에 없었다.

자초는 황홀했다. 주희의 춤사위는 흰구름처럼 둥둥 떠다니다가 나비처럼 사뿐히 앉는 듯 나부꼈다. 고운 아미蛾眉는 복숭아꽃처럼 화사하고 노래 부르는 입술은 앵두처럼 붉었으며 눈은 깊고 서늘했다. 주희의 자태가 어찌나 아름다운지 자초는 천상선녀天上仙女가 하강한 것처럼 느껴졌다.

하루가 멀다 하고 여불위 집을 드나들던 자초는 어느 날 여불위에게 신중히 주희의 집안 이력에 대해서 꼬치꼬치 알아보고자 했다.

여불위는 시치미를 뚝 떼고 태연스레 말했다.

"부모가 세상을 일찍 떠나 제가 양녀로 키우고 있사온데 나무랄데 없는 명문가의 자식입니다."

그러자 자초는 잠시 주춤하더니 말을 꺼냈다.

"여 대인, 주희와 결혼할 수 있도록 도와주실 수 있겠소."

"그렇잖아도 주희의 나이가 차서 좋은 혼처가 없나 하고 찾던 중이었지요. 비록 친자식은 아니라 해도 섭섭지 않게 혼례를 치러주려던 참이었습니다. 공자님이라면 여부가 있겠습니까? 이제야 애써 키운 보람이 있나 봅니다."

여불위의 말에 자초는 막혔던 가슴이 확 뚫리는 것 같았다. 진나라에 돌아가 안국군의 적자嫡子, 아니 태자太子가 되는 것도 중요하지만 주희를 얻는 것 또한 그에 못지않은 기쁨이었다.

여불위는 주희를 남에게 주기는 아까웠지만 큰일을 위한 사소한 일에 지나지 않는다고 결론을 내린 후, 자초를 배웅하고 아쉬움을 달래며 주희의 방으로 갔다.

여불위는 못내 서운함을 억누르며 이야기를 꺼냈다.

"자초 공자께서 너와 결혼하고 싶다는구나!"

그러자 주희의 안색이 갑자기 창백해지더니 손으로 얼굴을 감싸고 서럽게 울었다.

"아니 되옵니다, 나리! 소첩은 지금 나리의 아이를 가졌사옵니다. 벌써 두 달이나 되었는데 이 몸으로 어찌 다른 남자와 결혼할 수 있겠습니까?"

여불위는 쇠몽둥이로 뒤통수를 맞은 것 같은 충격에 휘청거렸다. 아뿔싸, 지금까지 치밀하게 진행된 큰 장사가 송두리째 날아가는 판국이었다.

그때 여불위의 머릿속에 기발한 생각이 번개처럼 스쳤다. 본시 장사란 위기에서 더 큰 기회가 오는 법이다.

"나도 사랑하는 너를 자초에게 시집보내고 싶지는 않다. 그러나 이 일은 깊이 생각해볼 필요가 있다. 네가 나를 평생 섬겨보았자 늙은 장사꾼의 아내밖에 더 되겠느냐? 그러나 대국인 진나라의 왕손에게 시집을 가면 너는 장차 진나라의 왕비가 될 것이다. 하늘이 우리를 도와서 너의 뱃속에 있는 아이가 아들이라면 언젠가는 진나라의 왕이 될 것이다. 너는 장차 왕의 어미가 되는 것이다."

무시무시한 음모였다. 주희의 얼굴이 다시금 창백해졌다.

"너는 공자를 따라가 아이를 낳거라. 너는 이제 왕후가 되는 것이다. 아이를 가졌다는 것은 우리 둘만 아는 사실이니 절대로 발설해서는 아니 된다. 무덤까지 안고 가야 하느니라. 부귀영화가 너한테 달려 있는데 어찌 버릴 수 있겠느냐? 너와 내가 큰일을 이루자꾸나!"

여불위의 설득에 주희도 더 이상 고집을 부리지 않았다. 아니 왕후가 된다는 말에 솔깃하기까지 했다. 여불위가 주희를 끌어안았다. 주희도 훌쩍이다가 여불위의 품속으로 파고들었다. 그녀는 젊은 공자, 새로운 남자를 만나게 된다는 사실에 오히려 흥분이 되었다.

다음날, 여불위는 공손건을 찾아가 자초 공자와 주희의 혼인을 허락받아 성대한 예식을 올려주었다.

자초는 주희를 맞아들여 꿈같은 밤을 보냈다. 공손건 집 깊숙한 곳에 갇혀서 장성할 때까지 여자라고는 알지 못했던 자초는 절세미인 주희와 결혼하게 되자 마치 선녀를 품에 안은 듯했다. 주희는 여자에 대해서 전혀 모르는 자초를 매일 밤 열락悅樂 속으로 이끌었다.

그날 이후 자초는 하루하루가 새로운 세상, 무릉도원武陵桃源에서 보내는 것 같았다. 주희 또한 왕비가 되겠다는 야심에 자초를 지극 정성으로 받들었다. 자초와 합방한 지 한 달이 조금 지나 주희는 잉태한 사실을 알렸다.

"전하의 지극한 사랑을 받아 잉태하였습니다."

자초는 크게 기뻐하며 잔치를 베풀었다.

이듬해 정월 주희는 아들 정政을 낳았다. 예정보다 두 달이나 늦은, 열두 달 만이었다. 아이는 뱃속에서부터 눈을 커다랗게 뜨고 나왔고 넓은 이마에 이도 나 있었다. 이 아이가 훗날 여섯 나라를 차례로 멸망시키고 천하통일의 대업을 이루게 될 시황제始皇帝였던 것이다.

주희가 아들을 낳자 누구보다도 기뻐한 사람은 여불위였다. 중국 대륙의 최대강대국 진나라가 자기 손에 들어온 것이나 다름없었다.

'이제 남은 것은 조나라를 탈출하는 것이다.'

자초의 탈출 계획을 세운 여불위는 아무도 눈치 채지 못하게 집의 재산을 정리하기 시작했다. 그런 후 여불위는 날을 잡아 자초와 공손건을 집으로 초대해 성대한 잔치를 베풀었다. 특별한 상급을 주어 기녀妓女도 불러들였다.

"오늘은 특별한 날이니, 대장군과 공자께서는 마음껏 들고 즐기십시오."

여불위는 대장군의 호위병들에게도 푸짐한 술상을 봐주고 그럴 듯하게 말을 꾸몄다.

"오늘 대장군께서는 여기서 주무시고 가실 것이니, 호위할 걱정은 말고 술이나 맘껏 들고 일찍들 집으로 돌아가게."

오랜만에 잘 빚은 술과 고기 맛을 본 호위병들은 술에 취해 일찌감치 모두 집으로 돌아갔다.

마침내 기다리던 기회가 왔다. 몇 년을 준비한 절호의 기회가 온 것이다.

"공자님, 지금입니다. 빨리 이곳을 빠져나가야 합니다."

여불위가 재촉했다.

술에 취해 곯아떨어진 공손건의 머리맡에 황금 6백 근이 든 큼

직한 궤를 남겨두고 말을 몰았다. 국경을 넘는 각처 요새마다 미리 돈으로 손을 써놓아서, 장삿길 떠나는 여불위와 짐꾼들이라고 생각한 관문의 수장들은 오히려 위로하며 제지하지 않았다. 이로써 자초는 볼모로 잡힌 지 7년 만에 조나라를 탈출하여 진나라의 수도 함양咸陽에 도착하게 되었다.

조나라에 볼모로 억류되어 있던 왕손 자초가 7년 만에 함양에 돌아오자, 안국군과 화양부인은 기뻐서 어쩔 줄을 몰랐다. 화양부인은 자초를 아예 아들이라고 불렀다.

그런 뒤 얼마 지나지 않아 병석에 누워 있던 소양왕이 죽고 안국군이 왕이 되었으며 화양부인은 왕후가 되었다.

그가 바로 효문왕孝文王인데, 그는 약속대로 자초를 태자로 책봉하였다.

그런데 안국군은 즉위한 지 1년 만에 죽고 말았다. 태자 자초가 대代를 이어 즉위하니, 이가 바로 장양왕莊襄王이다.

장양왕은 여불위의 은혜를 잊지 않고 그를 승상丞相으로 삼고 문신후文信侯에 봉했으며, 10만 호號 50식읍食邑을 주었다.

이제 여불위는 한낱 장사꾼에서 한 나라를 좌지우지 하는 최고의 직위 승상이 되어 있었다. 그의 권력은 어느 누구도 막을 수 없었다.

"서주西周는 이미 멸망했으나 아직 동주東周가 남아 있습니다. 동주를 멸망시키지 않고서는 주周를 멸했다고 할 수 없습니다."

여불위는 승상이 되자 동주를 쳐야 한다고 주장했다.

"누구를 보내는 것이 좋겠소?"

"대신들이 아무러한 공도 없이 승상 자리에 앉았다고 쑥덕대고 있습니다. 그러니 이번에 신이 군사를 이끌고 출정하겠습니다."

여불위가 말했다.

"경은 부디 공을 세우도록 하시오."

장양왕의 허락을 받은 여불위는 군사 10만을 거느리고 동주로 출정했다. 동주는 이미 쇠하여 맹색만 남아 있었다. 여불위의 10만 군사는 단숨에 동주를 휩쓸고 동주군東周君을 생포하여 돌아왔다.

이로써 주周나라는 무왕武王이 태공망 여상呂尙의 도움을 받아 은殷나라 폭군 주왕紂王을 죽이고 나라를 세운 지 873년 만에 완전히 멸망했다.

장양왕은 크게 연회를 열어 여불위를 치하했다.

"이제는 삼진(三晉 : 韓·趙·魏)을 쳐야 할 때이옵니다."

여불위가 사은숙배謝恩肅拜하고 아뢰었다.

"승상이 또 출정하겠소?"

"대장 몽오蒙驁가 천군만마를 호령할 기백이 있사오니, 그를 보내시옵소서."

이에 장양왕은 몽오를 불러 부월斧鉞을 내리고 한韓나라를 치라는 명을 내렸다.

이 무렵 위나라의 신릉군信陵君, 초나라의 춘신군春申君, 조나라의 평원군平原君, 그리고 제나라의 맹상군孟嘗君 등 4공자公子가 서로 견제하여 유능한 인재를 초빙하듯이 여불위 또한 널리 인재를 모으고 있었다. 여불위의 식객은 이사李斯를 비롯하여 장군으로는 몽오, 왕기王騎 등이 있었다.

몽오는 즉시 군사들을 이끌고 출정하여 단숨에 한나라의 성고成皐와 형양滎陽을 함락하여 진나라의 삼천군三川郡으로 만들었다. 이어 군사를 휘몰아 파죽지세破竹之勢로 국경을 대량大梁까지 확대했다.

"몽오가 연전연승連戰連勝하고 있소. 과인은 지난날 조나라에 인질로 있을 때 하마터면 죽을 뻔했소. 이제 그 원수를 갚으려 하오."

장양왕은 여불위에게 말했다.

"그러시다면 몽오의 대군으로 하여금 조나라를 공격하도록 영을 내리십시오."

여불위가 말했다.

장양왕은 장군 몽오를 대장에 임명하고는 조나라를 토벌토록 영을 내렸다. 이에 몽오는 조나라 37개 고을을 점령하여 진나라의 태원군太原郡으로 만들었다. 또한 몽오의 군사들은 방향을 바꾸어 위나라의 고도高都를 공격하였고, 위나라는 사직을 보존하기 어렵게 되었다. 그러나 신릉군信陵君이 이끈 연합군의 습격으로 몽오는 대패하여 함곡관까지 후퇴했다.

신릉군은 위기에 빠진 나라를 구하고 10년 만에 고향으로 위풍당당하게 금의환향錦衣還鄉했다.

신릉군은 진의 공격으로 조나라가 위기에 빠지자, 위나라 안리왕의 총희 여희를 통해 군사 지휘권 호부虎符를 훔쳐내어 10만 군사를 이끌고 위기에 빠진 조나라를 구해 주었었다. 그리고 그 일로 인하여 본국으로 돌아가지 못하고 조나라에 머물러 있었던 것이다.

그런데 10년 후 조국 위나라가 위기에 처하자 조나라에서 얻은 10만 군사를 비롯해 다섯 나라의 연합군으로 진나라의 공격을 물리쳐 조국을 구한 것이다.

그 후 진나라는 간계奸計를 써서 신릉군이 위왕에게 쫓겨난 뒤 주색에 빠지도록 만들었다. 여기에는 고도로 계산된 여불위의 활약이 크게 작용했다.

호협한 기상은 고금에 따를 자가 없었고
위명은 천지신명까지 놀라게 했다.
혼자서 위나라와 조나라를 구하고
진秦과 싸워 두 번이나 대승을 거두었네.
나라의 초석과 같은 일을 했건만
간신들이 개가 짖듯이 헐뜯었도다.
영웅이 쓰일 곳이 없으니
주색에 빠져 봄빛처럼 사라지는구나.

장양왕은 재위 3년이 되던 해에 발병했다. 여불위는 문병을 핑계로 매일같이 대궐에 드나들었다. 장양왕의 병세는 점점 악화되었다.

그 무렵 주희는 여불위와 정을 통하고 싶어 안달을 했다. 왕비가 되어 호사를 누리는 것도 좋았으나, 양기陽氣와 양물陽物이 절륜한 여불위를 잊을 수가 없었던 것이다. 여불위는 주희가 보낸 내시를 따라 내전으로 들어가 주희를 품에 안았다.

여불위는 여자 다루는 솜씨가 장양왕과는 판이하게 달랐다. 몇 번이나 숨이 멎을 듯한 열락을 맛본 주희는 하루라도 여불위와 떨어져 지내고 싶지 않았다.

"왕이 지금은 병중에 있으나 회복되면 우리는 다시 만나기가 어려울 거예요."

주희가 여불위의 품에 안겨서 속삭였다.

"하하하! 왕은 결코 회복되지 못하오."

"호호호. 아무튼 나는 나리만 믿겠어요."

"흐흐……. 왕후께서는 어째서 나리라고 부르십니까?"

"승상께서는 나의 첫 번째 남자가 아닙니까? 게다가 이처럼 양기가 절륜한 남자는 없을 것입니다."

"그 점이라면 왕후께서도 만만치 않으십니다."

여불위와 주희는 또다시 달라붙었다.

장양왕은 발병한 지 한 달 만에 죽었다. 여불위는 장양왕이 앓아눕자 매일같이 약을 갖다 주었는데 장양왕은 그 약을 계속 먹다가 죽었던 것이다.

여불위는 왕이 죽자 국상國喪을 선포하고 태자 정政을 왕위에 앉혔다. 정은 이때 열세 살이었다. 주희는 태후가 되고 여불위는 자연 승상의 자리에서 진나라 정치를 좌지우지했다.

소년 왕 정은 여불위에 대한 존경의 표시로 승상의 지위보다 높은 '상국相國'의 직위를 주고, '중보(仲父 : 아버지 다음 가는 사람)'라고 부르며 우대했다.

여불위는 신릉군이 재상직을 놓고 주색에 빠져 지낸다는 말을 듣고는 군사를 일으켜 조나라의 진양晉陽을 **빼앗았다**. 그리고 3년 후 다시 군사를 일으켜 한나라를 공략했다. 대장 몽오는 한나라의 12개 고을을 빼앗은 뒤 개선했다.

여불위는 재빨리 천하를 통일하겠다는 일념에 사로잡혀 있었다. 그러나 천하의 정세는 여불위의 뜻대로 이루어지지 않았다. 삼진三晉을 비롯하여 연나라와 초나라는 망할 듯하면서도 끈질기게 나라를 유지하고 있었다.

"조趙나라의 방난龐煖이 합종合縱을 주도하여 우리 진나라를 쳤다. 몽오와 장당張唐은 각각 군사 5만을 거느리고 조를 치도록 하라!"

여불위가 영을 내렸다. 몽오와 장당은 기치창검을 드날리며 조나라를 향해 달려갔다.

"장안군長安君 성교成嶠와 장군 번어기樊於期는 군사 5만을 거느리고 몽오와 장당을 도우라."

여불위는 몽오와 장당을 떠나보내고 사흘 만에 다시 장안군과 장군 번어기를 출정시켰다.

장안군은 주희와 자초 사이에 태어난 아들이었다.

진나라의 유일한 적통嫡統이었던 셈이었다. 이때 장안군의 나이는 열일곱이었다.

번어기는 여불위를 좋아하지 않았다. 번어기는 한낱 장사꾼에 지나지 않는 여불위가 진나라 조정을 농단하고 있다고 생각했다. 게다가 태후와 통정을 하고 있다는 소문이 파다하게 나돌았기 때문에 번어기는 그들의 뒤를 낱낱이 조사해 보았다. 그 결과 현재의 진왕 정이 장양군의 소생이 아니라 여불위의 소생이라는 엄청난 사실을 알게 되었다. 그러나 여불위의 세력이 막강했기 때문에 함부로 발설하지 못하고 기회만 엿보고 있었는데 마침 장안군과 함께 출정하게 된 것이다. 그는 둔류屯留에 진을 치고 장안군과 독대하게 되자 이 사실을 알리고 모반謀反을 꾀하기에 이르렀다.

〈장안군 성교는 대진大秦의 모든 신민에게 선포하노라! 들으라, 현재의 진왕 정은 선왕의 혈육이 아니다. 진왕은 태후가 여불위의 애첩으로 있을 때 잉태한 아들이며, 태후는 잉태한 몸으로 선왕에게 시집와서 현재의 진왕 정政을 낳았다. 그러니 여불위의 자식이 아니고 무엇이겠는가? 오호라, 나는 통곡한다! 일개 장사꾼인 여불위가 천하의 대국인 진나라의 왕통을 이렇듯 어지럽혔으니, 천하의 역적이 아니고 무엇인가? 또한 선대왕인 효문왕, 장양왕이 모두 단명短命한 것은 여불위가 내시를 매수하여 독살했기 때문이다. 나는 하늘을 대신하여 극악한 여불위 일파를 주멸하기 위해 일어섰다! 신민들은 일어나서 역적을 치라! 나의 격문을 보고서 모두 떨쳐 일어나라!〉

파장은 엄청났다. 장안군은 격문을 전국에 띄우고 조나라로 향하던 말 머리를 돌려 함양으로 치닫고 있었다.

이미 전선에서는 몽오와 장당이 조나라와 전투를 벌이고 있는 상황이었다. 몽오는 장안군의 구원병을 기다리고 있다가 뜻밖에 장안군의 반란 소식을 듣게 되었고, 결국은 무참히 전멸당했다.

여불위는 급히 토벌군을 형성하고 장안군을 생포했지만 번어기는 연나라로 달아났다.

장안군 생포 소식을 들은 진왕 정은 표독스럽게 눈을 번득였다 주희는 허둥대며 진왕 정을 찾아와 울면서 호소했다.

"장안군은 그대의 동생이오. 한배에서 나온 형제이니, 제발 죽이지 마시오."

진왕 정이 주희를 싸늘한 눈빛으로 쏘아보았다.

"반역자는 어느 누구라도 살려둘 수 없습니다."

진왕 정의 냉혹한 말에 주희는 소름이 오싹 끼쳤다. 진왕 정은 생모인 그녀조차 좋아하지 않고 있었다.

"장안군의 목을 베어 둔류성에 내걸도록 하라! 장안군을 섬긴 군사들도 모조리 목을 베어라! 그리고 장안군을 위해 부역한 자들 또한 하나도 살려두지 말라!"

진왕의 영은 무시무시했다. 둔류성 안은 폐허가 되었고 피비린내가 진동했다.

진왕 정은 잔인한 인물이었다. 대궐에 온통 여불위와 주희의 밀통 사건이 파다하게 퍼져, 궁녀들과 환관들이 모두 자신의 뒤에서 수군거리고 비웃고 있는 듯한 느낌이 들었다. 그럴수록 진왕 정은 더욱 잔인해져 갔다. 어느 누구 허튼 소리 한마디만 들려도 가차없이 목을 베었다.

진왕 정은 궁내뿐만 아니라 전국에 파다한 소문을 잠재우기 위해 온 나라의 힘을 전쟁으로 내몰았다.

"과인은 조나라의 방난에서 죽은 몽오의 원수를 갚기 위해 조나라를 치려고 한다. 문무백관들은 모두 동참하라!"

조나라에서는 화급히 하간河間 땅을 내주어 화친을 맺었다. 연나라에서는 태자 단을 인질로 보내왔다.

진왕 정이 장성함에 따라 여불위는 점점 늙어갔다. 그는 장안군의 반역 사건이 있은 뒤에도 비밀리에 태후 주희와 밀애를 거듭했다. 주희는 그를 끝없이 내전으로 불러들여 운우지락雲雨之樂에 빠져 지냈다.

여불위는 점차 진왕 정이 두려워졌다. 진왕은 갈수록 영민하고 잔인해져 가고 있었다. 여불위는 가능하면 주희를 멀리하려 했으나 주희는 나이가 들수록 음탕함이 더해 갔다. 여불위는 어떻게 해서든지 주희와의 관계를 청산해야겠다고 생각했다.

그 무렵, 양물이 거대하기로 소문난 노애嫪毐라는 인물이 함양 도읍에 있었는데 함양의 부녀자들은 노애의 소문을 듣고 그와 동침하기 위해 혈안이 되어 있었다. 마침내 노애는 한 유부녀와 동침을 하다가 관리들에게 발각되어 관청으로 끌려갔다.

온 성안 사람들이 노애를 보기 위해 구름처럼 몰려들었다. 여불위가 그 소문을 놓칠 리 없었다.

'노애라는 놈이 그처럼 양물이 거대하다면 태후를 만족시킬 것이다.'

여불위는 일단 노애를 처벌하지 못하게 하고 부중으로 데려왔다.

'일단 태후의 귀에 들어가도록 소문을 내자.'

여불위는 추수감사절 축제에 노애를 저잣거리로 데려가 오동나무로 만든 커다란 수레바퀴를 양물로 돌리게 했다. 이를 구경하던 백성들은 노애의 거대한 양물을 보고 탄성을 자아냈다. 부녀자들은 허리를 배배 꼬고 비틀며 교성을 질러대는가 하면 몇몇은 오줌을 질질 흘렸다.

노애에 대한 소문은 함양성 안에 널리 퍼졌다. 구중궁궐 깊숙한 궁에 있는 주희도 소문을 듣게 되었다.

"승상의 부중에 노애라는 자가 있다던데, 양물의 크기가 대단하다면서요?"

주희의 눈빛이 음침해졌다.

"왜요? 구경하시려고요? 엄청난데……. 길이는 한 자 두치요. 둘레가 주먹만 합니다."

주희는 입을 다물지 못했다. 그러더니만 승상의 아랫도리를 부여잡고 놓지를 않았다. 결국 여불위는 서너 차례 교접을 치른 뒤에야 가까스로 태후 궁을 벗어날 수 있었다.

이튿날 여불위는 노애의 음탕한 행적을 이유로 남성을 제거하는 형벌, 즉 부형腐刑(宮刑)에 처하라는 영을 내렸다. 그리고 형리에게 슬며시 뇌물을 써서 노애를 빼돌렸다. 형리들은 여불위의 명을 받아 노애에게 부형을 가한 것처럼 꾸미고는, 피가 낭자한 양물을 함양성 저잣거리에 내걸었다. 그러나 그것은 노애의 것이 아니라 당나귀의 양물이었다.

사람들은 저마다 내걸린 양물이 노애의 것인 줄 알고 혀를 끌끌 찼다. 부녀자들은 무척 아쉬운 듯 그 자리를 떠나지 못하고 웅성댔다. 여불위는 노애의 수염을 모두 뽑아버리고 내시로 위장시켜, 태후 궁으로 들여보냈다.

주희는 그날로 밤이 되자 노애를 불러들였다. 과연 소문처럼 노애의 양물은 주희가 입을 딱 벌릴 정도로 거대했다. 노애는 온갖 기교로 주희를 황홀하게 만들었다. 주희는 꿈꾸듯 생시인 듯 까무

러치고 자지러지며 노애의 몸속에서 한밤을 보냈다. 몸은 천근만 근 물먹은 솜뭉치가 되어 있었다.

"노애는 과연 뛰어난 사람이오."

주희는 이튿날 여불위에게 게슴츠레한 눈빛을 보내며 감사의 인사를 했다. 이제 여불위 따위는 붙잡을 성싶지 않았다. 여불위 는 비로소 주희의 치마폭에서 벗어나게 되어 안심했다.

주희는 밤마다 노애와 어울려 뒹굴었다. 그러다 주희에게 태기 가 있었고 배가 점점 불러오게 되었다. 덜컥 겁이 난 주희는 승상 여불위를 급히 찾았다.

"병이 났다 하고 비접을 떠나십시오."

여불위는 그날로 태사太師를 매수하여, '내궁에 귀신이 들어 태 후마마는 서쪽 천리 밖으로 옮겨서 피병避病을 해야 고친다'고 진 왕에게 아뢰도록 했다.

"함양에서 서쪽으로 천 리쯤 가면 옹주雍州라는 곳이 있으니, 그 곳 별궁別宮으로 태후를 모시도록 하라."

이튿날 주희는 진왕의 배려로 노애를 어자御者로 삼아 옹주로 향했다. 노애와 주희는 그제야 살판난 듯 밤이고 낮이고 옹주성 대정궁大鄭宮이 들썩이도록 그 짓을 해댔다. 이듬해 여름에 첫아들 을 낳고, 그로부터 1년 후에는 두 번째 아들을 낳았다.

옹주에는 주희와 노애에 대한 소문이 무성하게 나돌았다. 주희 와 노애가 아무리 뇌물을 주고 입단속을 하려 해도 소용이 없었 다. 아들 형제가 태어나자 노애는 기고만장했다. 급기야 노애는 진왕 정을 죽이고 자기 아들로 왕위에 앉힐 야심까지 품게 되었 다.

그는 자기 땅을 '애국'이라 부르고 자신은 '애왕'이라 칭했다.

진왕 정이 즉위한 지 9년이 되었다. 이제 정은 진나라 조정을 완전히 장악하였고, 그의 명 한마디면 산천초목이 벌벌 떨었다. 그러던 어느 날 상제上帝에게 제사를 지내기 위해 진왕 정이 옹주성에 들르게 되었다.

주희는 노애를 거느리고 옹주성 밖까지 나가서 진왕을 영접했다. 그날 밤, 모든 신하와 백성들이 배불리 먹고 취하도록 마셨다.

노애는 날마다 계속되는 잔치에 신이 나서 술을 마시고 함양에서 온 기라성 같은 대신들과 도박을 하다가 싸움판을 벌이게 되었다. 그 바람에 그동안 태후와 통정을 하고 아들까지 둘 낳았다는 사실이 들통나고 말았다.

진왕에게 잡혀온 노애는 고문 끝에 여불위로 인하여 태후와 교정交情한 사실이 밝혀졌고, 온몸이 찢기는 거열형車裂刑에 처해졌다. 또한 내궁 깊숙이 숨겨 두었던 두 아들은 자루에 싼 채 철추鐵椎로 쳐 죽였고, 주희는 태후로서의 품위를 잃었다 하여 연금시키고 군사들로 하여금 감시케 하였다.

그날로 함양 대궐에 든 진왕 정은 여불위를 승상의 자리에서 해임시키고 집에 감금시켜 버렸다.

며칠 뒤 진왕은 여불위를 하남河南으로 추방했다. 그도 모자라 하남 땅에 뿌리내리기도 전에 가장 척박한 땅, 사막이나 다름없는 촉군蜀郡으로 떠나라고 명했다. 여불위는 눈물을 흘리며 탄식했다.

"아아, 내가 아들을 왕위에 앉혔건만 아들의 손에 황량한 땅으로 쫓겨 가는구나."

여불위는 참담했다.

"인과응보因果應報로구나. 도박을 했으되 모리배와 같은 짓을 했으니, 내가 오늘 이런 꼴을 당하는 것은 당연한 일이다."

그날 밤, 그는 독주를 마시고 자결했다. 그의 나이 53세였다.

그에 앞서, 여불위는 제후국들 중에서 진나라가 가장 강대한 데도 불구하고 위나라의 신릉군이나 초나라의 춘신군, 조나라의 평원군, 제나라의 맹상군보다 인망이 높지 못한 것에 항상 부끄러움을 지니고 있었다. 그래서 그도 부지런히 인사들을 초치하고 빈객들을 후대했더니 어느 새 집안에는 식객이 3천이 넘게 붐볐다.

"어떻게 해야 내가 저 사군四君을 압도할 만한 명예를 얻을 수 있을까?"

그러자 식객 중 하나가 대답했다.

"책을 내십시오. 상국 같으신 분이 무얼 못하시겠습니까? 3천의 식객들을 하는 일 없이 밥이나 축내는 무위도식無爲徒食하게 만들어서는 안 됩니다. 모두가 한 가지씩 재주가 있을 것입니다."

그로부터 여불위는 빈객들에게 각자 자기의 지식과 견문見聞한 바를 저술 편집케 했다. 과연 그런 착상은 저 사군四君도 못해낸 일이었다.

논論들은 차곡차곡 집대성되었다.

『팔람八覽: 有始 · 孝行 · 愼大 · 先識 · 審分 · 審應 · 離俗 · 時君』과 『육론六論: 論이라 이름붙인 여섯 편』과 『십이기十二紀: 春 · 夏 · 秋 · 冬 네 계절을 孟 · 仲 · 季로 구분해 서술한 12편의 이름』 등으로 모두 26권 20만 자가 넘는 저서가 되었다. 천지 · 만물 · 고금의 모든 것이 총

망라되었다고 자찬했다. 그리고 책 이름을 『여씨춘추呂氏春秋』라
지었다.

"이 책을 함양의 시장문市場門 앞에다 진열하고 천 금의 상금을
거시지요."

"그건 왜 그렇소?"

"천하 제후의 나라를 돌아다닌 그 어떤 선비라도 『여씨춘추呂氏
春秋』의 글자 한 자라도 덧붙이거나 깎을 수 있는 자가 있다면 상
금으로 천 금을 주겠다고 선전해 보시지요?"

이렇게 하여 '글자 하나만으로 천금의 가치가 있다〔일자천금一字
千金〕'는 고사성어가 유래되었다.

〈앞으로 어느 누구든 국사國事에 참여하여 무도한 행위를 노애
나 여불위처럼 행하는 자는 그 일족의 적籍을 몰수하고 노예로 삼
는 일이 이와 같을 것이다.〉

진왕 정이 전국에 포고령을 내렸다.

진왕 13년에 대장군 환기桓齮가 조趙의 평양平陽을 공격하여 조
의 장군 호첩扈輒을 죽이고 10만 병사를 베었다.

진왕이 하남으로 순행巡行했다.

14년, 한비韓非가 진에 사신으로 와 진왕으로부터 총애를 얻었
으나 승상 이사의 계략에 의해 죽었다. 한왕韓王이 진에게 신하되
기를 청원했다.

17년에 한의 영토를 모조리 차지하여 군郡으로 삼아 영천군穎川
郡이라 이름했다.

19년에 조나라의 영토를 모조리 평정하고, 한단으로 가서 지난 날 진왕이 태어났을 때 원한 관계에 있던 자들을 모조리 찾아내 생매장시켰다. 진왕의 모태후母太后 조희가 죽었다.

20년에 연나라의 태자 단丹은 진의 병력이 이를 것을 근심하고 두려워하여 형가荊軻를 시켜서 진왕을 암살하려 했으나 실패했다.

21년, 이에 진왕이 연태자의 군대를 격파하고 태자 단의 목을 베어 버렸다.

22년, 황하의 물을 끌어들여 위도魏都 대량大梁을 공격하자 위왕 가嘉가 항복하여 위땅을 모조리 차지했다.

23년, 초나라를 공격하여 평여平輿 땅을 점령하고 초왕을 사로잡았다. 이에 초나라 장군 항연項燕이 초의 공자 창평군을 세워서 초왕을 삼고 회남淮南에서 반란을 꾀했다.

그러나 다음해 창평군은 전사하고 향연은 자결했다.

25년, 크게 병사를 일으켜 왕분을 장군으로 삼아 연나라의 요동을 공격하여 연왕을 사로잡고 대代를 공격한 후, 초나라 강남의 땅을 모두 평정하고 월越까지 항복을 받아 회계군會稽郡을 설치했다.

이로써 한韓·위魏·연燕·초楚의 5개국을 평정하여 천하에 크게 주연을 베풀었다.

26년, 제왕齊王 건建이 그의 재상 후승后勝과 함께 병사를 동원하여 제나라 서쪽 지방 국경을 수비함으로써 진과의 국교를 단절하였다. 진에서 장군 왕분을 시켜서 연의 남쪽에서 제를 공격하게 하여 제왕齊王 건建을 사로잡았다.

이렇게 하여 진秦나라가 처음으로 천하를 병합하기에 이르렀다.

진왕이 승상과 어사에게 이렇게 말했다.

"지난날 한왕이 그의 영토를 헌상하고 국왕의 인새를 바치면서 번신藩臣이 되기를 청원했다. 그러나 얼마 안 가서 맹약盟約을 저버리고 조나라와 위나라가 합종하여 진을 배반했다. 그래서 병사를 일으켜 그들을 주벌誅伐하고 한왕을 사로잡았다. 과인은 이러한 처치處置로 만족하고 마음으로 전쟁을 종식키고 싶었다. 그래서 조왕이 그의 재상 이목李牧을 시켜서 진과 화약和約을 맺게 했을 때에 과인은 조의 인질을 귀국시켰다. 그러나 얼마 안 되어 조도 맹약을 저버리고 나에게 반란을 꾀했다. 그래서 병사를 일으켜 이것을 주벌誅伐하고 조왕을 사로잡았다. 또 이번에는 조의 공자 가嘉가 자립해서 대왕代王이 되었다. 그래서 병사를 동원해서 그를 격멸했다. 위왕도 처음에 맹약하고 진에 귀복歸伏했으나 얼마 안 가서 한 · 조와 함께 진을 덮칠 것을 공모共謀했다. 그래서 진의 군사가 드디어 위를 격파했다. 형(초나라)왕도 청양靑陽 서쪽의 땅을 헌상하면서 화약을 했으나 얼마 안 가서 화약을 저버리고 우리의 남군南郡을 쳤다. 그래서 병사를 동원하여 형왕을 사로잡아서 드디어 형 땅을 평정했다. 연왕은 혼우昏愚 · 난심亂心한 사람으로 그의 태자 단은 몰래 형가를 시켜서 과인을 살해하도록 했다. 그래서 병사를 출동시켜 그 나라를 주멸誅滅했다. 제왕은 후승의 계략을 채택해서 진과의 국교를 단절하고 반란을 일으키려고 했다. 진의 병사가 이것을 주벌誅伐하여 제왕을 사로잡고 제의 땅을 평정했다. 과인은 미미한 존재로서 병사를 일으켜서 난폭한 무리들을 모두 차례로 주벌했다. 다행스럽게도 종묘 신령의 가호에 힘입어 6국의 국왕이 모두 복죄服罪하여 천하가 크게 평정되었다. 이제 왕의 명호名號를 고치지 않으면 이 천하통일의 성공을 후세에 전할 수 없게 될 것이다. 그대들은 제호帝號를 논의해 보라!"

승상 왕관王綰·어사대부 풍각馮劫·정위廷尉 이사李斯 등이 모두 다음과 같이 주청하기에 이르렀다.

"옛날 오제五帝가 직접 통합한 지역은 사방이 일천 리에 불과했습니다. 이 밖의 지역은 후복侯服·이복夷服의 땅으로 제후들은 혹은 입조入朝하는 자도 있었고, 혹은 입조하지 않는 자도 있었지만 천자는 이들을 제어制御할 수 없었습니다. 지금 폐하께서는 의병을 일으켜 백성을 상해傷害하는 무리들을 주벌하여 천하를 평정하고, 국내는 군현郡縣으로 제도를 바꾸었고 법령은 통일되었습니다. 이런 일은 상고上古 이래로 지금까지 일찍이 없었으며 오제五帝라 할지라도 미치지 못하는 바입니다. 저희들이 삼가 박사관博士官과 의논했습니다만 예로부터 천황天皇이 있고 지황地皇이 있고 태황泰皇이 있었으나 태황이 가장 존귀합니다. 저희들은 죽기를 무릅쓰고 존호尊號를 올려 왕을 태황으로 칭하고, 왕명을 제帝라 하고, 왕령을 조詔라 하고, 천자께서는 자칭하여 짐朕이라고 하기로 결론을 얻었습니다."

그러자 진왕이 일갈했다.

"태황의 태泰를 제거하여 황을 남겨 놓고 상고의 제위帝位의 호號를 취하고 '황제皇帝'라고 부르기로 하겠다. 이 밖에는 그대들이 정한대로 하겠다."

그리고 선대先代의 장양왕을 추존追尊하여 태상황太上皇으로 삼았다.

"짐이 들은 바로는 태고太古에는 호號는 있었으나 시호諡號는 없었다. 중고中古에는 호는 있었으나 사후死後에 생전의 행상行狀을 가지고 시호를 삼았다고 한다. 이렇게 하는 것은 아들이 부친을 논의하고 신하가 인군人君을 논의하는 것으로 이유理由가 없는 일이다. 짐은 이것을 좋다고 생각지 않는다. 이제부터 이후로는 시호법을 제거하고 짐은 시황제始皇帝가 되고 후세에는 대수代數를 헤아려서 2세 · 3세에서 만세에 이르기까지 제위를 무궁하게 전하겠다."

"제후들이 패배한 지 얼마 안 되며, 연 · 제 · 형(초)의 땅은 멀리 떨어져 있습니다. 이러한 땅에 왕을 두지 않으면 다스리기 어려울 것입니다. 청하옵건대 여러 황자를 왕으로 세워 통치하게 하십시오."

승상 왕관王綰 등이 한마디 거들었다.

시황이 이 건의를 군신들에게 내려서 논의하게 했다. 군신들은 모두가 그렇게 하는 것이 편리하다고 인정했으나 정위 이사만은 이의를 제기했다.

"주周의 문왕文王 · 무왕武王이 봉封한 바의 자제子弟나 동성자同姓 者는 매우 많습니다. 그러나 후일에는 왕실과 소원疏遠하게 되어 서로 공격하는 모습이 원수처럼 되었고, 제후들이 번갈아가며 서로 주벌하였으나 주의 천자는 이것을 금지할 수가 없었습니다. 지금 국내는 폐하의 신령함에 힘입어 모두 군현郡縣으로 편입되었습니다. 여러 황자나 공신功臣들은 국가의 부세賦稅로 후하게 상사賞 賜를 내리시면 그것으로 충분하며 제어하기 쉬운 고로 천하에서 다른 마음을 품을 수 없을 것입니다. 이것이 천하를 안녕하게 하는 방법입니다. 제후를 두는 것은 불합리합니다."

시황이 옳다 여겼다.

"천하가 함께 전투로 괴로움을 겪으며 영일寧日이 없었던 것은 제후라는 것이 있었기 때문이다. 지금 종묘의 영위에 힘입어 천하가 비로소 평정되었다. 이제 다시 또 제후의 나라를 세운다는 것은 병란의 근원을 세우는 것이다. 그러고도 천하의 안녕 휴식을 구한다는 것은 어렵지 않겠는가. 정위의 건의가 옳다."

이렇게 하여 천하를 나누어서 36군郡으로 삼고, 군에는 수(守 : 행정관)·위(尉 : 군사를 주관하는 무관)·감(監 : 감찰관)을 두고 백성을 개칭해서 검수黔首라고 했다. 그리고 크게 축하연을 베풀었다.

그리고 반란을 종식시키기 위하여 천하의 병기兵器를 몰수하여 이것을 수도 함양으로 모아서 녹여 종鐘받침과 구리 인형人形 12개를 주조鑄造했다. 무게는 각각 일천 석(12만 근)으로 궁정에 안치했다.

법도(法度 : 量)·형석衡石·장척(丈尺 : 度)을 통일하고 수레의 궤(軌 : 兩輪 사이의 거리)를 일정하게 하고 서체書體나 문자를 통일했다.

국토의 영역은 동으로는 바다에 이르러 조선朝鮮에 미치고, 서로는 임조(臨兆 : 감숙성)·강중(羌中 : 감숙성)에 이르고, 남으로는 북호(北戶 : 안남安南 부근)에 이르고, 북으로는 황하를 거점으로 하고, 장성을 구축하여 음산陰山과 병행하여 요동에 이르렀다.

반란을 꾀하는 것을 원천적으로 봉쇄하기 위하여 천하의 부호富豪 12만 호를 함양으로 이주시켰다.

27년, 시황은 농서(隴西 : 감숙성)·섬서성의 북방 북지北地를 돌아보고, 계두산(谿頭山 : 감숙성)으로 나와서 회중(回中 : 감숙성)을 지나 돌아왔다.

천자가 다니는 도로는 외부에서 볼 수 없도록 용도甬道를 쌓아올려 함양에서 여산酈山까지 연결했다. 이 해에 역부役夫에게 작爵 일급을 하사해서 치도(馳道 : 천자의 전용 통로)를 완성했다.

28년, 시황은 동방으로 군현을 순행巡行하여 추(鄒 : 산동성)의 역산嶧山에 올라가 노魯의 유학자들과 의논하여 비석을 세우고 비문을 새겨서 진의 덕을 칭송했다. 또 제왕으로서 봉선(封禪 : 태산에 올라 하늘을 제사지내고 내려와서 지신을 제자지내는 일)과 망제(望祭 : 諸方의 山川을 바라보면서 제사지내는 일)의 건件을 의논했다.

이때 제나라 사람 서시徐市 등이 상서上書하여 말했다.

"바다 한 가운데에는 신산神山 셋이 있다고 합니다. 이름하여 봉래산蓬萊山 · 방장산方丈山 · 영주산瀛州山이라고 합니다. 선인仙人이 거기에 살고 있습니다. 청원하옵건대 저희들이 목욕재계하고 동남童男 동녀童女와 함께 가서 선인을 구求했으면 합니다."

이래서 서시를 시켜 동남동녀 수천 인을 출발시켜 바다로 들어가서 선인을 구하게 했다.

또 시황제는 돌아오는 길에 팽성(彭城 : 강소성)에 들러 목욕재계하고, 기도를 올린 후 주周가 멸망할 때 물속에 잠겼다는 구정九鼎을 찾고자 사수泗水에서 1천 명이 잠수하여 인양코자 했으나 허사였다. 그래서 서남행하여 회수淮水를 건너 형산(衡山 : 호남성)으로 가서, 남군南郡에서 양자강을 배로 건너고 상산(湘山 : 호남성)의 사당에 이르렀다. 이때에 대풍을 만나 도강渡江할 수 없을 지경이었다. 황제가 박사관博士官에게 물었다.

"상산의 신이란 어떤 신인가?"

"들은 바로는 요堯임금의 딸이고 순舜임금의 아내를 여기에 매장했다고 합니다."

박사관이 삼가 대답했다.

시황제가 크게 노하여 죄수들 3천 명을 동원하여 상산의 나무를 남김없이 베게 하여 상산을 붉게 만들었다. 그리고 황제는 남군에서 무관武關을 경유해서 귀환했다.

29년, 시황제가 동방으로 순행하여 양무현(陽武縣 : 하남성)의 박랑사博狼沙에 이르렀다. 이때에 적도賊徒에게 죽을 뻔하여 샅샅이 수색했으나 적도를 잡지 못했다. 천하에 포고해서 10일간 크게 수색했다.

순행의 행렬은 한韓나라 땅 박량사에 다다랐을 무렵이었다. 길가 나무 둥치에 숨어 있던 괴한이 나타나 앞선 온량거를 향해 백이십 근이나 되는 쇠몽둥이를 날렸다. 온량거는 박살이 났고, 시황제는 운 좋게도 두 번째 온량거에 타고 있어서 죽음을 면했던 것이다.

그 괴한은 그 자리에서 무사들에 의해 난도질을 당했고 주위에 숨어 있던 동행자에 의해 그 일을 꾸민 사람이 장량張良이라는 것이 밝혀졌다. 그러나 장량은 수배된 채 감감 무소식이었다.

장량은 시황제의 순행 행렬이 함곡관을 나와 하남을 향하는 것을 보고 박량사를 지날 것이라 예측했다. 그래서 창해蒼海로 여홍黎洪이라는 장사를 찾아가 의기투합하여 일을 벌였던 것인데 그만 실패하고 말았다.

장량은 자字가 자방子房으로 진나라에 망한 한韓나라의 5대째 재상 집안에서 태어났다.

한나라가 진나라에 의해 망했을 때 장량은 나이가 어려 관직에는 나가지 않았지만 진나라 군사들이 얼마나 철저히 집안을 짓밟았는지 두 눈으로 똑똑히 보았던 것이다.

당시 그의 집안은 부리는 사람만도 3백 명이 넘었으며 재산도 많았다. 어린 장량에게 있어 진에 대한 증오심이 불같이 타올랐다. 5대의 선조에 걸친 재상을 맡았던 한나라 왕조를 다시 일으키고 조상의 원수를 갚자고 굳게 결심한 것이다.

'내가 꼭 진나라를 멸할 것이다.'

그는 복수심을 키워 나갔다.

첫 번째 복수극 '박량사의 철주'는 실패로 끝이 났다. 장량은 박량사의 벌판을 나와 호북湖北으로 향했다. 하비下邳 땅에 초나라의 명장 항연의 아들 항백項伯이 살고 있었다. 그는 항백의 집에서 얼마동안 머무르다 정처 없이 길을 나섰다. 그가 냇가에 이르러 하염없이 흐르는 물을 바라보고 있는데 한 노인이 다리를 건너다 신발을 떨어뜨렸다.

"아이야, 신발 좀 주워 오려무나."

노인이 장량을 향해 말했다. 장량은 냇둑에서 일어나 신발을 주워다 공손히 신겨드렸다. 노인은 고맙다는 말도 하지 않고 휘적휘적 몇 걸음 걷다가 또 신발을 떨어뜨렸다.

"애야, 신발 좀 주워 오려무나."

노인이 다시 말했다. 장량은 노인의 행동거지가 이상했으나 신발을 주워 또 신겨드렸다.

노인은 다시 다리 위를 걷다가 신발을 떨어뜨렸고, 장량은 또다시 신발을 주워다 신겨드렸다.

"네가 노인을 공경할 줄 아는구나."

노인은 장량이 한 번도 얼굴을 붉히지 않고 신발을 주워 오는 것을 보고 만족하여 미소를 지었다.

"선생께서는 미거한 저에게 어떤 가르침을 내려주시려 하십니까?"

장량이 공손히 절을 하며 물었다.

"네가 천시天時도 모르고 박량사에서 시황제를 없애려 한 것을 알고 있다. 그러나 하늘이 돕지 않으니 어찌 네가 도모하는 일이 성공할 수 있었겠느냐?"

장량은 가슴이 철렁했다.

"도인께서는 부디 저에게 천시天時를 가르쳐 주십시오."

"네가 나의 가르침을 받고자 한다면 오늘 밤에 이리로 오너라."

노인은 그 말을 남기고 휘적휘적 걸어가 버렸다.

장량은 노인이 범상한 인물이 아니라는 것을 간파할 수 있었다. 그날 밤에 장량은 노인과 약속한 다리로 찾아갔다가 늦게 왔다고 꾸지람만 듣고 돌아와야 했다. 그리고 그렇게 사흘을 허탕을 친 다음에야 그 노인에게서 답을 얻을 수 있었다.

"네가 기다릴 줄 아는 것을 보니, 큰 일을 맡을 만하다. 네게 이 책을 줄 테니 힘써 정진하라!"

노인은 그제야 웃으며 장량에게 책을 건네주었다.

그 책은 『태공병법太公兵法』이었다. 장량은 노인에게서 얻은 책을 열심히 공부하여 훗날 유방의 책사가 되어 천하를 통일하게 된다.

"도인道人의 성함을 알려주십시오."

장량이 절을 하고 물었다.

"13년 뒤에 제주濟州 땅 곡성산 아래에서 나를 만나게 될 것이다. 거기에 있는 누런 돌이 바로 나다."

노인은 표연히 사라졌다.

시황제의 순행길은 계속되어 낭야에 가서 산서성 상당上黨을 들러 도성으로 돌아왔다.

30년에는 무사했다.

31년 12월, 백성들에게 이里마다 6석의 백미와 두 마리의 양을 하사했다.

시황제가 함양 시중에서 미행微行하여 무사武士 네 사람과 밤에 궁문을 나섰으나 난지蘭池에서 도둑을 만나 궁지에 빠졌다. 수행한 무사들이 도둑을 쳐죽였으나 나머지 무리들이 있을까 해서 20일간 규중閨中에서 크게 수색을 했다.

32년, 시황제가 갈석산(碣石山 : 하북성)에 행행行幸하여 연나라 사람 노생盧生에게 명하여 선인仙人 선문羨門과 고서高誓를 찾게 했다. 그리고는 한종韓終·후공侯公·석생石生을 시켜 죽지 않는 선인의 불사약不死藥을 구하게 했다.

시황제는 북방의 변경을 순행하고 상군上郡에서 함양으로 들어왔다.

연나라 사람 노생盧生이 사신으로 바다를 건너서 돌아와 귀신이 전했다고 하면서 예언서 『녹도서錄圖書』를 바쳤는데 그 책에 '진을 멸망시키는 자는 호胡다'라고 되어 있었다.

이 '胡'라는 것은 2세황제 호해胡亥를 뜻하는 것이었으나 시황제는 호인胡人이라고 해석했다.

시황제는 장군 몽염蒙恬을 시켜 병사 30만을 동원하여 북방으로 호인胡人을 치게 해 하남河南을 공략하여 탈취했다.

33년, 일찍이 도망죄를 범한 자, 데릴사위·상인商人을 징발해서 군을 편성하여 영남지방 육량陸梁의 땅을 탈취하고, 계림桂林·상군象郡·남해南海의 3군을 두고 유형流刑된 죄인을 보내서 수비하게 했다.

서북방으로는 흉노를 몰아내고 유중(楡中) 동쪽의 황하에 연한 음산陰山에 이르기까지의 땅을 34현으로 나누고, 황하 가를 축성築城하여 요새要塞로 삼았다.

34년, 형옥刑獄을 다스리는 관리로서 부정을 행한 자를 유죄流罪에 처하여 장성長城 및 남월南越 지방의 축성 공사를 하게 했다.

시황제가 함양궁에서 주연을 베풀었다. 박사관 70인이 나아가 장수長壽를 축원했다. 복야僕射 주청신周靑臣도 나아가 황제의 덕을 칭송하였다.

"지난날 진의 영토는 1천 리에 지나지 못했습니다. 그러나 폐하의 신령함과 명성明聖에 힘입어 국내는 평정되고 만이蠻夷를 추방하고 일월日月이 비춰주는 곳에는 모두가 심복하지 않는 자가 없습니다. 제후의 땅을 군현으로 삼아 사람들은 안락한 생활을 누리며 전쟁의 근심도 없이 폐하의 덕을 만세에까지 전하게 되었습니다. 상고上古로부터 일찍이 폐하의 위덕威德에 미치는 분은 없습니다."

시황제는 기분이 좋았다. 박사관인 제나라 사람 순우월淳于越이 나섰다.

"신臣이 들은 바로는 은·주의 양 왕조兩王朝은 1천여 년의 장구함을 누렸습니다. 그것은 자제子弟나 공신功臣을 봉封해서 왕실의 보좌補佐로 삼은 까닭입니다. 지금 폐하의 자제들은 봉을 받지 못해서 필부匹夫에 지나지 않습니다. 만약 갑자기 제의 전상田常·진晉의 육경六卿과 같은 반신反臣이 나타난다면 황실의 울타리가 되어 보필하는 신하가 없으니, 누가 황실을 구원하겠습니까? 만사에 옛것을 스승으로 삼지 아니하고 장구長久했다는 사례는 들은 적이 없습니다. 지금 청신青臣이 또 폐하의 면전에서 아첨하며 폐하의 과실을 거듭하게 하려고 하니 그는 충신이 아닙니다."

시황제가 순우월淳于越의 건의를 신하들에게 내려 논의하게 했다. 그러자 승상 이사가 반론을 제기하여 엄청난 파장을 불러 일으켰다.

"오제五帝는 꼭 같은 정치를 되풀이 하지 않고 3대(三代 : 夏·殷·周)는 꼭 같은 정치를 답습하지 않았습니다. 그러나 각각 잘 다스려졌습니다. 이것은 오제와 3대의 정도政道가 상반相反된 것은 아

아방궁 상상 복원도

니며 시세時勢가 변천했기 때문입니다. 지금 폐하께서는 대업을 창시創始하시어 만세에 전할 만한 공적을 세우셨습니다. 이것은 원래가 어리석은 학자 따위가 이해할 만한 것이 못됩니다. 또 순우월이 언급한 것은 3대를 두고 하는 말이므로 본받을 만한 가치조차 없습니다. 지난날에는 제후들이 함께 부강을 겨루었으며 유세객遊說客들을 초빙하여 후대했습니다. 지금은 천하가 이미 평정되고 법령은 하나로 통일되어 있습니다. 그러니 백성들은 집에 있어서는 농업과 공업에 힘쓰며, 사인士人은 법령을 학습하여 금령禁令을 피해야 할 것입니다. 그런데 지금 학자들은 현대를 표준으로 삼지 않고 옛것을 학습해서 그것을 표준으로 현대의 정치를 비방하고 일반 백성을 어지럽게 합니다. 승상 이사는 죽음을 각오하고 말씀드립니다만, 옛날에는 천하가 흩어지고 어지러워서 능히 이 것을 통일할 수 있는 자가 없었습니다. 그래서 제후가 아울러 일어났으며 누구나 입을 열면 옛날을 이상으로 여기고 현대를 비방했습니다. 허언虛言을 늘어놓아 진실을 어지럽히고 사람들은 각자가 제멋대로 배운 것을 좋다고 생각하고, 위에서 건립한 법제法制 등을 비방했습니다. 그러나 지금 황제께서는 천하를 병합하고 흑백정사黑白正邪를 구별해서 황제가 되었습니다. 그럼에도 불구하고 각자가 사사롭게 배운 자들은 서로 어울려 현대의 법교法敎를 비방합니다. 그들은 정령政令이 조정에서 내렸다고 들으면 각자가 배운 것을 표준으로 이것을 논의하여 조정에 들어와서는 입 밖에는 못 내지만 마음속으로 그르다 생각하고, 밖으로 나가 골목에서 논의하여 군주에게 순종하지 않는 것을 명예롭게 여기며, 견해를 달리하는 것을 고상高尚하다고 여기고, 많은 문화생을 이끌고 비방을 일삼습니다. 이렇게 하는 것을 금하지 않는다면 군주의 세력이 위에서 쇠퇴하고 도당徒黨들의 세력이 밑에서 형성됩니다. 이것을 금지해야 합니다. 청원하옵건대 사관土官이 취급하는 진의 기록 이외의 것을 모두 불태우십시오. 박사관이 직책상 보관하고 있는 것 이외에 천하에서 감히 『시경詩經』·『서경書經』, 제자백가의 책을 소장하는 자가 있다면 모조리 군수郡守나 군위郡尉에게 제출하게 하여 이것을 불태워 버리십시오. 감히 『시경詩經』이나 『서경書經』에 관해서 담론談論하는 자가 있다면 이런 자는 사형에 처하여 시중에 버리십시오. 옛것을 가지고 현대의 것을 비방하는 자는 일족을 몰살하십시오. 또 관리로서 죄상을 알면서도 잡아들이지 않는 자는 범죄자와 동일한 처벌을 내리십시오. 이러한 금령이 내린 지 30일이 지나서도 서적을 소각하지 않는 자는 이마에 먹물을 들이는 경黥형에 처하여 성단(城旦 : 이른 아침부터 축성築城하는 노역에 복무하는 도형徒刑)에 처하십시오. 그러나 의약醫藥·복서卜筮·종수(種樹 : 농업에 관한 서적)만은 남겨 놓으십시오. 그리고 만약에 법령을 배우고자 하는 자가 있으면 관리를 스승으로 삼게 하십시오〔분서焚書〕.”

시황제가 ‘좋다’고 결론지었다.

35년, 구원(九原 : 寧夏省)에서 운양(雲陽 : 섬서성)까지의 도로를 열었다. 그 사이에 있는 산을 깎아내리고 계곡을 메워 직통하게 한 것이다. 그리고 시황제는 이렇게 말했다.

“함양에는 백성들이 많으며 선왕先王이 세운 궁정은 협소하다. 내가 들은 바로는 주周의 문왕은 풍豊에 도읍하고 무왕은 호鎬에 도읍했으니, 풍과 호 사이는 제왕의 도읍지라고 한다.”

시황제는 군신들이 조회하는 조궁朝宮을 위수 남쪽 상림원上林園에 새로 짓게 했다. 우선 전전前殿을 아방(亞房 : 장안의 서북)에 세웠다. 그 규모가 방대하여 동서가 5백 보, 남북이 50장丈으로 전상殿上에는 1만 명을 앉게 할 수 있었으며 전하殿下에는 5장丈의 기旗를 세울 수 있었다.

이때까지 아방의 궁전은 완성되지 못했다. 완성되면 더욱 더 아름다운 명칭을 붙이려고 했다. 궁전을 아방에 세웠기 때문에 천하에서 이것을 아방궁이라 한다.

궁형宮刑과 도형徒刑의 처벌을 받은 죄수 70만여 명을 둘로 나누어 하나는 아방궁을 짓게 하고, 또 하나는 여산(麗山 : 酈山陵)을 만들게 했다.

이러한 공사에는 북산北山에서 돌을 캐 운반하고 촉蜀·형荊의 땅에서 재목을 수송해서 모든 자재가 반입되었다. 관중關中에서 헤아릴 수 있는 궁전은 3백이고 관외에는 4백여 궁전이 있었다. 비석을 동해의 구현(朐縣 : 강소성)에 세워서 진의 동문東門으로 삼았다.

그리고 3만 호를 여읍麗邑에, 5만 호를 운양으로 이주시켜 그들에게 모두 향후 10년간 부역을 면제했다.

노생盧生이 불안해하며 시황제에게 접근했다.

"신 등은 지(芝 : 神草)·기약(奇藥 : 불사약)·선인仙人을 구하려고 했습니다만 언제나 구하지 못했습니다. 아무래도 무엇인가가 방해하고 있는 것 같습니다. 신선술神仙術에서 인군人君은 때로는 미행하여 몸속의 악기惡氣를 물리쳐야 하고 몸속의 악기를 물리치면 진인眞人이 될 수 있다고 합니다. 인군이 있는 곳을 신하들이 알게 되면 신기神氣에 해를 끼칩니다. 진인眞人은 물에 들어가도 젖지 않으며 불에 뛰어들어도 타지 않으며, 현 세상을 초월하여 천지와 더불어 장구할 수 있습니다. 지금 폐하께서는 천하를 통치하는 까닭으로 아직도 '사물에 집착하지 않고 욕심이 없이 마음이 편안한' 무욕염담無欲恬淡 할 수가 없습니다. 원하옵건대 폐하께서 거처하시는 궁전을 사람들에게 알리지 마십시오. 그렇게 한 후에라야 비로소 불사약을 얻으실 수 있게 될 것입니다."

"나는 진인眞人이 되고 싶다. 그러니 진인이라 자칭하고 짐이라고 하지 않겠다."

시황제가 영을 내려 함양 근방의 2백 리 내의 궁전이나 망루望樓 270개에 복도나 용도甬道로 연결시키고 유장帷帳이나 종고鐘鼓 그리고 미인을 그 가운데 충만하게 하고, 각자의 거처를 등록시켜 이동하지 못하게 하고, 황제가 거처하는 장소를 입 밖에 내는 자가 있으면 사형에 처하게 했다.

하루는 시황제가 양산궁梁山宮에 머무를 때 산상山上에서 승상을 따르는 마차가 많은 것을 보고 언짢게 여겼다. 환관 중의 한 사람이 이것을 승상에게 고하자 승상이 따르는 마차의 수효를 감소시켰더니 시황제가 화를 벌컥 냈다.

"환관 중의 누군가가 내 말을 입 밖으로 냈구나."

환관을 신문했으나 아무도 자백하는 자가 없었다. 그래서 조칙詔勅을 내려 그때 황제 곁에 있던 자들을 모조리 체포하여 몰살시켰다. 이후로는 황제가 머무르는 장소를 아는 자가 없었다.

시황제가 정사政事를 듣고 군신에게 결재를 내리는 것은 모두 함양궁에서 처리했다. 후생後生과 노생盧生이 서로 앞날을 걱정하였다.

"시황제의 사람됨은 천성이 너무나 강하고 흉포하여 포려暴戾하여 자신만만하다. 제후에서 몸을 일으켜 천하를 병합하고 의욕하는 바가 뜻대로 되었으므로 고금古今을 막론하고 자신보다 나은 자는 없다고 생각하게 되었다. 오로지 옥리獄吏를 신임하여 옥리만이 총애를 받고 있다. 박사관은 70인이나 있는데도 그저 인원수만 채우고 있을 뿐이므로 도무지 등용이 되지 않는다. 승상 이하의 모든 대신들도 모두 결정된 사항을 받아들일 따름이며 황제의 결재에 의존하여 따르고 있을 뿐이다. 천하가 죄를 입을 것을 두려워하여 간諫하는 자도 없으며 질록秩祿을 유지하기 위하여 감히 충성을 다하는 자도 없다. 황제는 자신의 과실을 듣지 못하므로 날로 교만해지고 신하들은 그 위세에 굴복하여 거짓말로 비위를 맞추기에 급급하다. 천하의 일은 대소大小를 막론하고 모두 황제가 결재함에 있어 황제는 저울돌로서 결재 서류의 무게를 달게 되었고, 낮과 밤에 결재해야 할 서류의 분량을 정해놓고 그것을 모두 처리하기 전에는 휴식하지 않는다. 권세를 탐하는 정도가 이쯤되고 보면 아직은 선약仙藥을 구한다 하더라도 얻을 수 없을 것이다."

그리고 두 사람은 그날로 자취를 감추었다.

시황제는 이 두 사람이 도망해 버렸다는 소리를 듣고 크게 화를 내었다.

"나는 앞서 천하의 서적을 몰수하여 소용이 없는 것을 모조리 불태워버리고 또 문학의 사士, 방술의 사를 모조리 불러들여 그들의 힘으로 태평한 치세를 이룩하고자 했다. 방사들은 불사약不死藥

을 만들어 낸다고 하더니 모두들 도망해버리고 아무러한 보고도 없었으며, 서시徐市 등은 수만 금의 비용을 허비하고서도 끝내 불사약을 얻지 못했다고 한다. 그들은 다만 부정한 이익을 추구하는 자라는 보고가 날마다 들어오고 있다. 노생 등은 내가 존대해서 그들에게 매우 후하게 은혜를 베푼 바 있다. 그럼에도 지금 나를 비방하고 거듭 나의 부덕不德을 천하에 퍼뜨렸다. 내가 사람을 시켜서 함양에 거주하는 여러 학자들을 사찰査察했더니 혹은 요망된 말을 해서 백성들을 어지럽힌다고 한다."

시황제는 어사御史에게 명하여 여러 학자들을 문초했더니 서로 딴 사람을 고발하고 끌어들여 자신은 죄를 모면하려고 했다. 그래서 금법禁法을 범한 자가 사백육십여 명이었는데 이들을 모두 함양에서 구덩이를 파 생매장해 버렸다[갱유坑儒].

이 사실을 천하에 알려 후인後人의 징계懲戒로 삼았다. 그리고 더욱 더 죄인을 적발하여 변경으로 귀양 보냈다.

시황제의 장자 부소扶蘇가 보다못해 이렇게 간諫했다.

"천하가 평정된 지 얼마 안 되며 먼 지방의 백성들은 아직도 귀복歸伏하지 않았습니다. 여러 학자들은 공자孔子의 가르침을 받들어 그것을 본받고 있습니다. 그런데 폐하께서는 법法만을 존중하여 그들을 규탄하고 계십니다. 이래 가지고는 천하가 동요되지 않을까 두렵습니다. 오직 폐하의 현명한 판단이 있으시기를 원하옵니다."

시황제가 이 말을 듣고 귀찮다는 생각이 들어 부소를 북방으로 보내서 몽염 장군을 상군上郡에서 감독하게 했다.

36년, 형혹성(熒惑星 : 화성)이 심성心星에 접근하여 움직이지 않았다. 유성流星이 동방에 떨어져 땅에 도달하자 돌이 되었다. 백성 중의 한 사람이 그 돌에 이렇게 새겼다.

〈시황제가 죽으면 진의 영토는 제각기 흩어질 것이다.〉

시황제가 이 말을 듣고 어사를 파견하여 범인을 심문했으나 자백하여 복죄服罪하는 자가 없었다. 그래서 그 운석隕石의 근방에 거주하는 사람들을 모조리 잡아서 몰살시키고 그 운석을 불에 구어서 녹여버렸다.

시황제가 며칠 후 점을 치게 했더니 점괘는 '순유천사巡遊遷徙하면 길吉하다'라고 나왔다. 그래서 이 해에 하북·유중榆中으로 3만 호를 이주시키고 그 가장들에게 작위 1급을 주었다.

36년 10월에, 시황제가 순행의 길을 떠났다.

좌승상 이사가 수행하고 우승상 풍거질이 함양에 남아 지키기로 했다. 막내아들 호해胡亥가 시황제의 총애를 받고 있었으므로 함께 가기를 청원했다. 황제가 그를 허락했다. 11월에 순행하여 운몽(雲夢 : 호북성)에 이르러 구의산(九疑山 : 호남성 우虞·순舜을 매장한 산)을 멀리 바라보면서 우虞·순舜에게 제사지냈다. 그리고 양자강을 배를 타고 내려와 절강에 임했으나 풍파가 심하여 120리를 서행西行하여 협중(狹中 : 절강성)에서 강을 건넜다. 그리고 회계산(會稽山 : 절강성)에 올라 대우大禹를 제사지내고 남해를 바라보는 지점에 비석을 세우고 진의 덕을 칭송했다.

그리고는 되돌아와서 오吳를 지나 강승(江乘 : 안휘성)에서 양자강을 건너 바다를 따라 북상하여 낭야에 이르렀다. 방사方士 서시徐市 등은 신약新藥을 구하겠다고 약속한 지가 수년이 지났는데도 못했으며 문책당할까 두려워하여 거짓으로 이렇게 말했다.

"봉래도(蓬萊島 : 선인仙人이 살고 있다는 섬)의 신약은 얻기에 가능합니다. 그러나 언제나 큰 상어에게 방해를 받는 까닭으로 봉래도에 도달할 수 없습니다. 청하옵건대 활 쏘는 사수들과 동행하게 해주십시오. 큰 상어가 나타나면 노弩를 연사連射해서 상어를 잡아버리겠습니다."

때마침 시황제가 꿈에서 해신海神과 싸웠는데 해신의 모습은 사람과 흡사했다. 꿈해몽가에게 물었더니 그의 대답은 이러했다.

"수신水神은 눈으로는 볼 수 없습니다. 대어大魚나 교룡이 나타나는 것은 해신이 있다는 징후입니다. 지금 폐하께서는 기도祈禱, 제사를 갖추어 삼가고 있는데도 이러한 악신惡神이 있으니 당연히 제거해야 할 것입니다. 그러면 선신善神이 나타날 것입니다."

그래서 바다로 들어가는 자에게 대어를 잡는 도구를 가지고 가게하고 시황제 자신도 연발連發하는 노弩를 가지고 대어가 나타나는 것을 기다려서 쏘려고 했다.

낭야에서 북상하여 영성산(榮成山 : 성산成山, 산동성)에 이르렀으나 대어를 보지 못했다. 지부之罘에 이르러 대어를 발견하여 한 마리를 쏘아 잡았다. 그리고 드디어 바다를 따라 서행西行하여 평원진(平原津 : 산동성)에 이르러 병에 걸렸다.

시황제는 '죽음'이란 말을 싫어했다. 그래서 군신들은 감히 죽는다는 말은 입 밖에 내지 않았다. 황제의 병이 더욱더 심해졌다. 그래서 시황제는 조서에 옥새를 눌러 황자 부소에게 내렸다.

〈나의 상喪을 당하면 함양으로 와서 장례를 치르라.〉

조서는 봉인되어 중거부령(中車府令 : 천자의 여거興車를 주관하는 장관)으로 천자의 옥새를 맡아가지고 있는 조고趙高의 손에 있었으며 부소에게로 갈 사자에게 넘겨주지 않았다.

　　7월 병인일丙寅日에 시황제는 사구(沙丘 : 하북성)의 평대平臺에서 붕어했다.

　　승상 이사는 황제가 국도國都 밖에서 붕어했으므로 여러 황자나 천하에 변란이 일어날 것을 두려워하여 붕어한 사실을 감추고 발상發喪하지 않았다. 시황제의 시체가 든 관을 온량거(輼輬車 : 창문의 개폐로 온도를 조절하는 수레) 가운데에 싣고 황제가 본시 총애하던 환관宦官을 동승시켜 통과하는 곳마다 식사를 올리고 문무백관이 주상하는 것도 종전과 같이 했다.

　　다만 황자 호해, 환관 조고 및 생전에 총애를 받던 환관 5, 6인만이 시황제의 죽음을 알고 있었다.

　　조고는 일찍이 호해에게 서書 및 옥률獄律·법령에 관해서 가르친 적이 있으며 호해는 사사롭게 조고를 총애했다. 조고가 황자 호해·승상 이사와 함께 음모하여 시황제가 봉인하여 황자 부소에게 내린 조서를 없애버리고 거짓으로 꾸며 호해를 황태자로 삼았다. 다시 조서를 위조하여 황자 부소와 장군 몽염에게 그들의 죄를 물어 자결을 명했다.

　　때마침 더위가 심하여 황제의 시체가 썩어 온량거에서 냄새가 났다. 그래서 수레마다 한 섬씩의 저린 생선을 싣게 해서 생선의 냄새로 시체의 썩은 냄새를 얼버무리게 했다. 일행은 직도(直道 : 35년에 몽염이 개설한 도로)를 통하여 함양에 이르러 발상했다.

황태자 호해가 위位를 물려받아 2세황제가 되었다.

9월에 시황제를 여산酈山에 매장했다.

이보다 앞서, 시황제가 즉위하자 여산에다 지하를 깊이 파서 매장할 준비를 했다. 천하를 병합하고 나서는 천하의 죄수들로 이곳에 보내온 자가 70만여 명이었다. 그들은 사역使役하여 세 차례나 지하의 수층水層을 지나도록 깊이 파고 동판銅版을 밑에 깔고, 그 위에 외관外棺을 안치했다. 능묘 가운데에는 궁전, 누관樓觀을 만들고 진기한 기구나 물품을 궁중에서 옮겨와 이 곳을 충만하게 했다.

또 공장工匠에게 명하여 발사하는 노시기弩矢機를 장치하게 하여 능묘를 파헤치고 접근하는 자가 있으면 자동적으로 사살하게 만들었다.

뿐만 아니라 수은水銀을 흐르게 해서 백천百川·강하江河·대해大海를 만들고 기계로 끊임없이 수은이 흘러들게 했다. 그리고 인어人魚의 기름으로 능묘 내의 촉등燭燈을 삼았는데 오래도록 꺼지지 않게 하기 위해서이다.

"선제先帝의 후궁으로서 자식이 없는 여성을 궁중에서 내보내서는 안 된다."

2세황제는 모두 순사殉死하게 했다. 순사하는 자가 매우 많았다.

"공장工匠은 능묘에 기계장치를 했으므로 매장된 품목을 모조리 알고 있다. 매장품은 중요한 것이므로 외부에 알려지게 되면 큰일이 난다."

매장이 끝나자 중간의 차단막 문을 닫아걸어 매장에 종사하던 인부들을 나오지 못하게 가둬버렸다.

능묘 위에는 울창한 나무를 심어서 마치 자연의 산처럼 보이게 했다.

2세황제 원년元年, 황제의 나이는 21세, 조고가 궁문을 맡아보는 낭중령郎中令이 되어 신임을 받아 국사國事에 참여했다.

황제가 다시 짐朕이라 자칭했다.

2세황제는 조고를 높이 써 조고의 말에 따라 법령을 밝혔다. 그리고 은밀히 걱정거리를 털어났다.

"대신들은 짐에게 심복하지 않으며 관리들의 힘은 아직도 강대하다. 그러면 여러 황자들은 반드시 짐과 제위帝位를 다투게 될 것이니 이것을 어떻게 하면 좋겠는가?"

"신이 진즉부터 말씀드리고자 했으면서도 아직까지 감히 말씀드리지 못했던 것입니다. 선제先帝의 대신들은 누구랄 것 없이 천하에서 대대로 이름난 귀현貴顯들입니다. 공로를 쌓아 대대로 자손에게 전해온 지가 오래입니다. 그러나 저 조고는 본시가 비천卑賤한 출신이지만 다행히도 폐하께서 불러 쓰시어 궁중의 제반사를 관리하고 있습니다. 대신들은 유쾌하지 못한 심정으로 그저 겉으로만 저를 따르는 척하지만 실은 심복하고 있지 않습니다. 이제 폐하께서 각 지방을 순행하실 때 기회를 타서 군현의 수守ㆍ위尉로서 죄 있는 자를 조사해서 그들을 주살誅殺해 버리면 위로는 위세가 천하에 떨치고, 밑으로는 폐하께서 불순한 무리로 생각하던 자를 제거할 수 있습니다. 지금은 문덕文德을 내세울 것이 아니라 무력을 가지고 일을 결단할 시기입니다. 원하옵건대 폐하께서는 시세時勢에 따라 지체치 말고 처리하십시오. 그렇게 하시면 군신들에게 모의할 틈을 주지 않게 됩니다. 현명한 군주는 군신 이외의 백성을 크게 써 천한 자를 귀하게 해주고 가난한 자를 부유하게 해주고 소원疏遠한 자를 친근하게 해주는 것으로 이렇게 하면 천하가 집결集結하여 국가가 편안하게 됩니다."

2세황제가 '좋다'고 했다. 대신과 여러 황자들을 주살하고 죄과가 있다고 해서 근대近待하는 소신小臣이나 3랑(三郎 : 中郎 · 外郎 · 散郎)을 연속해서 체포했기 때문에 조정에 설 수 있는 자가 없었다.

그리고 6명의 황자가 두杜에서 몰살당했다. 황자 장려將閭의 형제 3인만은 내궁內宮에 간힌 몸이 되어 그들의 죄를 논의하는 관계로 처형이 다소 늦어졌을 뿐이다.

"황자는 불충한 신하로 죄는 사형에 해당한다. 관리를 보내서 법을 집행하겠다."

2세황제가 사자를 보내어 장려에게 통고했다.

"그 동안 조정朝廷의 예식에 나는 아직까지 의례관의 지시를 어기고 한 번도 실수를 한 적이 없다. 종묘의 석차席次에 있어서도 나는 아직까지 절도를 잃어 석차를 어지럽힌 적도 없다. 폐하의 명령을 받고 빈객賓客을 응대하는 경우에도 나는 아직까지 실언을 한 적조차 없다. 어째서 불충한 신하라고 하는지 원컨대 나의 죄과罪過를 알고서 죽었으면 좋겠다."

장려가 강력히 반발하고 나섰다.

"신은 조정의 의론에 참여하지 않았기 때문에 그저 조서를 받들고 일에 종사할 따름입니다."

사자는 그저 더 이상 할말이 없었다.

"천명天命이로다! 그러나 나에게 죄는 없다!"

장려는 하늘을 우러러 큰 소리로 세 차례 외쳤다. 그리고 삼형제는 모두 눈물을 흘리며 검劍을 빼어 자결했다.

황실의 일족은 모두 공포에 떨었다. 군신 중에서 충간忠諫하는 자가 있으면 황제를 비방하는 자로 간주되었다. 대관大官들은 봉록俸祿을 잃지 않으려고 영합迎合할 뿐이었다. 민중들도 떨며 두려워하기는 마찬가지였다.

4월에 2세황제가 수도 함양으로 귀환했다.

"선제께서는 함양의 조정이 협소하다고 생각하시어 아방궁을 조영造營하고 궁전을 세우려고 하셨으나 미처 완성을 보기 전에 붕어하셨다. 그래서 아방궁의 공사를 중지하고 여산릉을 착공했다. 이제는 여산릉의 공사가 완성되었다. 지금 아방궁을 버려두고 완성시키지 않는다면 이것은 선제께서 기획企劃한 것이 잘못이었음을 인정하는 것이 된다."

그래서 다시 아방궁 짓는 일에 박차를 가했다. 나라 밖으로는 사방의 오랑캐를 진무鎭撫하는 것도 시황제의 계획대로 시행했다. 강력한 쇠뇌를 쏠 수 있는 재사才士 5만 명을 징집하여 함양에 주둔케 하고 사술射術을 가르치게 했다. 그들 외에는 개狗·말馬·금수禽獸 등 사육시킬 것이 많았으므로 그 부족한 식량을 채우기 위해 군현에 하령下令하여 콩豆·조粟·마초와 땔나무 등을 징발해서 서울로 수송케 하고, 운송을 담당하는 자들도 모두 자신의 식량을 지참하게 했다.

함양에서 3백 리 이내의 농민들은 자신이 수확한 곡물을 먹지도 못하고 세금으로 수탈당했다. 그리고 법의 통용이 까다로워 툭하면 법망에 걸려들었다.

7월에 변경의 수비병인 진승陳勝 등이 본시의 초楚 땅에서 반란을 일으켜 국호國號를 장초(張楚 : 초나라를 확장했다는 뜻)라 했다.

진승은 자립해서 초왕이 되어 진(陳 : 하남성)을 본거本據로 하고 제장諸將을 각지에 파견해서 그 지방을 복종하도록 하게 했다. 산동 군현의 젊은이들이 진秦의 관리 밑에서 괴로움을 당하고 있었으므로 모두들 군현의 수守·위尉, 즉 군리郡吏 및 영令·승(丞 : 현리縣吏)을 살해하고 반란을 일으켜 진승에게 호응했다.

그리고 각각 자립해서 후侯·왕王이라 칭하고, 합종하여 서방으로 향했다. 진을 토벌한다는 명분을 내세운 자가 이루 헤아릴 수 없이 많았다.

동방으로 사신 갔다가 돌아온 알자(謁者 : 궁중에서 빈객을 대접하는 관리)가 반란이 일어났다는 사실을 2세황제에게 보고했다. 2세황제가 분노해서 알자를 옥리에게 내렸다. 그 후 사자들은 사태의 심각성을 제대로 고할 수조차 없었다.

"군도群盜(도적떼)가 있었습니다만 군郡의 수·위가 체포하고 있는 중입니다. 조금 있으면 모조리 잡힐 것입니다. 근심하실 것은 없습니다."

황제가 기뻐했다.

무신武臣이 일어나 조왕이 되고, 위구魏咎가 위왕이 되고, 전담田儋이 제왕이 되었다. 패공沛公이 강소성 패沛에서 일어났으며, 항량項梁은 회계군에서 군사를 일으켰다.

2년 겨울, 진승이 파견한 주장周章 등이 장군이 되어 서방의 희(戱 : 섬서성)에 근접해 진을 쳤다. 그 병력은 수십만이었다. 2세황제가 크게 놀라 군신들의 의견을 듣고자 하였다.

"어떻게 했으면 좋겠는가?"

"적도賊徒들이 이미 임박했으며 병력 또한 많고 강대합니다. 지금 가까운 현縣의 병사를 징발한다 하더라도 뒤늦을 것입니다. 여산에서 복역하고 있는 도형수들이 많습니다. 청하옵건대 그들을 사면赦免하고 병기를 주어 출격하고자 합니다."

소부(少府 : 산해山海 · 지택池澤의 세를 주관하는 관官) 장한章邯이 말했다.

2세황제가 이에 천하에 대사령大赦令을 내리고 장한을 장군으로 삼아 진무토록 했다.

장한은 주장의 군사를 격파하고 드디어 주장을 하남성 조양曹陽에서 살해했다.

2세황제는 더욱 병사를 증발增發하여 장사(長史 : 승상의 속관屬官)인 사마흔司馬欣과 동예董翳를 파견하여 장한을 도와 적도들을 치게 했다.

장한 등은 진승을 성보(城父 : 안휘성)에서 죽이고 항량을 정도定陶에서 격파하고 위구를 임제(臨濟 : 하남성)에서 멸망시켰다.

초楚 땅에서는 적도의 명장이 이미 사멸死滅했으므로 장한은 북상하여 황하를 건너 조왕 헐歇 등을 거록(鉅鹿 : 하북성)에서 공격했다.

반란의 기미가 진정되는 듯하자 조고가 자기의 의중을 펼치기 시작했다.

"선제께서 천하에 군림하여 제어制御한 지 오랩니다. 그래서 군신으로서 감시 비행非行을 하거나 사설邪說을 말하는 자가 없었습니다. 지금 폐하께서는 연소하시며 즉위하신 지도 얼마 안 됩니다. 그러니 어떻게 공경公卿들과 조정에서 정사를 결정할 수 있겠습니까? 만약에 결재하신 사항에 잘못이라도 있게 된다면 군신에게 폐하의 단점을 보여주게 됩니다. 천자가 짐이라고 자칭하는 것은 신하들은 천자의 음성조차 들을 수 없다는 뜻입니다. 〔짐朕을 조짐兆朕이라는 뜻으로 해석해서 신하는 황제의 조짐을 바라볼 따름으로 황제의 음성을 듣거나 모습을 보는 것이 아니라고 조고가 부회附會한 것이다.〕"

그리하여 2세황제는 언제나 금중禁中에 있으면서 조고와 함께 모든 정사를 결정지었다. 그 후로 공경들도 입조入朝하여 알현謁見하는 일이 드물었다.

도적이 더욱더 많아져서 관중의 병졸들을 동원하여 동방의 도적을 치는 일이 끊일 사이가 없었다.

우승상 거질과 좌승상 이사, 자군 풍각이 나서서 간했다.

"관동의 도적들이 일제히 일어나 진秦에서는 병사를 동원하여 그들을 주격誅擊하고 살해한 바가 심히 많습니다만 그래도 군도群盜는 여전합니다. 도적이 많은 이유는 모두가 변경의 수비, 수륙으로 수송하는 작업이 괴로우며 또 부세賦稅가 많기 때문입니다. 청하옵건대 앞으로는 아방궁의 공사를 중지하고, 사방 변두리의 수비와 수송의 노역을 감소시키십시오."

그러자 2세황제가 말했다.

"나는 한비자에게 이런 말을 들었다. '요임금이나 순임금은 산에서 벌채伐採한 대로의 재목材木을 깎지 않고 궁전 서까래로 썼으며 지붕을 띠풀로 이었으나 처마끝을 가지런히 자르지 않았고 질그릇에 밥을 담고 질그릇으로 국을 마셨다. 문지기의 생활일지라도 이보다 박薄하지는 않았다고 한다. 또 우禹임금은 용문산龍門山을 뚫어서 대하大夏 지방의 물을 소통하게 하고, 황하의 정체된 물길을 터놓아 바다로 흘러들게 하고 몸소 땅을 다지는 방망이 축축築과 가래를 잡고 종아리에 털이 닳아 없어지도록 노동했다. 비천한 신하인 노예라 할지라도 이보다 노고가 심하지는 않았다'고 한다. 대체로 천하를 보유保有하여 천자가 되는 것이 귀중하다고 하는 이유는 뜻대로 행동하여 자신의 욕망을 충족시킬 수 있기 때문이다. 인주人主는 법을 밝혀 형벌을 무겁게 하면 밑에서는 감히 비행을 하지 못한다. 이렇게 해서 국내國內를 제어하는 것이다. 대체로 순임금이나 우임금은 천자라는 존중한 지위에 있으면서도 몸소 노고하는 처지에 둠으로써 백성을 따르게 했으니 이러한 것이 무슨 본받을 만한 가치가 있단 말인가. 짐이 생각하기로는 만승천자萬乘天子의 지위에 있으나 그 실속은 없다. 나는 1천 대의 거마車馬와 1만 대의 속거屬車를 만들어 나의 칭호에 어울릴 만큼 충실하려 하고자 한다. 또 선제는 제후에서 몸을 일으켜 천하를 겸병兼併하고 천하가 이미 평정되자 밖으로는 사방의 오랑캐를 물리쳐서 변경을 평안하게 하고 궁실을 건조建造하여 뜻을 이룰 것을 밝혔다. 그러니 그대들은 선제의 공업功業이 시작된 것을 보았을 것이다. 이제 짐이 즉위한 지 2년 동안에 군도群盜가 아울러 일어났으나 그대들은 이것을 금압禁壓하지 못했다. 뿐만 아니라 선제께서 하려고 한 바를 중단시키고자 하고 있다. 이것은 위로는 선제의 은덕에 보답하지 못하고, 다음으로는 짐을 위하여 충성을 다하는 것도 못 된다. 그대들은 무엇을 가지고 관위官位에 머물러 있는 것인가?"

거질去疾·사斯·각却을 옥리獄吏에게 내려 죄를 묻고자 하였다. 거질과 각이 말했다.

"장군이나 승상은 굴욕을 감수해서는 안 된다."

그리고는 자결했다.

이사도 드디어 옥에 가두고 오형(五刑 : 먹물들이기, 코자르기, 발자르기, 생식기 제거하기, 사형)에 처하려고 했다.

그 무렵 궁 안팎으로 목숨을 부지하기가 한 치 앞을 바라볼 수 없는 상황이었다.

3년에, 장한 등이 그의 병졸을 이끌고 거록을 포위하여 조나라를 압박하자 초의 상장군 항우項羽가 초군을 인솔하고 가서 거록을 구원했다.

그해 겨울에 조고가 승상이 되었다. 결국 태자 부소와 몽염을 죽이고 2세황제를 옹립하는데 모의했던 이사를 취조取調하여 사형에 처했다.

그해 여름에 장한 등이 힘써 싸웠으나 자주 패했다. 2세황제가 사신使臣을 시켜 장한에게 문책하고자 하니 장한이 불안하여 장사長史인 사마흔을 보내어 지원병을 청하고자 하였다. 그러니 조고는 그를 만나지도 않고 그의 말을 믿으려고도 하지 않았다. 오히려 조고가 사람을 시켜서 추포追捕케 했으나 미치지 못했다.

"조고가 궁중에서 정권을 쥐고 있습니다. 장군은 공功이 있어도 주살될 것이고, 또 공이 없어도 주살될 것입니다."

사마흔이 장한을 만나서 궁중의 내막을 세세히 말했다.

항우가 급진急進해서 진군秦軍을 공격하여 왕리王離를 사로잡았다. 장한 등이 드디어 병사를 이끌고 항우에게 항복했다.

8월 기해일己亥日, 조고가 반란을 일으키려고 했으나 군신群臣들이 듣지 않을 것을 두려워하여 먼저 의중을 떠보기 위해 사슴을 가지고 2세황제에게 바치면서 말했다.

"이것은 말[馬]입니다."

그러자 2세황제가 웃으면서 말했다.

"승상도 잘못이 있는가? 사슴[鹿]을 보고 말이라고 하는군[지록위마指鹿爲馬]."

좌우의 근신近臣들에게 물으니 근신들은 혹은 침묵하고, 혹은 말이라고 해서 조고의 비위를 맞추고, 혹은 사슴이라고 하는 자도 있었다.

조고는 사슴이라고 말한 여러 사람을 아무도 모르게 처형했다. 이후로는 군신들이 모두 조고를 두려워했다.

조고는 이보다 앞서 자주 이런 말을 했다.

"관동의 도적이란 대수롭지 않다."

그런데 항우가 진나라 장수 왕리 등을 거록의 성城에서 사로잡고 전진하는 바람에 장한 등의 군사가 자주 퇴각하면서 상서上書하여 원군을 증가해 줄 것을 요청했다.

또 연燕·조趙·제齊·한韓·위魏가 모두 자립해서 왕국이 되었다. 그리고 함곡관函谷關 이동以東은 대개가 진의 지방관을 배반하고 제후에게 호응했다. 제후들은 그 대중을 모조리 인솔하고 서방西方으로 향했다.

패공沛公은 수만 명을 인솔하고 무관(武關 : 섬서성)을 무찌르고 사람을 시켜 조고에게 사통私通했다.

조고는 2세황제가 분노하여 자신을 주벌할 것을 염려하여 병이라 핑계대고 입조하여 알현하지 않았다.

2세황제가 꿈 속에서 백호白虎가 승용거乘用車 좌측의 부마副馬

를 물어 죽이는 것을 보고 마음이 즐겁지 않았으며 또 괴이하게 여겨 점몽관占夢官에게 물었다. 점몽관이 점을 쳐보고 말했다.

"경수涇水의 신神이 화를 미치게 합니다."

그래서 2세황제가 경수를 바라보는 망이궁望夷宮에서 목욕재계하고 경수의 신에게 제사지내고 희생犧牲으로 네 마리의 백마白馬를 경수에 수장하려고 했다.

또 사신을 보내어 도적이 멎지 않는다는 이유로 조고를 문책했다. 조고가 불안을 느껴 그의 사위 함양령咸陽令 염락閻樂과 아우 조성趙成과 남몰래 모의하였다.

"주상主上은 간언을 듣지 않았으며 지금 사태는 급박하다. 그래서 그 화를 우리 일족에게 돌리려 하고 있다. 나는 2세황제를 갈아 치우고 황자皇子 영嬰을 세우고자 한다. 황자 영은 인자하고 검소하여 백성들은 모두 그를 받들 것이다."

그리고 낭중령 조성趙成을 끌어들여 궁중에서 내응內應하게 하고 거짓으로 큰 도적이 들었다고 해, 염락을 시켜 포리捕吏를 소집하고 병졸을 동원하여 추적하게 했다.

또 염락이 변심할 것을 두려워하여 염락의 모친을 인질로 조고의 집에 가두었다. 그리고 염락을 시켜서 이졸吏卒 1천여 명을 거느리고 망이궁에 이르게 했다.

염락이 궁문을 지키는 위령衛令과 복야僕射를 결박해 놓고 말했다.

"도적이 이리로 들어갔다. 어째서 막지 않았느냐?"

"궁전의 주위에는 위소衛所가 있으며 위졸衛卒들이 엄중하게 경계하고 있는데 어떻게 도적이 궁전으로 들어갈 수 있겠습니까?"

위령이 말했다.

염락이 위령을 베어버리고 바로 포리를 이끌고 궁중으로 들어가면서 활을 연사連射했다. 궁중의 낭중郎中이나 환관들이 크게 놀라 혹은 달아나고 혹은 맞붙어서 격투했다. 격투한 자들은 피살되어 수십 명의 시체가 뒹굴었다.

낭중령은 염락과 함께 궁중으로 들어가 2세황제의 옥좌玉座에 드리운 휘장을 쏘아 댔다. 2세황제가 분노하여 좌우를 불렀으나 좌우의 근신들은 이미 당황하고 낭패하여 싸우려고 하지 않았다.

그런데 옥좌 곁에 한 사람의 환관이 있어 황제를 모시고 떠나지 않았다.

"그대는 어째서 빨리 나에게 알리지 않고 이 지경이 되도록 가만히 있었는가?"

2세황제가 옥좌 가운데로 들어가며 말했다.

"저는 구태여 말하지 않았습니다. 그러했기에 지금까지 생명을 보전保全할 수 있었습니다. 만약에 제가 빨리 말했더라면 폐하의 노여움을 사서 벌써 모두 피살되었을 것입니다. 어떻게 지금까지 살아남을 수 있었겠습니까?"

염락이 앞으로 나아가 2세황제에게 다가서서 문책했다.

"그대는 교만하고 방자해서 백성을 무도하게 주살했다. 그리하여 천하가 함께 그대를 배반했다. 그대는 그대의 손으로 자신을 처치하라!"

"승상을 만나게 해줄 수 없겠는가?"

"안 된다."

"내가 원하기로는 한 개의 군郡만이라도 얻어서 왕이 되었으면 한다."

거절되자 다시 말했다.

"원컨대 1만 호를 가진 열후列侯라고 되고 싶다."

그마저 거절되자 다시 말했다.

"원컨대 처자妻子와 함께 평민이 되어 여러 황자들과 동등하게 살았으면 한다."

"나는 승상에게서 명령을 받고 천하를 위하여 그대를 주살하는 것이다. 그대가 많은 말을 한다고 하더라도 나는 구태여 승상에게 보고하지도 않을 것이다."

그리고 부하의 병사들을 손짓해서 다가오게 하니 2세황제는 그때서야 자결했다.

염락이 돌아가서 조고에게 보고했다. 조고가 여러 대신과 황자들을 모조리 불러놓고 2세황제가 자결한 상황을 공포했다.

"진은 본시가 왕국이었다. 시황제가 천하에 군림했기 때문에 황제라고 칭했다. 지금은 6국이 다시 자립해서 진의 영토는 더욱 축소되었다. 그러니 실속 없는 공허한 명칭으로 황제라고 하는 것은 옳지 않다. 마땅히 옛날처럼 왕이라고 하는 것이 타당하다."

2세황제 형(兄 : 부소)의 아들 황자 영嬰을 세워서 진왕으로 삼았다. 그리고 또한 서민의 예로써 2세황제를 두남杜南의 의춘원宜春苑 가운데에 매장했다.

황자 영을 시켜 목욕재계하고 진의 종묘의 영전靈前에서 전국傳國의 옥새를 물려 받기로 정했다. 목욕재계한 지 5일 만에 황자 영이 자기의 두 아들과 상의하여 말했다.

"승상 조고는 2세황제를 망이궁에서 시살弑殺했다. 그래서 군신群臣이 자기를 주살할 것을 두려워하여 거짓으로 의義를 내세워 나를 국왕으로 삼았다. 내가 듣기로는 조고가 초楚와 밀약을 맺고 진의 종실宗室을 멸망시키고 관중關中에서 왕이 되려고 하는 것으로 알고 있다. 지금 나를 목욕재계시켜서 종묘 참배하게 하는 것은 종묘에서 나를 죽이려고 하기 때문이다. 내가 신병身病을 핑계 삼아 참배하지 않으면 승상 자신이 이곳으로 올 것이다. 승상이 이곳으로 오면 그를 죽이겠다."

조고가 사람을 시켜서 몇 차례나 황자 영에게 참배하기를 청했으나 황자 영이 가지 않았다. 과연 조고가 몸소 와서 말했다.

"종묘의 영전에 참배하는 것은 중대한 일입니다. 왕께서는 어째서 오시지 않습니까?"

자영子嬰이 드디어 조고를 재계하는 궁에서 척살刺殺하고 조고의 부모·처자·형제를 몰살하여 함양에서 조리 돌렸다.

자영이 진왕이 된 지 46일 만에 패공沛公 유방이 진군을 격파하고 무관으로 들어와 패수(覇水 : 섬서성) 가에 이르러 사자使者를 시켜 자영에게 항복할 것을 권하였다.

자영은 항복의 뜻을 표시하여 목에 인끈〔組〕을 걸고 상복을 입은 채 백마가 이끄는 소거(素車 : 채색하지 않은 흰 수레)를 타고 〔패전시에는 상복喪服을 입었다.〕 천자의 옥새를 받들어 지도(軹道 : 장안의 동쪽 13리에 있는 정자 이름) 부근에서 항복의 예를 갖추었다.

패공은 드디어 함양에 입성하여 궁실 부고府庫에 손을 대지 못하도록 하고, 패수 가로 물러나 포진布陣했다. 이로부터 한 달여 만에 제후의 군軍이 도달했다.

항우는 제후들의 연합군 장長이었다.

항우는 거칠 것 없이 자영 및 진의 제공자諸公子 일족을 죽이는 등 함양을 쑥대밭으로 만들어 유린하고, 진의 궁실을 불사르며 자녀들을 사로잡고 진보珍寶와 재화財貨를 몰수하여 제후들과 함께 이것을 분배했다.

진을 멸망시킨 후 진의 땅을 3등분하여 이 땅의 왕을 옹왕(雍王 : 장한) · 색왕(塞王 : 사마흔) · 적왕(翟王 : 동예)이라 해서 3진秦이라 불렀다.

항우는 스스로 '서초西楚의 패왕覇王'이 되어 천하에 명령하는 주권을 가지고 천하를 나누어서 제후諸侯를 왕으로 삼았다.

진은 마침내 멸망하고, 그 후 5년 동안 항우와 유방의 싸움에서 천하는 한漢에 의하여 평정되었다.

태사공은 이렇게 결론지었다.

진의 조상인 백예佰翳는 일찍이 요 · 순의 시대에 훈공勳功이 있어서 봉토封土를 받았으며 성姓을 받았다. 그러나 하 · 은 · 주의 시대가 되면서 후손들은 뿔뿔이 흩어졌다. 주周가 쇠미하게 되자 진이 흥기興起하여 서변西邊에 도읍했다. 목공穆公 이래로 점차 제후의 땅을 잠식하여 마침내 시황제의 천하통일이 성취되었다.

시황제는 자신이 생각하기를, '공로는 오제五帝보다도 크며 영토는 삼왕三王보다도 넓다. 그러니 오제 삼왕과 동등시되는 것이 부끄럽다'고 여겨 '황제皇帝'라고 칭했다.

항우項羽 본기 ― 역발산기개세

진秦이 정도政道를 잃자, 천하의 호걸들이 동시에 일어나 천하가 어지러웠다. 항량項梁이 군사를 일으켰고, 그 지휘권을 항우項羽가 물려받아 거록 땅에서 조趙나라를 구원했다. 모든 제후들이 그를 우러러보았다. 그러나 그가 진의 자영子嬰을 죽이고 초의 회왕懷王을 배척하자 천하 사람들은 항우가 그르다고 했다.

초楚나라가 멸망할 때 끝까지 지키기 위해 싸운 사람은 항연項燕 장군이었다. 항項씨는 초나라 대대로 장군을 지낸 무장武將 가문으로 초나라와 떼어놓을 수 없는 운명이었다.

〈항우項羽〉

항량項梁은 아버지 항연이 전쟁에서 죽은 후 쫓기는 몸이 되어 조카인 항우項羽를 데리고 오중吳中이란 곳으로 피해 있었다. 오중은 과거 오나라의 도읍지 소주蘇州였다.

항량은 문무文武가 뛰어난 아버지 향연을 이어 장군이 되고도 남을 재목이었다. 오중에서의 항량은 어려운 자들을 돕는 일에 힘썼다. 고을의 대규모 공사나 장례의식에도 발 벗고 나섰다. 그러자 오중의 유력 인사들도 향연의 사람됨에 감복하여 그를 지도자로 받들었다.

항량은 조카 항우에 대한 애정이 남달랐다. 항우가 일찍 아버지를 여의는 바람에 자기 자식처럼 돌보아 키웠기 때문에 아버지와 같은 애정을 갖고 있었다.

항우는 초나라가 망하기 11년 전에 태어났다. 본명은 적籍, 자字는 우羽라고 했다. 항우는 어려서부터 사내다운 기질이 넘쳤다. 더구나 유달리 큰 체구에도 불구하고 몸놀림이 재빨랐으며 기운은 천하장사였다.

항우는 힘도 셌을 뿐만 아니라 시력 또한 남달랐다. 그는 힘으로 하는 일에는 어느 장정도 당해낼 수 없었지만 글공부는 머리를 감싸 쥐며 고개를 절레절레 흔들었다.

"답답하고 힘들어서 못해먹겠어요."

"이놈아! 글을 배우는 일이 밥 먹듯 그렇게 쉽다면 누군들 학자가 못 되겠느냐?"

조카가 꾀를 부릴수록 항량의 언성만 높아갔다. 사실 초나라 사람들은 북방의 문자인 한자를 익히기가 쉽지 않았다.

항우는 울며 겨자 먹기로 숙부에게 글을 배우려 했지만 결국 두

손을 들고 말았다.

"더는 배우고 싶지 않습니다, 숙부님. 제 이름 석자만 쓸 줄 알면 족하다고 생각합니다."

이렇게 항우는 제 이름자 쓰는 정도로 글공부를 끝냈다. 항량도 항우에게 학문이 맞지 않는다는 것을 알고 더 이상 강요하지 않았다.

그런 어느 날 항량은 항우를 조용히 타일렀다.

"학문을 익히기는 글렀으니 검술이나 배워라. 어쩌면 검술이 너에게는 적절한 공부가 될 것 같구나."

"좋습니다."

그날로 항우는 책을 방구석에 밀어놓고 숙부에게 검술을 배우기 시작했다. 글공부와는 다르게 검술은 항우에게 신나는 일이었다.

"자, 검술은 기본 동작이 중요하다. 내가 하는 대로 기합을 넣어가며 따라 하거라. 하압!"

항량은 첫째 날, 둘째 날이 지나 사흘째가 되어도 검술의 기본 동작만을 되풀이하여 가르쳤다. 기본이 잡혀야 기술로 들어가는 것이 검술이기 때문이었다. 그러나 날마다 되풀이되는 기초 동작이 항우에게는 지루하기 짝이 없었다.

"숙부님, 검술도 이렇게 하는 것이라면 진절머리 나서 배우기 싫습니다."

"기본 동작을 충실히 익혀야 검劍을 다룰 수 있다."

항우는 얼마 못 가서 검술도 배우려 하지 않았다.

"이놈아! 너는 대체 뭘 하겠다는 거냐? 이것도 못하고, 저것도 못하고……."

항량은 화가 나서 조카를 꾸짖었다. 그러자 항우의 대답이 걸작이었다.

"검술은 한 사람만을 상대하는 것이지요?"

"……그렇지."

"그런 검술이라면 별 게 아니라고 봅니다. 몇 천, 몇 만 명을 한꺼번에 상대할 수 있다면 또 모르지만."

항량에게 순간 떠오르는 생각이 있었다.

"그럼 병법兵法을 배우겠느냐?"

그 뒤로 항량은 항우에게 병법을 가르치기 시작했다. 항우가 병법서를 익힐 수 있도록 한 대목마다 두 번 세 번 반복했다.

"왜 한 번 한 말을 또 하고 또 하고 그럽니까?"

항우는 기묘한 전술을 힘들여 설명할 때도 전혀 놀라는 기색도 없이 끄덕끄덕 졸기까지 했다.

"이놈아, 중요한 대목이니 정신을 바짝 차려라!"

그러자 하품을 하던 항우가 한마디 불쑥 던졌다.

"병법도 별 게 아니군요, 제 생각과 같으니까요."

항량은 속으로 적이 놀랐다. 항우가 거짓말을 할 리는 없었다.

'이 녀석은 선천적으로 병법을 깨우친 게 아닐까?'

결국 항우는 병법 수련도 얼마 못 가서 흐지부지했다. 항량으로서는 더 이상 어쩔 수 없었다.

항량의 가슴속에는 한 가지 큰 꿈이 예리한 칼날처럼 항상 번뜩이고 있었다. 그 꿈은 '때가 오면 군사를 모아 아버지 항연 장군의 원한을 풀고 진나라를 물리쳐 초나라를 일으키자' 하는 것이었다.

항량이 조카 항우에게 거는 기대는 컸다. 아직 나이가 어리지만 항우의 생각하는 것이나 어떤 일에 부딪혔을 때 보이는 순발력은 항량을 놀라게 했다. 그리고 무엇보다도 항량을 놀라게 하는 것은 항우의 키와 몸집이 하루가 다르게 커가는 것이었다. 그 나이 또래의 아이들과는 비교할 바가 아니었다.

항량은 조카를 예사롭게 보지 않았다. 자신을 위해 아니 초나라를 위해 큰 일을 해줄 장군감으로 점찍어 놓아도 좋을 성싶었다.

항우의 키는 스무 살에 이르러 8척(尺 : 진의 1척은 23㎝, 그러므로 8척이면 184㎝)이 넘었다. 강남 사람들이 대체로 체격이 왜소하고 키가 작았기 때문에 항우의 체격은 어딜 가나 단연 돋보였다. 그리고 그의 우람한 체격에서 나오는 힘은 세발 가마솥〔三鼎〕을 번쩍 들어올릴 정도였다. 항우는 머리 회전도 빨랐다. 숙부가 어떤 말을 하면, 그 일을 하나만 끝나는 게 아니라 그에 따른 부수적인 일까지 척척 처리하는 항우의 동작은 가히 번개와도 같이 재빨랐다. 그의 육중한 체구와는 걸맞지 않는 다른 모습이었다.

숙부 항량이 지방 유지들에게 신망을 얻고 항우 또한 젊은이들에게 인기가 높다보니 그들 주변엔 일종의 세력 같은 것이 자연스럽게 형성되었다.

"우리는 초나라의 귀족 명문가이고, 훌륭한 장수의 후손이다. 집안과 선조의 명예를 더럽히지 않으려면 윗사람들에게 공손해야 한다."

숙부의 가르침이 어릴 때부터 몸에 배어 항우는 나이 많은 이들에게 항상 예의바른 청년으로 칭찬을 받았다.

"진나라의 멸망은 강 건너 불 보듯 뻔한 이치입니다."

항량은 세상 이치에도 밝아 그를 한번 만나본 사람이면 곧 우러러보았다.

"무슨 일이든 항량과 의논하여 그가 시키는 대로 따르면 된다."

이런 말까지 나돌 정도로 항량은 오중吳中에서 단연 돋보이는 인물이 되었다. 그는 진나라의 군청이나 현청을 자기 집처럼 드나들 수 있을 정도로 영향력을 갖게 되었다.

오중은 회계군會稽郡에 속해 있었다. 회계군에는 216개의 현이 있었으므로 예전의 오나라와 월나라의 땅과 맞먹을 만큼 넓었다.

회계군을 다스리는 행정장관은 은통殷通이라는 사람이었다. 넓은 땅, 수많은 현을 다스리는 은통의 위세는 이전의 왕이나 다름없었다.

"은통은 왕인가요?"

항우가 숙부에게 물었다.

"왕이 아니라 왕의 뜻에 따르는 관리지."

항량은 진의 관료 조직을 조카에게 알아듣기 쉽게 설명해주었다.

"관官은 시황제 권력의 대행자로 관할지의 백성을 직접 다스린다. 그렇지만 세금을 거두면 왕처럼 자기 것으로 쓰지 못하고 경비를 뺀 나머지는 몽땅 중앙정부 시황제에게 보내야 한다."

"관이 하는 일 중에 가장 큰일은 뭐지요?"

"백성들로부터 세금을 잘 거두어들이는 게 가장 중요한 일이란다. 그렇지만 세금을 무리하게 거두려고 하면 백성들이 반발하거나 다른 곳으로 이주移住해 버려서 오히려 역효과가 나기 때문에 그런 일은 지혜롭게 해야 한단다."

은통은 어떤 일이든 항량에게 도움을 구하거나 사정할 때가 많았다. 지방장관은 중앙의 지시에 성과가 나타나지 않으면 자리에서 물러나거나 형벌까지 받아야 하는 신상필벌信賞必罰이 따랐다.

항량은 관으로부터 어떤 협조 의뢰를 받는다든가 마을에 일이 생기면 항상 다른 어른들과 상의했고 백성 편에 서서 일을 처리했다.

항량이 관청에 드나들면서 일을 도와주는 데에는 더 큰 계획이 숨어 있었다. 때가 올 때를 대비해서였다. 즉 언젠가 때가 되어 군사를 일으킬 때 백성들을 끌어들일 계산을 하고 있었던 것이다. 숙부의 그러한 속마음을 항우도 알고 있었다.

"숙부, 사람들은 우리를 믿고 잘 따를 것입니다."

항우가 말했다.

"그래, 오중의 백성이 우리 뒤에 버티고 있다. 때를 기다리자!"

항량이 은통과 진나라를 향해 비수를 품고 오로지 생각하는 것은 초나라를 다시 일으켜 세우는 일이었다.

그는 나라를 잃고 진나라의 온갖 착취와 노역장으로 끌려갈 인부 징발에 허덕이는 백성들을 돕는 일이라면 아주 작은 일이라도 발 벗고 나섰다. 그래서 그가 정성들여 하는 일은 백성들과 함께 마음을 터놓고 살아가는 것이었다.

항우는 숙부로부터 누구는 어떤 재주가 있고 누구는 어떤 능력이 있다는 것을 익히 들어 알고 있다. 숙부가 자기에게 왜 그런 것을 가르쳐주는지 항우는 알고 있었다.

"잘 알겠습니다."

"무엇을 안다는 거냐?"

"때가 되면 요긴하게 쓰려는 게 아닙니까?"

"부자가 창고에 곡식을 쌓아두는 것은 장차 필요할 때 쓰려는 것이다. 초나라의 원한을 갚을 때가 오면 많은 인재가 필요하다. 아무리 재주가 뛰어나다 하더라도 혼자 제멋대로 처리하거나 잘난 체하는 독불장군은 쓸모가 없다."

항량은 시대의 흐름을 파악하고 있었다. 이미 진나라가 기울고 있다는 것, 언제 어디서 반란의 불똥이 튈지 몰랐다. 항량은 바로 그 날을 기다리며 인재 한 사람이라도 더 모으려고 애썼다.

진秦의 시황제가 절강성 소흥부 남쪽 회계산會稽山을 순행하고 절강浙江을 건넜을 때 항량과 항우가 함께 구경할 때였다.

"저놈을 대신해서 내가 들어서야겠다."

이때 항우가 갑자기 소리를 질렀다. 항량이 그의 입을 틀어막았다.

"허튼 수작 부리지 마라. 잘못하다가는 일족이 몰살된다."

그렇지만 항량은 그 이후부터 항우가 기특한 놈이라고 생각했다.

진의 2세황제 원년 7월 진섭陳涉 등이 대택향大澤鄉에서 군사를 일으켰다. 그 해 9월에 회계군의 군수 은통이 항량을 불렀다.

"강서(江西 : 양자강 서북)에서는 모두 반란을 일으켰소. 이것은 하늘이 진을 멸망시키려는 것이오. '선수를 쓰면 남을 제어할 수 있으나 뒤늦으면 남에게 제압당한다'는 말이 있소. 나는 병사를 일으켜서 귀공과 환초桓楚를 장군으로 삼을 작정인데……."

자못 의미심장하게 말했다. 이때에 환초는 도망하여 택중澤中에 있었다.

"환초는 도망중이라 그의 거처를 아는 사람은 오직 제 조카인 항우만이 알고 있을 따름입니다."

거짓으로 얼버무렸다. 그리고 밖으로 나가 항우에게 귀띔하여 검을 가지고 밖에서 기다리게 했다. 그리고 항량이 다시 들어와 은통과 마주 앉았다.

"항우를 불러들여 환초를 불러오게 하시는 게 어떨까요?"

"좋소. 그렇게 합시다."

항량이 항우를 불러들였다. 잠시 후 항량이 항우에게 눈짓으로 말했다.

"결행하라!"

항우가 검을 뽑아 단칼에 은통의 머리를 베어버렸다.

항량은 은통의 머리를 손에 쥐고 회계군수의 인수印綬를 자신이 찼다. 관내의 무리가 크게 놀라 어지럽게 떠들어댔으나 항우가 일당백으로 덤벼드는 자들을 죽이니 관리들이 모두 겁에 질려 꿇어 엎드리고 감히 대적하는 자가 없었다.

항량이 본시부터 잘 알고 지내던 관리들을 불러놓고 일이 된 사정을 일깨우고 타일러 오중吳中에서 거병했다. 그리고 사람을 시켜 회계군에 소속된 216개의 현縣을 지배하에 두고 정병 8천 명을 모았다.

항량은 오중의 호걸들을 알맞은 부서에 배치하여 효위效尉·후

侯·사마司馬 등으로 삼았다. 그 중의 한 사람이 자신의 이름이 누락된 것에 청원하였다.

"자네는 지난날 장례식 때에도 어떤 일을 주관하라고 했으나 잘 처리하지 못했다. 그래서 자네를 임용하지 않기로 했네."

이 말을 듣고 대중이 모두 심복했다. 이렇게 해서 항량은 회계 군수가 되고 항우는 부장副將이 되어 그에 소속된 216개의 현에 포고하여 따르게 했다.

강소성 광릉廣陵 출신의 소평召平이 진왕(陳王 : 진섭)을 위하여 광릉에 선무공작宣撫工作을 하고 있었으나 아직도 투항시키지 못하고 있었다. 이럴 때에 진섭이 패주하고 진군秦軍이 공격할 것이라는 소문을 들었다.

소평은 양자강을 건너서 진왕(진섭)의 명령이라 속이고 항량을 초왕(楚王 : 진섭陳涉)의 상국相國으로 임명한다고 전하였다.

"강동江東 지방은 이미 평정되었으니 급히 병사를 인솔하고 서진西進하여 진秦을 치시오."

이에 항량이 8천 명의 병사를 이끌고 양자강을 건너서 서진했다. 가는 도중에 진영陳嬰이 이미 동양현東陽縣을 함락시켰다. 이에 항량이 사자를 보내어 연합聯合하여 함께 서진하자고 했다.

진영은 본시 동양현의 영사令士로서 현내에 거주하면서 평소에 모범적인 인물로 유덕자有德者라는 칭송을 받고 있었다.

동양현의 젊은이 수천 명이 들고 일어나 그들의 현령縣令을 죽이고 새로 우두머리를 두려고 했으나 적임자가 없었다. 그래서 진영에게 취임해 주기를 청했다. 진영이 능력이 없다고 사절했으나 끝내 강요되어 진영이 우두머리가 되었다.

이 결과로 따르는 자가 2만 명이나 되었다. 젊은이들은 다시 또 진영을 왕으로 삼으려 했으며 그들은 청색 모자를 써서 타 지방에서 봉기한 군사와는 다르다는 것을 표시했다.

진영의 어머니는 현숙賢淑하기로 소문이 나 있었다.

"내가 너의 집 진씨 가문에 시집온 이래 아직까지 너의 조상 중에서 왕의 신분을 가진 분이 있었다고 들은 적이 없다. 지금 갑자기 네가 왕이 된다는 것은 불길하다. 역시 누군가의 지배하로 있는 것만 못하다. 반란이 성공하면 봉후가 될 것이며 실패하더라도 도망하기 쉬울 것이다. 세상에서 지목되지 않기 때문이다."

진영은 어머니의 가르침을 따라 왕이 되기를 고사하고 군관들을 타일렀다.

"회계군 항씨는 대대로 장군의 가문으로 초나라에서는 유명하다. 이제 대사를 거행하려고 하는데 우두머리가 될 장군은 그럴 만한 인물이 아니어서는 안 된다. 우리들은 명문 집안을 따라 행하면 반드시 진秦을 멸망시킬 수 있을 것이다."

이렇게 해서 회수淮水를 건너자 경포黥布 · 포장군(蒲將軍 : 英布)도 역시 병사를 이끌고 항량군과 합류했다. 그 바람에 6, 7만의 대군이 하비下邳에 포진했다.

이 무렵 광릉의 진가秦嘉가 이미 경구景駒를 세워서 초왕楚王으로 삼고 팽성彭城의 동쪽에 포진한 후 항량의 진출을 막으려 했다.

"진왕陳王이 먼저 거사해 전투가 불리해지더니 아직까지는 그의 소재所在도 분명치 않다. 이제 진가가 진왕을 배반하고 경구를 왕으로 세웠으니 이것을 대역무도라고 하는 것이다."

항량이 군관들에게 말하고 병사를 전진시켜 진가를 치니 진가의 군이 패주했다. 이를 추격하여 호릉胡陵에 이르렀다. 진가가 되돌아와 싸웠으나 단 하룻만에 전사하고 그의 군이 항복했다. 경구는 도망치다가 양梁 땅에서 죽었다.

항량은 이미 진가의 군까지 병합하여 호릉胡陵에 포진한 후 장차 군사를 이끌고 서진西進하려고 했다.

그 무렵 진장秦將 장한章邯의 죄수부대가 율栗에 이르렀다. 항량은 별동대의 장수인 주계석朱雞石·여번군餘樊君을 시켜 싸우게 했다. 여번군은 전사하고 주계석의 군은 패주하여 호릉에서 돌아왔다.

항량은 병사를 이끌고 설(薛 : 산동성 연주)로 들어가 주계석을 주살했다.

이보다 앞서 항량은 항우를 시켜 따로 양성襄城을 공격하게 했다. 양성의 수비가 견고하여 함락시키지 못하다가 항우가 겨우 함락시키고 적병을 모두 구덩이에 묻어 죽인 뒤 귀환하여 항량에게 보고했다. 항량은 진왕陳王의 죽음이 확정적이라 여러 별동부대의 장을 불러 설에 회합시키고 앞으로의 계략을 상의했다.

이 무렵에 패공(沛公 : 한고조)도 역시 패(沛 : 강소성 서주)에서 군사를 일으켜 설로 향했다.

거소(居鄛 : 안휘성) 출신의 범증范增은 나이 70에 평소 누구를 섬기는 일도 없이 집에 있었으나 기계奇計 꾸미기를 좋아했는데 설로 가서 항량을 만났다.

"진승陳勝이 패배한 것은 참으로 당연한 일입니다. 진秦이 6국을 멸망시켰습니다만 그 중에서 초가 진에 대하여 가장 죄가 없습니다. 그런데 초의 회왕懷王이 진으로 입국하자 그를 억류하여 귀국시키지 않았습니다. 그래서 초나라 사람들은 지금에 이르기까지 회왕을 불쌍하게 여기고 있습니다. 초의 남공(南公 : 도사 혹은 음양가)은 이렇게 말했습니다. '진秦에 대한 원망이 강하기에 초의 민가가 세 집밖에 안 남을 정도로 쇠약하더라도 진을 멸망시킬 자는 초일 것이다'라고 말입니다. 진승이 먼저 거사했습니다만 초왕의 자손을 세우지 않고 그 자는 자신을 내세워 자립했습니다. 그래서 그 세력이 장구하지 못했습니다. 지금 귀공은 강동江東에서 기병했으니 초에서 벌떼처럼 일어난 장군들이 다투어 귀공의 수하가 되겠다고 몰려든 것은 귀공의 가문은 대대로 초의 장군이었으므로 능히 초왕의 후손을 세울 수 있다고 믿기 때문입니다."

항량은 범증의 말이 옳다고 여기고 이에 초 회왕의 자손인 심心이 민간인에 고용되어 양을 치고 있는 것을 찾아내 세워 그의 조부의 시호를 따라서 초의 회왕으로 삼았다.

그리고 진영陳嬰을 초의 상국相國으로 삼고 5개의 현을 봉토로 주고 회왕과 함께 우태(盱台 : 안휘성 사주)에 도읍하게 했다. 또 항량도 자진해서 무신군武信君이라 이름했다.

이로부터 수개월이 지나서 병사를 이끌고 항보(亢父 : 산동성)를 공격했다. 또 제齊의 전영田榮·사마용저司馬龍且의 군과 함께 동아(東阿 : 산동성 항보의 북쪽)를 구원하는 동시에 동아에서 진나라 군사를 격파했다.

그리고 전영은 즉시 병사를 이끌고 귀국하여 진秦나라의 힘으로 제왕이 되었던 가假를 추방했다. 가는 초로 망명했으며 가의 재상宰相인 전각田角은 조趙로 망명했다. 전각의 아우 전간田間은 본시 제의 장군으로 원군을 얻기 위하여 조에 갔다가 조에 머물러 있으면서 구태여 제로 돌아오지 않았다.

전영은 장한에게 피살된 제왕 전담田儋의 아들 전시田市를 세워서 제왕으로 삼았다.

이미 동아성東阿城에서 진나라 군사를 격파한 항량은 진군을 추격하면서 자주 사자를 보내어 제의 출병을 재촉해 함께 서진하고자 했다.

"초에서 망명해간 전가를 죽이고 조나라에서 전각과 전간을 죽인다면 출병하겠다."

전영이 조건부를 내세우자 항량이 말했다.

"전가는 여국與國의 제왕이다. 곤궁하여 나에게 왔으니 그를 차마 죽일 수 없다."

조에서도 전각·전간을 죽여서 제의 출병과 교환조건으로 하기를 거절했다. 그래서 제에서는 끝내 출병하여 초를 도우려고 하지 않았다.

항량은 패공沛公과 항우項羽를 시켜서 별동대로서 성양(城陽 : 산동성)을 공격하게 했다. 두 사람은 성양을 무찌르고 서진하여 진군을 복양(僕陽 : 하북성)의 동쪽에서 격파했다. 진군이 철수하여 목양으로 들어갔으므로 패공과 항우는 정도(定陶 : 산동성)을 공격했다.

정도를 아직도 함락시키지 못한 채 이곳을 떠나서 서진하면서 옹구(雝丘 : 雍丘)에 이르러 크게 진군을 격파하고 진秦의 승상 이사李斯의 아들 이유李由를 베었다.

회군하여 외황外黃을 공격했으나 외황이 아직은 함락되지 않았다. 그 동안에 항량은 동아東阿에서 기병 서북진하여 정도에 이르러 다시 진군을 격파했으며, 항우 등이 또 이유를 베었으므로 항량은 더욱 진의 세력을 무시한 채 교만한 빛이 보였다.

"전쟁에 이겨서 장군이 교만하게 되고 사졸이 게으르게 되면 패전합니다. 지금 사졸은 약간 게을러졌습니다. 그리고 진의 병력은 날로 증가되고 있습니다. 저는 장군을 위하여 이것을 우려하는 바입니다."

송의宋義가 항량에게 충고했다. 그러나 항량은 이 말을 듣지 않고 오히려 송의를 제에 사자로 보냈다. 송의가 도중에 제의 사자 고릉군高陵君 현顯을 만났다.

"귀공은 장차 무신군武信君을 만나려 하십니까?"

"그렇습니다."

"제가 볼 때에는 무신군의 군대는 반드시 패할 것입니다. 귀공이 천천히 간다면 죽음을 면할 수 있을 것이나 급히 가다가는 화를 입을 것입니다."

과연 진에서는 전군全軍을 동원하고 장한章邯 군을 증원해 초군을 공격해서 정도定陶에서 초군을 크게 격파했다.

이때 어이없게도 항량이 민가가 있는 동네 어귀에서 전사했다.

패공沛公과 항우는 외황外黃을 떠나서 진류陳留를 공격했으나 굳게 지켜 항복시킬 수가 없었다.

"지금 항량의 군대가 패배하자 사졸들은 두려워하고 있다."

패공과 항우가 상의하여 여신呂臣의 군과 함께 병사를 이끌고 동진했다. 여신은 팽성彭城의 동쪽에 포진하고, 항우는 팽성의 서쪽에 포진하고, 패공은 탕碭에서 포진했다.

장한章邯은 이미 항량의 군대를 격파한 후 초 땅의 병사는 걱정할 것 없다고 생각했다. 그래서 황하黃河를 건너서 조를 공격하여 크게 이겼다.

당시에 조헐趙歇이 조왕이었으며 장이張耳가 재상으로 있었다. 모두들 도망하여 거록성鉅鹿城으로 들어갔다.

장한은 왕리王離와 섭간涉間에게 거록을 포위하게 하고 자신은 그 남쪽에 포진하여 군량미 보급의 약탈을 방지하기 위해 용도甬道를 쌓아올려 왕리와 섭간에게 양곡 운반의 일을 맡겼다.

조에서는 진여陳餘를 장군으로 삼아 병졸 수만을 거느리고 거록의 북쪽에 포진했다. 이것이 이른바 '하북河北의 군軍'이었다.

초군이 이미 정도에서 격파되었으므로 회왕이 두려움을 품고 우태盱台에서 팽성으로 가서 항우 · 여신의 군을 병합하여 자신이 장이 되었다. 그리고 여신을 사도司徒로 삼고 그의 부친 여청呂青을 영윤令尹으로 삼고, 패공을 탕군碭郡의 장長으로 삼고, 무안후武安侯에 봉하여 탕군의 병사를 이끌게 하였다.

앞서서 송의가 만났던 제의 사자 고릉군高陵君 현顯은 초의 군중에 있었는데 초의 회왕을 뵙고 이렇게 말했다.

"송의는 무신군의 군이 반드시 패할 것이라 말했는데 수일이 지나서 과연 패배했습니다. 전투가 시작되기도 전에 먼저 패배의 징후를 간파했으니 그 분은 병법을 이해한다고 할 수 있습니다."

초왕이 송의를 불러 그와 함께 대사를 계략하면서 그가 인물이란 것을 알고 크게 기뻐했다. 그래서 군중軍中에 두어 송의를 상장군上將軍으로 삼고 항우를 노공魯公으로 봉해서 차장次將으로 삼고, 범증을 말장末將으로 삼아 조를 구원하게 했다. 모든 별동대의 장도 모두 송의의 지배하에 속하게 하여 전군을 경자관군卿子冠軍이라 불렀다.

이렇게 해서 출발한 초군은 안양安陽에 이르러 46일간 머무르면서 더 이상 나아가지 않자 항우가 불만을 터뜨렸다.

"제가 듣기로는 진군이 조왕을 거록鉅鹿에서 포위하고 있다고 합니다. 그러면 급히 병사를 이끌고 황하를 건너서 우리 초군은 성 밖에서 공격하고 조군도 성내에서 호응하면 진군은 반드시 격파될 것입니다."

"그렇지 않다. 소를 손으로 친다고 하더라도 소의 살갗에 붙어 있는 쉬파리는 죽을지언정 털 속에 박혀 있는 이를 죽일 수는 없다. 지금 진이 조를 공격하고 있지만 진이 전쟁에 이긴다 하더라도 진의 병사는 지치게 되고 아군은 그 지친 병사를 맞이하게 된다. 만약에 이기지 못하면 우리는 병사를 이끌고 북을 치면서 서진하여 진의 본거지를 치면 반드시 진을 무찌를 수 있을 것이다. 그렇기 때문에 우선 진과 조를 싸우게 하는 것이 상책이다. 대체로 갑옷을 입고 무기를 들고 싸우는 데는 송의는 귀공만 못하지만 본진本陣에 앉아서 계략을 세우는 데는 귀공은 나 송의만 못하다."

송의가 불같은 성미의 항우를 타일렀다.

그리고 군에 명령을 내렸다.

"용맹하기가 호랑이 같고 유순하지 않기가 양 같고〔양은 유순한 것처럼 보이지만 목자에게 순종하지 않는 수가 많은 데서 나온 말〕, 탐욕하기가 이리와 같고, 강포해서 쓸모가 없는 자는 모두 베어 버리겠다."

그리고 제나라와 수교하기 위하여 자신의 아들 송양宋襄을 파견해 제의 정사를 돕게 하려고 했다. 또 자신이 그를 환송하려고 무염無鹽에 이르러 크게 연회를 베풀었다.

때마침 기후조차 한랭하여 큰비가 내려 사졸들이 굶주리고 얼어붙었다. 그러자 항우가 떨쳐 일어났다.

"장차 힘을 합해서 진秦을 공격하려고 하는데 오랫동안 머물러 있으면서 몸을 움직이려 하지 않았다. 금년에는 기근 때문에 백성이 가난해져 사졸들은 토란이나 콩죽만을 먹고 있으며 진중에서는 식량이 바닥났다. 그런데도 송의는 제와 화친한다면서 크게 연회를 베풀고 음주가무하고 있다. 병사를 이끌고 황하를 건너 조의 식량을 얻어 조와 힘을 합하여 진을 치려 하지 않고 마냥 기다리다가 지친 진군을 맞이하겠다고만 하고 있으니, 도대체 진의 강대한 병력으로 신생된 조를 친다면 형세로 보아 반드시 조가 멸망할 것이 아닌가? 조가 멸망하면 진은 더욱 강대하게 된다. 어떻게 해서 지친 진군을 맞이하게 된단 말인가? 또 초나라군은 최근에 격파당하여 국왕은 안심하고 앉아 있지도 못한다. 국경 내를 쓸다시피 해서 모든 병력을 송의 장군에게 맡겼기에 국가의 안위는 이 한판 승부에 달려 있다. 그런데도 지금 장군은 사졸들을 근심하지 않고 사사로운 일에 힘을 기울이고 있다. 송의는 사직의 신臣이 아니다."

군사들에게 일갈하며 항우는 다짐했다.

항우는 이른 아침 상장군 송의를 알현하고 그의 장막 가운데에서 송의의 목을 잘라버렸다. 그리고 군중軍中에 명을 내렸다.

"송의는 제와 공모하여 초를 배반했다. 초왕은 은밀하게 나 항우에게 명하여 송의를 주살하게 했다!"

이때 제장諸將들은 모두 떨며 굴복하여 감히 저항하는 자가 없었다. 그리고 모두 이렇게 말했다.

"처음에 초왕을 세운 것도 장군의 일가一家이며 지금 난신亂臣을 주살한 것도 장군이십니다."

서로 의견을 모아 항우를 세워서 대장군大將軍으로 삼았다.

항우는 사람을 시켜서 송의의 아들을 추적하게 하여 그를 제에서 살해했다. 그리고 환초桓楚를 시켜서 이러한 사실을 회왕에게 보고하게 했다. 그래서 회왕은 항우를 대장군으로 삼았다. 당양군當陽君 경포와 포장군蒲將軍 영포 등은 모두 항우에게 소속되었다.

항우가 경자관군(卿子冠軍 : 宋義)을 죽인 후 위세가 초국에 떨치고 그의 명성이 제후들 사이에 들리게 되었다. 항우는 당양군當陽君·포장군蒲將軍을 파견해 병졸 2만을 인솔하고 황하를 건너서 거록鉅鹿을 구원하게 했으나 전황이 그다지 유리하지는 못했다.

진여陳餘가 다시 구원병을 요청해 왔다. 항우는 이에 전군을 인솔하고 황하를 건넜는데, 이때에 선박을 모두 침몰시키고 솥이나 시루〔甑〕 등을 파기하고 살던 집을 불살라버린 후 겨우 3일간의 식량만을 지닌 채 조금도 살아 돌아갈 마음이 없다는 강한 의지를 사졸들에게 보여 주었다.

이렇게 해서 거록에 도착하는 즉시로 왕리王離의 군을 포위하여 진군秦軍과 조우하여 9차례나 전투를 벌려 적의 용도甬道를 쳐부수고 적을 격파했다.

또 소각(蘇角 : 秦將)을 살해하고 왕리를 사로잡았다. 그러자 섭간涉閒은 초군에게 항복하지 않고 스스로 불에 타서 죽었다.

이 무렵 제후군들은 거록성 아래에서 10여 개소의 방벽을 구축하고 관망만 할 뿐 감히 방벽 밖으로 나와서 진군과 교전하는 자는 없었다.

초의 전사는 한 사람이 적병 열 명을 당하지 않는 자가 없었으며, 초병의 함성이 하늘을 진동시켜 제후군의 장병으로서 초군의 용맹함을 두려워하지 않는 자가 없었다.

항우는 이러한 상황에서 제후군의 대장군이 되었다. 제후군의 장들은 모두 항우에게 소속되었다.

그때 장한은 거록의 남쪽 극원棘原에 포진하고 항우는 산서성 장수漳水 남쪽 장남漳南에 포진했다. 양군은 대치한 채로 아직도 교전하지 않았으나 진군은 자주 퇴각했다.

2세황제가 사자를 파견해서 장한을 질책했다. 장한이 두려움을 품고 장사長史인 흔欣을 시켜서 2세황제의 지원을 요청하게 했다. 장사 흔이 수도 함양咸陽에 이르러 궁정의 바깥문 사마문司馬門에 3일간이나 머무르고 있었으나, 재상인 조고趙高가 만나주지 않았으며 그의 전선에 대한 상황을 믿으려고도 하지 않았다.

장사 흔이 불안해져서 장한의 진중으로 도망쳤는데 갔던 길을 택하지 않았다. 조고가 과연 사람을 시켜 장사 흔을 추적하게 했으나 길이 어긋나 미치지 못했다. 장사 흔이 진중에 이르러 이렇게 보고했다.

"조고가 궁중에서 정권을 담당하여 밑에 있던 자들은 아무런 일도 할 수가 없었습니다. 지금 우리가 전투에서 승리하면 조고는 반드시 그 전공을 시기할 것이고, 만약에 전투에서 승리를 거두지 못하면 사죄를 면할 길이 없을 것입니다. 장군께서는 이 점을 숙고하셔야 합니다."

진여 또한 장한에게 서한을 보내왔다.

"지난날 백기白起는 진의 장군이 되어 남쪽으로는 호북성의 언

鄢·영郢을 정벌하고 북쪽으로는 마복군馬服君 조괄을 구덩이에 묻어 죽이는 등, 성시를 공략하고 땅을 점령한 것이 이루 헤아릴 수 없이 많았습니다. 그러나 결국은 죽음을 면치 못했습니다. 또 몽염蒙恬은 진의 장군이 되어 북쪽으로는 융적戎狄을 쫓아버리고 유중楡中 수천 리의 땅을 개척했습니다만 결국은 양주(陽周 : 上郡)에서 참살되었습니다. 왜냐하면 공로자가 많을 경우, 진에서는 이들을 모두 봉封할 수가 없었기 때문입니다. 지금 장군께서는 진의 장군이 된 지가 3년이나 됩니다만 그 동안에 잃어버린 군사는 10만을 단위로 헤아리는데 제후들은 더욱더 천하에서 일어나고 있습니다. 저 조고는 원래 아첨으로 자신의 지위를 유지한 지가 오래입니다만 지금 사태가 위급하게 되자 2세황제가 자신을 주살할 것을 두려워하고 있습니다. 그래서 장군을 의법 처단하여 자신의 책임을 막고 다른 사람으로 장군을 대신하게 함으로써 자신이 받을 재앙에서 벗어나려고 합니다. 대체로 장군은 외지에 오랫동안 있었기 때문에 조정에는 적이 너무 많습니다. 그러므로 장군은 공로가 있어도 주살될 것이며 공로가 없어도 또한 주살될 것입니다. 또 하늘이 진을 멸망시킨다는 것은 어리석은 자나 지혜로운 자나 모두 다 알고 있습니다. 지금 장군은 조정 내에서 직간하지도 못하고 외지에서 망국의 장이 되어 홀로 고립된 채로 언제까지나 전전긍긍하며 생존하려는 것은 얼마나 애통한 일이겠습니까. 장군이여! 어째서 창 끝을 돌려 제후와 합종合縱을 맹약하고, 함께 진을 공격하여 영토를 분할해 왕위에 올라 남면南面하여 고(孤 : 제후의 자칭)라고 칭하지 않습니까. 자신은 요참腰斬의 형을 받고 처자는 살육되는 것과 어느 쪽을 택하겠습니까?"

장한은 결단하지 못하고 몰래 군후君侯인 시성始成을 항우에게 파견하여 맹약을 맺으려 했으나 번번이 거절당해 성립되지 못했다.

그 동안에 항우는 포장군을 시켜 밤낮을 가리지 않고 병사를 인솔하고 장남漳南에 포진했다. 포장군은 진군과 교전하여 재차 진군을 격파했다. 항우는 전군을 인솔하고 진군을 오수汚水 가에서 대파했다.

장한이 다시금 사자를 보내서 항우를 만나 맹약을 맺으려고 했다. 항우 또한 군리軍吏들을 소집하였다.

"우리의 식량이 많지 못하니 그의 청약을 들어 줄까 한다."

"좋을 것입니다."

군리들이 모두 말했다.

항우는 이에 원수洹水의 남쪽 은허殷墟 부근에서 시일을 정하고 회합했다. 맹약을 맺은 후 장한은 항우를 보고 눈물을 흘리면서 조고의 간악함을 말했다. 항우는 장한을 세워서 옹왕雍王으로 삼아 초군 중에 머무르게 하고 장사長史인 흔欣을 상장군으로 삼아 진군을 이끌고 선봉이 되어 신안에 이르게 했다.

제후의 사졸 중에는 지난날 부역이나 변경의 주둔병으로 끌려가 관중關中의 땅을 통과할 때에 대부분이 진의 이졸吏卒들에게 갖은 수모와 무법 무례한 대우를 받았었다. 그래서 진군이 제후에게 항복하자 제후의 이졸들은 승세를 타고 진의 병졸들을 노예처럼 사역하고 모욕했다. 진의 이졸들은 거의가 남몰래 이렇게 중얼거렸다.

"장한 장군 등은 우리들을 속여서 항우에게 항복했다. 이제 능히 관중으로 쳐들어가 진을 격파할 수 있다면 더 말할 것 없이 좋은 일이나 만약에 실패한다면 항우는 우리들을 사로잡아 가지고 동방으로 돌아갈 것이고, 진에서는 반드시 우리의 부모와 처자를 모조리 살육할 것이다."

제장들이 그들의 속셈을 알아차리고 항우에게 고했다. 항우가 경포黥布와 포蒲장군을 불러놓고 계략을 말했다.

"진의 이졸들은 아직도 대부분이 심복하고 있지 않다. 만약에 그들이 관중〔진나라 도성〕으로 들어가서 우리의 명령을 듣지 않는다면 사태는 반드시 위급하게 될 것이다. 차라리 저들을 쳐 죽이고 다만 장한과 장사 흔欣·도위都尉 동예董翳만을 데리고 진으로 들어가는 것이 나을 것이다."

그리하여 초군은 야습을 감행하여 진의 병졸 20만여 명을 신안성 남쪽에서 구덩이에 묻어 죽였다.

항우는 거칠 것없이 진지를 공략, 평정하면서 함곡관函谷關에 도착하고 보니 병사들이 관문을 수비하고 있어서 들어갈 수가 없었다. 그런데 문제는 함곡관을 지키는 병사는 패공이 이미 함양을 함락시킨 그들의 군사라는 것이었다.

항우가 크게 격분하여 당양군 등을 시켜서 함곡관을 공격하게 하고, 항우가 드디어 함곡관을 돌파하여 희수戱水의 서쪽에 이르렀다.

이때 패공은 패수霸水 가에 포진하고 있으면서 아직도 항우와 마주한 적이 없었다. 패공의 좌사마左司馬 조무상曹無傷이 사람을 시켜서 항우에게 이렇게 고하게 했다.

"패공은 관중에서 왕위에 오를 작정으로 자영子嬰을 재상으로 삼고 진귀한 보배를 모조리 확보하고 있습니다.”

항우가 크게 분노하여 이렇게 말했다.

“내일 사졸들을 위로하는 잔치에서 패공의 군사들을 격파할 것이다.”

이 무렵에 항우의 군사는 40만으로 신풍新豊의 홍문鴻門에 포진하고 있었으며, 패공의 군사는 10만으로 패수灞水 가에 포진하고 있었다. 범증范增이 항우에게 이렇게 설명했다.

“패공이 산동山東에 있을 때에는 재화를 탐했으며 미인을 좋아했으나 지금 관중에 들어온 후로는 재물을 착취하지 않고 부녀자를 총애한 바가 없습니다. 이것은 그의 뜻이 적은 데 있지 않다는 증거입니다. 제가 사람을 시켜서 그의 진영에 꽂은 기를 관망하게 했더니, 모두 용호龍虎의 모습과 같았으며 5색〔靑赤黃白黑〕을 이루고 있었습니다. 이것이 바로 천자기天子氣라는 것입니다. 이 기회에 그를 죽여야만 합니다.”

초의 좌윤左尹인 항백項伯은 항우의 숙부였다. 원래 유후留侯인 장량張良과 사이가 좋았으며 장량은 이때 패공을 따라 종군하고 있었다.

항백은 그날 밤 말을 타고 달려 패공의 진영으로 가서 남몰래 장량을 만나 함곡관에서의 일과 그간의 사정을 상세히 전하고, 장량에게 권유하여 함께 도망하자고 권했다.

“부질없이 패공과 함께 죽을 필요는 없습니다.”

“저는 저의 군주였던 한왕韓王을 위하여 패공을 내세웠습니다. 지금 사태가 위급하게 되었다고 해서 도망가 버리는 것은 옳지 못합니다. 이러한 사태를 패공에게 말하지 않을 수 없습니다.”

오히려 진영으로 들어가 상세한 사정을 패공에게 고했다. 패공이 크게 놀랐다.

"도대체 어떻게 하면 좋단 말인가?"

"누가 대왕을 위하여 함곡관을 수비하는 계략을 세웠습니다."

"추생鯫生이 나에게 말했소. '함곡관을 막아 제후를 관내로 들이지 마십시오. 그러면 진의 전토에서 왕으로 군림할 것입니다.'고 해서 그의 말을 들었소."

"대왕의 사졸을 헤아려 보아 항왕項王의 군세를 당하기에 충분하다고 생각합니까?"

패공이 아무 말도 없이 잠자코 있다가 말했다.

"도저히 미치지 못하오. 장차 이 일을 어떻게 했으면 좋겠소."

"항백에게 패공은 결코 항왕을 배반하지 않을 것이라고 항우에게 전하도록 해 주십시오."

"그대는 어떻게 해서 항백과 알게 되었소?"

"진에 있을 때에 저와는 교류가 있었습니다. 한때 항백이 살인을 했습니다만 제가 그를 구해주었습니다. 지금 사태가 급박해졌으므로 다행하게도 저에게 와서 알려 준 것입니다."

"그대와 항백은 어느 쪽이 연장이오?"

"저보다는 연장입니다."

"나를 위하여 불러들이시오. 나는 그를 형으로 섬기고자 하오."

장량이 나가 항백에게 강요했다. 항백이 들어와서 패공을 만났다. 패공이 대배大杯를 받들어 장수를 축복하고 형제의 의義를 맺고자 했다.

"저는 관중關中으로 들어와 추호도 사사롭게 소유한 것이라곤 하나도 없습니다. 이민吏民의 호적을 기록하고 부고府庫를 봉인封印하고 항장군이 돌아올 것을 기다리고 있었습니다. 장수將帥를 파견해서 함곡관을 수비하게 한 까닭은 다른 도둑의 출입과 비상 사태에 대비함이며 주야로 장군이 돌아오기를 대망하고 있었습니다. 어떻게 감히 배반하겠습니까? 청하옵건대 항백님께서는 제가 감히 항장군의 은혜를 배반하지 않았다는 것을 상세하게 말씀드려 주십시오."

항백이 승락하고 패공에게 말했다.

"내일 아침 일찍이 직접 홍문鴻門을 방문하시어 항왕에게 사죄하셔야 될 것입니다."

"알겠습니다."

패공이 결심을 굳혀 말했다.

이렇게 하여 항백이 밤중으로 떠나 초군의 진영으로 돌아와 상세하게 패공의 말을 항왕에게 보고했다. 그리고 이렇게 말했다.

"패공이 먼저 관중을 격파하지 않았다면 어떻게 귀공이 감히 손쉽게 들어올 수 있었겠소. 지금 한 인물이 대공을 세웠는데 그 인물을 친다는 것은 옳지 않소. 그러니 그를 잘 대우하는 것이 좋을 것이오."

항우가 묵묵부답으로 승낙했다.

패공이 그 이튿날 1백여 기騎만을 거느리고 와서 항왕을 뵙게 되었다. 홍문鴻門에 이르러 사죄하였다[홍문의 회會].

"저는 장군과 협력하여 진을 공격했습니다. 장군께서는 하북河北에서 싸우시고 저는 하남河南에서 싸웠습니다. 그러나 제 자신도 예측하지 못한 일입니다만 제가 먼저 관중으로 들어와서 진을 격파하고 장군을 여기서 뵙게 되었습니다. 그런데 지금 소인배의 말로 인해서 장군과 저 사이에 틈이 생기게 되었습니다."

항왕이 퉁명스럽게 대꾸했다.

"그것은 패공의 좌사마인 조무상의 말이 있었기 때문이오. 그런 일만 없었다면 내가 어떻게 패공을 의심했겠소?"

항왕은 엊그제의 화를 누그러뜨리고 패공을 앉혀 주연을 베풀었다. 범증이 자주 눈짓하고 항왕에게 세 차례나 신호를 보냈으나 항왕은 엉뚱한 말만 하며 응하지 않았다.

범증이 일어나서 밖으로 나가 항장(項莊 : 항우의 조카)을 불러 말했다.

"우리 군왕의 사람됨이 차마 결단을 내리지 못하니 그대가 검무하기를 청하고, 검무하다가 연석에서 패공을 쳐 죽이시오. 그렇게 하지 않는다면 그대의 일족은 장차 모두 패공에게 사로잡힐 것이오."

그래서 항장이 들어가서 장수를 축원했다.

"군왕께서는 패공과 주연을 베풀고 계십니다만 군중인지라 아무런 위안이 될 만한 것이 없습니다. 청하옵건대 검무라도 추게 해 주십시오."

"좋다."

항장이 검을 빼어 일어나서 춤을 추었다. 이때 눈치 챈 항백도 검을 빼고 일어나 춤을 추면서 몸으로서 패공을 보호했다.

이럴 즈음 장량이 군문까지 나와서 번쾌樊噲를 불러들였다. 번쾌는 즉시 검을 차고 방패를 낀 채로 군문으로 들어가려고 했으나 위사衛士들이 제지했다. 번쾌가 방패를 기울여서 밀어붙이니 그들은 땅 위로 쓰러졌다.

번쾌가 드디어 연석으로 들어가 장막을 열어젖히고 우뚝 서서 성난 눈으로 항왕을 쏘아보았다. 이때 번쾌의 머리칼이 치솟고 눈꼬리는 찢어질 대로 찢어졌다. 항왕이 검을 쥐고 양무릎으로 일어나면서 소리 질렀다.

"너는 무얼 하는 놈이냐?"

"패공의 참승자(參乘者 : 같은 전차에 배승하는 사람)로 번쾌라고 합니다."

장량이 일어나 말하자 항우가 말했다.

"장사로다. 그에게 술을 주어라."

그래서 말술을 주었다. 번쾌가 절하고 일어선 채로 말술을 마셨다.

"그에게 돼지의 어깨고기를 주어라!"

돼지의 어깨고기를 주니 번쾌가 자기의 방패를 땅 위에 뉘어 놓고 그 위에 돼지어깨를 올려놓더니 검을 빼어 잘라서 먹었다.

"장사로다. 더 마실 수 있는가?"

"저는 죽음도 또한 피하지 않거늘 그까짓 술쯤을 사양하겠습니까? 저 진왕秦王도 호랑虎狼과 같은 마음의 소유자로 사람을 죽이는 데는 아무리 많이 죽여도 부족한 듯했으며, 형벌을 내리는 데는 아무리 많이 내려도 부족하지나 않나 하고 걱정한 것 같습니다. 그래서 천하에서 모두들 그를 배반했습니다. 처음에 회왕懷王은 모든 장군들과 이렇게 약속했습니다. 먼저 진을 격파하고 함양(관중)으로 입성하는 자를 '관중의 왕'으로 삼겠다고 말입니다. 지금 패공이 먼저 진을 격파하고 함양으로 입성했습니다만 조금도

착복한 것이라곤 없습니다. 궁실을 봉인하여 폐쇄하고 패수霸水가로 돌아가서 포진한 채 대왕이 임하시기를 기다리고 있었습니다. 그러기에 부장部將을 파견해서 함곡관을 수비하게 한 것은 다른 도둑의 출입과 비상사태에 대비하기 위한 것입니다. 노고하여 공로가 높기가 이와 같은 데도 아직까지 봉후의 상사賞賜가 없습니다. 그뿐만 아니라 대왕께서는 하찮은 말을 듣고 유공자를 주살하려고 하십니다. 이것은 멸망한 진의 계승자가 아니고 무엇입니까? 실례가 될지는 모르나 대왕을 위하여 유감된 일이옵니다."

항왕은 아무런 응답도 없이 그저 '앉으라'고 했다.

번쾌가 장량의 곁에 앉은 지 얼마 안 되어 패공이 일어나서 변소로 가서 번쾌를 불러내어 밖으로 나갔다.

"항왕에게 그만 돌아간다는 인사를 못했는데 어떻게 했으면 좋겠는가?"

"큰 행위를 하는 데는 사소한 근신謹愼이 필요치 않으며, 큰 예의를 지키기 위해서는 사소한 겸양 같은 것이 문제가 되지 않습니다. 지금 저쪽은 바로 칼과 도마격이고 우리 쪽은 어육魚肉격입니다. 무슨 인사 같은 것이 필요하겠습니까?"

번쾌의 말에 그대로 떠나 버리기로 했다. 그리고 장량이 남아서 사죄하기로 했다.

이 무렵, 항왕의 군은 홍문 부근에 있었으며 패공의 군은 패수가에 있었는데 상호간에 40여 리의 거리가 있었다. 패공은 자신이 타고 온 수레와 기사들을 버려 둔 채 빠져나와 혼자만 말을 타고 번쾌樊噲 · 하후영夏侯嬰 · 근강靳彊 · 기신紀信 등 4명은 검을 차고 방패를 가지고 달려서 쫓아갔다. 여산 기슭을 따라 지양芷陽으로 해서 간도間道로 가기로 했다.

패공이 떠난 후 장량이 연석으로 들어가 사죄했다.

"패공께서는 대작을 이겨내지 못하고 패수로 돌아간다는 인사도 드리지 못했습니다. 삼가 저한테 백벽白璧 한 쌍을 받들어 두 번 절하여 대왕의 발밑에 드리게 하고 옥두玉斗 한 쌍을 두 번 절하고 범증 대장군의 발밑에 바치게 했습니다."

"패공은 지금 어디에 있는가?"

"대왕께서는 자신의 허물을 꾸짖을 줄로 알고 홀로 떠나가 버렸습니다. 아마도 지금쯤은 진영에 도달했을 것입니다."

항우는 백벽을 받아 좌상에 놓았다. 그러나 범아보范亞父가 옥두를 팽개치고 혼잣소리로 중얼거렸다.

"아아, 어린 애자식(항우)과는 대사를 도모할 수 없구나. 항왕의 천하를 뺏을 자는 틀림없이 패공일 것이다. 우리들은 이제 패공의 포로가 될 것이다."

패공이 진영으로 돌아와 즉시로 조무상을 주살했다.

이로부터 수일이 지난 후 항우는 병사를 이끌고 함양에 들어 이미 항복한 진秦의 왕인 자영子嬰을 살해하고 진의 궁실을 불살라 버렸다. 그 불길이 3개월간 꺼지지 않았다. 그리고 진의 금은보화와 부녀자를 몰수해 가지고 동행東行했다.

어떤 사람이 항왕에게 나아가 아뢰었다.

"관중은 사면이 산하로 막혀 있는 요해要害의 땅입니다. 그리고 땅은 비옥합니다. 이 곳에 도읍하면 천하의 패자覇者가 될 수 있습니다."

항왕은 진의 궁실이 모두 타서 파괴되는 것을 보고 또 고향을 그리워했으므로 동쪽으로 돌아가고자 했다.

"부귀하게 되고서도 고향으로 돌아가지 않는 것은 비단옷을 입고 밤중에 길을 걸어가는 것과 같다〔금의야행錦衣夜行〕. 누가 이것을 알아준단 말인가."

"사람들이 말하기를 초인(楚人 : 항우)은 사람의 의관을 썼다고 하지만 마음은 원숭이와 같다고 하더니 과연 그렇구나."

항왕이 이 말을 듣고 그를 가마솥에 삶아 죽였다.

항왕은 회왕을 높여서 의제義帝로 삼고 항왕 자신은 왕이 되려고 했다.

우선 제장상諸將相을 왕으로 삼고자 했다.

"천하에서 처음으로 병사를 일으켰을 때 임시로 제후의 자손을 세워서 진을 치게 했다. 그리고 몸에 갑옷을 걸치고 무기를 들고 전투를 시작하여 야외로 몸을 들어 내놓은 지도 3년이 되었다. 진을 멸망시키고 천하를 평정한 것은 모두 장상 제위와 나의 힘이다. 의제는 전공은 없다고 할지라도 원래가 마땅히 영토를 갈라서 왕으로 삼아야 할 분이다〔그러나 우리는 왕이 되어야 할 것이다.〕."

"옳은 말입니다."

제장들이 모두 말했다.

이렇게 하여 천하를 분할해서 제장을 세워서 후왕侯王으로 삼았다.

항왕과 범증은 패공이 천하를 보유하게 되는 것이 아닐까 하고 의심했으나, 이미 '홍문鴻門의 회會'에서 화해가 성립되었으며 또 먼저 관중에 들어가는 자가 이 땅의 왕으로 삼는다는 맹약을 저버리기도 안 되었다. 또 제후들이 배반할 것이 두려워 속으로 계략을 세워 이렇게 말했다.

"파巴·촉蜀의 땅은 길이 험준하며 진의 망명자들이 모두 촉에 살고 있다. 그리고 또한 파·촉 또한 관중의 땅이다."

그리하여 패공을 세워서 한왕漢王으로 삼고 파·촉·한중漢中 땅의 왕으로 삼았다.

또 관중을 3분하여 진에서 항복해 온 장군을 각각 왕으로 삼아 한왕의 출구를 막아버렸다. 즉 항왕은 장한章邯을 세워서 옹왕으로 삼고 함양 서쪽 땅의 왕으로 삼았다.

장사長史 흔欣은 본시 역양櫟陽의 옥관獄官이었는데 한때 항량項梁이 살인죄를 범했을 때 면제해 준 적이 있었다. 또 도위都尉인 동예董翳는 본시 장한에게 권유해서 초에 항복하게 했다. 그래서 사마흔司馬欣을 세워서 새왕塞王으로 삼아 함양 이동以東에서 황하에 이르기까지의 땅의 왕으로 삼았다.

또 동예를 세워서 적왕翟王으로 삼고 상군上郡 땅의 왕으로 삼았다. 이밖에 위왕魏王 표豹를 옮겨서 서위왕西魏王으로 하동 땅의 왕으로 삼았다. 하구(瑕丘 : 山東省)의 신양申陽은 장이張耳가 총애한 신하로 먼저 하남의 땅을 항복시키고 초군을 황하변까지 영접했으므로 신양을 세워서 하남왕으로 삼고 낙양洛陽에 도읍했다.

한왕韓王 성成은 종래의 도성인 양적陽翟에 도읍했다.

조趙의 장군 사마앙司馬卬은 하내를 평정했으며 자주 공로가 있었으므로 사마앙을 세워서 은왕殷王으로 삼고 하내 땅의 왕으로 봉했다. 조왕 헐歇을 옮겨서 대왕代王으로 삼았다.

조왕의 재상 장이張耳는 평소부터 현명한 인물로서 종군하여 관중으로 돌입한 까닭으로 상산왕常山王으로 삼아 조 땅의 왕이 되었다. 단양군 경포는 초의 장군이 되어 구강왕九江王으로 삼았다.

파현鄱縣의 현령縣令 오예吳芮는 백월百越의 병사를 이끌고 제후를 도왔으며, 또 종군하여 관중으로 돌입했으므로 오예를 세워서 형산왕衡山王으로 삼았다.

의제의 주국(柱國 : 大臣)인 공오共敖는 병사를 이끌고 남군을 쳐서 공이 많다하여 공오를 세워서 임강왕臨江王으로 삼았다.

연왕燕王 광廣을 옮겨서 요동왕遼東王을 삼고 연왕의 장군 장도臧荼는 초군을 따라 조군을 구원하고 다시 종군하여 관중으로 돌입하여 연왕燕王으로 삼았다.

제왕인 전시田市를 옮겨서 교동왕膠東王으로 삼았다.

제의 장군 전도田都는 종군하여 함께 조를 구원하고 다시 종군하여 관중으로 돌입했다. 그래서 전도를 세워서 제왕으로 삼았다.

본시 진이 멸망시켰던 제왕인 전건田建의 손자 전안田安은 바로 항우가 황하를 건너 조를 구원할 때 제수濟水 북쪽의 수성을 함락시키고, 그 병사를 이끌고 항우에게 투항했다. 그래서 전안을 세워서 제북왕濟北王으로 삼았다.

전영田嬰은 자주 항량을 배반했을 뿐만 아니라 병사를 이끌고 초군을 따라 진을 치려고도 하지 않았다. 그래서 그를 봉하지 않았다.

성안군成安君 진여陳餘는 장군의 인수를 버리고 가 버렸으며 종군하여 관중으로 들어가지 않았다. 그러나 평소부터 현명했으며 조에서는 유공자라는 세평이 있었으므로 남피南皮와 남피 주변의 3현을 봉했다.

파鄱현의 현령 장군 매현梅鋗은 공로가 컸다. 그래서 10만 호의 후侯에 봉했다. 그리고 항왕은 본인 스스로 서초(西楚 : 본시 강릉을 남초라 하고 오를 동초라 했으며 팽성을 서초라 했다. 주周 말엽의 초국의 영토이다.) 패왕(覇王 : 이때 항우가 제帝라고 칭하려 하자 위의 의제가 있었고, 왕이라고 칭하려면 모든 왕들과 혼동하므로 특히 패왕覇王이라 칭했다.)'이 되어 9군(九郡 : 泗水·東陽·東海·碭·薛·郯·吳·會稽·東의 9개 군)의 왕이 되었다. 그리고 강소성 서주부인 팽성彭城에 도읍했다.

한漢의 원년 4월에 제후들은 각각 자신의 봉국封國으로 향했다. 항왕도 출발하여 초국으로 갔다. 또 의제를 천도시키려고 사람을 보냈다.

"옛날의 제왕은 그 영토가 사방이 1천 리로 반드시 하천의 상류에 거주했습니다."

그리고 사자를 파견해 의제를 장사군長沙郡의 임현(郴縣 : 호남성 남단)으로 천도하게 했다. 의제를 재촉해서 가게 했더니, 의제의 군신들은 형세가 불리함을 보고 점차로 의제를 배반하게 되었다. 항왕은 남몰래 형상왕·임강왕을 시켜서 의제를 양자강揚子江 가운데에서 죽이게 했다.

한왕韓王 성成은 군공이 없었으므로 항왕은 그를 봉지封地로 보내지 않고 함께 팽성으로 데리고 와서 왕호를 폐지하고 후侯를 삼았다가 그마저 살해했다.

얼마 후 전영은 팽월彭越에게 장군의 인수印綬를 주어 하남성 동부 양梁 땅에서 반기를 들게 했다.

진여가 몰래 장동長同·하열夏說을 시켜 제왕이 된 전영을 설복하게 하였다.

"항우는 천하의 주재자가 되어 주재하는 방식이 공평하지 못합니다. 지금 본시의 왕들은 모두 좋지 못한 토지의 왕으로 옮기고 자기의 군신이나 제장들을 좋은 토지의 왕으로 삼았습니다. 나의 고주故主인 조왕도 쫓겨나서 서쪽인 대代로 옮겨졌습니다. 나는 이것을 옳지 않다고 생각하는 바입니다. 들리는 바로는 대왕께서는 병사를 일으켜 또한 옳지 못한 항우의 명령을 듣지 않으셨다고 합니다만, 원하옵건대 대왕께서는 나 진여陳餘에게 병사를 빌려주십시오. 청하옵건대 상산왕 장이를 쳐서 조왕 헐을 그곳으로 복귀시켜 조를 대왕의 울타리로 삼게 해 주십시오."

제왕이 이것을 청허하고 원병을 파견하여 조로 가게 했다. 진여는 세 현의 병사를 모조리 동원하여 제와 협력해 상산常山을 쳐서 크게 이곳을 격파했다. 장이張耳는 패주하여 한漢으로 귀복했다. 진여는 본시의 조왕인 헐歇을 대代에서 맞이하여 조로 돌아가게 했다.

조왕은 이러한 인연으로 진여를 세워서 대왕代王으로 삼았다.

이 무렵 패공沛公 한왕漢王이 한중에서 되돌아나와 3진(三秦 : 雍·塞·翟)을 평정했다.

항우는 한왕이 벌써 관중을 모두 함락했으며 동쪽의 제·조가 배반했다는 말을 듣고 크게 노하여 본시의 오吳의 현령인 정창鄭昌을 한왕韓王으로 삼아 한군漢軍을 막고 소공(蕭公 : 소현蕭縣의 현령)인 각角을 시켜서 팽월을 치게 했다. 그러나 팽월이 소공 각을 격파했다.

한왕漢王은 장량을 시켜 한韓을 선무하여 복종하게 하고 또 항왕에게 서장書狀을 보냈다.

〈한왕인 나는 약속대로 관중의 왕이 되어야 할 것이나 대왕의 위약으로 나의 직분을 잃었습니다. 그래서 관중을 찾으려고 합니다. 약속대로 관중을 차지한다면 이 땅에 머무르고 구태여 동진東進하지는 않겠습니다.〉

또 제·조가 모반했다는 서장을 항왕에게 보냈다.

〈제·조는 협력하여 초를 격멸하려고 합니다.〉

항우는 초에서 모반에 관한 서장을 보고 서진하려는 생각을 버리고 북진하여 제를 공격했다. 이때에 병사를 구강왕九江王 경포黥布에게서 징발하려고 했으나 경포는 병중이라고 하면서 가지 않고 부장部將을 시켜서 수천 명만을 이끌고 가게 했다. 항우는 이러한 이유로 경포를 못마땅하게 생각했다.

한의 2년 겨울에 항우는 드디어 북진하여 성양(城陽 : 山東省)에 이르렀다. 전영도 또한 병사를 이끌고 교전했으나 이기지 못하고 패주해 평원(平原 : 山東省)에 이르렀다. 그러나 평원 백성들이 그를 살해해 전투는 싱겁게 끝이 났다.

항우는 드디어 북상하여 제의 성곽·가옥을 불살라서 없애 버리고 전영의 항복한 병졸들을 모조리 구덩이에 묻어 죽였다. 그리고 노약자나 부녀자를 묶어서 포로로 삼아 제의 땅을 평정하고 발해 지방으로 진출하여 파괴와 살육하는 바가 많았다.

제후들이 서로 모여 항우에게 반기를 들었다. 이러한 분위기에서 전영의 아우 전횡田橫이 제나라에서 도망한 병졸들 수만 명을 수습하여 성양에서 반란을 일으켰다.

항우는 하는 수 없이 제의 땅에 머무르면서 각처에서 연전했으나 역부족으로 그들을 항복시킬 수는 없었다.

봄에 한왕은 5제후(五諸侯 : 韓·魏·趙·齊·衡山)의 병사 무릇 56만 명을 통솔하여 동진東進해서 초를 공격했다. 항왕은 이러한 정보를 듣고 제장들에게 제를 치게 하고, 자신은 정병 3만 명을 인솔하고 남진하여 본국으로 돌아가기 위해 노魯에서 산동성 호릉胡陵으로 나아갔다.

한군漢軍은 이미 모두 팽성彭城으로 입성하여 금은보화와 미인들을 몰수하여 날마다 주연을 베풀고 기세를 올리고 있었다. 항왕은 이에 서진하여 팽성 서쪽 소蕭에서 이른 새벽 한군을 공격하고 팽성에 이르러 한군을 크게 격파했다.

한군은 모두 패주하여 서로 밀리면서 곡수穀水와 사수泗水로 몰려 한의 병졸 10만여 명이 강물에 빠져 죽거나 피살되었다.

살아남은 한의 병졸은 모두 남으로 향하여 산중으로 달아났으나 초군이 계속 추격하자 퇴각하는 한군은 초군에게 밀려서 대부분이 물에 빠져 죽었다. 아차! 한순간, 위정자로부터 아래에 이르기까지 주색에 골몰하다 처참하게 당한 결과였다.

수수睢水에 빠져 죽은 한군은 10만여 명이었는데 이로 인해서 수수가 흐르지 못했다.

초군은 한왕을 3중으로 포위했으나 이때 대풍이 서북방에서 일어나 수목을 꺾고 가옥을 파괴하고 사석沙石을 날려서 대낮인 데도 캄캄할 지경이었다. 서북풍은 동남에 포진했던 초군에게 정면으로 불어와 초군이 크게 어지러워져 뿔뿔이 흩어졌다. 그래서 한왕은 불과 십여 기騎와 함께 겨우 도망칠 수 있었다.

한왕은 고향인 패읍沛邑에 들러 가족을 데리고 서진하려고 했다. 그러나 초군도 또한 사람을 시켜 그 뒤를 따라 패읍으로 가서 가족을 잡으려고 했기 때문에 가족들이 모두 달아나 한왕과 서로 만나지 못했다.

한왕이 패주하는 도중에 우연히 맏아들 효혜孝惠와 큰 딸 노원魯元을 만났다. 두 사람을 수레에 실었으나 초의 기병이 추격하여 사태가 위급하자 한왕이 효혜와 노원을 수레 밑으로 밀어서 떨어뜨렸다. 하후영夏侯嬰이 그럴 때마다 수레에서 내려 두 사람을 거두어 수레에 실었다. 이런 일이 세 번이나 있었다.

"아무리 위급한 상황일지언정 수레를 몰기에 불편하다 하더라도 어떻게 이들을 버릴 수 있습니까?"

하후영이 한왕에게 모처럼 언성을 높였다.

이렇게 해서 그들은 탈출할 수 있었다. 그러나 한왕의 부친 태공太公과 여후呂后를 찾았으나 만나지 못했다. 태공과 여후는 심이기審食其를 따라 미행하여 한왕을 찾고 있었으나 도리어 초군에게 붙들려 끌려갔다. 항왕이 언제나 그들을 진중에 두었다.

이때 여후의 오라비인 여택呂澤이 한을 위하여 병사를 이끌고 하읍下邑에 있었다. 한왕이 몰래 달아나서 그에게로 가서 점차로 그의 사졸들을 거두면서 형양滎陽에 이르렀다.

패전병들이 모두 모였다. 소하蕭何도 또한 관중의 노약老弱한 병사들을 동원하여 모두 형양으로 보내왔으므로 한군의 사기가 다시 크게 올랐다.

초군은 팽성에서 승리한 이래로 연전연승하면서 패주하는 한군을 추격해 형양의 남쪽 경京과 색索 사이에서 한군과 마주쳤다.

이 전투에서 한군이 초군을 격파하자 초군은 형양을 통과해서 서진할 수가 없게 되었다.

항왕은 뒤늦게 팽성을 회복하고 한왕을 추격하여 형양에 이르렀다. 한편 전횡田橫도 또한 제를 수중에 넣어 전영의 아들 전광田廣을 세워서 제왕으로 삼았다.

한왕이 팽성에서 패배하자 제후들은 다시 초에 가담하여 한을 배반했다. 한군도 형양에 포진하고 용도를 횡축橫築하여 황하까지 연결시켜 오창(敖倉 : 곡창을 설치하고 식량을 비축했다)의 곡식을 운반해 왔다.

그러나 한의 3년에 항왕이 자주 한의 용도에 습격하고 점거하는 바람에 한왕은 식량이 결핍되었다. 그래서 불안을 느껴 강화를 청해 형양 이서의 땅을 갈라서 한의 영토로 만들고자 했다. 항왕이 이것을 청허하려 했으나 범증이 나서서 극구 반대했다.

"현재 한군은 지쳐 있습니다. 만약에 지금 허락하여 형양 이서의 땅을 점령하지 않는다면 후일에 반드시 후회할 것입니다.

그리하여 항왕도 범증과 함께 급히 형양을 포위했다. 한왕은 이것이 근심이 되어 진평陳平의 계략을 채용하여 항왕과 범증 사이를 이간시키도록 계획을 세웠다.

항왕의 사자가 도착하자 산해진미를 갖추어 이것으로 환대하려고 하다가 사자를 보고 놀라는 척하면서 말했다.

"나는 아보(亞父 : 범증)의 사자인 줄 알았는데 그렇지 않고 항왕의 사자로구만."

그러면서 가지고 왔던 음식을 도로 가져가고 그 대신 별볼일 없는 음식을 가져다가 사자에게 대접했다.

사자가 돌아가서 항왕에게 이 사실을 보고했다. 항왕은 범증이 한과 사통하지 않나 의심을 품게 되어 점차로 범증의 권한을 조금씩 박탈했다.

범증이 크게 노하여 말했다.

"천하의 형세는 이미 결정된 것이나 다름없으니 이제부터는 모든 것을 군왕 자신이 해 나가십시오. 원하옵건대 소신은 해골을 짊어지고 초야 백성들 사이에 파묻혀 살겠습니다〔걸해골乞骸骨〕."

항왕이 그것을 허락했다. 범증이 형양을 떠나서 팽성에 닿기도 전에 등창(등에 나는 악성 종기)이 나서 죽었다.

형양성 안의 한왕 유방은 범증이 죽었다는 소식에 몹시 기뻐했다. 항우 곁에 범증이 없다면 이제 그는 이빨 빠진 외로운 호랑이에 지나지 않을 것이라고 여겼다.

그러나 그 기쁨도 잠시 항우가 팽성의 군사까지 동원하여 공격해 왔다. 이제 형양성은 풍전등화風前燈火가 아니라, 돌풍 앞의 등불처럼 위태로웠다.

"양식이 바닥난 데다 초군이 만약 형양강에 둑을 쌓았다가 일시에 그 둑을 터뜨려 물을 성 안으로 흘려 보내기라도 한다면, 우리는 꼼짝없이 성 안에서 물귀신이 되고 말 것입니다."

유방은 장량의 말에 암담한 표정을 지었다.

이때 진평이 나타났다. 진평의 계획은 한 장수가 폐하를 가장하고 성문을 열어 항복하러 나가는 동안 성을 탈출한다는 거짓 항복 선언을 하자는 것이었다. 하여 진평은 한왕과 같은 고향 군사 중

기신紀信과 주가周苛를 찾아내어 한왕을 대신해 죽어 줄 것을 청하였다.

이렇게 진평의 '위장 항복' 계책은 일사천리로 진행되었다.

기신은 수많은 미인들을 앞세워 내보내고 천천히 시간을 끌어 황실 수레를 타고 소꼬리로 만든 기를 수레의 좌측에 세우고 나갔다.

초군들은 미인들에 정신이 팔려 한왕의 수레가 나타나자 일제히 만세를 불렀다.

이 즈음에 한왕은 수십 기를 거느리고 형양성의 서문으로 빠져나가 성고成皐로 달아났다.

항왕이 뒤늦게 속을 것을 알고 길길이 날뛰었다.

"한왕은 어디 있는가?"

기신이 빈정대는 투로 대답했다.

"한왕은 이미 탈출했소."

항왕은 제풀에 성을 이기지 못해 발광하다가 결국 기신을 불태워 죽였다.

한왕이 탈출할 때에 어사대부御史大夫 주가周苛·종공樅公·위표魏豹를 시켜서 형양滎陽을 지키게 했었다. 주가와 종공이 상의하여 말했다.

"위표와 같이 나라를 배반한 왕과는 성을 수비할 수 없다."

이에 두 사람이 함께 위표를 죽였다. 그 후 초가 형양성을 함락시키고 주가를 생포했다.

항왕이 주가를 타일렀다.

"나의 장군이 되라. 그러면 내가 귀공을 상장군으로 삼고 3만 호를 봉하겠다."

"네놈은 속히 한에 항복하지 않았다간 한에서 네놈을 사로잡을 것이다. 너는 한의 적수가 될 수 없다."

주가가 꾸짖어 말했다.

항왕이 격노하여 주가를 삶아 죽이고 아울러 종공도 죽였다.

한왕이 형양을 탈출해 남행하여 완(宛 : 河南省) · 섭(葉 : 河南省)으로 달아났다가 구강왕 경포와 만났다. 그리고 행군하는 도중에 병사를 거두어 성고에 입성하였다.

한의 4년에 항왕이 진군하여 성고성을 포위했다. 한왕이 등공滕公과 함께 성고成皋의 북문으로 나와 황하를 건너서 수무(脩武 : 河南省)로 달아나 장이張耳 · 한신韓信의 군을 따랐다. 제장들도 점차로 성고를 탈출해서 한왕을 따를 수 있었다.

초는 드디어 성고성을 함락시키고 서진하려고 했다. 한에서 병사를 동원하여 하남성 형양의 서쪽 공鞏에서 막게 하여 초군이 서진하지 못하게 했다.

이 무렵 팽월은 수수睢水를 건너서 초군을 하비下邳에서 공격하여 초의 장군 설공薛公을 죽였다. 그래서 항왕 자신이 동진하여 팽월을 공격했다.

한왕은 한신韓信의 병력을 얻어 황하를 건너서 남하하려고 했다가, 정충鄭忠의 충고로 하내河內에 누벽壘壁을 구축하고 머물렀다. 그리고 유가劉賈를 시켜서 병사를 이끌고 팽월을 지원하게 하여 초의 식량과 양초(말먹이)를 불태웠다.

항왕이 동진하여 팽월을 격파하니 팽월이 패주했다.

이러는 동안 한왕도 병사를 인솔하고 황하를 건너 다시 성고성을 탈환하여 광무廣武에 포진하고 오창敖倉의 식량을 손에 넣었다.

항왕은 동해 지방을 평정한 후 서진하여 광무에서 한왕과 서로 마주보며 대치했다.

광무廣武는 하남성 개봉부 하음현 북방의 산으로 광무에는 두 산이 서로 마주보고 있어서 그 거리가 1백 보 정도였다. 그 사이를 한수澗水가 흐르고 있다. 한군은 서산에 포진하고 초군은 동산에 포진하여 대치했다. 서로 대치한 지 수개월이 지났다.

이때 팽월이 자주 양梁 땅에서 초군의 식량을 끊었다. 이것을 우려한 항왕은 높직한 도마(俎)를 만들고 한왕 유방의 아버지 태공을 그 위에 올려놓고 한왕에게 고했다.

"지금 즉시로 항복하지 않으면 내가 태공을 삶아 죽이겠다."

"나는 너 항우와 함께 신하의 신분으로 북면하여 회왕懷王의 명을 받았다. 그런 때에 약속하여 형제가 되자고 했다. 네가 너의 부친을 삶아 죽이고 싶으면 나에게도 한 그릇의 국물을 나누어 주었으면 다행이겠다."

한왕이 태연히 대꾸하자 항왕이 노하여 태공을 죽이려고 했다. 그러나 항백이 이를 말렸다.

"천하의 대사는 아직도 어떻게 될 것인지 알 수 없는 형편이오. 또 천하를 다스리는 자는 가족과 같은 것을 돌보지 않는 것이오. 태공을 죽인다한들 무슨 이익이 된단 말이오. 도리어 그를 격노시켜 화를 더할 뿐이오."

항왕이 그의 말을 따랐다.

초와 한은 오랫동안 대치한 채로 승부가 결정되지 않았다. 장정들은 싸움터에서 지쳐 심신이 병마에 시달리고 노약자는 육지와 바다에서 병량兵糧 따위를 수송하기에도 지쳐 있었다.

다급했다. 항왕이 한왕에게 이렇게 말했다.

"천하가 수년간이나 떠들썩하고 어지러운 것은 오직 우리 두 사람 때문이 아닌가. 원컨대 그대와 내가 자웅雌雄을 결판냈으면 한다. 부질없이 천하 백성들을 괴롭힐 필요가 어디 있는가?"

그러나 한왕은 웃으면서 사절했다.

"나는 차라리 지혜로 싸울지언정 힘으로 싸우고 싶지 않다."

항왕이 장사를 시켜 누벽壘壁 밖으로 나아가게 하여 싸움을 돋우었다. 한군에 활쏘기 명수로 누번樓煩이란 자가 있었다.

초군의 장사가 세 차례나 싸움을 돋웠으나 도전할 때마다 누번이 그를 사살했다.

항왕이 크게 노하여 자신이 직접 갑옷을 입고 극戟을 들고 도전했다. 누번이 항왕을 쏘려고 했으나 항왕이 눈을 부릅뜨고 꾸짖자 누번이 떨려서 감히 눈뜨고 보지 못하고 쏘지 못했다. 마침내 달려서 누벽 안으로 쫓겨들어와 다시는 나가지 못했다.

한왕이 사람을 시켜 가만히 그가 누구인지를 알아보게 했더니 항왕이었으므로 한왕이 크게 놀랐다. 항왕과 한왕은 광무廣武의 골짜기를 사이에 두고 서로 말을 걸었다. 한왕이 항왕의 열 가지 죄를 들어 꾸짖으니(고조 본기 참조) 항왕이 노하여 한 차례 교전하고자 했으나 한왕이 듣지 않았다.

항왕이 쇠뇌를 매복시켜서 한왕을 적중시켰다. 한왕이 부상하여 치료하기 위해 비밀리에 성고성에 들어갔다.

항왕도 한신이 하북을 석권하고 제·조를 격파해 장차 초를 공격한다는 소문을 듣고 이에 용저龍且를 파견해서 한신을 치게 했다. 한신은 그의 기장騎將 관영灌嬰과 함께 용저를 공격하여 크게 초군을 격파하고 용저를 죽였다. 그래서 한신은 자립하여 제왕이 되었다.

항왕도 용저의 군사가 격파당했음을 듣고 불안하여 우태인_{盱台} 人 무섭을 파견하여 한신을 설복하여 강화하게 했다. 그러나 한신 은 듣지 않았다.

이때 팽월이 다시 양_梁 땅을 점령하고 초의 양도_{糧道}를 끊었으므 로 항왕이 해춘후_{海春侯} 대사마_{大司馬} 조구_{曹咎} 등에게 말했다.

"너희들은 성고성을 수비하고 있으라. 한군이 도전하려고 하더 라도 절대로 교전하지 말라. 오직 한군이 동진하지 못하도록 견제 하면 그것으로 충분하다. 내가 보름 안에 반드시 팽월을 주살하여 양의 땅을 평정하고 다시 합류할 것이니 명심하도록 하라!"

항왕은 동쪽으로 이동하여 그동안 괴롭혀 온 팽월을 쫓고자 진 류_{陳留}와 외황_{外黃}을 공격했다. 외황이 수일간이나 항복하지 않다 가 겨우 항복하자, 항왕이 노하여 15세 이상의 남자를 모조리 외 황성 동쪽으로 모이게 하고 이들을 흙구덩이에 묻어 죽이려고 했 다.

그때 마침 외황현_{外黃縣} 현령의 가신 아들인 13세 소년이 항왕에 게 가서 말했다.

"팽월이 무리하게 외황을 위협했습니다. 불안해진 외황은 잠시 동안 팽월에게 항복하여 대왕께서 오시기를 기다리고 있었습니 다. 그런데 대왕께서 지금에야 오시어 우리 모두를 구덩이에 묻어 죽이면 백성들이 어떻게 대왕에게로 마음을 돌릴 수가 있겠습니 까? 외황 이외의 양 땅의 십여 성은 모두들 불안해서 구태여 대왕 에게 항복할 자는 없을 것입니다."

항왕은 그 소년의 말을 옳다고 생각하고 구덩이에 묻어 죽이려던 외황의 백성들을 용서했다.

다시 동쪽으로 진격하여 수양睢陽에 이르니, 외황에서의 일을 듣고 모두들 다투어 항왕에게 항복했다.

한편 성고에서는 과연 한군이 자주 초군에게 교전해 왔다. 그러나 초군은 출격하지 않았다. 그래서 한중에서는 5, 6일간이나 사람을 시켜서 초군을 모욕했다. 대사마 조구가 화를 참지 못하고 그만 병사를 동원해 사수泗水를 건너게 했다.

사졸들이 반쯤 건너갈 때 한군이 이를 공격하여 크게 초군을 격파하고 초군의 보물덩어리를 모조리 차지했다. 죄책감에 대사마 조구와 장사 흔이 모두 사수 가에서 스스로 목을 찔러 죽었다.

대사마 조구는 본시 기蘄의 옥관이었고 장사 흔도 또한 본시는 역양櫟陽의 옥리였는데, 이 두 사람은 일찍이 항량項梁에게 은덕을 베푼 일이 있었다. 그래서 항왕이 이들을 중히 썼던 것이다. 이때에 항왕도 수양에 있었는데 해춘후海春侯 조구曹咎의 군이 패배했다는 소식을 듣고 즉시 병사를 이끌고 돌아왔다. 한군이 종리매鍾離昧를 형양 동쪽에서 포위하고 있던 중이었으나, 항왕이 이르자 한군은 초군이 두려워 모두 포위를 풀고 안전한 지대로 도주했다.

이때 한군은 병력이 많았고 식량도 풍부했다. 그러나 항왕의 군사는 지치고 식량마저도 떨어졌다.

한왕은 육가陸賈를 파견해 항왕을 달래서 태공을 돌려달라고 청했다. 그러나 항왕은 듣지 않았다. 한왕은 다시 후공侯公을 파견하여 항왕을 달래게 했다. 항왕이 한왕과 맹약했다.

"천하를 양분하여 하남성 개봉부 중모현의 변하汴河로 현재의 가노하, 홍구鴻溝 서쪽 땅을 분할하여 한의 영토로 하고, 홍구 동쪽 땅을 초의 영토로 삼는다."

항왕이 맹약을 허락하고 즉시 한왕의 부모처자를 돌려보냈다. 한군에서는 모두들 만세를 불렀다.

한왕은 후공을 평국군平國君으로 봉했다. 후공이 몸을 숨겨 다시는 한왕에게 보이려고 하지 않았다. 한왕이 말했다.

"그는 천하의 변사辯士이다. 그가 있는 곳이면 그의 변설로 나라를 기울게 한다."

그래서 그를 평국군이라 했다.

항왕도 이미 맹약을 한 관계로 병사를 이끌고 포위를 풀어 동쪽으로 돌아가기 위해 행군을 시작했다. 한왕도 서쪽으로 돌아가려고 하자 장량과 진평이 고삐를 잡았다.

"한漢은 천하의 반을 소유하고 제후들 또한 모두 한에 가담했습니다. 초는 병사도 지쳤으며 식량도 떨어졌습니다. 이것은 하늘이 초를 멸망시키려는 것입니다. 이 기회를 놓치지 말고 초를 탈취해버리는 것이 상책입니다. 지금 그대로 버려두고 치지 않는다면 이것은 이른바 호랑이를 길러 스스로 우환을 남기는 것입니다."

한왕이 이 말을 들었다.

한의 5년, 한왕은 서쪽으로 가려던 말머리를 돌려 항왕을 추적하기 위해 양하陽夏의 남쪽에 이르러 군을 머무르게 했다. 한신과 팽월과도 기약하여 합류해 초군을 치기로 하고 고릉固陵에 이르렀다.

그러나 한신과 팽월의 군이 참여하지 않자 오히려 초군이 한군을 짓쳐 와서 크게 격파당했다. 한왕은 다시 누벽으로 들어가 참호를 깊이 파고 수비했다.

"제후가 약속을 따르지 않으니 어떻게 했으면 좋겠소."

장자방(張子房 : 장량의 자)에게 물었다.

"초군을 장차 격파하려고 하는데 한신과 팽월에게는 아직도 분여할 영지가 확정되어 있지 않습니다. 그들이 오지 않는 것도 당연하다 하겠습니다. 군왕께서 능히 그들과 함께 천하를 분배하여 가질 수 있다면 지금 즉시로 그들을 오게 할 수 있습니다. 만약에 그렇게 할 수 없다면 사태가 어떻게 될지 저로서도 알 수가 없습니다. 군왕께서 능히 진(陳 : 睢陽) 이동에서 바다에 이르기까지를 모조리 한신에게 줄 수 있으며, 수양 이북에서 곡성(穀城 : 山東省)에 이르기까지를 팽월에게 줄 수 있어서 각자가 자신을 위하여 싸우게 한다면 초를 격파하기란 쉬울 것입니다. 천하를 혼자 가지려 하지 마십시오."

한왕이 말했다.

"좋소이다. 그대가 직접 문서를 작성하여 가지고 가도록 하시오."

이렇게 하여 한신과 팽월에게 고하게 했다.

"협력하여 초를 쳐라. 초를 격파하고 나면 진에서 이동으로 바다에 이르기까지를 제왕(齊王 : 한신)에게 줄 것이다. 그리고 수양에서 이북으로 곡성에 이르기까지를 팽상국彭相國 팽월에게 줄 것이다."

"즉시 진군하겠습니다."

한신과 팽월이 모두 대답했다.

그리하여 한신은 제나라에서 진군했으며, 유가劉賈의 군도 수춘壽春에서 진군하여 성보城父를 무찌르고 해하垓下에 이르렀다.

또 대사마大司馬 주은周殷이 초를 배반하고 안후성 서舒의 대중을 이끌고 안휘성 육六을 무찌르고, 구강九江의 병사를 총동원하여 유가와 팽월을 따라 모두 해하에 집합하여 항왕의 군에 접근했다.

항왕의 군은 해하에 누벽壘壁을 구축하고 있었으나 병사는 소수였으며 식량도 바닥이 난 지 오래였다.

한군 및 제후군이 이것을 몇 겹으로 포위했다. 밤에 사면에서 모두 초楚의 노랫소리가 들려왔다[사면초가四面楚歌].

항왕이 크게 놀랐다.

"한이 벌써 초의 땅을 모두 얻었단 말인가. 어떻게 이렇게도 초나라 사람이 많단 말인가."

항왕이 밤에 일어나서 군막 가운데에서 술을 마셨다.

우虞라는 미인은 언제나 항왕의 사랑을 받으면서 따르고 있었다. 또 추騅라는 이름을 가진 준마駿馬는 언제나 항왕이 애지중지 여기며 전장을 누벼왔다. 항왕이 비분강개하여 자신도 모르게 시를 지어 노래를 불렀다.

力拔山氣蓋世 時不利 騅不逝
騅不逝可奈何 虞兮虞奈若何

힘은 산을 뽑을 듯하고 기세는 세상을 덮을 수 있건만
때는 나에게 불리하니 추騅마저 나아가려 하지 않는구나.
추가 가지 못하니 어찌할 것인가?

우虞야, 우야! 너를 또 어찌하리.

항우가 시를 읊자 우희도 춤을 추면서 노래를 불렀다.

사방은 한나라 군사
그들이 부르는 초나라의 구슬픈 노래뿐
대왕의 의기가 저토록 꺾였으니
이 몸이 어찌 살기를 바라리오.

춤이 끝나자 이미 죽음을 결심한 우희는 자기 가슴에 비수를 꽂았다. 그것은 또 그녀를 이 세상에 홀로 남겨두고 싶지 않은 항우의 바람이기도 했다. 우희는 항우의 마음을 받아들였다.

항왕이 몇 줄기의 눈물을 흘렸다. 그리고 좌우의 근신

〈우희虞姬〉

들도 모두 울었으며 차마 감히 쳐다볼 수가 없었다.

그리고 항왕은 의연히 말에 올랐다.

휘하의 장수들도 말을 몰아 따르는 자가 8백 명에 불과했다.

날이 새자 한나라 군사들은 그제야 항우가 도망친 사실을 알았다.

"추격하라! 항우의 목을 베어 오는 자는 천금의 상금을 내리고 만호후萬戶侯에 봉하겠다."

한왕 유방이 선포했다.

항왕이 전력을 다해 남쪽으로 말을 달려 단숨에 회수淮水를 건넜을 때에는 뒤따르는 자는 백여 명에 불과했다.

항왕이 음릉陰陵에 이르러 헤매다가 길을 잃어 한 농부에게 물었더니 농부가 속여서 왼쪽으로 가라고 했다. 왼쪽으로 갔다가 그만 커다란 늪에 빠지고 말았다.

한군이 추적해 왔으므로 항왕은 다시 군사를 이끌고 동쪽으로 향했다. 동성東城에 이르자 뒤따르는 자는 겨우 28기騎였다. 그런데 추적해 오는 한군의 기병은 수천 명이었다. 항왕은 탈출할 수 없다고 판단하고 뒤따르는 기병에게 이렇게 말했다.

"내가 군사를 일으켜서 지금까지 8년 동안 이 몸도 80여 전의 전투를 치뤘다. 대적하는 자를 격파하고, 격파된 자는 복종하여 지금까지 한 번도 패한 적이라곤 없다. 드디어 패자覇者로서 천하를 보유하게 되었는 데도 지금 끝내 여기서 괴로움을 당하게 되었다. 하늘이 나를 망하게 하는 것일 뿐 내가 전투에 약한 죄는 아니다. 오늘 나는 물론 각오를 했다. 원컨대 너희들에게 증명하기 위해 결전하여 반드시 세 차례 한군을 크게 이겨 포위를 뚫으며, 적장을 베어 오고 군기를 쓰러뜨려 너희들에게 하늘이 나를 망하게 하는 것이지 내가 전투에서 약한 탓이 아니라는 것을 보여 주겠다."

그리고는 따르던 기사를 4대隊로 나누어 4면으로 나아가게 했다. 그러자 한군이 이를 몇 겹으로 포위했다. 항왕이 그의 기사들에게 말했다.

"내가 공들을 위하여 한 사람의 적장을 잡아 보이겠다."

그리고 4면으로 향하려는 기사들에게 달려 나아가게 하고 산의 동쪽에서 3개 지점으로 집결할 것을 기약했다. 항왕이 큰 소리를 지르면서 말을 달려 내려갔다.

한군이 모두 흩어지자 항왕이 드디어 한군의 장將을 베었다. 이때에 한의 기마병 대장 양희楊喜는 항우를 뒤쫓고 있었으나 항왕이 눈을 부릅뜨고 꾸짖자, 모든 인마가 함께 놀라 수십 리를 퇴각해 버리고 말았다.

눈 깜짝할 사이에 포위망을 뚫은 항우의 앞으로 부하들이 모였다. 26기 그대로였다. 항우가 씩 웃었다. 군사들도 따라 웃었다.

"끝까지 나를 믿고 따라주어 고맙구나."

항우가 말하자 부하들은 일제히 말 위에서 내려 무릎을 꿇어 존경을 표했다. 그리고 항왕은 그때까지만 해도 동쪽으로 나아가 양자강 북쪽 연안 오강烏江을 건너려고 했다.

오강의 정장亭長이 배를 준비하여 기다리고 있었다.

"어서 오르시어 강을 건너십시오. 강동은 비록 좁은 땅이라고는 하나 그래도 기름진 땅이 천 리나 이어진 곳입니다. 능히 군사 수십 만을 일으킬 수 있는 곳이니, 폐하께서는 어서 강을 건너 뒷일을 도모하십시오. 추격병이 오더라도 이 배 하나밖에 없으니 뒤쫓지 못할 것입니다."

그러나 항우의 생각은 달랐다. 정장의 호의는 고마웠지만 항우는 이 강변에서 죽기를 결심했다.

"하늘이 이미 나를 버렸거늘……, 강동으로 돌아간들 무슨 소용이 있으랴? 지난날 뜻을 세워 강동의 자제 8천 명과 함께 강을 건너서 서행西行했으나 모두 전쟁터에서 목숨을 잃고 이제는 나 혼자뿐이니, 무슨 낯으로 고향의 산천과 이웃을 대할 것인가! 설사 강동의 부형父兄들이 나를 불쌍히 여겨 나를 왕으로 삼는다 한들 내가 무슨 면목으로 그들을 대하겠는가? 가령 그들이 아무 말도 않는다 하더라도 내 스스로는 마음속으로 부끄럽지 않겠는가?"

초패왕의 말소리는 적막하기 그지없었다.

'아! 하늘이 나를 버리기로 한 이상 하늘의 뜻을 따라야지……'

항우는 정장에게 오추마의 고삐를 넘겨주고자 하였다.

"나는 그대가 유덕한 인사라는 것을 이미 알고 있다. 내가 이 말을 탄 지가 5년이지만 이 말을 타고 가는 데는 적들이 살아남지 않았다. 한때는 하루에 천 리를 달린 적도 있다. 차마 이 말까지 죽일 수 없어 그대에게 이 말을 맡길 테니 이 말을 끌고 가도록 하라."

그리고 기사騎士들에게 명하여 모두 말에서 내려 보행하게 하고 단병(短兵 : 짧은 무기)을 가지고 접근했다.

항왕이 혼자서 죽인 한군만 해도 수백 명이었으나 항왕도 역시 몸에 십여 군데의 부상을 입었다. 항왕이 한의 기마대장 여마동呂馬童을 돌아보고 말했다.

"그대는 나의 옛 친구가 아닌가?"

여마동이 그 자리에 얼어붙은 듯 고개를 숙였다.

그러자 항왕이 마주 서 큰 소리로 외쳤다.

"내가 듣기로는 한왕이 나의 머리에 1천 금과 1만 호의 읍을 걸었다고 하는데, 내가 그대를 위하여 은덕을 베풀겠다."

항우는 그 말과 함께 칼을 높이 치켜들고 스스로 목을 찔러 죽었다. 이때 항우의 나이 서른한 살이었다(B.C. 202년).

항우가 숙부인 항량을 따라 군사를 일으킨 지 3년 만에 진나라를 무너뜨리고 '역발산力拔山 기개세氣蓋世'로 천하를 호령한 항우의 처참한 최후였다.

항왕이 죽은 후, 초나라는 모두 한漢 유방에게 항복했으나 홀로 노魯나라만이 항복하지 않았다. 한에서는 천하의 병사를 이끌고 노나라를 무찌르려고 했다. 그러나 한왕 유방은 여론을 깊이 새겨 들었다.

노나라 사람은 예절을 지키고 군주인 항왕을 위하여 절개節慨에 죽는 풍속이 있었으므로 항왕의 머리를 가져다가 노나라 사람에게 정중히 전하자 그제야 항복했다.

처음에 초의 회왕懷王이 항적項籍을 봉하여 노공魯公으로 삼은 것과 그가 죽은 후, 노가 최후에 항복한 것으로 인해서 한왕은 항적을 노공의 예식으로 노나라 곡부현曲阜縣의 서북쪽 곡성穀城에 매장했다.

한왕은 항왕을 위해 복상하면서 울고 갔다. 한왕은 모든 항씨뿐만 아니라 항백項伯을 봉해 사양후射陽侯로 삼았으며, 도후桃侯·평고후平皐侯·현무후玄武侯는 모두 항씨였으나 나중에 유씨성劉氏姓을 하사했다.

태사공은 이렇게 결론지었다.

항우는 한 자 한 치의 봉토를 가진 것도 아닌데 시세를 타고 민간에서 궐기하여 3년 만에 전국의 7웅雄 중에서 진秦·초楚를 제

외한 5제후를 이끌어 진을 멸망시키고 천하를 분할하여 왕후로 봉하고, 정령政令은 항우에게서 나오게 되어 이름을 패왕覇王이라 했다.

항우가 관중關中을 버리고 초의 땅을 그리워하여 의제義帝를 죽이고 자립하기에 이르러, 왕후王侯가 항우를 배반하게 된 것을 원망하는 것은 잘못이다. 그는 자신의 공적을 자랑하여 자신의 지력만을 믿고 옛 성왕聖王을 스승으로 삼지 않았다. 패왕의 과업이라고만 생각해 무력으로 천하를 경영하려 했다. 5년 만에 그 나라를 망하게 하고 자신은 동성東城에서 죽었다. 그런데도 자신의 잘못을 깨닫지 못하고 '하늘이 나를 망하게 한 것이지 내가 싸움에서 패한 것(죄)이 아니다'라고 했으니 이것은 잘못이 아닌가.

고조高祖 본기 — 정도正道로 천하 평정

항우는 포학했으나 한왕漢王 유방劉邦은 성격이 온유하여 인덕을 베풀었다. 유방은 항우로부터 촉蜀 땅에 봉封을 받은 것에 분노하여 되돌아나와 삼진(三秦 : 관중)을 평정하고 항우項羽를 주살함으로써 제업帝業을 성취했다. 천하가 통일되자 제도를 개혁하고 풍속을 일신시킬 수 있었다.

〈한고조漢高祖〉

고조 유방劉邦은 강소성 패沛 땅 산골 마을 중양리中陽里에서 태어났다. 부친 태공太公은 이름도 없는 미천한 출신이었고 모친은 유온劉媼이었는데, 온媼은 시골에서 일하는 그저 평범한 '아낙네'라는 뜻이다.

어느 날 유온이 밭자락에서

일을 하다가 깜빡 잠이 들었는데 꿈에 신神과 만났다. 이때 우레와 번개가 치면서 사면이 캄캄해지며 소나기가 쏟아지려 하였다. 이에 황급히 남편 태공이 달려가 보니 세상 모르고 자고 있는 유온의 배 위에서 생전 보지 못했던 크나큰 교룡蛟龍이 꿈틀거리고 있었다. 그리고 낳은 아들이 유방劉邦이다.

유방은 생김새부터 달랐다. 콧마루가 높게 솟은 용안龍顔이었으며 수염이 아름다웠고, 왼쪽 다리에는 검은 사마귀가 72개나 있었다. 그는 너그러워 사람 사귀기를 좋아했으며 무엇이든 베풀기를 좋아했다.

그러나 그는 농사일은 거들떠보지도 않았고 장성하여 여씨와 결혼한 후 임시로 관리직에 임용되었는데, 사수泗水의 정장(亭長 : 진나라 법에는 십리마다 그곳을 관리하는 정장이 있었다.)자리였다.

본래 유방은 주색酒色잡기를 좋아했다. 언제나 왕씨王氏 댁이나 무씨武氏 댁에 들러 외상으로 술을 마셨다. 그런데 유방이 술에 취해 누워 있을 때 주인인 왕씨나 무씨가 그를 가만히 살펴보니 언제나 용龍의 모습이 유방의 잠자는 몸 위에서 꿈틀거렸으므로 그를 달리 보게 되었다.

그 뿐만 아니라 유방이 와서 술을 마실 때에는 다른 때보다 몇 배나 더 많은 술이 팔렸다. 더구나 자고 있는 유방 위로 용의 모습이 나타난다는 기이한 현상 때문에 두 술집 주인은 연말이 되면 유방의 외상 장부를 찢어버렸다.

유방은 한 때 진나라의 수도 함양咸陽으로 부역夫役을 나갔던 적이 있었다. 때마침 진나라 황제의 순행 행렬을 만나게 되었는데 그때 그는 긴 한숨을 내쉬며 탄식했다.

"아아, 대장부라면 마땅히 저 정도는 되어야 하지 않겠는가?"

그때 마침 단보單父가 고향인 여공呂公이라는 인물이 패현沛縣의 현령과 사이가 좋았다. 여공은 고향에서 원수를 피해 친구인 현령의 객이 되어 패현에 숨어 살게 되었는데, 패현의 유지들이나 관리들은 현령의 빈객이 있다는 소문을 듣고 모두들 예물을 들고 가서 여공을 축하하기 위해 잔치를 벌였다.

그때 소하蕭何는 패현의 주리主吏로서 잔치를 주관하고 있었다.

"1천 전錢 이상 낼 수 없는 손님은 당하堂下에 앉아 주십시오."

그때 유방은 한낱 정장에 불과한 관리였다. 그는 평소에 관리들을 깔보았기 때문에 소하의 명령도 우습게 여겼다. 그래서 그는 명함에다 짐짓 '축하금 1만 전'이라고 써서 들이밀었다. 물론 그는 땡전 한 푼 가지고 있지 않았다.

명함을 받아든 여공은 크게 놀랐다. 대문까지 달려 내려가서 유방을 부축해 와서 당상堂上의 상석에 앉혔다.

소하는 그런 여공이 한심했다. 그는 여공에게 슬며시 귀띔했다.

"실은 유방이라는 자는 허풍쟁이일 뿐입니다. 그리고 그는 빈털터리입니다."

"그렇지 않소. 내가 본 것은 그의 훌륭한 관상이오. 그분은 앞으로 고귀하게 되실 분이오."

주연이 한창 무르익었을 때였다. 여공은 유방 앞으로 짐짓 찾아가 이렇게 속삭였다.

"실상 나는 오래 전부터 관상을 즐겨 보아 왔소이다. 그런데 수많은 사람을 보아 왔지만 당신만큼 좋은 관상을 타고난 인물은 본 적이 없었소. 그러니 부디 자중 자애하시오. 그런데 나한테는 딸이 하나 있소이다. 그대의 아내로 삼아 곡식을 가르는 키질을 시키든 방안을 청소하는 비질을 시키든 써주시겠소?"

잔치가 끝난 후 여공의 아내는 그 소문을 듣고 화가 나서 여공에게 버럭 소리를 질렀다.

"당신은 항상 우리 딸자식이 예사로운 아이가 아니어서 귀인에게 시집보내겠다고 하지 않았습니까? 당신은 패현 현령이 우리 딸을 달라고 했을 때에도 내놓지 않더니, 그래 허망하게도 기껏 정장 따위에게 귀한 딸을 내놓는단 말씀이십니까?"

"아! 그런 일은 아녀자들이 관여할 바가 아니오."

후일 여공의 딸은 여후呂后가 되고 효혜제孝惠帝와 노원공주魯元公主를 낳게 된다.

유방이 정장이었을 때 휴가를 얻어 고향으로 내려간 적이 있었다. 그때 여씨는 두 자식과 함께 패현에 남아 밭일을 하고 있었다.

한 노인이 지나가다가 물 한 모금 얻어먹자고 왔을 때 여씨는 물을 떠서 노인에게 대접했다. 노인은 떠나기 직전에 여씨의 얼굴을 물끄러미 들여다보더니 깜짝 놀라는 표정을 지었다.

"아, 부인께서는 천하에 둘도 없는 귀인의 관상을 타고 나셨습니다."

여씨는 기분이 좋아 두 자식의 관상까지 봐 달라고 했다.

"부인께서 존귀한 까닭은 바로 이 사내아이 때문이구려!"

딸아이가 다시 불려왔다.

"역시 이 딸아이도 존귀한 관상을 타고 났습니다."

노인이 떠난 후 유방이 집으로 돌아오자 여씨는 노인의 관상 이야기를 자세하게 했다.

"그 노인이 어디로 갑디까?"

"멀리 가지는 못했을 겁니다. 당신도 보시려면 저기 아랫길로 내려가 보시지요."

유방은 뒤쫓아 가서 노인을 돌려세웠다.

"아아, 역시 그렇구려! 부인과 아이들의 관상이 고귀했던 이유는 바로 당신의 관상 때문이었구려!"

"고맙소. 만일 내가 노인의 말씀대로 고귀하게 되거든 이 은혜는 잊지 않겠소."

유방이 후일 한고조漢高祖가 되고 나서 그 노인의 행방을 찾았으나 찾을 길이 없었다.

그 당시 유방은 정장으로 있으면서 죽순 껍질을 가지고 정성스레 관冠을 만들어 썼다. 그런데 그것이 마음에 들지 않는다 하여 부하를 시켜 관 만드는 본고장인 산동성 설薛 땅에 보내어 제대로 된 관을 만들어 오게 했다. 유방은 그 관을 항상 즐겨 썼다. 이른바 '유씨관劉氏冠'이라 일컬어진다.

유방은 현령의 지령에 의해 인부들을 소집하여 진시황제의 능을 축조하는 여산酈山으로 출장을 가게 되었다. 유방이 그들을 인솔하고 가는 도중에 많은 인부들이 도망쳐버렸다.

유방 일행은 풍읍豊邑 서쪽 택중澤中에 이르러 자포자기하는 마음에서 술을 퍼마시며 머뭇거렸다.

그리고 유방은 드디어 단안을 내렸다.

"너희들도 도망쳐라. 나도 이 밤을 택해 달아날 작정이다!"

대부분이 뿔뿔이 흩어진 뒤 유방을 따르겠다는 장정 여남은 명만 남았다.

"자, 우리도 어디론가 달아나자. 붙잡히면 죽는다."

밤을 도와 택중의 좁은 길을 빠져나가고 있었다. 그런데 앞서 가던 인부 하나가 돌아와 겁에 질린 얼굴로 소리쳤다.

"앞으로 나아갈 수가 없게 되었습니다. 엄청나게 큰 뱀이 가로 막고 있습니다. 돌아가야 합니다."

유방은 이미 술에 취한 상태였다.

"그까짓 뱀 한 마리 때문에 우리가 갈 길을 못 가다니!"

유방은 앞으로 나아가더니 칼을 빼어서는 엄청나게 큰 뱀을 단 칼에 두 동강을 내고 말았다.

몇 리를 더 걸어갔다. 유방은 너무 취했으므로 부하들이 그를 들것에 실어 데리고 갔다.

한편 뒤따라오던 장정 하나가 아까 유방이 큰 뱀을 베어버린 그 장소까지 오게 되었는데 노파 하나가 슬피 울고 있는 게 아닌가.

"이 한밤중에 이런 곳에서 무슨 일로 울고 계시오?"

"내 아들은 진秦나라를 상징하는 백제白帝의 자식이었다. 뱀으로 변신해서는 길을 막고 있었는데, 갑자기 (한漢나라) 적제赤帝의 아들놈이 다가오더니 한 칼로 베어버리지 않았겠나. 그래서 서러워서 울고 있네."

"그래서 그 죽은 아들은 어디에 있습니까?"

"여기……."

거기에는 두 동강난 뱀이 있었다.

"에잇, 할머니 지금 농담을 하고 계시는군요."

필시 요괴라 생각되어 장정이 채찍으로 노파를 치자 노파는 홀 연히 살아지고 말았다.

뒤늦게 유방 일행을 따라잡은 장정은 이미 술에서 깨어나 있는 유방에게 조금 전에 있었던 사실을 그대로 보고했다.

"그래, 썩 괜찮은 일이군……."

유방은 마음속으로 기뻐하며 진秦나라를 멸하기로 다짐했다. 그 후 유방을 따르던 무리들도 날로 더욱 유방을 존경하기에 이르렀다.

그 무렵 진의 시황제는 동남방에 천자의 기氣가 있다는 소문에 귀가 거슬려 자주 동방으로 출행해 천자의 기를 억압하려고 애썼다. 유방도 혹시 자신이 그 목표물이 아닌가 하고 자주 도망하여 망산芒山과 탕산碭山 사이인 늪지대 산택山澤 가 암산岩山 사이로 숨곤 했다. 그런데 그럴 때마다 집으로 찾아온 손님을 데리고 여씨가 어김없이 찾아오곤 했다. 유방은 그런 사실이 괴이쩍어 부인에게 물었다.

"도대체 내가 여기 있다는 사실을 어떻게 알았소?"

"그야 간단하지요. 당신이 계시는 곳에는 언제나 운기雲氣가 서려 있으니까요. 그것만 따라가면 어김없이 당신을 만나게 된답니다."

마음속으로 유방 역시 기뻤다. 이 말은 유방 주변의 가까운 인물들이 여씨에게 귀띔해준 말이었지만 패현의 젊은이들도 그런 소문을 듣고 유방을 따르고자 하는 자가 많았다.

진의 2세황제 원년이었다. 진승陳勝 등이 안휘성 남쪽 기蘄에서 반란을 일으켰다. 그가 하남성 진陳 땅에 이르러서는 왕위에 오르고 국호를 장초張楚라 부르기까지 했다. 뿐만 아니라 다른 군현郡

縣에서도 그를 따르는 무리들이 진승에게 호응해 왔다.

패현의 현령도 그런 소문을 들었다. 그래서 그도 진승에게 호응하고자 하였다. 그때 소하는 주리主吏였고 조참曹參이 옥리獄吏였는데 그들이 현령에게 말했다.

"현령께서는 진나라의 관리로 계십니다. 이런 상황에서는 진나라를 배반하고 패현의 자제들을 인솔해 성城을 넘겨보았자 패현의 자제들은 듣지 않을 것입니다."

"그렇다면 어떻게 하는 것이 좋겠는가?"

"현령께서는 진나라 학정에 못 이겨 현縣 밖으로 도망쳐 있는 자들을 불러들인 뒤 현내縣內의 장정들을 협박하면 혹시 모르겠습니다."

"현 밖으로 도망친 자는 누구인가?"

"유방입니다."

"그를 불러올 수 있는 자는 누구인가?"

"번쾌樊噲입니다."

그래서 패 땅에서 개백정하는 번쾌를 불러 유방 일당을 불러오게 했다. 유방의 졸개들은 이미 1백여 명이 되어 있었다.

번쾌는 유방한테 가서 사정을 전하자 그들은 좋아하면서 현령한테로 돌아오던 중 사정이 또 바뀌었다. 패현의 현령은 자신의 결정을 곧장 후회했다. 반도들이 변란을 일으켜 자신을 죽일지도 모른다는 생각을 했던 것이다. 뿐만 아니라 반란군을 따라야 할지, 진나라 관리로서의 책임을 다해야 할지 아직 갈피를 잡을 수도 없는 상황이 되어 버렸다.

"망명자들을 끌어들이자고 한 놈들이 누구더냐? 소하와 조참이었지?"

그래서 현령은 성문을 다시 닫아걸고 소하와 조참을 주살하려고 했다.

불안을 느낀 소하와 조참은 가까스로 성벽을 넘어 유방에게로 달려가서 그 동안의 사정을 자세히 알렸다.

유방은 여러모로 상의하고 생각한 뒤에 글을 써서 화살촉에 매달아 성 안으로 쏘아 보냈다. 패현의 유지들에게 고하는 글이었다.

〈천하는 이미 진나라 학정에 시달려온 지가 오래이다. 천하가 그것을 참을 수 없어 분노하여 궐기하고 있는 바이다. 지금 당신들은 현령을 위하여 성문을 닫아걸고 있으나 총궐기한 제후들이 패현 따위는 쉽사리 무너뜨릴 것이다. 이런 판국에 잘 판단하시기 바란다. 현령을 잡아 주살해 버리고 장정들 중에서 쓸 만한 자를 골라 현의 장長으로 세워 제후들에게 호응한다면 그대들의 가족과 재산은 보호될 것이다. 만일 그렇게 하지 않을 경우 그대들의 가족들이 모조리 도륙되어도 책임질 자는 아무도 없을 테니 알아서 판단하라!〉

유지들은 오랫동안 심사숙고한 후 패현의 현령을 죽이고 성문을 열었다.

"유계(劉季 : 유방을 존중하여 일컫는 말)께서 현령이 되시지요."

그러자 유방은 정중히 사양코자 했다.

"천하가 어지럽기에 제후들이 일어났던 것입니다. 지금 장수를 선택하려 하는데 만일 그 선택이 잘못되어 패전이라도 한다면 그 땐 수습할 길이 없게 됩니다. 내가 굳이 몸을 아껴서 사양하는 것이 아닙니다. 다만 재능이 없어 그대들을 보호할 수 없다는 두려움 때문에 사양하는 것입니다. 그러니 다시 의논하고 추천하여 적임자를 뽑도록 하시지요."

그렇게 되자 소하와 조참이 거론되었다. 그들 역시 이렇게 사양했다.

"우리들은 문관입니다. 더구나 잘못되어 온 가족이 몰살될 것이 두렵습니다."

유지들은 다시 의논하게 되었고 결국 결론이 났다.

"평소에 듣자 하니 유계의 신변에는 항상 여러 가지 진기하고 괴이한 일이 많이 일어났다고 들었습니다. 필시 당신은 존귀한 인물이 될 것입니다. 또한 여러 사람에 대해서 점을 쳐 보아도 유계만큼 길吉한 사람이 없었습니다. 다시금 당신을 추천코자 하오니 사양치 마십시오."

유방은 여러 번 사양하다가 결국 패현의 지도자가 되어 패공沛公으로 불렸다.

유방은 황제黃帝의 사당에다 제사를 지냈다. 또한 치우蚩尤를 패현의 현청縣聽에서 제사지내며 무운武運을 빌었다. 그리고 희생犧牲의 피를 북에다 칠했다. 기치旗幟를 붉게 칠했는데, 이는 피살된 뱀이 백제白帝의 아들이며 죽인 자가 적제赤帝의 아들이었으므로 적색을 존중했기 때문이다.

패현 땅의 사정을 꿰뚫고 있던 소하와 조참, 그리고 번쾌가 흐트러진 질서를 바로잡고 유방을 위해 패현의 장정 3천 명을 모아

왔다. 그들로 산동성 호릉胡陵과 방여方輿 등지를 공격하고 돌아와서는 풍읍豊邑을 굳게 지켰다.

진의 2세황제 2년이었다. 진섭의 부장部將 주장周章의 군사가 서쪽 섬서성 희戱 땅까지 짓쳐나갔다. 연燕·조趙·제齊·위魏 등지에서도 모두가 자립해 스스로 왕이 되었다.

그중 초나라 마지막 대장군이었던 항연項燕의 후예 항씨項氏들이 회계 땅 오吳나라에서 일어났다.

유방은 옹치雍齒에게 풍읍을 지키게 한 뒤 병사를 이끌고 설薛로 갔다. 사수군수 장壯이 설에서 유방에게 맞섰으나 패전하여 척戚으로 도망치다가 유방의 좌사마左司馬에게 잡혀 죽었다.

유방은 돌아와서 산동성 항보亢父에 포진하고 방여 쪽을 지켰다. 그때 마침 진왕陳王이 위나라 사람 주시周市에게 각지를 공략하도록 명령을 내려놓고 있었다. 이때 주시가 옹치에게 사자를 보내 말했다.

"풍읍은 본래 위나라 사람이 이주해 살던 도읍이요, 지금 위나라에서는 이미 수천의 성시成市를 평정했소. 그러니 옹치 그대가 지금 위에 항복한다면 위에서는 그대를 후侯로 삼아 풍읍을 지키도록 할 것이지만, 만일 항복하지 않으면 우리는 풍읍을 무찌를 수밖에 없소!"

옹치는 원래 유방에게 종속되기를 원치 않았다. 그래서 위魏가 부르자 곧장 유방을 배반하고는 풍읍을 자신의 것으로 소유해 버렸다.

화가 난 유방은 풍읍을 공격했지만 결국 탈취할 수는 없었다. 그 때문에 유방은 하릴없이 패현으로 돌아갈 수밖에 없었다. 옹치와 풍읍의 자제들이 자신을 배반한 것을 원망하면서.

그 즈음이었다. 안휘성 동양東陽의 영군寧君과 진가秦嘉가 경구景駒를 가왕假王으로 세워 강소성 패의 동남쪽 유留에 있다는 소문을 들었다. 유방은 곧 달려가서 그들에게 소속되어 군사를 얻어 풍읍을 공격하려 했다.

이때에 진秦나라 장군 장한章邯이 진陳을 토벌했다. 그리고 별장別將 사마니司馬尼를 데리고 북진하여 초나라 땅을 평정하고는 안휘성 상相을 무찌른 뒤 강소성 탕碭에 이르렀다. 이때 유방은 동양東陽의 연합군과 합세해 서쪽으로 나아가 강소성 소蕭에서 싸웠으나 이기지 못하고 유留로 물러나왔다. 그러다가 곧 되돌아가서 탕을 공격했다.

사흘 만에 탕을 탈취한 유방은 탕의 군사 5, 6천 명을 얻어서는 강소성 하읍下邑을 공격해 함락시키고 돌아와서는 풍豊에다 포진했다.

그때 항량項梁이 설薛에 있다는 소식을 들은 유방은 1백여 기騎를 이끌고 가서 그를 만났다. 그랬더니 항량은 병사 5천과 오대부(五大夫 : 초의 제9등작) 작위를 가진 장수 10명을 주어 그들을 데리고 와서 풍읍을 공격하여 옹치를 항복시켰다.

유방이 항량을 따른 지 한 달이 지났을 때 항우는 이미 양성襄城을 함락시키고 돌아왔다. 항량은 벌써 별동대의 장수들을 모조리 설로 불러들이고 있었다. 그때 유방은 진왕陳王이 죽었다는 소식을 들었다. 항량은 초의 회왕懷王의 손자 심心을 초왕으로 세워 안휘성 우태盱台에 도읍하게 하면서 자신을 무신군武信君이라 칭했다.

며칠이 지나 유방은 북진하여 항보亢父를 공격한 후 동아東阿를 구하고 진나라 군사를 격파했다. 이때 제나라 군사는 철수했으나 초나라 군사는 도망치는 진나라 군사를 홀로 추격했다. 또 항량은 유방과 항우에게 명하여 따로 산동성 성양城陽을 공격하게 했으며, 그곳을 무찌른 이들은 하남성 복양濮陽 동쪽에 포진해 진군과 싸워 무찔렀다.

얼마 뒤 군세를 회복한 진나라 군사는 주위의 호濠를 파고는 황하의 물을 끌어들여 복양을 수비했다. 초군은 할 수 없이 그곳을 떠나 정도定陶를 공격했으나 수비가 완강해 함락시키지 못하고 유방과 항우는 서쪽 땅을 공략해 옹구雍丘에 이르러 다시 진군과 싸워 이를 크게 격파하고 진秦의 승상 이사李斯의 아들 이유李由를 베었다.

항량이 두 번씩이나 진나라 군사를 격파한 뒤부터는 차츰 교만하여 사사로운 일에 집착하기 시작했다. 송의宋義가 간諫했는 데도 그는 듣지 않았다.

한편 진나라에서는 장한의 군사를 증강시켜 한밤에 정도定陶의 항량을 공격해서는 이를 크게 격파했다. 이 전투에서 항량은 어이없게도 한낱 민가의 처마 밑에서 맥없이 전사했다.

유방은 항우와 함께 진류陳留를 공격하고 있다가 항량이 전사했다는 소식을 듣고는 동쪽으로 나아갔다. 그래서 여신呂臣은 팽성彭城의 동쪽에 포진하고 항우는 팽성의 서쪽에, 유방은 탕碭에 포진했다.

한편 진의 장한은 이미 항량의 군을 무찔렀으므로 초나라 땅의 적병들은 근심할 바가 없다 생각하고 황하를 건너 북쪽으로 진격하여 조趙나라를 공격하여 크게 이겼다.

진의 2세황제 3년이었다. 초의 회왕懷王은 항량이 죽자 불안해졌다. 그래서 도읍지를 우태에서 팽성으로 옮겼다. 뿐만 아니라 여신·항우의 군사를 자신의 군대에 합류시켰다. 유방을 탕군碭郡의 장수로 삼아 그곳 병사를 지휘하게 했다.

회왕은 유방을 무안후武安侯로 삼고, 항우를 장안후長安侯라 하여 노공魯公이라 했으며, 여신을 사도司徒로 삼고 그의 부친 여청呂靑을 영윤令尹으로 삼았다.

그 즈음에 조나라에서는 자주 구원을 청해 왔다. 그래서 회왕은 송의宋義를 상장군으로 삼고, 항우를 차장次將으로 삼고, 범증范增을 말장末將으로 삼아 북진시켜 조를 구원하게 했다.

한편으로는 유방에게 서쪽의 땅을 공략해 관중關中으로 진입케 하면서 여러 장수들에게 이렇게 약속했다.

"누구든지 관중으로 제일 먼저 진입해 그곳을 평정하는 자를 '관중의 왕'으로 삼겠소."

이 무렵의 진나라 군대는 막강했다. 항상 승세를 몰아 도주하는 반란군을 추격하고 있었다. 그런 사정이었기 때문에 관중으로 먼저 돌입하는 부대가 이롭다고 여기는 장수는 거의 없었다. 그러나 항우는 달랐다. 숙부인 항량이 격파된 것을 원망하면서 서진하여 관중을 돌파할 것을 자청했다.

그런데 회왕의 노장들이 한결같이 이런 말을 했다.

"항우의 사람됨은 용맹스럽긴 하지만 잔인합니다. 자못 화해禍害를 일으키기 쉽습니다. 그가 일찍이 양성襄城을 공격하여 함락시킨 적이 있는데 성으로 진입한 그가 남긴 것이라고는 아무 것도 없었으며, 적병이나 민간인을 막론하고 모조리 구덩이에 파묻어 죽여 버렸습니다. 그가 통과하는 곳은 어디든지 파괴되었으며 학살되었습니다. 더구나 초楚가 비록 강하기는 하지만 요즘에는 진왕陳王도 항량도 모두 패퇴했습니다. 그러니 이번에는 온후하고 유덕한 장수를 서쪽으로 진입시켜 정의에 입각하여 진나라 부형들에게 고유告諭하도록 하는 것이 좋겠습니다. 진나라 부형들은 그들의 포학한 군주에게 시달린 지 오래입니다. 그러니 이제는 참으로 유덕한 인물을 구해 진나라로 들어가게 하더라도 그들을 충분히 항복시킬 수가 있을 것입니다. 침략적이고 포학하지 않더라도 진을 멸망시킬 수가 있다는 뜻입니다. 이제는 잔인한 항우를 파견해서는 안 됩니다. 오직 패공 유방이 관인하고 유덕하니 그를 파견하는 것이 최상책일 것입니다."

그래서 회왕은 항우의 청을 물리치고 유방을 보내 서쪽 땅을 공략하도록 했다.

유방은 진왕陳王과 항량의 흩어졌던 병사들을 거두어 탕碭에서 출발해 성양城陽에 이르렀다. 그리고 강리杠里의 진나라 군사와 누벽을 사이에 두고 진秦의 2개 군을 격파했다.

유방은 병사를 이끌고 서쪽으로 진출해 창읍昌邑에서 팽월과 만나 힘을 합해 진군을 공격했다. 그러나 상황은 불리하기만 했다.

유방은 군사를 돌려 율(栗 : 沛縣)로 나갔다가 강무후剛武侯를 만나 그의 군사 4천여 명과 합류했다. 그리고 위나라 장군 황흔皇欣과 위나라 사도司徒 무만武滿의 군사까지 합쳐 창읍을 재차 공격했지만 끝내 창읍을 함락시키지는 못했다.

서쪽으로 방향을 돌린 유방은 고양高揚을 통과하고 있었다. 그때 역이기酈食其가 성문 앞으로 찾아와 문지기에게 명함을 내밀었다.

"이곳을 통과해 간 장수들은 많다. 그렇지만 내가 본 바로는 패공만이 유일한 관인대도寬仁大度의 유덕자이다. 그를 한 번 만나고 싶다."

때마침 유방은 의자에 앉아서 두 여자에게 발을 씻기고 있던 중이었다. 역이기는 이맛살을 찌푸렸다.

"무도한 진나라를 진정으로 주멸하고 싶은 인간이라면 의자에 앉은 채로 장자長者를 접견하는 따위의 무례를 범해서는 안 될 것이오!"

상대가 예사롭지 않은 인물임을 짐작한 유방은 얼른 일어나 옷깃을 여미며 역이기에게 사과한 뒤 그를 상좌에 앉혔다. 그는 유방에게 이렇게 건의했다.

"개봉부의 진류陳留를 먼저 습격하십시오. 가장 시급한 것은 진나라가 축적해 둔 양곡부터 차지하는 것이 순서입니다."

유방은 역이기를 광야군廣野君으로 삼고 동생 역상酈商을 장군으로 삼아 진류의 병사들까지 이끌고 개봉을 공격했다. 그러나 개봉 역시 쉽사리 함락되지 않았다.

다시 서쪽으로 진로를 바꾼 유방은 진의 장수 양웅楊熊과 백마白馬와 곡우曲遇에서 접전해 이들을 크게 쳐부수었다.

양웅은 패주하여 형양滎陽으로 도망쳤다. 그 소식을 접한 2세황제는 사자를 형양으로 보내어 양웅의 목을 베었다. 반란군에게 패한 장수는 이렇게 된다는 본때를 보인 것이다.

유방은 남쪽으로 내려가 영양潁陽을 공격하여 이를 무찔렀다.

또한 장량의 계략에 따라 한韓나라 땅인 환원轘轅을 공격했다.

바로 이때에 조趙의 별장 사마앙司馬卬이 황하를 건너 관중 땅에 들려 하고 있었다. 그럴 즈음 유방은 북쪽으로 방향을 바꾸어 평음平陰을 공격한 뒤, 즉시 황하 나루터를 건너 남쪽으로 내려와 사마앙보다 먼저 관중에 들려고 낙양洛陽의 동쪽을 공격하고 있었다. 그러나 전황은 유방에게 불리하기만 했다. 할 수 없이 군사를 돌려 양성陽城으로 와서 군중의 기병騎兵들만으로 남양군수 기齮와 접전했다.

남양군수 기는 패주하여 완宛으로 물러가 굳세 성을 지켰다. 유방은 완강한 완을 포기하고 다시 서쪽으로 진출하려고 했다. 이때 장량이 간했다.

"패공께서 관중 땅에 들고자 몹시 서두르고 계시지만 그토록 쉽지만은 않을 것입니다. 진의 군사는 아직도 숫자가 많고 그들의 험준한 지형을 빌어 굳게 방비하고 있기 때문입니다. 더구나 완을 버려두고 전방을 공략한다는 전략 역시 위험하기 이를 데 없습니다. 저들은 틀림없이 아군의 뒤를 때릴 것입니다."

그리하여 유방은 생각을 바꾸어 어둠을 틈타 다른 길로 되돌아가서 새벽녘에 완성宛城을 3중으로 포위했다.

한편 남양군수 기는 완성이 완전히 포위된 것을 알고 자포자기하여 자결하려고 했다. 그때 그의 가신家臣 진회陳恢가 완강하게 말렸다.

"아직 자결하기에는 이릅니다."

진회는 기를 만류한 후에 성벽을 넘어 유방한테로 갔다.

"제가 듣기로는 함양咸陽으로 먼저 입성하는 자가 그곳의 왕이 된다고 들었습니다."

"그렇게 약속했지."

"그런데도 불구하고 귀공께서는 이곳에 머물러 태평하게 완만 공격하고 계십니다."

"무슨 수작을 부리자는 얘긴가?"

"완은 대군大郡의 주도主都입니다. 소속된 성시成市만도 수십 개 이며, 백성들은 많고 축적된 양곡 또한 대단합니다. 그런데 이토록 완성이 완강한 이유는 모두가 항복하게 되면 진의 2세황제로부터 반드시 피살된다는 생각 때문인 것입니다. 그래서 성벽을 굳게 지키고 있습니다. 지금 귀공께서는 많은 시일을 소비해 가며 이곳에 머무르고 계십니다. 그리고 공격해 보았자 함락은커녕 사상자만 날 뿐입니다. 그렇다고 해서 완을 떠나게 되면 완의 군사들은 반드시 귀공의 군사를 뒤쫓아 가서 뒤를 칠 것입니다. 결국은 귀공의 입관入關은 늦어질 것이고 뒤로는 강력한 완의 우환을 남기게 될 뿐입니다. 그래서 저는 귀공을 위해 하나의 계책을 드리려 하는 바입니다."

"그 계책이란 게 무언가?"

"귀공께 항복할 터이니 남양군수를 후侯에 봉해주시겠습니까?"

"그럴 듯한 조건이긴 하다."

"그 대신 남양군수를 후로 봉한 뒤 그대로 머물러 완을 지키게 하고, 오직 그의 무장병만 귀공께서 서쪽으로 인솔해 가십시오. 그렇게 하신다면 완의 많은 성시들은 소문만 듣고도 앞다투어 귀공께 성문을 걸고 항복할 것입니다."

"좋다! 약속하겠다."

그래서 유방은 완의 군수를 은후殷侯로 삼고 진회에게 1천 호의 읍邑을 봉한 뒤 병사를 이끌고 서쪽으로 전진해 갔다. 그제야 유방에게 항복하지 않은 성시가 없었다.

단수丹水에 이르렀더니 고무후高武侯 시繬와 양후襄侯 왕릉王陵이 항복했다. 되돌아와서 호양胡陽을 공격하며 파군番君의 별장 매현梅鋗과 조우遭遇했는데 결국은 호양의 태수와 매현 역시 석력析酈에서 항복했다.

유방은 위魏나라 사람 영창甯昌을 진秦에 사자로 보냈는데 그가 돌아오기도 전에 진의 장수 장한章邯이 조趙에서 군사를 이끌고 항우에게 항복한 일이 생겼다.

처음에 항우는 송의宋義와 함께 북상하여 조나라를 구원하기로 하였다. 그러나 항우는 송의를 죽이고 그를 대신해 상장군이 되어 경포黥布 등 여러 장수들을 손아귀에 넣었다. 더구나 항우가 장한을 항복시키고 왕리의 군대를 격파하자, 진의 다른 여러 장수들이 항우에게 복종하지 않을 수가 없었다.

한편, 2세황제를 죽인 조고趙高는 은밀히 유방에게 사람을 보내어 관중을 분할해 각각의 왕이 되자는 제의를 해 왔다. 그러나 유방은 이를 속임수라 단정하고 그런 제의를 일축했다.

다른 한편 유방은 장량의 계략을 받아들여 역생酈生, 역이기와 육가陸賈 등을 파견해 진의 장수들을 설득해 가며 모두를 이쪽 편으로 끌어들였다.

또한 무관武關을 습격하면서 다시 남전藍田의 남쪽으로 교전할 때에는 많은 의병疑兵과 기치旗幟를 사용해 실제 이상의 병력을 과시하면서 그들이 두려움에 스스로 항복하도록 유인했다.

실상 유방의 군사들은 성을 통과할 때에 백성들의 재산을 약탈하거나 포로를 잡는다거나 하는 일이 일체 없었으므로 진나라 백성들은 몹시 기뻐했으며, 그로 인해 진나라 군사들은 전의戰意를 상실하고 도망쳤다. 유방의 군사들은 드디어 남전의 북쪽에서 진군을 크게 깨뜨린 뒤 승세를 타면서 진의 나머지 군사들까지 모조리 흩어지게 했다.

한漢의 원년 10월이었다. 유방의 군사는 다른 어떤 제후의 병사들보다 앞서 패상覇上으로 진출했다.

진왕秦王 자영子嬰이 상복을 입은 채로 백마白馬가 이끄는 장식없는 수레를 타고 목에다 인끈[組]을 걸고 황제의 새璽 · 부符 · 절節을 봉인해 가지고 지도정軹道亭에서 유방에게 항복했다.

장량을 비롯한 많은 장수들이 진왕을 주살해 버리라고 간했으나 유방은 이렇게 대꾸했다.

"회왕懷王이 처음에 나를 파견한 이유는 내가 이들에게 충분히 관용할 수 있다고 여겼기 때문이 아닌가. 더구나 이미 항복을 했는 데도 그를 죽인다는 것은 상서롭지 못하다."

그래서 진왕을 일단 형리刑吏에게 넘겨버렸다. 그런 후에 유방은 그제야 서진하여 함양으로 들어가 궁전을 둘러보았다.

유방은 이제야말로 오랫만에 궁전에 머물며 휴식하러 들자 번쾌와 장량이 펄쩍 뛰었다. 할 수 없이 유방은 궁전의 보물과 재산과 부고府庫를 봉인한 뒤 다시 패상으로 물러나와 포진했다.

한편으로, 유방은 여러 현縣의 유지들과 호걸들을 불러놓고 이렇게 선언했다.

"그대들은 진나라의 가혹한 법에 시달린 지 오래 되었소. 진의 정치를 비방하는 자는 일족이 몰살되었고, 또한 논하는 자까지도 사형에 처해져서 시체가 시장바닥에 내던져졌소. 나는 제후들과 약속하기를 먼저 입관하는 자가 '관중의 왕'이 되기로 했으며, 그렇기에 나는 마땅히 관중의 왕이 될 것이오. 차제에 나는 그대들과 약속하오. 법은 '3장章'뿐이오. 즉 사람을 죽이는 자는 사형에 처할 것이 그 하나요, 둘째는 사람을 상하게 하거나 도둑질하는 자는 거기에 마땅한 벌을 받을 것이요, 셋째는 진나라에서 시행해 오던 기타의 모든 법은 모조리 파기하겠소. 이제 여러 관리들이나 백성들은 모두 안심하고 종전과 같이 생활하기 바라오. 진실로 말하거니와 내가 이곳에 온 이유는 여러분들에게 해가 되는 것을 제거하기 위해서 온 것이지, 침략과 포학을 행사하기 위해서가 아니오. 그러니 두려워할 필요가 없소. 또 회군하여 패상에다 포진한 이유는 다른 제후들의 도착을 기다려서 약속을 이행하려 하기 때문이오."

뿐만 아니라 유방은 진의 관리들을 시켜 현의 향鄕·읍邑을 순방하게 하면서 이상과 같은 취지를 널리 알려서 깨우쳐 주도록 하였다. 진의 백성들은 모두가 크게 기뻐하며 다투어 소와 양을 잡고 술을 내어 군사들에게 헌상하려고 했다. 그러나 유방은 한사코 사양했다.

"우리의 군량만으로도 풍족하오. 더구나 남의 재물을 허비하는 것은 옳지 않소."

백성들은 더욱 기뻐했다. 차라리 패공이 혹시 진왕이 되지 못할까 그것을 걱정할 지경이었다.

진의 어떤 유지가 유방에게 이런 진언을 했다.

"진나라의 부력富力은 천하의 그것보다 열 배가 넘습니다. 또한 천하의 요해지에 위치해 있어 견고하기 이를 데 없습니다. 그런데 지금 들리는 말로는 장한이 항우에게 항복하자, 항우는 장한을 일컬어 옹왕雍王이라 하고 그를 관중의 왕으로 삼는다는 소문입니다. 그래서 항우가 이곳으로 오게 된다면 아마도 패공께서는 이 땅을 보유할 수가 없게 될 것입니다. 그러니 서둘러 군사들에게 명하여 함곡관函谷關을 굳게 수비하도록 하여 다른 제후들이 입관할 수 없도록 하십시오. 더구나 관중의 병사들도 점차로 징집해 수비병으로 배치하면 더욱 안심할 수 있습니다."

유방은 그런 계략이 그럴 듯하다고 판단하고 곧이어 실행에 옮겼다.

11월이었다. 항우의 군사가 과연 서진해 입관하려고 했다. 그러나 관문은 굳게 닫혀 있었고 유방이 이미 관중을 평정했다는 소식을 듣고는 항우는 길길이 날뛰었다. 경포 등을 시켜서는 함곡관을 사정없이 쳐부수도록 했다.

12월이 되어 항우는 드디어 희戱까지 진출했다. 패공의 좌사마左司馬인 조무상曹無傷은 더럭 겁이 났다. 가만히 항우에게 사람을 보내어 이렇게 말하게 했다.

"패공은 관중의 왕이 되려고 합니다. 자영을 재상으로 삼으려고 그를 죽이지 않았습니다. 유방은 진나라 보물을 모조리 훔쳐 두고 있습니다."

조무상은 일이 잘 되면 항우로부터 봉을 받을 궁리로 그렇게 계략했던 터였다.

아보(亞父 : 범증)가 항우에게 이참에 유방을 죽이라고 권했다. 그리하여 항우는 이튿날 유방과 대결전을 벌이기 위해서 병사들을 위한 위로 잔치를 베풀었다〔홍문의 회〕. 그 즈음의 항우 군사는 40만이었지만 1백만으로 일컬었고, 유방의 군사는 10만이었지만 20만이라고 했다. 병력에 있어서는 유방이 항우에게 당할 수가 없었다.

그보다 앞서 밤에 항백項伯이 친구 장량의 생명을 건지기 위해 밤중에 말을 타고 달려왔다. 그런 사연으로 인해서 유방은 문서文書로 항우를 달래었고 항우도 유방을 칠 것을 중지했다. 그런 다음 유방은 1백여 기騎만 데리고 항우에게로 달려가 정중하게 사과했다.

그때 항우는 이렇게 말했다.

"그대의 좌사마 조무상이 엉뚱한 고자질을 했기 때문에 내가 잠시 화를 냈던 거요. 그런 일만 없었더라면 내가 무엇 때문에 화를 내겠소. 이해하시오."

유방은 잔치상에서도 장량과 번쾌의 도움으로 위난에서 벗어날 수 있었다. 유방은 귀환하자마자 즉시 조무상을 주살해 버렸다.

항우는 드디어 진나라 궁전으로 돌입했다. 그리고 진의 궁실을 불태우는 것을 시작으로 통과하는 곳마다 모두를 불사르고 부수기 시작했다. 진의 백성들은 크게 실망했지만 항우가 두려워 승복하지 않을 수가 없었다.

항우는 한편으로 사자를 시켜 회왕에게 상황을 보고하게 했다. 그랬더니 회왕은 한마디로 말했다.

"무슨 소리냐? 애초의 약속대로 이행하라. 관중의 왕은 유방劉邦

이다.”

항우의 불만은 폭발했다. 회왕은 유방과 함께 입관하는 것을 처음부터 허락하지 않았으며, 북진하여 조나라를 구원하느라 천하의 약속보다 뒤늦게 입관하게 된 사정도 회왕 때문이라는 사실이 원망스러웠다.

“회왕 따위가 다 무엇이냐. 그자는 우리 가문의 숙부, 항량께서 세웠던 왕이 아니더냐. 제까짓 것한테 유난한 공로가 있어 왕으로 세웠던 것도 아니지 않는가. 그자는 약속대로 이래라저래라 할 자격이 없는 것이다. 원래 천하를 평정한 것은 내가 아닌가?”

항우는 계략하는 바가 있어 회왕을 거짓으로 높여 의제義帝로 삼았다. 그렇지만 그의 명령은 듣지 않았다.

정월에는 항우 스스로가 자립해 ‘서초西楚의 패왕霸王’이라 자칭했다. 양梁과 초楚 땅 9군郡의 왕이 되어 팽성에다 도읍까지 정했다. 또다시 약속까지 어겨 가며 유방을 한왕漢王이라 했고 파巴 · 촉蜀 · 한중漢中의 왕으로 삼아 남정南鄭에 도읍하게 했다.

그런 뒤 관중을 멋대로 3등분해서는 진에서 항복한 세 장군을 세워 장한을 옹왕雍王으로 삼고 폐구廢丘에다 도읍하게 했으며, 사마흔司馬欣은 색왕塞王으로 삼아 역양櫟陽에 도읍시키고 동예董翳 적왕翟王으로 삼아 고노高奴에 도읍하게 했다.

유방이 봉해진 곳으로 떠날 때에 항우는 3만의 병사만 주어서 보냈으나 초나라 제후의 병사로서 유방을 따르는 자들만도 수만 명이나 되었다.

유방은 한중漢中으로 들어가는 길목, 두남杜南에서 식중蝕中으로 들어간 뒤 통과해 온 잔도(棧道 : 위험한 암벽에 나무로 가로질러 건너가게 만든 다리)를 불살라 버렸다.

이것은 제후의 병사들 중에서 도둑이 된 자들의 습격에 대비하는 뜻이 있었고, 또한 항우에게 유방은 동쪽으로 되돌아갈 뜻이 없는 점을 표시하는 의미도 있었다.

어쨌건 남정南鄭에 이를 때쯤해서는 많은 장수들과 병사들이 도망쳐서 유방에게로 돌아왔다. 그런데 그들은 고향의 노래를 불러가며(사졸들 대부분이 산동 출신이기 때문에) 행군했다. 그것은 동쪽으로 돌아가고 싶다는 열망이기도 했다.

이때 한신韓信이 항우의 부하였다가 유방에게 와 건의했다.

"항우는 여러 장수들 중에서 공이 있는 자들을 왕으로 봉할 때 오직 대왕(大王 : 한왕 유방)만을 남정으로 유배시키듯이 몰아넣었습니다. 무슨 큰 죄라도 지은 듯이 말입니다. 지금 우리 군사의 대부분이 산동 출신입니다. 이들 모두가 밤낮으로 울며 동쪽으로 돌아가고 싶은 열망에 가득 차 있습니다. 이 기회를 놓치지 마십시오. 그들의 예기銳氣를 이용해 천하를 도모할 수가 있을 것입니다. 천하가 안정되어 백성들 모두가 생활의 안정을 얻게 되면 그때는 용병用兵을 하더라도 호응하지 않을 것입니다. 방책을 결정해 동쪽으로 되돌아나가 천하의 패권을 다투는 것이 지금으로서는 최상책입니다."

8월에 유방은 한신을 대장군으로 삼고 그의 계략을 채택했다. 고도(古道 : 舊道)로 해서 되돌아나와 옹왕 장한을 습격했다. 놀란 장한이 진창陳倉에서 맞아 싸웠으나 당해내지 못하고 호치好畤로 달아났다. 거기까지 뒤쫓아온 한군漢軍에게 쫓긴 장한은 이번에는 폐구廢丘로 도망쳤다.

드디어 옹땅을 평정한 유방은 동쪽으로 나가 함양에 이르렀다. 한편으로 옹왕이 있는 폐구를 포위하는 동시에 여러 장수들을 농서隴西·북지北地·상군上郡 등지를 공략하고 평정케 하면서 장군 설구(薛歐 : 광평후)·왕흡(王吸 : 청양후)에게 명하여 무관武關으로부터 나와 남양南陽에 있는 왕릉王陵의 군사를 빌어 태공太公과 여후呂后를 패현에서 맞아 나오도록 했다.

초에서 이런 정보를 입수했다. 군사를 동원해 양하陽夏에서 이를 차단하고 있었으므로 한군은 전진할 수가 없었다. 초에서는 일찌감치 오현吳縣의 현령 정창鄭昌을 한왕韓王으로 삼아 한군을 막도록 했던 것이다.

2년에 한왕 유방은 동방 땅을 공략하기 시작해 색왕 흔·적왕 예·하남河南 신양申陽 등의 항복은 받아냈으나 한왕韓王 정창은 불복했다. 그래서 한신을 시켜 이를 격파할 수 있었다.

이렇게 되어 농서·북지·상군·위남渭南·하상河上·중지中地 등의 여러 군군郡을 개설하고, 관외關外에는 하남군河南郡을 개설했다.

다시 한韓의 태위太尉 신(信 : 한신이 아님)을 한왕韓王으로 삼았다. 한漢에서는 아무리 적이라도 1만 명의 부하를 가지고, 혹은 1군郡을 가지고 항복해 오는 자에게는 1만 호의 읍에 봉하고 있었다.

유방은 또 북방 하상河上의 요새를 보수補修하고 여러 군데의 진나라 식물원·동물원·원지園池 등을 백성들에게 돌려주어 여기서 농사짓게 했다.

정월에는 옹왕의 아우 장평章平을 사로잡았다. 죄인들에게는 대사령大赦令을 내렸다. 유방이 관외로 나가 함곡관 동쪽 섬陝의 유지들을 위무하고 돌아왔다. 장이張耳가 와서 알현하자 그를 후대했다.

2월에는 진의 사직社稷을 제거한 뒤 한漢의 사직을 세웠다.

3월에 유방은 임진臨晉에서 황하를 건넜다. 위왕魏王 표豹가 군사를 이끌고 한군漢軍을 따라 하내河內를 함락시키고 은왕殷王을 사로잡았다. 거기에 하내군을 설치했다.

유방은 다시 남쪽 평음진平陰津을 건너 낙양洛陽에 이르렀다. 이때 신성新城의 삼로(三老 : 진제秦制에서는 십정十亭을 1향鄉이라 하고, 1향鄉에 한 사람의 삼로를 두어 교화를 담당케 했다)인 동공董公이 한왕 유방을 가로막더니 의제가 죽은 사정을 설명했다.

유방은 그 말을 듣고 전해내려오는 예식대로 윗저고리를 벗은 후 크게 소리내어 울었다. 또 의제를 위해 정식으로 죽음을 선포하고 사흘간 곡례哭禮를 했다. 그런 후 사자들을 각국의 제후들에게 보내어 격문을 고하게 했다.

〈천하가 함께 의제를 세우고 북면北面하여 신하의 위치에서 그를 섬겼다. 그런데 항우는 의제를 강남으로 추방하더니 기어코 그를 죽였다. 이것은 대역무도한 행위이다. 나는 자진하여 그를 위해 죽음을 선포한다. 제후들은 모두 흰 상복을 입으라. 그리고 관내의 병사들을 모조리 동원하고, 삼하(三河 : 하남·하동·하내)의 선비들을 결집시켜 남방으로 배를 타고 강한江漢을 내려가 나는 여러 제후 왕들을 따라서 의제를 시살한 자를 치고자 한다.〉

그 즈음 항우는 제齊와 싸우고 있었다. 전영이 항우와 성양城陽에서 싸웠지만 견디지 못하고 평원平原으로 도망쳤다. 평원 백성들이 전영을 죽이자 제나라는 초에게 항복할 수밖에 없었다.

초군은 제의 성곽을 짓부수고 불사르며 제나라 자녀들을 모조리 포박해 포로로 잡아갔다. 그로 인해 제나라 사람들은 초를 배반했다. 전영의 아우 전횡이 전영의 아들 전광田廣을 제왕齊王으로 세웠다. 제왕은 성양에서 초에게 반란했다.

항우는 유방의 군이 동쪽으로 진격해 온다는 소문을 듣고 있었지만 이미 제나라와 싸우는 중이었으므로 그쪽까지는 신경 쓸 겨를이 없었다. 그 틈을 이용한 유방은 다섯 제후들을 위협해 전군을 동원하여 초의 근거지인 팽성으로 돌입할 수 있었다.

그 소식을 들은 항우는 정예병을 이끌고 제나라를 떠나 밤낮을 가리지 않고 노魯나라 호릉胡陵으로 나와 소蕭에 이르러 팽성의 영벽靈壁 동쪽 수수雎水 가에서 한군과 싸워 크게 이겼다. 그러나 전투에서 쌍방이 너무 많이 죽어 그들 시체로 인해 수수의 물길이 흐르지 못할 지경이었다.

항우는 유방의 부모처자를 패현에서 탈취해 군중軍中에 두어 인질로 삼았다. 초군이 한창 강성하여 한군이 대패하는 것을 본 제후들은 다시 한에서 이탈해 초의 편에 들었다. 그 틈에 색왕 흔이 도망쳐서 초로 들어갔다.

여후(呂后 : 한왕의 처)의 오빠 주여후周呂侯가 한왕을 위하여 군사를 이끌고 하읍下邑으로 왔다. 유방은 그에게 의지하면서 흩어진 군사를 끌어모아 탕碭에 포진했다.

유방은 다시 서쪽 양梁 땅을 지나 우虞에 이르렀다. 수하隨何를 구강왕 경포에게 파견하면서 이렇게 말했다.

"귀공이 만일 경포를 설득시켜 초를 배반하게 한다면 항우는 반드시 거기에 머물러 경포와 대적할 것이오. 그렇게 수개월만 버티어 준다면 나는 새로이 일어나 천하를 취할 수 있을 것이오."

수하가 가서 구강왕 경포를 설득했더니 그는 과연 초를 배반했다. 초에서는 경포를 치도록 용저龍且를 격파했다.

유방은 팽성에서 패전한 뒤 서쪽으로 가며 사람을 시켜 가족을 찾았으나 가족들 역시 도망해 버려서 서로 만날 수가 없었다. 나중에 아들〔孝惠帝〕과 딸을 간신히 만날 수가 있었는데, 6월에는 그를 태자로 세웠다. 죄인들을 크게 사면했다. 태자에게 역양櫟陽을 지키게 한 뒤, 제후의 아들로서 관중에 있는 자들을 모두 역양으로 모아 태자를 시위侍衛하게 했다.

한군漢軍은 물을 끌어서 장한章邯이 머무르고 있는 폐구廢丘로 흘려보내 함락시키자 장한은 자결해 버렸다. 폐구의 이름을 고쳐 괴리槐里라 했다. 또 제사관에게 명해 천지·사방·상제·산천에 제사지내게 하고는 이후로도 시기를 정해 제사지내도록 했다. 관내의 사졸을 동원해 요새를 지키도록 했다.

그 즈음에 구강왕 경포가 용저와 싸웠으나 이기지 못하고 수하와 함께 간도間道로 통해 한으로 들어왔다. 유방도 점차로 병사를 거두어 여러 장수들과 관중의 병사들까지 합류시켜 제법 막강하게 되었다. 그래서 형양滎陽에서 크게 떨치더니 기어코 초군을 경京과 색索 사이에서 크게 격파했다.

3년에, 위왕 표가 한왕을 알현하면서 부친의 병문안을 위해 잠시 귀국하겠노라 소청했다. 이를 허락하자 위표는 황하의 나루터

하진河津을 넘어서는 순간 나루터를 허물어 한을 배반한다는 뜻을 표시했다. 그는 초나라로 간 것이다.

한왕은 역생酈生을 시켜 위표를 달래 보았으나 그는 듣지 않았다. 그래서 한신韓信을 보내 그를 격파시킨 뒤 위표를 사로잡을 수가 있었다. 드디어 위魏 땅을 평정하고 하동군·태원군·상당군의 3군을 이곳에 설치했다.

한왕은 장이와 한신에게 명해 동쪽의 정형井陘을 내려가 조趙를 치게 했다. 거기서 진여와 조왕 헐의 목을 베었다. 이듬해 장이를 세워 조왕으로 삼았다.

한왕은 형양의 남쪽에 포진하고는 용도甬道를 가로질러 구축해 황하에 연결하고는 오창敖倉의 양곡을 얻어서는 항우와 1년여를 대치했다. 그러나 항우가 용도를 자주 습격해 유방은 식량이 떨어진 상태로 포위당하게 되었다.

유방은 화친을 청할 길밖에 없었다.

〈형양 서쪽의 땅을 갈라 주겠다.〉

그렇지만 항우는 범증의 권고를 듣지 않았다. 유방은 점차 근심이 되었다.

이때 진평陳平의 계략으로 항우와 범증 사이를 갈라놓기로 이간질하는 계략을 쓰도록 했다. 계략은 맞아떨어져 드디어 항우는 아보(亞父 : 범증)를 의심하게 되었다.

이때 아보 범증은 항우에게 형양을 토벌하도록 권하고 있었는데, 한과 내통한다는 의심을 받고 있었으므로 범증의 계략은 채택되지 않았다. 화가 난 범증은 연로하다는 핑계를 대고 은퇴할 것을 청원했다. 범증은 항우에게서 떠나 팽성으로 떠났는데 그는 도착하기도 전에 병으로 죽었다.

항우가 팽성에 있는 군사까지 동원해 형양성을 포위하자, 한군에서는 식량이 떨어져 탈출을 모색했다. 유방은 2천여 명의 여인들에게 갑옷을 입혀 동쪽문으로 내보냈다. 초군은 사면에서 몰려와 이들을 덮쳤다. 그런 와중에 한의 장수 기신紀信이 짐짓 왕의 거가車駕를 타고 한왕인 척 달아나다가 붙잡혔다.

초군은 그가 유방인 줄로 알고 만세를 부르며 성의 동쪽으로 몰려들었다. 그 틈에 수십 기를 거느린 한왕은 서쪽문으로 빠져나가 가까스로 탈출에 성공할 수 있었다.

한왕은 이미 어사대부 주가周苛와 위표 · 종공樅公 등에게 형양성을 사수하라고 명했었다. 그런데 한왕을 따라 탈출하지 못한 자들은 모조리 성중에 있었다.

주가와 종공이 서로 의논했다.

"위표와 같이 나라를 배반한 왕과는 함께 성을 지킬 수 없다!"

그래서 그들은 위표를 죽여 버렸다.

한편 형양을 탈출한 한왕은 관중으로 들어가 병사를 다시 거두었다. 동쪽으로 또다시 진출하려고 하자 그때 원생袁生이 간했다.

"한과 초가 형양에서 공방전을 펴온 지 벌써 수년입니다. 그때마다 난경에 처했던 쪽은 항상 한나라였습니다. 그러니 이번에는 무관武關 쪽으로 나가십시오. 그렇게 되면 항우는 필시 남으로 내려와 군왕을 추격해 올 것입니다. 이때 군왕께서는 접전하지 마시고 누벽을 깊게 하고 수비를 튼튼히 하면서 기다리시는 겁니다. 그로 인해서 형양이나 성고成皐 방면의 우리 군사에게 휴식을 줄 수 있게 됩니다. 그런 한편으로 한신 등을 시켜 하북河北과 조趙 땅의 군사를 모아 연燕·제齊와 연합하게 하십시오. 그런 연후에 군왕께서는 그제야 형양으로 나가십시오. 결코 늦지는 않을 것입니다. 이런 식으로 하시면 초나라는 방비해야 할 곳이 많아 병력은 분산될 것이며, 한은 휴식을 충분히 취할 수가 있어 그때 다시 싸우게 되면 초를 반드시 격파할 수 있게 됩니다."

한왕은 원생의 계략을 채택해 군사를 완宛과 섭葉 사이로 진출시키면서 경포와 함께 진군해 가면서 병사들을 모아들였다.

항우는 과연 한왕이 완에 있다는 소식을 듣고는 남쪽으로 진군해 왔다. 한왕은 애초의 계획대로 누벽을 튼튼히 쌓으며 싸우지 않고 지키기만 했다.

그 즈음에 팽월은 수수睢水를 건너 항성(項聲: 항우의 종제從弟)·설공薛公의 군사와 하비下邳에서 교전해 초군을 크게 격파했다. 이 소식을 들은 항우는 급히 동쪽으로 달려와 팽월군을 공격했다. 한왕은 이때 북진하여 성고에다 포진했다.

항우가 팽월을 패주시킨 후 한왕이 성고에 있다는 소식을 듣고는 즉시 병사를 이끌고 서진하면서 형양을 함락시키고 주가·종공을 주살한 뒤, 한왕韓王 신信을 사로잡고서 성고를 포위하기에 이르렀다.

한왕漢王은 다급했다. 등공(滕公: 夏侯嬰)과 함께 수레를 몰아 성고의 옥문(玉門: 北門)을 빠져나와 북으로 달려 황하를 건너서는 수무脩武로 스며들었다. 한왕은 자신을 한왕의 사자라 칭하면서 새벽에 장이張耳·한신韓信이 지키는 누벽으로 뛰어들었다.

한왕은 삽시에 이들 두 사람의 지휘권을 접수해 버렸다. 그런 후 장이를 북쪽으로 보내 조나라 땅에서 더욱 군사를 모아오게 하고 한신에게는 동쪽으로 진출해 제齊를 공격하게 했다.

한왕으로서는 한신의 군사를 장악한 후부터 다시 위세를 회복한 형편이었다. 황하에 다다라 점차 남하하면서 소수무(小脩武 : 수무의 동쪽) 남쪽에다 포진한 뒤 다시 초군과 대적하려고 했다. 그러자 낭중郞中 정충鄭忠이 한왕을 말렸다. 한왕은 할 수 없이 누벽을 높게 하고 참호를 깊게 판 뒤 성을 지키기만 했다.

그러다가 한왕은 노관盧綰·유가劉賈에게 명해 병사 2만과 기병 수백을 주어 백마진白馬津을 건너 초 땅으로 침입하게 했다. 그들은 팽월과 합세해 초군을 다시 연곽燕郭의 서쪽에서 격파하고 양梁 땅의 10여 개 성시까지 함락시켰다.

한편 한신은 한왕의 명을 받아 동쪽으로 진격해 평원平原의 나루터를 건너려 하고 있었다. 이때 한왕은 역생(酈生 : 역이기)를 따로 불러 제왕齊王 전광田廣을 설득하도록 했다.

결국 전광은 초를 배반하고 한과 화친한 뒤 항우를 공격했다. 그런 한편에서는, 괴통蒯通의 계략을 채용한 한신이 제나라를 불시에 습격했다. 노한 제왕은 역생을 삶아죽인 뒤 고밀高密로 도망쳐 버렸다.

한편 항우는 한신이 하북의 군사를 동원해 제·조를 격파한 뒤에 장차는 초를 치러 온다는 소문을 들었다. 이에 항우는 용저龍且와 주란(朱蘭 : 周蘭)에게 명해 한신을 치게 했다. 한신은 기장騎將 관영灌嬰에게 응전하게 하여 용저를 죽여버렸다.

한편으로 제나라 왕 전광은 팽월에게로 도망쳐 갔다. 그 즈음의 팽월은 양粱 땅에 머물면서 진격 혹은 후퇴를 자유롭게 하여 초군을 괴롭혔고, 또한 양도糧道까지 끊어놓고 있었다.

4년에 항우는 대사마大司馬 조구曹咎에게 단단히 주의를 주며 부탁했다.

"성고를 수비하고 있으시오. 한군이 도전해 오더라도 결코 응전하지 마시오. 한군의 동쪽 진출을 막고 있기만 하면 되니까, 보름이면 내가 양 땅을 깨부수고 돌아와 장군과 합류하겠소."

항우는 과연 진류陳留의 외황外黃·수양睢陽을 공격해 함락시켰다.

그런데 한에서는 그 틈에 성고의 초군에게 여러 번 도전했으나 초군은 전연 출격하지 않았다. 그래서 욕쟁이들을 보내어 5, 6일 간이나 성에다 대고 욕설을 퍼부었다. 그랬더니 대사마는 참지 못하고 군사를 몰아 사수汜水를 건너 쫓아왔다. 병사들이 절반쯤 사수를 건넜을 때 비로소 반격을 가해 초군을 대파했다. 나아가 그동안 초나라가 모아둔 금옥과 재화를 모조리 압수했다. 초의 대사마 구와 장사長史 흔欣은 패전의 책임을 지고 사수 가에서 스스로 목찔러 죽었다.

항우는 수양에 있다가 성고성이 격파되었다는 소문을 듣고는 회군해 버렸으며, 한군은 형양의 동쪽에서 종리매鍾離眛를 포위하고 있다가 항우가 도착했으므로 모두 놀라 험준한 산중으로 달아나 버렸다.

제나라를 격파한 한신은 사람을 한왕에게 보내어 이렇게 말하게 했다.

"제나라는 초나라와 접경하고 있습니다. 그런데 이곳을 다스리기에는 한신의 위치가 너무나 가볍습니다. 한신을 제나라의 가왕假王으로라도 삼지 않으면 제나라를 안정시키기가 어렵습니다."

한왕은 크게 노했다.

그러자 유후留侯 장량張良이 얼른 말렸다.

"이런 때에는 한신을 차라리 제나라 왕으로 삼아 그 스스로 제나라를 지키게 하는 것이 상책입니다."

그래서 한왕은 장량에게 인수印綬를 가지고 가게 해서 한신을 제왕齊王으로 삼았다.

항우는 용저가 한신에게 괴멸되었다는 소식을 듣고는 몹시 불안해했다. 우태인肝台人 무섭武涉을 한신에게 보내어 회유하려 했으나 한신은 듣지 않았다.

초와 한은 오랫동안 서로 대치만 한 채로 승부에 결판이 나지 않았다. 그러다 보니 장정들은 전쟁에 시달리고 남은 노략자들도 병량 수송에 지쳐 있기는 마찬가지였다. 그래서 항우의 제의로 광무산廣武山 골짜기를 사이에 둔 채 유방과 서로 대화를 나누게 되었다.

항우는 먼저 유방에게 1대 1로 싸워 결판을 내자고 했으나 유방은 거절했다. 그러면서 유방은 항우를 이렇게 꾸짖었다.

"내가 그대를 어떻게 믿는단 말이오. 처음에 우리는 회왕懷王한테서 명령을 받았소. 그때 관중을 먼저 평정한 자가 '관중의 왕'이 된다고 했었소. 분명히 내가 관중을 점령했거늘 그대는 약속을 어기고 나를 촉한의 땅으로 쫓아보냈으니 그게 그대 죄과의 하나요. 또한 그대는 회왕의 명령이라 속이고 경자관군 송의宋義를 죽인 뒤 상장군 자리를 차지해 버렸으니 그게 당신 죄과의 둘이오. 게다가 당신은 조나라를 구원한 뒤 마땅히 회군하여 회왕에게 복명해야 할 것인데도 제멋대로 제후군들을 위협해 입관(관중에 드는 일)했으니 그게 당신 죄의 셋이오. 회왕은 진秦으로 들어갔을 때 포학하게 굴지도 말고 약탈도 하지 말라고 했는데, 당신은 진의 궁전을 불살랐으며 시황제의 무덤까지 파헤쳤고 진나라 재물을 사사롭게 탈취했으니, 이게 당신 죄과의 넷이오. 당신은 또 곱게 항복한 진왕 자영子嬰을 멋대로 죽였으니, 이게 당신 죄의 다섯이오. 진의 자제 20만 명을 신안新安에서 속임수로 구덩이에 묻어 죽인 데다 진장秦將 장한章邯만을 왕으로 삼았으니, 이게 당신 죄의 여섯이오. 당신은 당신 부하들만 좋은 땅의 왕으로 봉하면서 옛날의 왕들〔田氏 · 趙歇 · 韓廣〕은 타지로 추방해 그들로 하여금 다투어 반란하도록 만들었으니, 그게 당신 죄의 일곱이오. 당신은 의제義帝를 팽성에서 내쫓은 뒤 그곳에다 당신은 도읍했으며, 한왕韓王의 땅을 빼앗고 양 · 초의 땅까지 병합해 왕으로 군림해서는 자기 혼자만 많은 영지를 독차지했으니, 이게 당신 죄의 여덟이오. 당신은 사람을 시켜 강남에서 몰래 의제를 시살했으니, 이게 당신 죄의 아홉이오. 사람의 신하된 자로서 군주를 시살하고 이미 항복한 자들을 죽였으며, 정치가 불공평하여 약속을 이행함에 있어서도 신의信義가 없어 천하가 이를 용납하지 못하고 있소. 이것이 바로 대역무도한 것이며 곧 당신 죄과의 열이오. 이에 나는 의병을 일으켜 제후들의 뜻에 따라 잔인 무도한 역적을 주살할 것이오. 바로 벌을 받아야 할 죄인은 항우 당신이오. 내가 무엇이 안타까워서 당신과 대등한 입장에서 싸움을 한단 말인가!"

항우는 크게 노했다. 궁수들을 매복시켰다가 한왕을 쏘아 적중시켰다. 한왕은 가슴 쪽에 살을 맞았으나 아군의 시기가 떨어질 것을 염려해 일부러 발등을 어루만지면서 소리쳤다.

"오랑캐가 내 발가락을 맞혔구나!"

한왕은 부상으로 인해 병상에 눕게 되었다. 장량이 다가와 간청했다.

"무리한 청인 줄 아오나 일어나시어 진중을 순행하십시오. 초나라 쪽에 승세를 탈 틈을 주지 마시고 우리 병사들이 안심하도록 해야 하겠습니다."

한왕은 일단 일어나 진중을 순행했다. 그러나 통증이 너무 심해 수레를 몰아 성고성으로 들어갔다.

상처가 나아가자 관중 땅 역양櫟陽에 이르러 그곳 유지들을 위문하여 주연을 베풀었다. 전날 색왕塞王이었던 흔欣의 목을 베어 역양 시市에 효수梟首했다.

한왕은 거기에서 나흘간 머무른 뒤 진중으로 돌아와 광무廣武에 포진했다. 관중에서 모집한 병사들이 더욱 많이 참전해 왔다.

그 무렵 팽월은 양 땅에 머물러 있었다. 그리고 치고 빠지는 작전으로 초군을 괴롭히면서 초군의 양도까지 끊어 놓고 있었다. 전횡田橫이 나라를 잃고 팽월에 얹혀 살고 있었다. 항우가 팽월을 자주 공격해 왔다.

제왕齊王 한신은 나름대로 초를 계속 공격해 괴롭히자 항우는 두려워했다. 그래서 한왕과 천하를 반분하자는 약속을 해 왔다. 즉 홍구鴻溝 서쪽을 한의 영토로 하고 홍구 동쪽을 초의 영토로 하자는 제안이었다. 그런 제안의 뜻으로 항우는 군중에 억류해 있던 유방의 부모처자를 한으로 돌려보냈다. 한의 군중에서는 모두 환호하며 만세를 불렀다.

항우는 군사를 이끌고 동쪽으로 돌아갔다. 유방 역시 군사를 몰아 서쪽으로 돌아가려 했다. 그때 장량과 진평이 계략을 내어 군진을 풀고 가는 항우를 추격하자고 했다. 그래서 유방은 군사를 회군시켜 양하陽夏로 내려가 일단 행군을 정지시켰다.

한신의 군사와 팽월의 군사와 함께 회동해 총공격을 감행하기로 했던 것이다.

그러나 유방이 고릉固陵에 이르렀는 데도 그들이 합류해 오지 않았다. 설상가상으로 초군이 덮쳐왔으므로 대패하여 다시 누벽 속으로 들어가 참호를 깊게 파고 숨어 버렸다. 한신과 팽월에게 땅을 갈라주자는 장량의 계략을 사용한 후에야 한신과 팽월이 그제야 도착했다.

한편 유가劉賈는 초 땅으로 들어가 수춘壽春을 포위했다. 한왕이 고릉에서 패배했다는 소식을 들은 유가는 초의 대사마 주은周殷에게 사자를 보내 초를 배반하도록 했다. 그래서 구강九江의 병사를 총동원할 수 있게 되었고 무왕(武王 : 경포)까지 맞이할 수 있게 되었다.

경포는 행군하는 도중에 벌써 성보城父를 무찌르고 해하垓下로 내려갔다. 수하隨何·유가·제齊·양梁의 제후들도 모두 해하로 집결했다. 그때 유방은 무왕 경포를 세워 회남왕淮南王으로 삼았다.

5년에, 한왕은 제후군들과 함께 해하에서 항우군과 승패를 결판내려 하고 있었다. 한신이 30만 대군을 이끌어 그 선봉장이 되고 그의 좌익에는 부장部將 공희孔熙, 우익에는 비장군費將軍 진하陳賀가 포진했으며 한왕이 그 후방에 있었다. 강후降侯 주발周勃·시장군柴將軍 시무柴武가 다시 한왕의 뒤를 에워쌌다.

항우의 병사는 약 10만이었다. 한신이 먼저 도전했다가 불리하여 퇴각했다. 그래서 공장군·비장군의 군사까지 투입하자 그제야 초군이 밀리게 되었다. 다시 승기를 탄 한신이 초군을 세게 밀어붙이며 해하에서 크게 이겼다.

밤에 한나라 군중에서 병사들을 시켜 초나라 노래를 부르도록 했다. 항우는 초나라가 모조리 한군에 점령당한 것으로 착각했다. 항우가 패주하자 초군은 거침없이 무너졌다.

한왕은 기장 관영에게 명해 항우를 추격하게 했다. 드디어 항우를 동성東城에서 죽였다. 이때 적의 목을 벤 것이 8만이었다. 그리고 초나라 땅을 공략하여 평정했다.

그러나 노魯에서는 초를 위해 굳게 수비하면서 항복하려 들지 않았다. 한왕이 직접 북진하여 노의 유지들에게 항우의 머리를 보여주자 그제야 항복했다. 항우에게는 노공魯公의 칭호를 내리고 곡성穀城에 매장했다.

한왕은 회군하여 정도定陶에 이르렀다. 급작스럽게 말을 달려 제왕齊王의 성벽으로 돌입해서는 한신의 군사 지휘권을 삽시에 박탈하고 장악했다.

정월에 제후들과 장군 및 재상들이 한왕을 높여 황제로 부르자고 상의했다. 한왕은 사양하여 말했다.

"내가 듣기로는 제위帝位라는 것은 현명한 자만이 가질 수 있는 것이라고 했소. 실實이 없는 공허한 칭호만으로는 그것이 유지될

턱도 없소. 나 같은 인간에게는 제위란 당치도 않소."

그러자 군신들이 다시 말했다.

"대왕께서는 미천한 신분에서 몸을 일으켜 포학무도한 자를 주멸한 뒤 천하를 평정했을 뿐만 아니라 공이 있는 자에게는 땅을 갈라 왕으로 봉했습니다. 만약 대왕께서 제호帝號를 칭하지 않고 대왕이나 신하들 모두가 왕이라 칭한다면 상하의 존비나 차별이 명백해지지 못하는 불편이 있습니다. 신들은 죽는 한이 있더라도 이 청원을 철회하지는 않을 것입니다."

한왕은 세 번이나 사양했다가 하는 수 없이 이렇게 대답했다.

"제군諸君들이 내가 제호를 칭하는 것이 반드시 편리하다고 생각한다면 국가에서도 편리한 것이 되겠지."

그리하여 2월 갑오일에 사수汜水의 북쪽에서 황제위에 올랐다.

고조高祖가 말했다.

"의제義帝에게는 후사가 없고, 제왕齊王 한신은 초의 풍습에 익숙하니 그를 옮겨 초왕楚王으로 삼는다."

그리하여 한신을 하비下邳에 도읍하게 했다. 건성후建成侯 팽월은 양왕梁王으로 삼아 정도定陶에 도읍하게 했다. 본시 한왕韓王이었던 신信은 다시 한왕韓王으로 삼아 양적陽翟에 도읍하게 했다. 형산왕衡山王 오예吳芮를 옮겨 장사왕長沙王으로 삼아 임상臨湘에 도읍하게 했다. 이것은 파군番君 오예의 장수 매현梅鋗이 한왕을 따라 무관으로 돌입할 때에 공적을 생각해서 그렇게 배려한 것이다. 회남왕 경포·연왕燕王 장도臧荼·조왕 오敖는 종전과 다름 없이 왕으로 삼았다.

천하는 크게 안정되었다. 고조는 낙양洛陽에 도읍했다. 제후들은 모두 신하로서 고조를 따랐다.

이전의 회강왕淮江王 환驩이 항우에게 가담함으로써 한을 배반했다. 그래서 노관盧綰·유가에게 명하여 이곳을 포위하게 했다. 좀처럼 항복하지 않다가 수개월 후에야 항복했다. 그를 낙양에서 죽였다.

5월에 군사를 해산하여 각자 집으로 돌려보냈다.

본래 효혜(孝惠 : 황태자)의 호위로서 역양에 있던 제후의 아들들로서 계속 관중에 거주하는 자는 12년간 요역徭役을 면제해 주었고, 본국으로 돌아가는 자는 6년간 요역을 면제하고 1년간 식록을 급여해 주기로 했다.

고조가 낙양의 남궁南宮에서 주연을 베풀면서 이렇게 물었다.

"열후나 제장들은 나에게 기탄없이 말해 보오. 내가 천하를 차지하게 된 이유가 무엇이며 항씨가 천하를 잃게 된 이유는 또 무엇이겠소?"

고기高起와 왕릉王陵이 대답했다.

"폐하께서는 오만 불손하시어 사람을 업신여깁니다. 항우는 인자하여 사람을 사랑합니다. 그러나 폐하께서는 남에게 성을 공격하게 하고 땅을 공격하게 해서는 그곳을 항복시킨 자에게 그것을 주어 천하 사람들과 이익을 같이 했습니다. 그러나 항우는 현명한 자를 질투하고 유능한 자를 미워하며 공 있는 자에게 해를 주고 현자를 의심했습니다. 전쟁에서 승리하더라도 남에게 공로를 돌리지 않고 땅을 점령하더라도 그 이익을 나누어 주지 않았습니다. 이것이 그가 천하를 잃게 된 이유입니다."

고조가 대답했다.

"귀공은 하나만 알고 둘은 알지 못하는구려. 대체로 본진의 군막 가운데에서 작전을 세워 천 리 밖의 전투에서 승리를 얻게 하는 데 있어서는 나는 자방(子房 : 장량)만 못하며, 국가를 진정시키고 백성들을 어루만지며 군량미를 공급하고 양도가 끊이지 않도록 하는 데에는 소하蕭何만 못하며, 백만 군사를 이끌어 한번 나가 싸우면 반드시 이기고 공격하면 반드시 약취하는 데에는 나는 한신만 못하오. 이 세 인물은 모두가 걸출하오. 나는 이 세 인물을 적재적소에 쓸 수가 있었소. 이것이 내가 천하를 차지하게 된 이유일 것이오. 항우는 단 하나의 걸출한 범증이라는 인물이 있었으나 그조차도 쓰지를 못했소. 이것이 그가 나에게 사로잡히게 된 까닭일 것이오."

고조는 낙양에다 영구히 도읍하려고 했다. 그런데 제나라 사람 유경(劉敬 : 처음에는 누경婁敬이었으나 고조가 유씨성劉氏姓을 하사했다.)이 간했고, 또 장량도 관중에 도읍하도록 권했으므로 고조는 그 날로 수레를 몰아 관중에 도읍했다.

6월에 비로소 천하에 대사령大赦令을 내렸다.

10월에는 연왕 장도가 모반해 대代 땅을 공략하여 함락시켰다. 고조가 몸소 장군이 되어 정벌해 가서 장도를 잡았다. 그런 후 태위太尉 노관을 연왕으로 삼았다.

승상 번쾌를 시켜 다시 대代 땅을 공략하게 했다.

그 해 가을에 이기利幾가 모반했다. 역시 고조 자신이 직접 가서 정벌했다. 이기는 도망쳐 버렸다. 처음에 이기는 항우의 장수였으나 항우가 패하자 진현陳縣의 현령이었던 이기는 항우를 따르지 않고 한에 항복했던 것이다.

그 후 낙양에 이르던 고조가 명부에 올라 있는 열후들을 모조리 불러 모았는데 이기는 자기만 벌을 받게 될지 모른다는 생각에 그만 모반했던 것이다.

6년에 고조는 닷새에 한 번씩 부친인 태공에게 문안을 드렸다. 그것을 서민들이 부자간에 치르는 예의와 다를 바가 없었다.

태공의 가령家令 하나가 어느 날 태공에게 이렇게 말했다.

"하늘에는 두 개의 태양이 없으며 땅에는 두 사람의 왕이란 없습니다. 지금 황제는 비록 당신의 아들이긴 하지만 분명히 인군人君입니다. 태공께선 비록 부친이긴 하지만 분명히 인신人臣입니다. 어떻게 인주人主를 시켜 인신에게 배례하도록 할 수 있겠습니까? 그렇게 되면 황제로서의 무거운 권위는 천하에서 시행되지 못할 것입니다."

그 후 고조가 문안을 드리러 가자 태공이 나와 문 밖에 비질〔존귀한 사람을 영접한다는 뜻〕하더니 뒷걸음질쳐서 물러갔다. 고조가 크게 놀라 수레에서 내려 태공을 부축했다.

"그렇지 않소. 황제는 인군이오. 어찌 나로 인해 천하의 법을 어지럽히게 해서야 되겠소."

이 말을 듣고 고조는 태공을 높여 태상황(太上皇 : 태상은 무상無上의 뜻)으로 삼고, 마음속으로 가령의 뜻을 가상히 여겨 그에게 황금 5백 근을 내렸다.

12월에는 변고가 상주해 왔다. 즉 초왕 한신이 모반한다는 보고였다. 고조는 좌우의 근신들에게 대책을 묻자 모두들 한신을 쳐야 한다고 주장했다.

그때 진평陳平이 하나의 계략을 꾸몄다. 고조가 운몽雲夢을 출행하니 제후들은 진陳으로 회동하라는 조서를 보내는 일이었다.

그날 과연 한신도 진으로 와서 고조를 영접했다. 그러나 즉시 체포되고 말았다. 이날 천하에는 대사령을 내렸다. 전긍田肯이 고조에게 축하말을 했다.

"폐하께서 한신을 체포하신 일과, 또 진중(秦中 : 관중)에 도읍하신 일은 참으로 잘하신 일입니다. 진秦은 본래 지형이 유리한 땅입니다. 험준한 산하가 둘러싸여 있고 제후군들과도 천 리나 떨어져 있습니다. 무장 군사가 1백만이고 국력은 제후국의 백 배입니다. 지세 또한 편리해 병력을 제후국으로 출동시킬 경우에도 그릇의 물을 지붕에서 아래로 내리붓는 것처럼 수월합니다. 그런데 제齊나라로 말할라치면 동쪽으로는 낭야琅邪와 즉묵卽墨이라는 풍요한 땅이 있고, 남쪽으로는 태산泰山이라는 험고한 자연이 있으며, 서쪽으로는 탁하(濁河 : 황하)로 국한되고, 북쪽으로는 천연의 이利가 있습니다. 땅도 사방이 2천 리이고 무장병도 1백만입니다. 다른 나라와도 1천 리나 떨어져 있습니다. 국력도 제후국의 10배여서 제나라를 동쪽의 진秦이라고도 할 수 있습니다. 그러니 폐하의 친족이 아니면 제나라 왕으로 삼아서는 아니 됩니다."

"좋은 의견이오."

고조는 전긍에게 황금 5백 근을 하사했다. 그 후 10여 일이 지나 한신을 회음후淮陰侯로 삼았다. 그리고 한신을 봉했던 초나라 땅을 분할하면서 고조는 이렇게 말했다.

"장군 유가는 군공이 많으니 형왕荊王으로 삼아 회동淮東을 지배케 하고, 아우 유교劉交는 초왕楚王으로 삼아 회서淮西를 지배케 한다. 그리고 아들 유비(劉肥 : 고조의 서장자庶長子)는 제왕齊王으로 삼아 제나라 70여 개 성시成市를 지배케 하며 제나라 언어를 사용하는 모든 백성들의 땅까지 모두 제나라에 소속되도록 한다."

그리고 군신들의 공을 논하고 할부割符를 갈라 주며 열후에 봉했다. 한왕韓王 신信을 태원太原으로 옮겼다.

7년에, 흉노가 마읍馬邑의 한왕韓王 신을 공격해 왔다. 신은 차제에 흉노와 공모하여 태원에서 한漢나라에 반기를 들었다. 또 백토白土와 만구신曼丘臣과 왕황王黃도 조나라 후손 조리趙利를 세워 왕으로 삼고 반기를 들었다. 고조가 친정했는데 때마침 당한 혹한으로 동상을 입어 손가락 혹은 발가락을 잃는 병사들이 열이면 두세 명이나 되었다.

평성坪城에 도달하기는 했으나 한군은 거기서 흉노에 포위되어 7일간이나 묶여 있어야 했다. 고조는 번쾌에게 명해 머물러 대代 땅을 평정하게 하고 형 유중劉中을 대왕代王으로 삼았다.

2월에, 평성에서 조趙의 낙양을 거쳐 장안(長安 : 고조 6년에 함양을 장안으로 바꿈)에 이르렀는데, 마침 장락궁長樂宮이 완성되었으므로 승상 이하까지 모두 옮겨가서 고조는 거기서 집무를 보기 시작했다.

8년에, 고조가 동쪽으로 나가 한왕韓王 신信의 잔당들을 동원東垣에서 정벌했다.

이보다 앞서 승상 소하가 미앙궁未央宮을 조영하고 있었는데, 동궐(東闕 : 궐의 궁문)·북궐·전전前殿·무고(武庫 : 무기고)·태창(太倉 : 곡식 창고)까지 갖추어져 있을 만큼 으리으리했다. 고조가 돌아와 궁궐의 장려함을 둘러보며 화를 냈다.

"천하가 떠들썩한 전쟁으로 백성들이 시달리고 있는 지 수년인데 더구나 아직도 그 승패 역시 예측할 수 없는 시절에 어째서 이토록 과분한 궁전 같은 걸 짓는단 말이오!"

소하가 대답했다.

"물론 천하는 아직 안정되지 못했습니다. 그렇기에 궁전을 지어야 하는 것입니다. 또 천자는 사해四海를 집으로 삼습니다. 천자의 궁전이 장려하지 않으면 천자의 위광威光을 무겁게 할 수가 없습니다. 또 후세의 천자가 이 이상 더 장려하게 지을 필요가 없도록 지어야 하는 것입니다."

고조는 그제야 기뻐했다.

고조가 동원東垣으로 가면서 백인柏人이란 땅을 지나치게 되었다. 조의 재상 관고貫高 등이 고조를 시살하려 계획하고 있었는데 고조는 무엇 때문인지 계속 가슴이 두근거려 백인에서는 묵지 않고 떠나버렸다.

대왕代王 유중劉中이 봉국을 버리고 낙양으로 돌아왔기 때문에 대왕을 폐한 뒤 합양후合陽侯로 삼았다.

9년에, 조의 재상 관고 등의 음모가 발각되었다. 3족(族 : 부모·형제·처자)이 멸해졌다. 조왕 오敖가 폐해지고 선평후宣平侯가 되었다.

이 해에 초나라 귀족들인 소昭·굴屈·경景·회懷씨 등과 제나라의 전田씨를 관중으로 이주시켰다. 미앙궁이 완성되었다.

고조는 제후들과 군신들을 조정으로 초청해 미앙궁의 전전前殿에서 대대적인 잔치를 베풀었다. 고조는 옥치(玉卮 : 옥으로 만든 대배大杯)를 받들어 태상황의 장수를 축원했다.

"지난날 부주父主께서는 제가 무뢰하다 하시며 가업을 다스리는 점에서는 형님 중仲의 근면함만 못하다고 하셨습니다. 그런데 제가 지금 성취한 사업과 형님의 그것과 비교해서는 어느 쪽이 낫다고 생각하시는지요?"

모두들 웃기만 했다. 전상殿上의 군신들은 모두 만세를 부르며 크게 웃고 떠들었다.

10년 시월이었다. 회남왕 경포 · 양왕 팽월 · 연왕 노관 · 형왕 유가 · 초왕 유교 · 제왕 유비 · 장사왕 오예 등이 장락궁으로 내조했다. 봄과 여름에는 아무 일도 없었다.

7월에는, 태상황이 역양궁櫟陽宮에서 붕어했다. 초왕 · 양왕이 모두 와서 장송葬送했다. 역양의 죄수들을 사면했다. 또 역읍酈邑을 태상황의 고향인 풍읍豊邑을 본떠서 신풍新豊이라 개명했다.

8월에, 조나라 상국相國 진희陳狶가 대代 땅에서 모반했다. 고조가 이런 말을 했다.

"지난날 나의 사자가 된 적도 있는 진희는 매우 신임할 만한 인물이었다. 대 땅은 북방 이민족에 대한 요해지이므로 진희를 봉해 열후로 삼고 조나라 상국의 신분으로서 대 땅을 수비하게 했던 것이다. 그런데 지금 그는 왕황 등과 함께 대 땅을 탈취했다. 대의 이민吏民들에게 죄가 있는 것은 아니니 그들은 용서하겠다."

9월에, 고조 자신이 동정하여 진희를 치려고 한단邯鄲에 이르렀다. 거기서 고조는 기뻐하며 말했다.

"진희는 우리 군사를 장수漳水에서 막았어야 하는데 한단의 남쪽만을 의지하고 있으니 그의 무능함을 알 만하다."

고조는 또 진희의 부장部將들이 장사꾼 출신이라는 말을 듣고는 이렇게 말했다.

"그렇다면 나는 그들을 어떻게 상대해야 되는지 좋은 방법을 알고 있지."

사람을 풀어 거액의 뇌물을 먹였더니 진희의 부장들 중에서는 싸워 보지도 않고 항복하는 자가 많았다.

11년에, 고조는 여전히 한단에 있었지만 진희를 아직은 주멸하지 못했다. 진희의 부장 후폐侯敝는 1만여 명의 군사를 거느리고 유격전을 펼쳤고 왕황은 곡역曲逆에 굳게 포진했으며 장춘張春은 황하를 건너 유성聊城을 자주 공격하고 있었다.

한에서는 장군 곽몽郭夢에게 명해 제나라 장군들과 협력해 공격토록 하자, 그제야 그들 반군들을 대파할 수 있었다.

태위 주발은 태원으로 돌입해 대 땅을 평정하고 마읍으로 진출했으나 그들은 투항하지 않았다. 다만 다수를 살육하기만 했다.

진희의 부장 조리趙利가 동원을 수비하고 있었다. 월여 동안이나 버티면서 나중에는 고조에게 욕설까지 퍼부었다. 나중에 동원성을 함락시킨 후에는 욕한 자들을 색출해내 참수하고 그러지 않는 자들은 용서했다.

전쟁이 끝나자 조나라 상산常山 북쪽의 땅을 분할해 아들 유항劉恒을 세워 대왕代王으로 삼고 진양晋陽에 도읍하게 했다.

봄에 회음후 한신이 관중에서 모반했다. 그래서 그의 3족이 주멸되었다.

여름에는 양왕 팽월이 모반했다. 왕위를 폐하고 촉으로 보냈으나 다시 모반하려고 하여 드디어 3족族이 주살되었다.

고조의 아들 유회劉恢를 양왕으로 삼고 아들 유우劉友를 회양왕淮陽王으로 삼았다.

7월에는, 회남왕 경포가 모반하더니 동쪽으로 진격해 가서 형왕 유가의 땅을 병합하고는 북진해서 회수를 건넜다. 이로 인해 초왕 유교는 도망하여 설薛로 들어갔다. 고조가 친정해 경포를 친 뒤 아들 유장劉長을 세워 회남왕으로 삼았다.

12년 시월에, 이미 회추會甀에서 경포군을 치자 그들이 도망했으므로 별장에게 명해 경포를 추격하도록 했다. 자신은 귀환하면서 도중에 고향 패현沛縣에 들러 패궁에 머물면서 잔치를 베풀었다.

친지와 유지들과 자제들을 초청해 마음껏 먹고 마시도록 했다. 그리고 패현의 아이들 120명을 모아 노래를 가르쳤다.

술이 얼큰해진 고조는 축(筑 : 현악기)을 타면서 자기가 직접 지은 노래를 불렀다.

대풍大風이 일어나니
구름이 비양飛揚한다
위풍威風을 해내海內에 떨치고
고향에 돌아온다
어디서 맹사猛士를 얻어
사해四海를 지킬까.

이를 아이들에게 따라 부르게 하여 배우도록 했다. 그리고 고조는 또 일어나 춤도 추었다. 감개무량했던지 몇 줄기 눈물까지 흘렸다.

그러다가 패현의 부형들에게 말했다.

"나는 지금 고향을 그리는 감회 때문에 이러는 것이오. 만 대代

에 이르도록 나의 혼백은 패현을 사모할 것이오. 나는 패공沛公으로 일어나 포학한 자를 주멸하고 드디어 천하를 차지하게 되었소. 그러니 패를 내 탕목湯沐의 읍(邑 : 이 땅의 세금으로 탕목 비용으로 사용하는 땅)으로 삼아 패의 백성들은 세금이나 요역을 대대로 면제하겠소."

그러자 패현의 부형들은 물론 모두가 기뻐하며 날마다 먹고 마시면서 환락을 다하고, 정담으로 꽃피우면서 열흘 동안이나 잔치를 했다.

고조가 떠나려 하자 패현의 부형들은 모두 아쉬워했다.

"떠나고 싶지 않지만 나에게는 따르는 사람들이 하도 많으니 그대들이 이들을 다 먹여 살릴 수는 없지 않겠소."

고조는 농담을 남기면서 떠났다. 패현 사람들은 현의 서쪽 변경까지 따라와 고조에게 선물을 바쳤다.

고조는 다시 거기에다 장막을 친 뒤 사흘 동안 주연을 베풀었다. 그때 패현의 부형 몇 명이 절하면서 이렇게 간청했다.

"다행스럽게도 패현은 세금과 요역이 면제되었습니다만 풍읍은 그렇지가 못합니다. 폐하께서는 풍읍도 불쌍히 여겨 주십시오."

그러자 고조는 단언했다.

"풍읍은 내가 성장한 곳이기에 결코 잊을 수는 없는 곳이오. 그러나 옹치雍齒가 나를 배반해 위魏로 붙었기 때문에 그렇게는 할 수가 없소이다."

그래도 패현 부형들이 계속 간청하므로 고조는 할 수 없이 풍읍도 패현과 마찬가지로 세금과 요역을 면제해 주었다. 결국 패와 풍 두 읍이 고조의 직할지가 되었으므로 패후沛侯 유비劉濞의 영읍을 옮겨서 오왕吳王으로 삼았다.

한편 한의 장군이 별도로 경포군을 조수(洮水 : 양자강과 회수 사이) 남북에서 공격해 이를 대파하고, 경포를 파양鄱陽에서 사로잡아 참수했다.

번쾌의 별장別將인 정대定代가 당성當城에서 진희를 참수했다.

11월에 고조는 경포 토벌을 마치고 장안으로 귀환했다.

12월에 고조는 이런 조치를 내렸다.

"진의 시황제 · 초의 회왕(懷王 : 진섭) · 위魏의 안리왕安釐王 · 제의 민왕湣王 · 조의 도양왕悼襄王에게는 후사가 없다고 한다. 제사를 끊어서야 되겠는가?"

그리하여 무덤지기를 각각 10호씩 주었다. 특히 시황제에게는 20호, 위의 공자 무기(無忌 : 신릉군)에게는 5호를 주었다.

대代 땅의 이민吏民들을 용서했으며, 진희 · 조리에게 위협당해 가담했던 자들도 모두 용서했다.

투항한 진희의 부장이 이런 말을 했다.

"진희가 모반했을 때 연왕 노관도 진희에게 사람을 보내 음모에 가담했습니다."

고조가 벽양후辟陽侯 심이기審食其를 시켜 노관을 맞아오게 했다. 노관은 병이라 핑계대고 불응했다.

심이기는 돌아와 고조에게 노관이 모반한 흔적이 있다고 소상하게 보고했다.

2월에 번쾌 · 주발에게 명해 연왕 노관을 토벌하게 했다. 연의 이민吏民으로서 모반에 관여했던 자들은 역시 용서했다. 황자 유건劉建을 세워 연왕으로 삼았다.

고조가 경포를 정벌할 때 빗나간 화살에 맞은 적이 있었는데, 도중에 발병하여 중태에 빠졌었다. 여후呂后가 명의名醫를 맞이해 왔다. 의사醫士가 들어가 고조를 알현하자 고조는 의사에게 자신의 증상을 물었다.

"병환은 고쳐드릴 수 있습니다."

그러자 고조는 의사를 경멸하면서 이렇게 꾸짖었다.

"병을 고치겠다고? 나는 서민의 신분에서 일어나 3척의 검으로 천하를 차지한 몸이다. 어찌 이것이 천명天命이 아니겠는가. 그래서 명은 하늘에 있다는 것을 안다. 설사 편작扁鵲이라 한들 고칠 수 없는 병을 고치겠는가. 그만두라."

고조는 치료도 받지 않고 그에게 황금 50근을 주어서 돌려보냈다. 얼마 뒤 여후가 와서 물었다.

"폐하께서 백년 후〔붕어崩御한 후〕에 소蕭상국마저 사거한다면 다음에는 누구를 상국으로 대신하면 좋겠습니까?"

"조참曹參이 좋겠지."

"그 다음에는요?"

"왕릉이 좋을 듯하오. 그러나 왕릉은 우직해서 진평이 그를 도와주지 않으면 안 되오. 진평의 재지才智는 남음이 있지만 그에게만 의지하기는 어려울 것이오. 주발은 중후하긴 하지만 문재文才가 없소. 그러나 유씨劉氏를 안태하게 할 사람은 반드시 주발일 것이오. 그를 태위로 삼아야 할 거요."

여후가 그 다음을 물었더니 고조는 화를 냈다.

"그 다음은 당신이 알 바가 아니잖소!"

노관은 수천 기를 이끌고 장성長城 근처까지 와서 사죄하려고 기다리고 있었다. 고조의 병환이 완쾌되면 곧 입조할 심산이었다.

4월 갑진일甲辰日에 고조는 장락궁에서 붕어했다. 나흘 동안이나 붕어를 발표하지 않고 있었다.

여후가 심이기와 상의하며 말했다.

"처음에 여러 장수들은 황제와 같이 서민의 호적에 편입돼 있다가 지금은 북면北面하여 신하가 되어 있소. 그래서 저들은 항상 불평불만인 것이오. 그런데 이제부터는 어린 군주를 섬겨야 하는데 저들이 새 황제의 말을 들을 것 같소? 차제에 여러 장수들과 그 일족을 몰살시켜 천하를 편안케 하는 게 어떻겠소?"

그런 소문이 밖으로 새어 나갔다. 어떤 자가 역장군(酈將軍 : 역상)에게 달려가 귀띔했다. 그러자 놀란 역상이 심이기에게 달려가 말했다.

"황제가 붕어하고서 나흘이나 지났는데도 이를 발표하지 않고 더구나 제장들을 주살하려고까지 한다니 도대체 어찌된 일이오. 그렇다면 천하는 참으로 위태롭소. 지금 진평·관영은 10만 병력을 가지고 형양을 지키고 있고, 번쾌·주발은 20만 병력을 이끌고 연·대를 평정 중이오. 그들이 황제께서 붕어하고 또 모든 장군들이 주살될 것이라는 소문을 듣는다면 어디 가만히 앉아 있을 것 같소. 지체 없이 군사를 이끌고 귀환해 와서 제도帝都를 향하여 관중을 칠 것이오. 뿐만 아니라 대신들은 안에서 배반할 것이고 제후들은 밖에서 배반할 것이오. 이쯤 되면 국가가 멸망하는 것을 발돋움하고 기다리는 것이나 다름없는 꼴이 될 것이오."

놀란 심이기가 입조해 이 말을 여후에게 고했다. 여후도 얼른 깨닫고 정미일丁未日에 발상하고 천하에 대사령을 내렸다. 고조가 붕어했다는 소식을 들은 노관은 사죄의 기회가 없어지자 드디어 흉노로 망명해 버렸다.

고조는 병인일丙寅日에 장릉長陵에 매장되었다.

기사일己巳日에 태자가 태상황 묘에 이르렀을 때였다. 군신들이 이렇게 말했다.

"고조께서는 미천한 신분에서 일어나 난세를 다스려 정도正道로 돌이키시고 천하를 평정해 한漢의 고조가 되셨으니 그 공로는 가장 높습니다. 그러니 존호를 높여 고황제高皇帝라 칭합시다."

태자도 칭호를 물려받아 황제가 되었다. 그가 곧 효혜제孝惠帝이다. 그는 지방 군국郡國의 제후들에게 명해 각각 고조의 묘를 세우게 하고 계절에 따라 제사를 지내도록 했다.

고조에게는 여덟 명의 아들이 있었다. 장자는 서자庶子인 제齊의 도혜왕悼惠王 유비劉肥이고, 차자는 여후가 낳은 효혜제이다. 셋째가 척부인戚夫人이 낳은 조趙의 은왕隱王 여의如意이다. 넷째가 박태후薄太后가 낳은 대왕代王 유항劉恒인데 그가 나중에 효문제孝文帝가 된다.

다섯째가 양왕梁王 유회劉恢이며, 여태후 시대에 조나라 공왕共王으로 옮겨진다. 여섯째가 회양왕淮陽王 유우劉友로 여태후 시대에 조나라 유왕幽王으로 옮겨진다. 일곱째가 회남淮南의 여왕厲王 유장劉長이며, 마지막 아들이 연왕燕王 유건劉建이다.

태사공은 이렇게 결론지었다.

하夏의 정치는 충후忠厚를 중시하고 있었다. 그러나 충후의 폐해는 소인을 자칫 촌스럽고 천하게 만드는 데 있었다. 그래서 은殷나라 사람들은 하의 폐해를 알고서 이것을 시정하는 방법으로 공경恭敬을 중시하기로 했다.

그러나 공경의 폐해 역시 있었다. 소인들이 귀신을 섬겨 미신迷信에 빠지는 일이었다. 그래서 주周나라 사람들은 은의 폐해를 알고서 이를 시정하기 위해 예문禮文을 중시하기로 했다.

그러나 예문의 폐해 역시 있었다. 소인들이 형식에 구애됨으로써 성실성이 없어지게 했다. 그래서 형식에 구애되어 성실성이 없는 일을 구제하는 데는 역시 충후忠厚가 제일이라는 생각으로 다시 되돌아왔다.

하·은·주 3대의 정도政道는 이처럼 순환하는 형식으로 다시 시작하는 것처럼 되었다. 주周와 진秦 사이에는 예문의 폐해시대라 할 수 있다. 그런데 진의 정치는 예문의 폐해를 시정하지 않고 예문에 예문을 거듭하여 도리어 형법刑法을 엄혹하게 만들어 파멸의 길을 걸었던 것이다.

그리하여 한漢이 일어나자 예문의 폐해를 받으면서 진의 가법苛法을 쉽게 배우고, 백성들이 권태를 느끼지 않으면서 생업에 힘쓰도록 했다. 이것은 실로 하늘의 이법理法을 터득한 것이라 하겠다.

10월(歲首)에 조례朝禮를 행하고 거마車馬와 의복에는 적색赤色을 존중했으며, 황제의 거개車蓋 안쪽에는 황견黃絹을 붙이고 황제의 기旗는 수레의 왼쪽 전방에다 세웠다.

고조는 장릉長陵에 매장되었다.

한신韓信, 회음후淮陰侯 열전
—— 토사구팽兔死狗烹

초나라 항우의 군사가 경수京水 · 삭수素水 근처
에서 한나라 유방을 압박하고 있을 때, 회음후 한
신韓信은 위나라와 조나라를 공략하고 연나라와 제
나라를 평정한 뒤 항우를 멸망시켰다.

회음후 한신은 강소성 회음淮陰 출
신이다.

벼슬이 없었던 평민 시절에는 집
안이 몹시 가난했을 뿐만 아니라 이
렇다할 공功도 없었으므로 누구에게
추천되거나 선택되어 관리가 될 수
도 없었다. 또 장사로 생계를 꾸릴
능력조차 없어 항상 남에게 빌붙어
얻어먹고 살 수밖에 없었다.

〈한신 회음후〉

한신은 그 중에서도 회음의 속현인 하향下鄕이라는 시골 남창男
昌의 정장亭長 집에 자주 기거하여 얻어먹곤 하였다.

몇 개월씩이나 빌붙어 얻어먹게 되자 정장의 아내는 한신을 귀
찮게 여겼다. 새벽에 밥을 지어서는 자기 식구들끼리 재빨리 밥을
먹어 버리고 식사 때를 맞추어 찾아오는 한신에게는 밥을 내놓지
않았다.

그녀의 속마음을 한신도 짐작했다.

어느 날 한신이 회음성 밑에서 낚시질을 하고 있었는데 빨래터
의 아낙네들 중 한 여인이 한신이 굶주린 것을 알아차리고 그에게
밥을 주었다.

빨래가 모두 끝날 때까지 수십 일 동안이나 한신은 그녀에게서
밥을 얻어먹었다.

한신은 그 동안 신세진 것을 그녀에게 감사했다.

"반드시 성공하여 은혜를 크게 갚겠습니다."

그러자 그녀는 화를 냈다.

"사내대장부가 제 손으로 입에 풀칠도 못하는 게 불쌍해서 밥을
나눠 주었을 뿐인데 무슨 보답 같은 것까지 바라겠소."

그 당시 회음의 백정촌白丁村 사내들은 몹시 거칠었다. 한신 정
도는 완전히 똘마니 거지 취급을 하고 있었다.

"야, 몸뚱이만 큰 놈 이리 와봐! 네놈이 칼을 차고 있다만 실상
은 겁쟁이지."

그들 중의 한 자가 말했다.

"겁쟁이는 아니다."

"그래. 그렇다면 그 칼을 빼어 내 배를 찔러 보아라."

"……."

"이 자식이, 너 나한테 맞아 죽기 싫으면 엎드려 내 가랑이 밑으로 기어 나가라. 어서!"

한신은 잠깐 생각한 뒤에 얼른 엎드려서 그 사내의 가랑이 사이로 기어 나갔다. 사방에서 웃음이 터졌다. 한신을 완전한 바보로 본 것이다.

어찌어찌 하다가 한신은 회수를 건너오는 항량項梁을 만나 그의 수하에 있게 되었다. 그러나 이름은 알려지지 않았다.

항량이 패하여 죽자 이번에는 그의 조카 항우에게 소속되었다.

항우는 한신을 자신을 수행하는 낭중郎中으로 삼았다.

그러나 한신이 항우에게 여러 번 계책을 올렸지만 한 번도 채택되지 않았다. 실망한 한신은 한왕 유방이 촉蜀 땅으로 들어갈 때 초왕 항우에게서 몸을 빼 한나라에 귀속하였다.

한신은 여전히 연오連敖라는 보잘것없는 벼슬자리에 있었다.

그런데 어느 날 법에 저촉되어 참형에 처해지게 되었다. 함께 죄를 지은 열세 명의 목이 하나씩 떨어져 가고 있었다. 마지막 한신의 차례가 되었다. 한신이 주위를 살펴보니 마침 등공滕公 하후영夏侯嬰이 보였다. 그래서 무작정 소리를 질렀다.

"도대체 지금 주상(主上 : 한왕)께서 천하대사를 성취하려 하는 겁니까? 포기하려는 겁니까? 이토록 장사壯士들을 모조리 목을 베어 죽이면 어떡하겠다는 것입니까?"

등공은 소리치는 한신의 얼굴을 물끄러미 내려다보았다.

그의 눈에는 재능과 야망이 서려 있었다. 기묘한 감동을 주는 얼굴이었다.

"살려 주어라."

한신은 절대절명의 순간에 살아났다. 등공이 그와 몇 마디 대화를 나눈 뒤부터는 부쩍 그를 좋아하게 되었다.

"재능이 있는 인물입니다."

등공이 한왕에게 천거했다. 그래서 군량을 관리하는 치속도위治粟都尉에 임명되었다. 그러나 한왕 유방은 그를 대견스럽게 여기지 않았다.

그러던 어느 날 한신이 군량미를 관장하는 소하蕭何의 눈에 띄었다. 자주 접하는 사이에 소하는 한신이 비범한 인물임을 알았다. 그래서 소하가 한왕에게 한신을 크게 쓸 것을 권고했지만 한왕은 듣지 않았다.

한왕이 오지인 한중漢中 땅으로 봉함을 받았다. 귀양처 같은 곳이었다. 그래서 한왕 일행이 봉지로 가는 도중 섬서성 남정南鄭에 이르렀을 즈음에는 도망친 장군들만 해도 수십 명이었다.

한신 역시 마찬가지였다. 한왕이 자신을 등용치 않을 것을 확신한 한신은 남정 근처에서 슬그머니 도망쳐 버렸다.

"한신도 도망쳤습니다."

"무어, 한신이 도망을 쳐! 큰일 났다!"

소하는 깜짝 놀랐다.

얼마 후 신하가 한왕에게 고했다.

"승상丞相 소하마저 도망갔습니다!"

"무어라고! 소하가……."

한왕은 대경실색했다. 또 큰 소리로 화를 내다가 그만 쓰러졌다. 자신의 수족을 잃은 것만큼이나 애통해 했다. 왜냐하면 소하

는 한왕이 거사를 일으키기 전부터 자신에게 보답하고 우둔함을
깨우쳐주며 가까이 지내던 사이였기 때문이다.

　그러나 이틀 후에 소하가 돌아왔다. 한왕은 분노와 기쁨을 뒤섞
은 목소리로 고함쳤다.

　"아니, 그대마저 나를 버리고 도망을 가다니!"

　"도망이라니요?"

　"그럼 그대는 말없이 어딜 갔다 왔소?"

　"아, 저는 도망친 것이 아니라 도망하는 자를 뒤쫓아갔습니다."

　"그대가 쫓았다는 자가 대체 누군데?"

　"한신입니다."

　"에이! 사람 하구는, 도망한 자가 장군들만도 수십 명인데 그대
는 한 번도 그들을 뒤쫓아 간 적이 없지 않소. 그런데 한신만을 뒤
쫓았다니 무슨 얘기요?"

　"다른 장군들은 어디서나 쉽게 얻을 수 있는 인물일 뿐입니다.
그러나 한신 같은 인물은 백 년이 가도 이 나라 안에 다시 없습니
다."

　"한신이 그처럼 위대하오?"

　"대왕께서 영원히 한중의 왕으로 만족하시겠다면 한신을 가지
고 문제 삼을 필요도 없습니다. 그러나 천하를 다투려 하신다면
한신 아니고는 의논할 사람이 없습니다. 그러니 대왕께서 어느 쪽
으로 계책을 결정하느냐 문제입니다."

　"나 또한 동쪽으로 가고자 할 뿐이오. 어찌 답답하게 이곳에만
죽치고 앉아 있겠소."

　"대왕의 계책이 동진東進 쪽으로 마음을 정하셨다면 한신을 등

용하십시오. 그러면 한신은 머물 것이나 등용치 않으면 그는 다시 달아날 것입니다."

"그대 얼굴을 보아 장군으로 삼겠소."

"장군직만으로는 그가 머물지 않습니다."

"그럼 대장군이라야 되겠소?"

"그렇다면 다행이지요."

"그를 당장 불러 오시오."

"안 됩니다. 대왕께선 본래 오만하시어 예의를 모르십니다. 대장 임명을 마치 동네 아이 부르듯 하시니 그 점이 바로 한신을 달아나게 한 까닭입니다."

"그러면 내가 어떤 식으로 그를 불러야 되오?"

"길일을 택하여 목욕재계하시고 제단을 만들어 장중한 의례로 그를 대장군에 임명하십시오."

"좋소. 그렇게 하리다."

여러 장수들이 모두 기뻐했다. 내심으로 자신이 대장군이 될 것이라 믿었기 때문이었다. 그런데 막상 대장군에 임명된 사람은 한신이었다. 그래서 모두가 놀랐다.

임명식을 마친 후, 한왕은 앉자마자 한신에게 물었다.

"승상이 여러 차례 장군을 추천했고 또 그랬기에 과인이 그대를 대장군으로 임명한 거요. 이제 대장군에 임명되었으니 그대는 어떤 계략을 과인에게 주겠소?"

한신이 한왕에게 인사한 뒤에 이렇게 되물었다.

"지금 동쪽으로 나아가 천하에서 그 전력을 다툴 상대는 항왕이 아니겠습니까?"

"그렇소."

"감히 묻겠습니다만, 대왕이 생각하시기에 용감하고 사납고 어질고 굳세다는 점에 있어 대왕과 항왕을 비교해 어느 쪽이 더 낫다고 생각하십니까?"

잠시 동안 대답이 없던 한왕은 천천히 입을 열었다.

"과인이 그에게 미치지 못한 것 같소."

"솔직하게 말씀해 주셔서 대단히 감사합니다. 저 역시 대왕께서 못하다고 생각합니다. 그렇지만 항왕을 섬긴 적이 있는 제가 그의 사람됨을 말씀드리지 않을 수가 없습니다. 항왕이 화를 내어 소리를 지르면 천 사람이라도 금세 모두 무릎을 꿇어 엎드릴 만큼 무섭습니다만, 어떤 어진 장수가 있어도 그를 신뢰하여 병권兵權을 맡기지 않습니다. 그렇기에 그의 용기는 필부의 그것에 불과하다고 할 것입니다. 항왕이 사람을 대하는 태도는 공경스럽고 자애로우며 말씨 또한 온화합니다. 누가 병에 걸리면 눈물을 흘리면서 음식을 나누어 줍니다. 그러나 그가 부린 사람에게 공로가 있어 당연히 봉작을 주어야 할 경우에도 그는 인장印章이 닳아 헤질 때까지 만지작거리기만 하고 선뜻 내주지 않습니다. 이것이 이른바 아녀자의 인仁이라 하는 것입니다."

"잘 보았소."

"항왕은 또 천하의 패자가 되어 제후들을 신하로 삼고서도 관중關中에 머무르지 않고 자기 고향 팽성에 도읍했습니다. 그것은 욕심만 있고 지혜가 없다는 뜻입니다. 또 의제義帝와의 맹약을 저버리고 자기가 친애하는 정도에 따라 제후를 왕으로 삼았습니다. 이것은 훈공勳功의 불공평을 말합니다. 제후들은 항왕이 의제를 강남으로 축출하는 것을 보자, 자신들도 모두 귀국해 그들의 군주를 쫓아내고 기름진 땅의 왕이 되었습니다. 이것을 불의不義라 하는 것입니다. 항왕의 군대가 통과하는 곳이라면 어디서나 학살과 파괴가 뒤따르기 때문에 천하 백성들은 그를 원망하고 있을 뿐이지, 결코 심복하지는 않습니다. 오로지 그의 냉혹한 위세에 눌려 복종하는 척만 하고 있을 뿐입니다. 그러니 항왕은 명목상 패자라 하나 실은 천하의 민심을 잃고 있어 그까짓 강대함 따위는 하루아침에 무너질 수도 있다는 것입니다."

"옳거니."

"그런데 지금 대왕께서는 항왕의 정책과는 반대로 천하의 무용武勇한 인사들을 굳게 믿고 일을 맡기시니 주멸하지 못할 적이 어디에 있겠습니까? 이때 천하의 성읍들을 공신들에게 모조리 봉한다면 심복하지 않을 신하가 어디에 있겠으며, 정의의 기치를 높이 들고 동쪽〔고향〕으로 돌아가고 싶어하는 군사를 거느리고 나아간다면 맞서 흩어져 달아나지 않을 적이 어디에 있겠습니까?"

"맞는 말이구려."

"또 삼진〔三秦 : 雍·塞·翟의 세 나라. 진秦의 옛 땅. 항우項羽가 관중關中을 점령해 셋으로 나누어 진에서 항복해 온 세 장군 — 장한을 옹왕에, 사마흔을 색왕에, 동예를 적왕에 봉함〕의 왕은 본래 진나라 장군이었습니다. 그들이 진나라 자제들을 거느리고 다니며 행방불명되고 또 죽인 군사의 수효가 어디 한두 명입니까. 그러고도 휘하의 병사들을 속여 제후에게 항복하고 신안新安으로 왔을 때, 항왕은 항복해 온 군사 20만을 구덩이를 파고 생매장해 버렸습니다. 이때 진의 장수 장한·사마흔司馬欣·동예董翳만이 죽음을 면했습니다. 그러니 진나라 부형父兄들은 이들 세 사람을 원망함이 골수에 차 있을 것입니다. 지금 항왕은 위력으로 이 세 사람을 삼진의 왕으로 각각 삼았으나 진의 백성으로서 그들에게 애정을 품은 자가 있을 턱이 없지요."

"진실로 그럴 것이다."

"그러니 대왕께서는 무관武關을 통하여 관중으로 들어가셨을 때 백성들에게 털끝만한 해도 끼치지 않았고 진의 가혹한 법령을 제거해 '삼장三章'의 법만 약속했을 따름입니다. 진의 백성으로 대왕께서 진왕秦王이 되기를 원하지 않는 사람은 아무도 없습니다. 제후들간의 약속으로도 대왕께서 당연히 '관중의 왕'이 되셨어야 했다는 사실을 관중 백성들이라면 모두 다 알고 있습니다. 대왕께서는 항왕의 배신으로 정당한 권리를 잃고 한중으로 쫓겨 가 버렸으니, 관중 백성들로서 항왕을 원망하지 않는 자는 아무도 없습니다. 이때 대왕께서 군사를 이끌고 동쪽으로 쳐들어가신다면 저 삼진의 땅은 격문 한 장으로 우리 품안으로 들어올 것입니다."

"오, 너무나 흡족한 격려다! 과인이 어찌하여 이제야 그대를 알아보았을까!"

한왕은 너무나 기뻐했다. 한신의 계략을 듣고 공격 목표에 따른 제장들의 부서를 정했다.

한漢의 원년 8월이었다.

한왕이 병사들을 격려해 진창陳倉으로 나아가 삼진을 간단하게 평정해 버렸다.

한의 2년에는, 함곡관을 나와 위나라 황하 이남의 땅을 점령했다. 한왕(韓王 : 정창)·은왕(殷王 : 사마앙)이 모두 항복했으며, 제나라·조나라 군과 연합해 초나라를 공격했다.

4월에 팽성에 도달했으나 방심하는 사이 항왕에게 철저히 패배해 흩어졌다.

한신이 다시 병사를 모아 한왕과 형양에서 합류해 경수·낙수 사이에서 초군을 격파했다. 그래서 초군은 드디어 서쪽으로 진출할 수가 없게 되었다.

한군이 팽성에서 패퇴했을 때 색왕塞王 사마흔과 적왕翟王 동예가 한에서 도망하여 초에 항복했다. 제와 조가 또 한을 배반하고 초와 동맹했다. 6월에 위왕魏王 표豹가 한왕을 배알하고 육친을 문병하기 위해 귀국하겠다고 청원했다. 그는 귀국 즉시 황하의 관소 하관河關을 폐쇄하고 한을 배반하면서 초와 화친조약을 체결했다.

한왕은 역생(酈生 : 역이기)을 시켜서 위표를 달랬으나 좀처럼 듣지 않았다.

8월에 한신을 좌승상左丞相으로 삼아 위를 공격했다. 위표는 포판砲板의 군비를 강화하고 임진臨晉의 수로를 막았다.

한신은 대군大軍이 있는 것처럼 위장하며 배를 도열시켜 임진에서 황하를 건너려는 것처럼 보이면서, 실은 하양夏陽에서 배다리 부교浮橋를 띄워 군사를 건너게 해 위도魏都 안읍安邑을 습격했다.

위표가 놀라 군사를 이끌고 한신을 맞아 교전했으나 결국 사로잡혔다. 한신은 위나라를 평정하고 한漢의 하동군河東郡으로 편입시켰다.

한신은 장이張耳와 함께 병사를 이끌고 북동으로 진격해 조나라와 대代나라를 공격했다. 윤9월에 대나라 군사를 격파하고 알여閼與에서 대나라 재상 하열夏說을 사로잡았다.

한신이 위나라를 항복시키고 대나라를 격파하자 한왕은 사자를 보내 한신을 형양으로 가서 초군을 막게 했다.

한신은 장이와 함께 병사 수만을 이끌고 동진하여 정형井陘에서 내려와 조나라를 공격하려 하고 있었다.

조왕趙王 헐歇과 성안군成安君 진여陳餘는 한군이 장차 습격해 온다는 소문을 듣고 20만 대군을 정형 어귀에다 집결시켰다.

이때 광무군廣武君 이좌거李左車가 성안군에게 강력하게 주청했다.

"들리는 바로는 한의 장군 한신은 서하(西河 : 황하)를 건너와 위왕 표를 사로잡고 하열 또한 사로잡으며 알여를 피로 물들였다 하는데, 지금은 한신이 장이의 보좌를 받아 우리 조나라를 항복시키려 획책한다 합니다. 고국을 떠나 멀리서 그 승세를 타고 싸우는 병사들의 예봉은 피하기가 어렵다는 말이 있소. 제가 듣기로는 '천리 밖에서 군량미를 보내면 운송이 곤란하여 병사들 얼굴에 주린 빛이 돌고, 땔나무를 하고 풀을 베어야 밥을 지을 수 있게 되면 병사들이 저녁밥을 배불리 먹어도 아침까지 가지 못한다'고 했소."

"무슨 말씀을 하시자는 거요?"

"지금 정형井陘의 길은 협소해 두 대의 수레가 함께 갈 수 없으며 기병이 줄을 지어 갈 수도 없는 좁은 길이오. 이런 행로가 수백 리나 계속되기 때문에 군대 행렬의 형세로 보아 군량미 보급 수레, 치중輜重은 반드시 후미에 있을 것으로 판단되오. 그러니 저에게 기습병 3만 명만 주시오."

"기습병으로 어디를 칠 참이오?"

"지름길로 가서 본대와 군량 수송대 사이를 차단하겠소. 성안군께서는 물길을 깊이 파고 누벽을 높이 쌓아 군영을 굳게 지켜 결코 한군과 접전하지 마시오. 이렇게 하면 적군은 전진해 싸울 수가 없게 됩니다. 이때 우리 기습병이 적의 후미를 차단하는 거요. 약탈한 양식만 치워 버린다면 한군의 처지는 어떻게 되겠소. 열흘이 못 가서 한신과 장이의 머리를 휘하에 바칠 수가 있소이다. 부디 저의 계략을 유의해 주시오. 우리가 그들을 사로잡지 않으면 우리가 사로잡히게 됩니다."

성안군은 비웃는 표정으로 말했다.

"나는 유자儒者요, 그리고 정의正義의 군사는 기습작전을 쓰지 않는 법이오."

"대개 전쟁이란 이기는 것이 목적이지 이기는 정신 자체는 의미가 없소이다!"

"들어 보시오. 병법에, '병력이 적의 10배면 포위하고, 적의 두 배면 싸우라'고 했소. 지금 한신의 병력은 말만 수만이지 실제로는 수천이오. 더구나 그들은 천리 먼 곳으로부터 왔기 때문에 극도로 피로해 있을 것이오. 소수의 지친 적을 맞상대하지 않으면 나중에 대군이 몰려왔을 때는 어떻게 대처하겠소. 대병력을 가진 우리가 소수의 지친 병력을 가진 적을 기습으로 부순다면 제후들이 우릴 보고 무어라 하겠소. 사령관은 바로 나요, 그러니 이번 작전은 나에게 맡겨 두시오."

성안군은 광무군의 계책을 듣지 않았다.

실상 한신은 내심 광무군의 계책대로 되지 않을까 싶어 몹시 걱정하고 있었던 것이다. 그들이 이쪽의 약점을 알아차리고 치중을 차단해 버리면 속절없이 대패할 뿐만 아니라 살아남기조차 어려울 것이라 판단되었다.

결론을 유보한 상태에서 한신은 첩자를 놓아 조나라 군사로 들여보냈다. 돌아온 첩자의 보고가 광무군의 계략이 채택되지 않았다는 것이었다.

"됐다! 승리는 이미 우리 것이다!"

한신은 무릎을 쳤다.

한신은 안심하고 병사를 이끌어 정형의 협로를 거리낌 없이 내려와 정형의 어귀로부터 30리 못 미친 곳에 군막을 쳤다. 그리고 가볍게 무장한 병사 2천을 우선 선발했다.

"너희들은 밤을 틈타서 여기 한나라 붉은 깃발 하나씩을 들고 지름길로 빠져나가 조나라 진영이 바라보이는 산 속에 매복해 있거라. 내일 우리는 조군과 싸우는 척하다가 도망칠 것이다. 틀림없이 그들은 성채를 비우고 패주하는 우리를 뒤쫓을 것이니, 그때 너희들은 텅 빈 조군 진지로 들어가 조나라 깃발을 모조리 뽑아버리고 우리 깃발을 대신 꽂아라."

이들을 먼저 보낸 뒤, 비장裨將을 시켜 전군에게 가벼운 음식을 돌리며 한신은 말했다.

"조군을 격파한 뒤 저녁에는 푸짐한 술잔치를 열자!"

제장들은 건성으로 알았다고 대답했으나 아무도 그 말을 진실로 믿지 않았다.

한신은 부장들을 모아 놓고 이렇게 말했다.

"적은 먼저 싸우기 편한 지점을 선택해 누벽을 구축했다. 그렇지만 그들은 우리 대장 깃발과 북을 보기 전에는 결코 우리 선봉을 공격하지 않을 것이다."

"그건 왜 그렇습니까?"

"좁고 험한 지점에서 공격당하면 우리는 뒤돌아가 버릴 게 아니냐. 적들은 그게 두려운 거다. 우리 군사 모두가 어귀를 빠져나오는 것을 보고서야 적들은 공격을 시작할 것이다."

그리고 한 장수에게 1만의 군사를 주면서 말했다.

"정형을 빠져 나가면 하수(河水 : 황하)가 보일 것이다. 반드시 물을 등지고 진을 쳐라."

"예? 배수진背水陣을!"

"걱정할 것 없다. 명령대로 하면 된다."

1만의 군대가 어귀를 빠져 나가 명령대로 배수의 진(죽기를 각오하고 물을 등지고 적을 맞이하는 전법)을 치자, 조군 진영에서는 큰 웃음소리가 터져 나왔다.

"아예 죽을 작정들을 했군. 한신은 저토록 병법兵法을 모를까!"

날이 샐 무렵 한신은 드디어 대장기大將旗를 앞세우고 북을 치면서 정형의 입구로 진격해 나갔다.

한군이 완전히 들판으로 빠져 나가자 그제야 조군은 누벽을 열고 짓쳐 나왔다. 그리고 곧 접전이 시작되었다.

밀고 밀리는 싸움이 한동안 계속되다가 문득 한신과 장이는 말머리를 돌려 북과 기를 버린 채 하수(황하) 가의 군진으로 도망쳤다.

조군은 기세가 올랐다. 한군을 추격하랴, 버려진 깃발과 북을 주우랴 흥에 겨워 한참 바빴다. 그런데 조군으로서는 한신과 장이가 하수 가의 진지로 들어간 후부터 죽기로 싸우는 데도 도저히 한군을 깨뜨릴 수가 없었다.

한편, 앞서 출동한 한의 기습병 2천 명은 조군이 전리품을 쫓기 위해 누벽을 비우는 것을 보고 재빨리 안으로 달려 들어갔다. 그리고 명령대로 즉시 조군의 깃발들을 모조리 뽑아버리고 거기에다 한군의 붉은 깃발을 대신 꽂았다.

하수 가에서 한참 접전을 벌이던 조군은 생각했던 만큼 상대가 만만치 않은 데다 많이 지쳐 있으므로 일단 싸움을 잠깐 쉴 궁리를 했다.

"서둘 건 없다. 일단 우리 진지로 돌아간다. 후퇴하라!"

그러나 조군은 기절할 듯이 놀랐다. 잠깐 사이에 조군의 누벽이 한군의 누벽으로 바뀐 것이다. 한신의 붉은 깃발이 조군을 조롱하듯이 바람에 나부끼고 있었다.

"이게 도대체 어찌된 일이냐!"

성안군은 비명을 질렀다. 그러자 조나라 군사도 일시에 흔들리기 시작했다.

"큰일 났다! 성은 함락되었고 장수들은 모조리 도륙당했다!"

누군가가 소리질렀다.

이 순간을 기회로 조군은 산지사방 제멋대로 흩어지기 시작했다.

"도망치지 마라! 그래도 군사가 훨씬 많다!"

조군의 장수들이 도망치는 군사들의 목을 수없이 베었지만 한번 흩어진 마음을 되잡을 수는 없었다.

한군은 이때를 놓치지 않았다. 약속된 전략대로 적을 양쪽으로 몰아치며 닥치는 대로 베었다.

저수泜水 부근까지 뒤쫓아 간 한신과 장이는 거기서 성안군을 베었다. 그리고 조왕 헐을 사로잡았다.

"광무군을 찾아라. 생포하는 자는 천금으로 사겠다!"

한신이 소리질렀다.

드디어 20만의 조군은 철저히 격파되었고 한신의 예언대로 한군은 대승했다.

한신은 장군석에 앉아 적의 수급과 포로의 수효를 보고받았다. 그때 한 장수가 한신에게 물었다.

"병법에는, '산릉山陵을 우右로 하여 등지고 수택水澤을 앞으로 하여 좌左로 한다'고 되어 있습니다. 그런데도 장군께선 이번에 저희들을 마치 사지死地로 몰아넣듯 하수河水를 등지고 포진케 하면서, '조군을 격파한 뒤 저녁에 술잔치를 열자'고 하셨습니다. 물론 저희들은 믿지 않았지만 결국은 장군의 전략대로 되었습니다. 도대체 이것은 무슨 전술입니까?"

"이것도 병법에 있는 말이지만 대단히 위험하여 좀체 쓰이지 않는 병법으로 단지 그대들이 알아차리지 못했을 뿐이다."

"그런 것이 있었던가요?"

"병법에, '사지死地에 몰아넣음으로써 살고 망지亡地에 둔 뒤에라야 비로소 멸망하지 않는다'고 되어 있지 않던가. 『손자孫子의 구지편九地篇』에 있다."

"그렇더라도……."

"생각해 보게. 내 병사가 글깨나 쓰고 말깨나 알아듣는 사대부士大夫 출신이 아니잖은가. 대부분 시장바닥의 건달들을 몰아다가 싸우도록 한 것일세. 그들에게 생지生地를 주어서 싸우도록 해 보게. 모조리 도망치고 말지. 그래서 죽을 땅에 두어 자신을 살아남게 한 것일세."

"훌륭하십니다. 저희들은 감히 장군을 따를 수가 없습니다."

승전 잔치가 한창 무르익어가는 도중에 광무군 이좌거가 결박된 채로 한신 앞에 끌려나왔다. 한신은 급히 일어나 단하로 내려가 몸소 광무군의 포승을 풀어주고 동향東向하여 앉게 했다. 자신은 서향西向에 앉으며 그를 스승으로 예우했다.

한신은 광무군에게 술잔을 올리며 정중히 말씀을 드렸다.

"가르침을 주십시오. 제가 북쪽으로 연을 치고 동쪽으로 제를 치려 합니다. 어떻게 해야 성공할 수 있을까요?"

광무군이 사양하여 대답했다.

"패군지장敗軍之將은 무용武勇을 말하지 않으며 망국의 대부大夫는 존국存國을 말해서는 안 된다고 들었습니다. 패망한 나라의 포로 신세에 어찌 그런 대사를 꾀할 수가 있겠습니까?"

"제가 듣기로는 현인 백리해百里奚가 우虞나라에 있었지만 우는 망했고 진秦나라에 갔을 때는 진이 패자覇者가 되었습니다. 그렇다면 백리해가 우에 있을 때에는 어리석었고 진에 갔을 때에는 갑자기 현명한 사람이 되었습니까? 천만의 말씀이겠지요. 그의 재능을 인정하여 활용했는가 하지 않았는가, 그의 말을 믿고 따랐는가 따르지 않았는가의 차이뿐입니다. 만일 성안군이 선생의 계략을 들었더라면 나 같은 사람은 벌써 선생의 포로가 되었을 것입니다. 이제 성안군이 선생의 재능을 활용치 않았기 때문에 제가 선생의 가르침을 받게 될 수 있는 자리가 마련된 게 아닙니까?"

"그렇지만 사양하겠습니다."

"저는 진심으로 선생을 신뢰하여 계략을 따를 터이니 부디 사양치 마시고 가르쳐 주십시오."

한신은 진정으로 공손히 절하며 부탁했다.

한동안 묵묵히 앉아 있던 광무군 이좌거는 그제야 입을 열었다

"그러시다면 설사 마음에 들지 않는 계략일지라도 들어 주시겠습니까?"

"받들어 듣겠습니다."

"제가 듣기로는 아무리 슬기로운 사람도 일천 번 생각하면 반드시 한 번은 실수가 있고〔천려일실千慮一失〕, 아무리 어리석은 사람도 일천 번 생각하면 한 번은 얻음〔천려일득千慮一得〕이 있다고 들었습니다. 모처럼 저의 계략이 반드시 쓸 만한 가치가 있다고 생각되지 않습니다만 성심성의껏 피력해 보겠습니다."

"겸양의 말씀이십니다."

"대체로 성안군에게는 백전백승의 계략이 있었으면서도 하루아침에 그것을 잃고 군사는 호鄗의 성 밑에서 격파되었으며, 자신은 저수 가에서 피살되었습니다. 동시에 장군께서는 황하를 건너 위표를 사로잡고 알여에서 하열도 사로잡아 일거에 정형까지 내려와서 하루아침에 조나라 20만 대군을 무찔렀으며, 성안군까지 주살해 그 명성이 국내에 떨치고 그 위세 또한 천하를 흔들었습니다. 이쯤되자 농부들은 경작을 멈추고 보습을 내던지며 좋은 옷을 입고 맛있는 음식을 먹어 대면서 언제 장군의 소집명령이 떨어질까 귀를 기울여 기다리지 않는 자가 없습니다. 이런 상황은 장군에겐 장점이 될 수 있습니다. 그렇지만 장군의 지금 병사들은 몹시 피로하여 쓸 수가 없습니다. 그런 병사들을 몰아붙여 수비가

견고한 연성燕城 밑으로 진격한다 해도 아마 성을 뺏기에는 어려울 것이며, 오히려 이쪽의 피폐한 사정만 노출되어 기세가 꺾인 채로 허송세월을 보낼 것이며 결국은 군량미마저 바닥날 것이 필시입니다.”

“그래서 저도 이러지도 저러지도 못하고 있습니다.”

“약한 연나라조차 굴복시키지 못한다면 그를 본보기로 제나라 또한 국경의 방비를 갖추고 성벽을 굳건히 강화할 것입니다. 결국 연과 제 두 나라가 서로 의지해 항복하지 않을 경우 유방과 항우의 권력쟁탈 승패 역시 불분명해집니다. 이런 상황은 또한 장군에게는 단점이 될 수 있습니다. 그러니 연과 제를 친다는 것은 시기상조라고 저는 생각합니다. 용병이 능란한 자는 이쪽의 단점을 가지고 적의 장점을 치지 않고, 이쪽의 장점을 가지고 적의 단점을 치는 것입니다.”

“그렇다면 어떤 계책을 사용해야 할까요?”

“이 시점에서는 병사들의 갑옷을 벗겨 쉬게 하십시오. 조나라를 어루만져 노인과 전쟁고아들을 달래며 백리 사방에서 술과 고기가 연일 들어오게 하며, 잔치를 벌여서 사대부들을 먹이고 병사들을 마시게 한 후에 북쪽으로 연나라 정벌길로 오르는 것입니다. 그런 한편으로 사신[辯士 또는 遊說家]에게 장군의 편지를 주어 상대방을 달랜다면 연나라는 감히 듣지 않을 수가 없을 것입니다.”

“그렇게 해서 연나라가 복종한 후에는 어떻게 하지요?”

“또다시 사신을 동쪽 제나라로 보내어 연나라가 복종했다는 사실을 알리게 하십시오. 그쯤 되면 제나라에 아무리 슬기로운 자가 있다 할지라도 별다른 묘책을 세울 수가 없을 것입니다. 천하사天

下事는 그때부터 도모할 수 있겠지요. 용병에서, '허성虛聲을 먼저 내고 실전實戰을 뒤로 한다'했음은 바로 이런 경우를 두고 말하는 것이지요."

"고맙습니다. 가르침대로 하겠습니다."

얼마 후 한신이 광무군의 계략을 따라 연으로 사자를 보냈더니 과연 연나라는 바람에 따라 휩쓸리듯 복종해 왔다.

한신은 즉시 사자를 한왕에게 보내 이 기회에 장이를 조왕으로 삼아 조나라를 진무鎭撫할 수 있게 해달라고 청원했다.

한왕이 이를 허락하여 장이를 세워 조왕으로 삼았다.

이때 황하를 건너 초의 기습병이 자주 조나라로 침공해 왔다. 조왕 장이와 한신은 이리 뛰고 저리 뛰며 조나라를 구원하기에 바빴다. 차제에 한신은 가는 곳마다 조나라 성읍을 평정했고 병사를 징발해 한漢나라로 보냈다.

한왕은 형양에서 갑자기 초군에게 포위되었다. 포위망을 간신히 뚫은 한왕은 남쪽으로 달아나다가 완宛 · 섭葉 사이에서 경포를 만나 함께 도망하여 성고成皐로 들어갔다.

초가 다시 성고를 포위해 왔다. 6월에 성고를 간신히 빠져 나온 한왕은 등공만 데리고 동쪽으로 황하를 건너 수무脩武에 있는 장이의 군에 몸을 의탁하려고 찾아갔다.

몰래 역사驛舍에서 숙박한 뒤 새벽같이 일어나 한의 사자라 칭하며 말을 달려 조나라 성 안으로 들어갔다.

장이와 한신은 아직도 일어나지 않고 있었다. 침실 안으로 들어간 한왕은 대장의 인부印符를 빼앗아 여러 장군들을 소집해 그들의 군사 배치를 새로 해버렸다.

한참 후에 일어난 한신과 장이는 한왕이 온 것을 뒤늦게 알고 크게 놀랐다.

"성벽이 이토록 허술해서야 되겠소?"

한왕은 장이를 시켜 조나라 땅을 수비케 한 뒤 한신에게는 상국相國 벼슬을 주어 제나라를 치게 했다.

한신은 조나라에서 새로 징발한 군사들을 데리고 동진하여 평원진平原津을 건너려 하고 있었다.

"일 없게 됐습니다. 이미 한왕께서 역이기를 시켜 혓바닥 몇 번 놀려 제나라의 항복을 받아 냈답니다."

범양范陽의 변사 괴통蒯通이 빈정거리는 투로 한신에게 일러주었다.

"무어요? 일이 그렇게 됐소? 그렇다면 평원나루를 건널 필요도 없지 않겠소?"

"왜 이러십니까? 건너가셔야죠."

"무슨 뜻이오?"

"일인즉슨, 장군이 조칙을 받아 제나라를 공격하려는데 한왕은 일언반구 의논 한마디 없이 독단으로 밀사를 보내 제나라를 항복시켰습니다."

"그러니 일이 더욱 더 난감하구려."

"그렇지만 장군한테는 아직 공격을 중지하라는 조칙을 내리지 않았습니다."

"그러니까 난감할 뿐이라고 말하지 않았소."

"역생, 역이기는 일개 선비에 지나지 않습니다만, 그런데도 수레의 횡목橫木에 의지해 세 치 혀를 놀려 제나라 70여 개의 성시城

市를 단숨에 항복시켜 버렸습니다."

"장한 일이지요."

"장군께서는 수만의 대군을 이끌고 한 해가 넘도록 싸워 조나라 50여 성밖에 항복시키지 못했다는 사실을 기억하십니까?"

"……!"

"장군께선 결국 보잘것없는 일개 유자儒者의 공보다 못하구려."

"생각해 보니 억울하오."

"볼 거 없습니다. 건너시지요."

그렇게 되어 한신은 황하를 건넜다.

한편, 제왕 전광田廣은 역이기의 설득을 몹시 흡족해하며 항복하기로 작정을 했다. 그날도 역이기와 더불어 크게 주연을 베풀며 한가하게 적군, 한나라에 대한 방비는 전연 하지 않았다.

한신은 이 틈을 타서 제나라 역하歷下에 있던 군대를 습격한 뒤 드디어 국도 임치臨菑에 도달했다.

"이 무슨 변고요!"

"뭔가 오해가 있는 듯합니다."

"이 버러지만도 못한 놈이 과인을 속여!"

분노한 전광은 역이기를 잡아 가마솥에 삶아 죽인 뒤, 고밀高密로 도망쳐서 초나라에 사신을 보내 구원을 청했다.

한신은 임치를 평정한 다음 동진하여 전광을 추적해 들어갔다. 고밀의 서쪽에 이르렀을 때였다.

20만 대군을 거느린 초의 장군 용저龍且가 전광을 구원하기 위해 고밀에 와 있었다. 그런데 접전도 하기 전 용저를 따르던 어떤 자가 용저에게 이렇게 간했다.

"한군은 멀리서 싸우러 굳이 왔으므로 결사적으로 대들 것입니다. 그들의 예봉을 막아 내기도 어려울 뿐더러, 제와 초의 군사는 자국自國의 영지 내에서 싸우기 때문에 패산敗散하기 십상입니다. 차라리 성벽을 높이 해 지키면서, 제왕 전광이 신임하는 신하를 제나라로 보내 잃어버린 성시를 저절로 되찾을 수 있게 하는 계략을 쓰는 것이 좋겠습니다."

"그것이 계략이 되겠는가?

"비록 함락된 성시라도 그들의 왕이 엄연히 건재하고 있다는 사실을 알리고 또 초군이 구원하러 도착했다는 사실을 알리면 제나라 성시들은 반드시 한나라를 배반할 것입니다. 더구나 한군은 2천 리나 떨어진 타국에 와 있습니다. 제나라 성시가 모조리 한을 배반하게 될 경우 한군은 식량을 구하지 못해 싸우지도 않고 항복해 올 것입니다."

"제까짓 한신 따위를 두고 계략이니 뭐니 할 거 있겠나. 그까짓 겁쟁이를. 더구나 제를 구원한다면서 싸우지도 않고 한군을 항복시키면 나에게 돌아올 공적이 아무것도 없지 않은가?"

"그렇지만 다시 한 번 생각해 보십시오."

"시끄럽다. 지금 싸우면 승리는 뻔히 내 것이고 제나라 절반이 내 것이 될 텐데 무얼 망설여."

용저는 싸우기로 결정하고 유수濰水를 사이에 두고 한신과 대진對陣했다.

한편 한신은 사졸들을 시켜 밤 사이에 1만 개 이상의 모래주머니를 만들게 했다. 그리고 모래를 가득 채워 유수 상류를 막아버렸다.

날이 밝자 한신은 군사를 인솔하고 강을 건너 용저를 먼저 공격했다. 한참을 싸우던 한신은 패한 척하고 돌아서서 달아나기 시작했다.

용저는 좋아라 추격하며 큰소리로 외쳤다.

"저 보아라. 난 한신이 겁쟁이라는 것을 전부터 잘 알고 있었다. 추격해서 한군을 철저히 때려 부숴라!"

한군이 유수를 다 건너고 용저의 군사가 강을 건너고 있을 때 미리 준비시킨 한신의 군사들이 모래주머니를 터 버렸다.

물살은 맹렬하게 쏟아져 흘렀다. 초군은 절반 이상이 물 속을 외로이 떠도는 넋〔수중고혼水中孤魂〕이 되었고 강을 건넌 군사는 절반도 못되었다.

패한 척 달아나던 한군이 곧장 되돌아 서 초군을 사정없이 베었다. 용저는 그런 와중에 죽었다. 유수 동쪽에 남아 있던 용저의 군사가 스레 겁을 집어먹고 무리지어 흩어지고 있었다. 제왕 전광도 도망했다.

달아나는 적을 추격한 한신은 성양城陽에 이르러 초군을 모조리 포로로 잡았다.

한漢의 4년이었다.

제나라를 항복시켜 평정한 한신은 사자를 시켜 한왕에게 보고했다.

〈제나라 사람들은 변화무쌍하여 거짓과 변절이 심합니다. 거기에다 남쪽으로는 초나라와 접경하고 있기에 언제나 반란이 일어날지 알 수 없는 상태인 까닭에, 가왕假王을 세워 진무하지 않으면 정세가 안정되기 어렵습니다. 원컨대 신을 가왕으로 삼아 주시면 편리하겠습니다.〉

한왕은 형양에서 초군에 포위된 상태에서 그런 서신을 받았다. 부아가 치밀었다.

"과인이 지금 곤경에 처해 하루 속히 돌아와 나를 도와주기를 학수고대하고 있는 터인데 한신이 스스로 왕이 되겠다고!"

한왕이 펄펄 뛰며 한신의 사자에게 버럭 화를 내자, 장량張良과 진평陳平이 얼른 다가가 한왕에게 귓속말을 하였다.

"대왕께선 지금 몹시 불리한 처지에 계십니다. 한신이 왕이 되는 것을 어떻게 막을 수가 있겠습니까. 차라리 잘 대우하여 자진해서 제나라를 지키게 하는 것이 상책입니다. 그렇게 하지 않으시면 변이 일어납니다."

귓속말의 뜻을 얼른 이해한 한왕은 더욱 큰 소리로 꾸짖었다.

"대장부가 제후를 평정했으면 진왕眞王이 될 뿐이지, 가왕이란 무슨 얼빠진 소린가!"

장량을 시켜 제나라로 가게 해서 한신을 제왕으로 세웠다. 그리고 그의 군대를 징발해서 초나라를 쳤다.

한편 용저를 잃은 항왕은 겁이 덜컥 났다.

안휘성 우이盱眙 출신의 무섭武涉을 제왕 한신에게 보내어 설득하게 했다.

무섭은 한신을 만나자마자 이렇게 말했다.

"천하 사람들이 진秦의 폭정에 눌려 괴로움을 당하자 영웅호걸들이 일어난 지가 오래되었습니다. 서로 힘을 합쳐 진을 쳐 멸했으며 그 후 공을 세운 자들의 공적을 헤아려 토지를 분할하고 분할된 토지에 왕을 봉하여 사졸들을 쉬게 했습니다. 그러나 한왕은 다시 병사를 일으켜 동진하여 남에게 나누어 준 땅을 침범하고 탈취했습니다. 뿐만 아니라 삼진三秦을 격파하고는 병사를 인솔해 함곡관으로 나와 제후의 군대를 거두어 초를 치고 있습니다. 천하를 모두 삼키지 않고서는 그의 욕심은 끝나지 않습니다. 어찌 그의 탐욕이 이토록 심할 수가 있습니까. 게다가 한왕은 신뢰할 수가 없습니다. 그의 몸이 항왕의 손아귀에 여러 번 잡힌 바 되었었지만 그때마다 그를 불쌍히 여겨 번번이 놓아 주었습니다. 그러나 위기만 벗어나면 곧 약속을 배반하고 다시 항왕을 공격했습니다. 그와 친구할 수도 신뢰할 수도 없음이 이와 같습니다. 그러니 비록 귀하께서 지금은 한왕과 깊은 친교를 가지고 그를 위한 계략에 진력하고 있으나 결국은 그의 포로가 되고 말 것입니다. 귀하가 지금까지 무사히 생명을 연장할 수 있었던 이유는 항왕이 건재했던 덕택입니다. 지금 당장 한왕과 항왕의 승패는 귀하의 동향 여하에 달려 있습니다. 귀하가 우로 기울면 한왕이 이길 것이고 좌로 기울면 항왕이 이깁니다. 만일 귀하가 한왕을 편들어 항왕이 멸망하면 그 다음에는 귀하가 멸망할 차례입니다. 하온데 귀하는 항왕과 일찍이 연고가 있지 않습니까? 어찌하여 한을 배반하고 초와 제휴해 천하를 3분하여 그 중의 한 나라의 왕이 되지 않습니까? 지금 이런 기회를 버리고 스스로 한漢나라를 믿으며 초楚나라를 치다니, 귀하처럼 슬기로운 분이 이토록 어리석은 판단을 하시다니요."

한신은 잠깐 생각한 뒤 대답했다.

"내가 일찍이 항왕을 섬긴 적이 있지만 벼슬은 낭중에 불과하였고 지위는 집극(執戟 : 위병衛兵)이 고작이었소. 진언을 해도 듣지 않았고 계책을 올려도 채용되지 않았소이다. 그래서 초를 배반하고 한으로 귀속했던 것이오. 한왕은 나에게 대장군의 인수를 주고 수만의 대군을 맡겼으며, 자신의 의복을 벗어 나에게 입히고 자신의 밥을 나에게 먹였으며, 진언하면 들어주었고 헌책하면 채용해 주어 오늘에 이르렀소이다. 남이 나를 친근히 여겨 신뢰해 주는데 내가 그를 배반한다는 것은 상서롭지 못하오. 가령 죽는다 하더라도 변절할 수는 없소이다. 나를 대신하여 돌아가서 항왕께 호의를 사양한다고 말해 주시오."

무섭이 실망하여 떠난 후, 제나라 태생 괴통이 천하 대권의 행방이 한신에게 달린 것을 간파하고 기발한 책략으로 한신을 감동시켜 보려고 했다.

"저는 일찍이 관상학을 배운 적이 있습니다."

"관상을? 선생은 어떤 방법으로 사람의 관상을 봅니까?"

"고귀하게 되느냐 비천하게 되느냐 하는 것은 골상骨相에 달렸고, 근심이 있느냐 기쁜 일이 생기느냐는 얼굴 모양과 색상에 달렸으며, 성공과 실패는 결단하는 심상心相에 달려 있습니다."

"그렇다면 나의 관상을 보아 주시겠소?"

"그러지요. 저의 관상법은 만에 하나도 틀림이 없다는 것을 명심하십시오. 그리고 잠시 동안만 좌우를 물리쳐 주십시오."

한신이 주위를 돌아보며 말했다.

"그대들은 물러가라."

단 둘만 앉게 되자 괴통은 그제야 입을 열었다.

"장군의 관상을 보면 제후의 지위가 고작입니다. 그나마도 위태롭기 그지없습니다. 그런데 장군 등을 보니 고귀하기가 이를 데 없습니다."

"무슨 뜻이오?"

"천하가 어지러웠던 당초에는 영웅호걸들이 다투어 왕이라 칭했으며, 그들이 한 번 부르자 천하의 인사들이 구름과 안개 몰리듯 모여들었다. 이는 마치 물고기 비늘처럼 겹겹이 겹쳐왔고 불길이 바람같이 일어났습니다. 그 당시의 근심이라면 오로지 어떻게 하면 진나라를 멸망시키느냐 하는 것뿐이었습니다. 그러던 것이 지금은 초와 한이 분립 상쟁하여 천하 무고한 백성들의 간담을 땅바닥에 내깔리게 하고 부자父子의 해골을 들판에 나뒹굴게 하고 있습니다. 처음 초왕은 팽성에서 일어나 도망치는 적을 쫓아 이리 뛰고 저리 쳐서 형양에 이르러서는 승세를 탄 위세가 천하를 흔들었습니다. 그러나 그의 군사가 경수와 삭수 사이에서 곤경에 빠진 이후로 서산西山에 틀어박혀 전진할 수 없게 된 것이 벌써 3년이나 됩니다."

"그렇소. 벌써 3년이오."

"그런가 하면 한왕의 경우는 어떻습니까? 지금 수십만 대군을 이끌고도 공鞏과 낙양에서 항전하여 산하의 험준함을 방패삼아 하루에도 몇 차례씩 싸워도 한 자 한 치의 작은 공적도 없이 좌절하면서 패배하여도 누구 하나 구원해 주는 사람이 없어 성고에서 결국 하남성 원宛과 섭葉 사이로 달아났습니다. 참으로 기묘한 현상이지요. 결국 이를 두고 이른바 슬기로운 한왕도 용맹스런 항왕도

다 함께 겪는 괴로움이라 하겠습니다. 어디 그뿐이겠습니까? 무릇 예기銳氣는 험준한 요새에서 꺾이고 양식은 창고에서 바닥나고 백성들은 극도로 피폐하여 이리저리 원망하며 떠돌면서도 어디 누구에게 의지할 데도 없습니다. 이런 형세는 천하의 현성賢聖이 아니고서는 감히 천하의 불행을 종식시킬 수가 없을 것입니다. 그런데 지금 한왕과 항왕의 운명이 바로 장군의 손에 달려 있더란 말씀입니다."

"나에게?"

"장군께서 한나라를 위한다면 한이 승리하고 초에 편들면 초가 이깁니다. 차제에 제가 속마음을 열어 간담을 터놓고 장군에게 우계愚計를 말씀드리고자 하나 혹시 장군께서 쓰시지 않을까 싶어 그것이 두렵습니다."

"계략의 사용 여부는 일단 듣고 나서 판단하는 게 아니겠소."

"그러니 어차피 말씀드리겠습니다. 결론적으로 말해 한나라 초나라가 서로 양분해 존립하여 이익을 보고 또 장군까지 가세하여 독립하게 되면 천하는 안정된 솥발(鼎足)처럼 3분되게 됩니다. 이런 형세는 어느 누구도 감히 먼저 움직이지 못하게 되는 모양새가 되는 것입니다. 장군처럼 명민하고 또 수많은 갑병甲兵을 거느리고서 강대한 제나라에 의지해 연·조를 복종시키고 주인 없는 땅으로 나아가 한과 초의 후방을 제압하시면 앞서 두 나라의 전투는 끝이 나게 됩니다. 전투를 끝나게 함으로써 장군께서 만민의 생명을 구해 준다면 천하는 바람처럼 달려오고 메아리처럼 호응해 올 것이며, 누가 감히 장군의 명령을 듣지 않겠습니까? 이런 후 장군께선 큰 나라는 분할하고 강국은 약화시킨 뒤 제후들을 세우십시오. 제후들이 일단 서게 되면 천하가 복종해 따르고 그 은덕을 제나라에 돌릴 것입니다. 그러면 제의 옛 땅임을 생각하여 산동성 교膠와 사수泗水 유역의 땅을 보유한 후, 은덕으로 제후를 회유하고 궁중 깊이 계시면서 두 손 모아 읍하며 겸양한 태도를 보인다면 천하 군주들이 서로 권하여 제나라로 입조할 것입니다. 대개 하늘이 주는 것을 받지 않으면 도리어 벌을 받고, 때가 왔을 때 단행치 않으면 도리어 화를 입는다고 들었습니다. 원컨대 장군께서는 잘 판단해 주십시오."

한신은 잠시 눈을 감고 생각한 뒤에 대답했다.

"한왕은 나를 매우 후하게 대접했으며 자신의 수레에 나를 태웠고 자신의 옷을 내게 입혔으며 자신의 식사를 내게 먹여 주었소. 내가 듣기로는, '남의 수레를 타는 자는 그의 걱정을 제 몸에 싣고, 남의 옷을 입는 자는 그의 걱정을 제 마음에 품으며, 남의 밥을 먹는 자는 그의 일을 위해 죽는다'고 했소이다. 내 어떻게 혼자만의 이익을 바라고 의리를 저버릴 수 있겠소."

"그것은 잘못된 판단이라 생각합니다. 장군께선 한왕과 친밀한 사이라 생각하시어 만세 불멸의 업적을 세우시려 하나 그렇지가 않습니다. 처음 상산왕(常山王) 장이와 성안군成安君 진여가 벼슬이 없었을 시절에는 서로 목을 바쳐도 후회하지 않을 막역한 사이였지만 후에 장염張黶과 진택陳澤의 사건으로 다투게 되자, 서로 원망하여 상산왕은 항왕을 배반해 항영項嬰의 머리를 베어 들고 도망쳐 한왕에게로 귀복했습니다. 한왕이 또한 병사를 빌려 주자 동하東下하여 성안군을 저수 남쪽에서 죽였습니다. 그의 머리와 다리가 따로 떨어져 나가니 천하의 웃음거리가 될 수밖에 없었지요.

상산왕과 성안군의 친교는 원래 천하 제일이었다는 점을 명심하십시오. 그런데도 결국 서로 잡아먹으려고 한 이유는 무엇일까요? 우환은 욕심이 많은 데서 생기고 사람의 마음은 예측할 수 없기 때문입니다. 지금 장군께서 충성을 다해 한왕과 친하려 하나 그 친밀도 어차피 장이와 진여보다는 견고하지 못합니다. 그리고 장군과 한왕 사이에 놓인 석연찮은 일들은 장염과 진택의 그 문제보다 많고도 큽니다."

"어째서 사태를 그런 식으로 보고 있소?"

"장군께서, 한왕은 결코 나를 위태롭게 생각하지 않는다는 그 맹목이 위태롭다는 겁니다. 옛적 대부 종大夫種과 범여范蠡는 망해 가는 월나라를 존속키고 월왕 구천을 패자로 만드는 공을 세우고 이름을 날렸으나 자기 몸은 망했습니다. 말하자면 들짐승이 다 없어지면 사냥개는 삶아 먹히는 꼴이지요. 우정으로 치자면 장이와 진여보다 못하며, 충성과 신의로 말하더라도 대부 종과 범려가 월왕 구천에 쏟아 부은 것만큼은 못합니다. 앞의 두 사례를 절대로 잊지 마십시오."

"그럴까……?"

"뿐만 아니라, '용기와 재략이 군주를 떨게 하는 자는 몸이 위태롭고, 공로가 천하를 덮을 만한 자는 받을 상이 없다'고 들었습니다. 하온데 장군의 공로와 용략을 말씀드리자면 당신께선 황하를 건너 위왕을 사로잡고, 하열을 사로잡았으며, 병사를 이끌고 정형으로 내려와 성안군을 주살하고 조나라를 진무했으며, 연나라를 위협하고 제나라를 평정했습니다. 남진하여서는 초군 20만 대군을 격파하고 용저를 죽인 뒤 서쪽으로 향하여 한왕에게 보고했으니, 이른바 이것은 '공로는 천하에 둘도 없고 용략은 불세출'의 것이라고 할 수 있습니다. 지금 장군께선 군주를 떨게 하는 위력을 지니고 상을 받을 이상의 공로를 가지고 계시니, 초로 귀속한다 해도 항왕은 장군을 믿지 못할 것이며 한으로 귀속한대 해도 한왕은 떨고 두려워할 것이니, 그런 장군께서 도대체 어디로 귀속할 수 있다고 생각하십니까? 신하의 위치에 있으면서도 군주를 떨게 하는 위력을 지닌 데다 명성은 천하에 드높으니, 저는 장군을 위해서 위험천만이라고 말씀드릴 수밖에 없습니다."

"선생은 잠깐 쉬시오. 나도 그 점에 대해 좀 생각해 보겠소."

"원래 남의 의견을 듣느냐 마느냐 하는 것은 일의 성패의 조짐이며, 계략이 좋고 나쁨은 일의 성패의 계기입니다. 진언을 잘못 받아들이고 계략에 실패하고서도 오래 안태安泰해 본 것은 하나도 없습니다. 진언을 분별해 제일로 할 것과 둘째로 할 것을 잃지 않으면 언론으로 혼란시킬 수가 없습니다. 계략이 본말을 전도하지 않으면 교묘한 언사로도 분규를 일으킬 수는 없습니다. 대체로 시양졸(厮養卒 : 나무하고 말먹이는 하인) 같은 천한 일에 종사하는 자는 만승 천자가 될 만한 권위를 잃어버리며, 한두 섬의 봉록 지키기에 급급한 자는 경상卿相의 자리에 오를 수 없습니다. 그래서 지혜는 일을 결단하는 힘이며, 의심은 일에 방해가 되는 것입니다. 작은 계략을 밝히는데 구애되면 천하대국은 볼 수 없습니다. 지혜로써 그것을 알고 있으면서도 결단치 않으면 만 가지의 화근이 됩니다. 그래서 '맹호라도 꾸물거리고만 있으면 미물인 벌이나 전갈만한 해도 입히지 못하며, 준마라도 주춤거리고만 있으면 천천히 걷는 늙은 말보다 못하며, 맹분猛賁 같이 용맹한 자라도 여우처럼 의

심만 하고 있으면 범용한 필부의 결행만도 못하며, 순임금·요임금의 지혜가 있더라도 입다물고 말하지 않으면 벙어리의 손짓발짓보다 못하다'고 합니다. 이 모두 그만큼 실행의 귀함을 말합니다. 대체로 공이란 이루기 어렵고 실패하기는 쉬우며, 시기란 얻기 어렵고 잃기는 쉽습니다. 부디 명찰하십시오."

그러나 한신은 주저하면서 차마 한나라를 배반하지는 못했다.

"공로가 많은 난데 설마 나의 제나라를 뺏기야 하겠는가?"

결국 괴통의 진언을 겸손히 사양하면서 단호히 거절해 버렸다. 괴통은 자신의 진언을 한신이 들어주지 않자 얼마 후 미친 척하고 무당이 되어 숨어버렸다.

한왕이 고릉固陵에서 궁지에 몰리자 장량의 계략에 따라 제왕 한신을 소환할 수 있었다.

한신이 병사를 이끌고 해하垓下에서 한왕과 합류해 항우를 대패시켰다. 고조는 제왕의 군사를 거두어들였다.

한의 5년 정월이었다.

제왕 한신을 옮겨 초왕楚王으로 삼고 하비下邳에 도읍하게 했다.

한신이 봉국封國에 도착했다. 그는 도착 즉시 일찍이 밥을 얻어먹은 빨래터 여인을 찾아 천금을 내렸다. 또 하향의 남창 정장에게는 백 전百錢을 내리면서 말했다.

"당신은 소인배였다. 이왕지사 은덕을 베풀 때는 중간에서 그만두는 게 아니었네."

또 소년 시절 자신을 가랑이 밑으로 기어나가게 하면서 욕보인 건달들을 불러놓고 여러 장군과 재상에게 설명했다.

"이 자는 장사壯士다. 나를 욕보였을 때 나는 이 자를 죽일 수도 있지만 죽인들 명예는커녕 죄수밖에 더 되었겠는가? 그래서 모욕을 꾹 참으며 인내를 배웠다. 그때의 은인자중으로 오늘의 공업을 성취한 것이다."

그러면서 그를 초의 수도 경비관 중위中尉에 임명했다.

항왕에게서 도망해 온 장군 종리매鍾離昧의 집이 이려伊廬에 있었는데, 한신과 본래 사이가 좋았던 종리매는 항왕이 죽은 뒤 도망하여 한신에게 와 있었다. 그 일이 화근이었다.

그런 그가 한왕하고는 몹시 사이가 좋지 않았다. 그래서 그가 초에 있다는 말을 듣고 체포하려 했다.

당시 한신이 처음으로 초나라에 왔기 때문에 봉국의 현·읍을 순시한다면서 어마어마한 숫자의 군사들을 데리고 출입하고 있던 것이다.

그것이 문제가 되었다. 한의 6년에 상서上書하여 밀고한 자가 있었다.

〈초왕 한신이 모반하고 있습니다. 경계하십시오.〉

한왕 유방이 진평의 계략에 따라 천자 순행길에 나섰다. 제후들을 회동시키기로 한 것이다.

〈모두 진陳〔회양淮陽〕으로 회동會同하라. 남방 호수지대 운몽雲夢으로 순행하겠다.〉

사실은 한신을 잡으려는 계략이었으나 한신이 그것을 알 까닭이 없었다. 그렇지만 무언가 심상치 않은 조짐은 있어 보였다. 그래서 고조가 초에 도착하는 때를 계기로 모반할까도 생각했다.

"그만두자, 내가 아무리 자신을 살펴보아도 주상께 지은 죄가 없다. 사로잡힐 까닭이 없잖은가?"

어떤 자가 한신에게 간했다.

"걱정이 되신다면 종리매의 목을 들고 황상(皇上 : 고조)을 뵈십시오. 기뻐하실 것이며 우환도 사라질 것입니다."

한신이 종리매를 만나 그 문제를 두고 상의하니 종리매는 화를 냈다.

"한나라가 초나라를 공격하지 못하는 이유는 내가 당신 밑에 있기 때문이오. 정작 당신이 나를 잡아 한나라에 곱게 보일 수만 있다면 당장에라도 죽겠소. 그러나 천만의 말씀이오. 내가 죽은 뒤 다음은 당신 차례요. 이제 보니 당신도 소인배였구려!"

종리매는 몹시 분통해 하며 스스로 목을 찔러 죽었다.

한신은 종리매의 목을 가지고 고조를 태평스럽게 뵈러 갔다. 그런데 대기시켰던 무사들에 의해 간단하게 결박되었다.

"이거 왜 이러나!"

한신은 후거後車에 강제로 실려졌다. 어처구니가 없었다.

"과연 세상 사람들의 말이 맞는구나! '재빠른 토끼가 죽으니 훌륭한 사냥개는 삶겨 죽고, 높이 나는 새가 모두 없어지니 훌륭한 활은 소용이 없고, 적국이 격파되니 지모 많은 신하는 죽는다'고 했다던가? 천하가 이미 평정되었으니 내가 팽살烹殺되는 것은 지극히 당연한 일이구나〔교토사 양구팽 고조진 양궁장 狡兔死 良狗烹 高鳥盡 良弓藏〕!"

한신은 차꼬와 수갑을 차고 옥사슬에 얽어매인 채 낙양에 도착했다. 그러나 고조는 천하 인심이 두려워 차마 한신을 죽을 수 없었다.

"공이 모반했다고 밀고한 사람이 있었소."

고조는 그렇게 얼버무리며 한신의 죄를 용서한 뒤 회음후로 삼았다. 한신은 한왕이 자신의 재능을 두려워하고 미워하는 것을 알았다. 의기소침해져서 언제나 병이라 핑계대고 참조參朝하지도 않았고 출어시出御時에 수행하지도 않았다.

한신은 이로부터 날마다 고조를 원망하며 평소에도 불만에 가득 차 있었다. 특히 강후絳侯 주발周勃이나 관영灌嬰 등과 같은 계열이라는 사실이 부끄럽게 느껴졌다.

하루는 한신이 번쾌의 집에 들른 적이 있었다. 번쾌는 무릎을 꿇고 한신을 맞아 자신을 신臣이라 부르고 있었다.

"대왕께서 즐겨 신의 집에까지 왕림해 주셨습니까?"

얼마 후 한신은 번쾌의 집 대문을 나서면서 자신을 비웃으며 중얼거렸다.

"그렇지만 내 아직 살아서 그대와 동렬일 뿐인 걸……."

고조가 한때 한신을 상대로 마음놓고 제장들의 능력을 떠들면서 등차를 매긴 적이 있었다.

고조가 한신에게 물었다.

"나 같은 사람은 몇 명의 군사를 이끌 수 있는 능력이 되겠소?"

"폐하께서는 그저 10만이며 족합니다."

"그대는 어떻소?"

"저야 많을수록 더욱 좋지요〔다다익선多多益善〕?"

"많을수록 좋다는 사람이 어째서 나에게 사로잡혔소?"

"폐하께서는 병사야 그 정도밖에 이끌 수 없지만 장수들을 잘 거느리십니다. 이것이 바로 신이 폐하에게 잡힌 까닭입니다. 더구나 황제의 지위는 하늘이 주는 것이지 사람의 힘으로는 안 되는 것이지요."

진희陳豨가 거록군鉅鹿郡 태수로 임명되어 회음후 한신에게 작별 인사를 하러 왔다.

한신은 좌우를 물리친 뒤 진희와 뜰을 산책하면서 탄식처럼 말했다.

"나의 넋두리를 그대에게 해도 괜찮을 것인지?"

"장군께선 무엇이든 하명下命만 하십시오."

"고맙소. 그대가 태수로 부임하는 거록군에는 천하의 정병精兵들만 모여 있는 곳이오. 그리고 그대는 폐하가 신임하는 총신이오."

"그런 것 같습니다."

"누군가가 그대가 모반을 했다고 고하더라도 폐하는 믿지 않을 것이오. 두어 번 그런 밀고가 들어오면 그때는 의심할 것이며, 세 번쯤 밀고가 들어오면 그땐 진노해서 친정親征을 서두를 것이오."

"그건……?"

"내가 그대를 위하여 안에서 일어나면 천하를 도모할 수 있는데 어떻소?"

진희는 한신의 능력을 익히 알고 있었으므로 추호의 의심도 없이 대답했다.

"삼가 가르치시는 대로 따르겠습니다."

한의 11년이었다.

진희가 과연 모반했다.

고조가 스스로 대장군이 되어 친정길에 나섰다.

"절호의 기회다! 이번 기회를 놓치면 끝장이다!"

한신은 병을 칭탁해 종군치 않았다.

한편 진희에게 몰래 사람을 보내어 이렇게 말하게 했다.

"그저 안심하고 군사만 일으켜라. 내가 여기서 그대를 돕겠다."

한신은 그의 가신家臣들과 치밀하게 음모했다. 우선 밤중에 조칙이라고 속이고 관아官衙의 관노官奴를 풀어 여후呂后와 황태자를 습격하려는 작전을 수립했다.

부서는 이미 결정되었다. 이제 진희한테서 오는 통지만 기다리면 되었다.

바로 이때였다. 가신 중에 한신에게 죄를 진 자가 있었는데 때마침 잡혀왔으므로 그를 처형하려고 했다.

죄수의 아우가 생각해보았다. 형을 살려 내려면 주인인 한신을 잡는 길밖에 없었다. 그래서 그는 여황후에게로 달려가 모반의 상황을 자세히 고해 버렸다.

여후는 혼자 생각해 보았다. 한신을 소환하려 해도 결코 응하지 않을 것이라는 사실을 알았다.

"어떻게 처리하는 게 좋겠습니까? 몹시 다급한 상황인 것 같습니다."

여후는 상국 소하와 의논할 수밖에 없었다.

"황상께서 보내신 것처럼 속이고 말하게 합시다. 그렇게 하면 한신이 일단 거사는 하지 못할 테니까요."

그리하여 소하는 급히 한신에게 사람을 보내서 이렇게 알리도록 했다.

"친정해 가신 폐하께서는 진희를 사로잡아 벌써 사형에 처했습니다."

"벌써!"

"열후와 뭇 신하들이 모두 참여해 축하하고 있습니다."

한신은 낙담했다. 더욱 병이라 핑계대고 집 안에만 틀어 박혔다. 여후와 소하는 한신을 그대로 둘 수 없었다. 어떤 변고를 일으킬지 알 수가 없었다.

"상국께서 직접 한 번 다녀오시지요."

여후가 졸랐다. 별수 없이 소하가 한신을 찾아가 속여서 말했다.

"비록 병중이라 하더라도 잠깐 참례하여 축하의 뜻을 표하고 가시지요."

한신은 아니 갈 수 없었다.

황태자가 있는 장락궁長樂宮으로 멋모르고 들어섰다.

종실(鍾室 : 때를 알리는 종이 걸려 있었음) 앞에 이르렀을 때였다. 여후의 명을 받은 무사들이 삽시에 달려들어 한신을 묶었다.

"이건 또 무언가?"

한신은 사태의 모든 진전을 깨달았다.

목베임을 당할 때 그는 신음처럼 내뱉었다.

"괴통의 계략을 쓰지 못한 것이 후회막급이다. 일개 아녀자에게 속았으니 이 또한 운명이겠지!"

한신은 장락궁에서 죽었다. 그의 일족까지 모조리 죽임을 당했다.

고조가 한신이 죽은 것을 안 것은 진희 토벌의 전쟁에서 돌아오고 나서였다.

"가공할 상대가 죽었으니 기쁘긴 하나 그의 공로는 지대했다.

말로가 비참하니 불쌍하구나. 그래, 한신은 죽을 때 무슨 말을 하던가?"

여후가 대답했다.

"괴통의 계략을 쓰지 못한 것이 원통하다고 했습니다."

"무엇이! 그를 곧 잡아들여라!"

제나라 변사 괴통이 잡혀 왔을 때 고조가 직접 심문했다.

"네놈이 회음후에게 모반하도록 들쑤셨다면서!"

"그렇습니다. 틀림없이 제가 가르쳤습니다. 그런데 그 바보자식이 제 헌책을 쓰지 않기 때문에 좋은 기회가 물거품되고 스스로 자멸해 버렸습니다. 만약 그 바보자식이 내 계략을 썼던들 폐하께선 그를 결코 멸망시킬 수 없었을 것입니다."

고조는 몹시 노했다.

"저놈 보게! 당장 팽살해 버려라!"

"아, 팽살이라니요. 억울합니다."

"억울하다니, 무어가?"

"진나라 기강이 해이해지자 산동의 땅이 크게 어지러워지면서 뭇 성씨들을 가진 자들이 영웅호걸로 자처하면서 까마귀 떼처럼 일어났습니다. 진이 사슴〔皇帝權〕을 잃으니 천하에서는 모두가 그 사슴을 쫓아다녔습니다. 이때 키가 크고 발이 빠른 한〔高祖〕 자가 그 사슴을 낚아챘습니다. 도척盜跖의 개가 요임금을 보고 짖는 것은 요임금이 어질지 못해서가 아닙니다. 개란 놈은 원래 자기 주인이 아닌 사람을 만나면 무조건 짖어댑니다. 당시의 저는 오로지 한신만 알았을 뿐이고 폐하는 알지 못했습니다. 또 천하에는 무기를 예리하게 갈아가지고 폐하가 하시는 일을 자기들도 해 보고자 날뛰던 인물들이 부지기수였습니다. 생각해 보면 그들 모두는 능력이 모자랐을 뿐입니다. 그렇다면 폐하께선 그들 모두를 삶아 죽이겠습니까?"

고조가 한참을 생각한 뒤에 말했다.

"살려 주어라."

태사공은 이렇게 결론을 지었다.

내가 회음으로 갔을 때 회음 사람들이 이렇게 말하는 것을 내가 들었다.

"한신이 평민이었을 적에도 그 뜻이 보통사람들과는 사뭇 달랐습니다. 그렇지만 그는 너무 가난했습니다. 모친이 사망했을 때 장례도 치르지 못했으니까요. 그러나 지금은 보십시오. 높고 높은 땅에 무덤을 만들어 그 둘레로 1만 호의 집들〔왕후의 경우 1만 호가 무덤을 지킨다〕이 들어앉을 수 있도록 했습니다.

내가 그의 모친의 묘를 보니 과연 그러했다.

한신이 도리를 배워 겸양한 태도로 자기의 공로를 자랑하지 않고, 능력 역시 자랑하지 않았더라면 하는 아쉬움이 있다. 한왕조에 대한 공훈이 저 주공周公과 소공召公 그리고 태공망太公望 등의 주왕조에 대한 공훈과 비길 만한데 말이다. 그랬더라면 그의 자자손손에 이르기까지 국가 원훈으로서의 제사를 받았을 터인데.

좋은 쪽으로 힘을 쓰지 않고 천하가 이미 통일된 후에야 반역을 기도하여 일족이 몰살당했으니, 그 또한 슬픈 운명이라고 아니 할 수 없다.

−끝−

사기연표 年表

➤ 서주시대西周時代

기원전 1100년 : 무왕武王이 은殷을 멸하고 주周를 세웠다. 사마천 『사
기』열전 첫번째로 등장하는 백이伯夷·숙제叔齊가 세
상을 등지고 수양산首陽山에서 굶어 죽다.

841 : 여왕厲王이 폭정을 하자, 백성들이 왕을 몰아내고 공화백共和伯
정치를 하다. 이때부터 『사기史記』 연표는 시작된다.

➤ 춘추시대春秋時代 − 동주 전기東周前期

770 : 평왕平王이 견융犬戎에게 쫓겨 동쪽의 낙읍洛邑으로 도읍을 옮김.

722 : 공자孔子의 역사서인 『춘추春秋』가 이때부터 시작되어 B.C. 481
년에 마쳤다.

685 : 제齊의 환공桓公이 즉위하고 관중管仲이 재상이 됨.

681 : 제의 환공이 노장공魯莊公과 가柯에서 회맹會盟하고, 조말曹沫에게
협박당하여 뺏은 영토를 반환함.

679 : 제齊의 환공桓公이 패자霸者가 되었다.

645 : 관중이 죽음.

643 : 제齊 환공桓公이 죽음.

638 : 송宋의 양공襄公이 초楚를 위해 전투를 사양하다 홍泓에서 패전함.

636 : 진晉의 문공文公이 즉위함.

632 : 진의 문공이 초군을 제후들과 성복城濮에서 격파하고 문공은 천토踐土에서 제후들과 회맹하여 패자가 되었다.

623 : 진秦의 목공穆公이 서융西戎의 패자가 되었다.

602 : 황하黃河의 흐름이 바뀜. 제1차 이동.

598 : 초楚의 장왕莊王이 진릉辰陵에서 제후들과 회맹會盟하고 패자가 되었다.

585 : 오吳에 수몽壽夢이 즉위함.

579 : 송宋의 대부大夫 화원華元이 진晉·초楚 사이를 왕래하며 평화공작을 펴다.

551 : 공자孔子가 노魯나라에서 태어남.

547 : 제齊에 경공景公이 즉위하여 사마양저司馬穰苴를 등용함.

543 : 자산子産이 정鄭의 집정執政이 되었다.

539 : 제齊의 안영晏嬰이 진晉에 사자로 감.

522 : 초의 오자서伍子胥가 오吳로 망명함.

515 : 오의 합려闔廬가 전제專諸에게 왕 요僚를 죽이게 한 뒤 즉위함.

510 : 오가 처음으로 월越을 공격함.

496 : 월왕 구천句踐이 오군을 격파, 오왕 합려는 부상당해 죽고 부차夫差가 이어 즉위함.

494 : 오왕 부차가 월왕 구천을 격파하고 회계산會稽山에 유폐시킴.

484 : 오왕 부차로부터 오자서伍子胥가 자살을 명령 받음.

482 : 오왕 부차가 황지黃池에서 중원中原의 제후들과 회맹함.

479 : 공자孔子 죽음(73세).

473 : 월왕 구천이 오吳를 멸하고 패자가 됨. 구천을 도운 범려范蠡가 월
　　　나라를 떠나 은거하다.

453 : 진晉의 한韓·위魏·조趙 3가三家가 지백智伯을 멸한 뒤, 그 땅을
　　　셋으로 나눠 3진三晉이 되었다.

446 : 위魏에 문후文侯가 즉위함. 오기吳起를 서하西河 태수에 임용하고,
　　　이회李悝에게 『법경法經』을 만들게 함.

▶ **전국시대戰國時代 - 동주 후기東周後期**

403 : 한韓·위魏·조趙 3가三家가 주왕周王에 의해 제후로 봉해짐.

397 : 섭정聶政이 한韓의 재상 협루俠累를 죽임.

390 : 맹자孟子가 태어나고 묵자墨子가 죽음.

386 : 제의 전화田和가 제후에 봉해짐.

381 : 위魏에서 초楚로 망명해 온 오기吳起가 죽임을 당함.

370 : 위魏의 혜왕惠王이 즉위함.

361 : 위魏가 도읍을 안읍安邑에서 대량大梁으로 옮김. 이때부터 위魏를
　　　양梁으로 불렀다.

359 : 진秦의 효공孝公이 상앙商鞅을 등용해 변법變法을 실시함.

341 : 제나라 손빈孫臏에 의해 위의 방연이 마릉馬陵에서 대패함.

338 : 상앙이 진秦에서 처형됨.

337 : 한韓의 재상 신불해申不害가 사망함.

333 : 소진蘇秦이 합종合縱을 성립시키고 6국의 재상이 되었다.

328 : 장의張儀가 연횡連衡을 주창하면서 진秦의 재상이 되었다.

326 : 조趙에 무령왕武靈王이 즉위함.

320 : 제齊의 위왕威王이 죽고 선왕宣王이 즉위함.

309 : 진秦나라가 감무甘茂를 승상에 등용.

307 : 진秦의 소양왕昭襄王이 즉위함.

299 : 맹상군孟嘗君이 제齊의 재상이 되려고 진秦으로 갔다 이듬해 되돌아 옴.

298 : 조趙나라 혜문왕惠文王이 동생 승勝을 평원군平原君에 봉함.

293 : 진秦의 백기白起가 한韓 · 위魏 군대와 싸워 이궐伊闕에서 대승함.

291 : 진秦이 위염魏冉을 재상으로 등용함.

284 : 연燕의 장군 악의樂毅가 제나라 수도 임치臨淄를 함락시킴.

283 : 조趙나라 장군 염파廉頗가 제齊나라를 공격. 또 인상여藺相如가 진秦나라에 사신으로 가 화씨벽和氏璧을 그대로 보전하고 돌아왔다.

279 : 제나라 전선田單이 연나라 즉묵卽墨한테서 침략지를 탈환함.

278 : 초나라 굴원屈原이 멱라수汨羅水에 빠져 자살함.

276 : 위魏나라 안희왕安釐王이 동생 무기無忌를 신릉군信陵君에 봉함.

270 : 조趙나라 장군 조사趙奢가 진나라 군대를 격파하고 마복군馬服君에 봉해짐. 범수范睢가 진秦나라에서 원교근공遠交近攻을 주창함.

265 : 평원군平原君이 조나라 재상이 됨.

262 : 초나라가 황헐黃歇을 춘신군春申君에 봉하면서 재상으로 삼음.

260 : 진秦나라 백기白起가 장평長平 싸움에서 조나라 군대를 대파함.

257 : 진군秦軍이 조나라 수도 한단邯鄲을 포위하자, 노중련魯仲連이 조나라로 옴. 평원군의 청원으로 위나라 신릉군과 초나라 춘신군이 군대를 이끌고 가서 진나라 군대를 물리침.

255 : 진나라에서 범수가 승상을 은퇴하고 채택蔡澤을 천거함.

249 : 진秦에서 장양왕莊襄王이 즉위하고 여불위呂不韋가 상국相國이 됨. 진나라가 주周나라를 완전히 멸망시킴.

247 : 진秦의 태자 정(政 : 시황제)이 즉위함. 이사李斯가 진나라로 가서 유세함.

244 : 조趙나라가 이목李牧을 시켜 연燕을 공격케 함.

243 : 위魏나라 신릉군이 죽음.

238 : 초楚나라 춘신군이 피살되었다.

236 : 진의 장군 왕전王翦이 조나라를 공격함.

235 : 진秦의 여불위가 자결함. 순자荀子 죽음.

233 : 한비韓非가 진秦으로 유세 가서 이사에게 독살당함.

230 : 한韓나라가 진秦에게 멸망함.

228 : 왕전이 조나라 한단을 함락시킴으로써 조趙나라는 완전히 멸망되었다.

227 : 연燕나라 태자 단丹이 형가荊軻를 시켜 진왕 정政을 척살刺殺하려 했으나 실패함.

225 : 위魏나라도 진나라에 패망함.

223 : 초나라 역시 진나라에게 멸망함.

▶ 진 시대秦時代

221 : 진秦이 제齊를 마지막으로 멸망시켜 천하 통일함.

215 : 몽염蒙恬이 흉노를 토벌함.

214 : 몽염이 하남河南에다 만리장성을 축조함.

210 : 시황제가 순행 도중 사망. 몽염도 죽임을 당함.

209 : 진승陳勝과 오광吳廣이 반란을 일으킴. 항우項羽·유방劉邦이 각각 군사를 일으켰다.

208 : 장이張耳와 진여陳餘가 조헐趙歇을 조나라 왕으로 삼음. 전담田儋이

제齊나라 왕이 되었다가 전사함. 위표魏豹가 위나라 왕이 됨. 이사
李斯가 죽임을 당함.

➤ 한 시대漢時代

206 : 유방이 진왕 자영子嬰의 항복을 받고 관중으로 들어감. 진秦이 멸
       망함. 항우가 스스로 '서초西楚의 패왕'이라 칭하고, 유방을 한중
       왕漢中王에 봉함.

205 : 유방이 항우 토벌의 군사를 일으킴. 한韓나라 일족인 신信이 한왕
       韓王이 됨.

204 : 대장군 한신韓信이 배수진으로 조나라 군사 20만을 대패시킴. 역
       이기酈食其가 제齊나라를 설득 항복시킴.

203 : 한신韓信은 제齊나라 왕에, 경포黥布는 회남왕淮南王에 봉해짐.

202 : 항우가 해하垓下에서 포위되어 자살함. 팽월彭越이 양왕梁王에 봉
       해지고, 노관盧綰이 연왕燕王에 봉해짐. 유방이 제위(帝位 : 한고조)
       에 올랐다.

201 : 숙손통叔孫通이 조의朝儀를 제정.

200 : 유방이 흉노 묵돌선우冒頓單于를 치다가 포위당함. 유경劉敬의 진
       언에 따라 장안長安을 도읍지로 정함.

196 : 한신韓信과 팽월彭越이 살해당함.

195 : 경포黥布가 모반했다가 패하여 죽음. 유방 한고조 죽음.

193 : 소하蕭何가 죽음.

189 : 장량張良과 번쾌樊噲가 죽음.

188 : 효혜제孝惠帝가 죽자, 여태후呂太后가 실권을 장악함.

180 : 여태후 죽음. 주발周勃과 진평陳平 등이 여씨呂氏 일족을 몰살시

킴. 효문제孝文帝가 등극함. 역상酈商이 죽음.

172 : 등공滕公 하후영夏侯嬰이 죽음.

169 : 흉노족의 제압책을 조착이 진언함.

166 : 장안 근방까지 흉노족이 침입함.

162 : 장창張蒼 대신 신도가申屠嘉가 승상이 됨.

157 : 효문제가 죽고, 효경제孝景帝가 즉위함.

155 : 조착이 어사대부御史大夫가 됨.

154 : 오왕吳王 비濞의 주도로 오초칠국吳楚七國이 반란을 일으켰으나 주아부周亞夫에게 평정됨. 조착이 살해당함. 원앙袁盎이 봉상奉常이 됨.

150 : 질도郅都가 제남濟南 태수에서 조정으로 들어와 중위中尉가 됨.

145 : 사마천이 태어남. 난포欒布가 죽음.

143 : 위관衛綰이 승상이 됨.

141 : 효경제가 죽고, 효무제孝武帝가 즉위함.

140 : 위기후魏其侯 두영竇嬰이 위관대신 승상이 됨.

139 : 장건張騫이 서역西域에 사신으로 파견됨.

136 : 동중서董仲舒의 헌책으로 오경박사五經博士를 둠.

135 : 전분田蚡이 승상이 되고 한안국韓安國 어사대부가 됨.

131 : 장숙張叔이 어사대부가 됨.

130 : 서남이西南夷의 초무招撫를 위해 사마상여司馬相如가 파견됨. 장탕張湯 등이 율령律令을 제정함.

129 : 북쪽 변경을 침입한 흉노를 위청衛靑이 격퇴함.

127 : 제후왕諸侯王이 자제子弟를 봉封할 수 있는 추은령推恩令이 발표됨. 위청이 흉노를 토벌한 후 하남河南에 삭방군朔方郡을 설치함. 주보

언主父偃이 피살됨.

126 : 장건이 서역에서 귀국함.

124 : 공손홍公孫弘이 승상이 됨. 만석군萬石君이 죽음.

121 : 곽거병霍去病이 흉노를 토벌하자, 혼야왕渾耶王이 한나라로 투항
함.

119 : 소금과 쇠의 전매를 실시함. 장군 이광李廣이 자살함.

117 : 곽거병霍去病과 사마상여司馬相如가 죽음.

111 : 남월南越을 평정함. 9개 군郡을 설치함.

108 : 서역의 고사姑師·누란樓蘭을 정복함. 위씨조선衛氏朝鮮을 멸한 후
4개 군을 설치함.

104 : 장군 이광리李廣利가 대원大宛을 공략했으나 실패함. 동중서 죽음.

102 : 이광리李廣利가 2차 원정을 성공함.

100 : 흉노로 사신 간 소무蘇武가 억류당함.

99 : 이광리의 별장別將 이릉李陵이 흉노의 포로가 됨. 이듬해 사마천
이 이릉을 변호하다 궁형宮刑에 처해짐.

91 : 무고巫蠱의 난이 일어나 위황후衛皇后와 위태자衛太子가 자살함.

87 : 효무제孝武帝 사거. 효소제孝昭帝가 즉위함.

86 : 이 즈음에 사마천이 죽음.

사마천 연보年譜

1세 (기원전 **145**년) : 사마천司馬遷은 효경제孝景帝 5년에 사마담司馬談의
아들로 하양현夏陽縣의 용문(龍門 · 陝西省 韓城縣)에서 태어났
다. 사마씨의 조상들은 대대로 주周 왕실王室의 기록을 담당
해 왔다.

6세(**140**) : 효무제孝武帝 건원建元 원년, 사마천은 부친 담이 조정의 기록
과 천문 · 역술曆術을 주관하는 태사령太史令에 임명되어 출사
出仕하게 되자 부친을 따라 수도 장안으로 갔다.

8세(**138**) : 효무제孝武帝 건원 3년, 효무제는 괴리현槐里縣의 무향茂鄕에다
자신의 묘릉을 조영하기 시작해 그곳을 무릉현이라 칭한 뒤
주위에 위성도시를 건설키 위해 그곳으로의 이주를 장려하
였다. 이때 사마씨 일가가 모두 옮겨서 살았다.

10세(**136**) : 건원 5년, 사마천은 이무렵 부친한테서 엄한 교육을 받으며
고문古文을 읽기 시작했다.

19세(**127**) : 원삭元朔 2년, 사마천은 공안국孔安國에게서 『고문상서古文尚
書』를 배우고 동중서董仲舒에게서도 사사받았다.

20세(**126**) : 원삭 3년, 사마천은 남방 각지로 사료史料 탐방길에 오른다.
도처의 고적을 찾아 전설을 듣고 풍속을 조사했다.

22세(124) : 원삭 5년, 사마천은 여행을 마치고 돌아와, 곧 낭중郎中이 되어 조정으로 출사했다.

34세(112) : 원정元鼎 5년, 효무제가 옹雍으로 오치五畤를 제사한 뒤 농산隴山을 지나 공동산崆峒山을 올랐으며, 다시 서쪽 조려하祖厲河 근처까지 갈 때 사마천이 낭중으로 수행했다.

35세(111) : 사마천은 낭중郎中으로서 효무제의 명을 받들어 서남이西南夷의 신개지新開地를 초무招撫했다.

36세(110) : 원봉元封 원년 4월, 효무제가 태산에서 봉선封禪 의식을 올릴 때, 사마천은 서남이의 초무에서 돌아와 효무제의 행재소를 찾아가 보고를 올린다.

한편 부친 사마담은 무제를 수행하고 있으면서도 의식에 참가할 수 있는 허락을 못 받아 이에 낙심하여 낙양洛陽 부근에서 병들어 눕는다. 봉선에 참여할 수 없는 비운을 탄식하면서 아들 사마천에게 전부터 자신이 준비해 온 중국사의 저술을 대신 완성해 달라고 눈물로써 유언한다. 천이『사기』를 대성시키겠다는 결심을 굳힌 것은 이때였다.

38세(108) : 원봉 3년, 사마천은 부친의 뒤를 이어 태사령에 임명된다. 또 한편으로는『사기』저술을 위해 더욱 본격적인 자료 수집에 착수한다.

39세(107) : 원봉 4년, 효무제가 옹에 행행하고 오치를 제사지낼 때 사마천이 수행해 가서 회중도回中道를 통해 북쪽 소관蕭關을 나와 탁록涿鹿·명택鳴澤을 거쳐 대代를 따라 하동河東에 이른다.

40세(106) : 원봉 5년, 효무제의 남방 순행길에도 수행한 사마천은 성당盛唐에 이르러 순제舜帝를 구의산에서 망사望祀하고 잇따라 천주산天柱山에 올랐고, 심양潯陽에서 양자강을 내려가 해변 지대를 돌았다.

42세(104) : 태초太初 원년, 공손경公孫卿·호수壺遂 등과 함께 개력改曆에 착수하여 이 해에 태초력太初曆을 완성했다. 사마천은 이 대사업의 중심인물이었다. 드디어 『사기』 집필에 착수하게 되었다.

47세(99) : 천한天瑏 2년, 이광리李廣利의 별장別將 이릉李陵이 흉노 정벌에 나섰다가 많은 전공을 세우고도 중과부적으로 항복했다. 효무제는 많은 신하들의 의견에 따라 이릉을 처벌하려 하자, 사마천이 나서서 이릉을 극력 변호했으나 결국은 이광리를 비난하는 결과가 되어 투옥 후 사형 판결을 받았다.

48세(98) : 천한 3년, 이릉이 흉노에게 군사 훈련을 시키고 있다는 거짓 정보를 믿고 한에서는 보복으로 이릉의 가족을 몰살시켜 버린다. 옥중에 있던 사마천도 불리한 상황에 처해지자 사형만은 면해 보려고 스스로 궁형宮刑을 택한다. 궁형이라는 치욕을 참으면서 굳이 생명을 연장시킨 것은 『사기』 완성에의 강한 집념 때문이었다.

50세(96) : 태시太始 원년, 대사면이 있어 사마천도 출옥해 중서령中書令에 임명되어 효무제를 측근에서 모신다. 이것은 궁정의 의식을 주관하는 환관의 직책이었는데, 그 문재文才를 인정받은 사마천은 조칙을 기초하고 상주문을 받아 올리는 등 비서관으로 중용된 것이다. 잠시 중단되었던 『사기』 집필에 다시 열중하였다.

53세(93) : 태시 4년, 효무제가 태산을 비롯한 산동 각지를 순행할 때 사마천이 수행한다. 친구인 익주益州 자사刺史 임안任安이 사마천에게 보낸 편지가 도착된다. 이 무렵 『사기』는 거의 완성 단계에 이르렀다.

55세(91) : 정화征和 2년, 사마천의 친구인 임안이 사건에 연루되어 투옥된 후 사형선고를 받는다. 사마천은 이 옥중의 벗에게 2년 전의 편지에 대한 회신을 보낸다. 이것이 바로 〈임소경任少卿에게 보내는 서書〉이다. 이 서간은 사마천의 뒤를 이어 역사를 서술한 후한後漢의 반고班固가 자신의 저작인 『한서漢書』〈사마천전〉에 실었다.

60세(86) : 시원始元 원년, 이 무렵에 사마천이 죽은 것으로 알려져 있다. 그의 묘는 고향인 하양 땅 남동쪽〔芝川鎭〕에 있다. 사마천의 생몰년도는 아직도 정확히 밝혀진 바가 없다.